ELES EM NÓS

ELES EM NÓS

RETÓRICA E ANTAGONISMO POLÍTICO NO BRASIL DO SÉCULO XXI

IDELBER AVELAR

2ª edição

EDITORA RECORD
RIO DE JANEIRO • SÃO PAULO
2021

CIP-BRASIL. CATALOGAÇÃO NA PUBLICAÇÃO
SINDICATO NACIONAL DOS EDITORES DE LIVROS, RJ

A967e
2ª ed.

Avelar, Idelber
  Eles em nós: retórica e antagonismo político no Brasil do século XXI / Idelber Avelar. - 2ª ed. - Rio de Janeiro : Record, 2021

  ISBN 978-85-0111-920-9

  1. Silva, Luiz Inácio Lula da, 1945-. 2. Bolsonaro, Jair Messias, 1955-. 3. Direita e esquerda (Ciência política). 4. Brasil - Política e governo - Séc. XXI. I. Título.

20-67787

CDD: 320.981
CDU: 32(81)

Meri Gleice Rodrigues de Souza - Bibliotecária CRB-7/6439

Copyright © Idelber Avelar, 2021

Design de capa: Letícia Quintilhano
Tradução dos capítulos "Para uma genealogia do Brasil Grande: hipérbole e desenvolvimentismo de Geisel a Rousseff" e "O oximoro lulista: o gerenciamento do antagonismo via paradoxos": Cynthia Feitosa

Todos os direitos reservados. Proibida a reprodução, armazenamento ou transmissão de partes deste livro, através de quaisquer meios, sem prévia autorização por escrito.

Texto revisado segundo o novo Acordo Ortográfico da Língua Portuguesa.

Direitos exclusivos desta edição reservados pela
EDITORA RECORD LTDA.
Rua Argentina, 171 – Rio de Janeiro, RJ – 20921-380 – Tel.: (21) 2585-2000.

Impresso no Brasil

ISBN 978-85-0111-920-9

Seja um leitor preferencial Record.
Cadastre-se no site www.record.com.br e
receba informações sobre nossos lançamentos
e nossas promoções.

Atendimento e venda direta ao leitor:
sac@record.com.br

Para Alexandre, Laura e Benjamin

Sumário

Introdução, 11

**1. Para uma genealogia do Brasil Grande:
hipérbole e desenvolvimentismo de Geisel a Rousseff, 31**

Hipérbole e euforia, 31

A crítica do PT ao Brasil Grande populista, 37

A geopolítica de Golbery e a retórica do programa nuclear, 43

A hipérbole do varguismo ao dilmês, 52

**2. Mascaramento de antagonismos:
a retórica do sistema político oligárquico, 71**

Presidencialismo de coalizão, 71

Pemedebismo, a jabuticaba política, 78

O ornitorrinco como metáfora do Brasil, 82

A retórica do pacto, 86

A retórica da amnésia, 98

3. O oximoro lulista: o gerenciamento do antagonismo via paradoxos, 105

O lulismo como gerenciador de antagonismos, 105

A invenção do oximoro lulista, 112

A exaustão do oximoro e o colapso do pacto lulista, 126

A escola Dilma-Mantega e o 11 de Setembro do setor elétrico, 134

4. Lexicocídio e eufemismo: a Amazônia como colônia energética, 145

Introdução ao Antropoceno, 145

O meio ambiente e o cemitério das palavras, 149

O fim do ambientalismo lulista, 154

Energia limpa e limpeza étnica: o caso Belo Monte, 162

Eufemismo e genocídio: os guaranis e kaiowás, 173

5. Nome próprio e tautologia: sobre Junho e a Lava Jato, 179

Sobre o nome próprio durante o lulismo, 179

Junho: história e condições de possibilidade de um nome, 184

Junho como ato de fala singular e múltiplo, 194

A retórica tautológica da Lava Jato, 208

6. O bolsonarismo e a rebelião do eles, 229

O bolsonarismo como erro:
teorias do "ódio" e da "fraude", 229

O bolsonarismo como coalizão e mosaico, 235

O Partido do Boi e o Partido Teocrata, 239

O Partido da Ordem e o Partido do Mercado, 249

O Partido dos Trolls, 255

O bolsonarismo e o antagonismo represado, 268

Epílogo: Do pré-sal à cloroquina, 283

Notas, 289

Glossário, 313

Introdução

Este livro tenta responder a uma pergunta que milhões de brasileiros já se fizeram em algum momento recente, e que vem também ocupando milhares de pesquisadores: *como teve lugar isso que nos aconteceu?* O problema é complicado, porque os acontecimentos têm sido surpreendentes (ninguém, em disciplina nenhuma, tem uma coleção de previsões corretas sobre o Brasil de 2013-20) e vêm se sucedendo em velocidade estonteante. Para piorar a situação, é impossível nomear *isso* que nos aconteceu sem perder, de bate-pronto, pelo menos um terço dos interlocutores possíveis. Na verdade, se você for rigoroso no seu trato com a linguagem e com os estudos que o precederam, possivelmente perderá mais um terço do universo hipotético de leitores. O gênero que reúne os livros escritos sobre o Brasil contemporâneo tem a característica de ser um terreno minado, no qual as palavras estão sobressignificadas. Pense-se no exercício que passamos a fazer os brasileiros com cada vez mais frequência, de automaticamente designar um lugar, uma tribo social aos sujeitos que usam um determinado termo, mesmo que esse uso seja ocasional e pouco importante. Se há algo que se tem aprendido fartamente no Brasil contemporâneo, em todas as faixas sociais, é que as palavras importam. Mas elas importam de uma maneira que não está sempre clara. Há pesquisas interessantes na análise do discurso, inclusive, que sugerem que quanto mais elas passam a importar, política e ideologicamente, menos visíveis ficam, para o falante, os mecanismos de seu funcionamento.

O Brasil vive antagonismos políticos que não podem ser nomeados sem que, automaticamente, você assuma uma posição. Estes antagonismos hoje não tomam a forma de uma diferença, mas de um *diferendo*: aquela diferença que é inominável em língua neutra, uma cisão tão decisiva que só pode ser nomeada uma vez que você se instala no interior da cisão mesma, em instalação contemporânea ao próprio ato de nomear. A consequência disso é, até certo ponto, uma obviedade, mas é um ponto de partida fecundo para este livro: na chamada crise política brasileira de 2013-20, a linguagem tem cumprido um papel central, mais decisivo que em outras crises, porque o português brasileiro em que se fala e se faz a política transformou-se notavelmente nos últimos vinte anos, em termos lexicais, semânticos, sintáticos, pragmáticos e retóricos. Gosto de brincar com amigos que um brasileiro que hibernasse em 1995 e acordasse em 2010 não teria grande dificuldade de ler os jornais, por mais que ele pudesse se surpreender com a popularidade de Lula (então por volta de 80%) e com o fato de que haveria Olimpíadas no Brasil. Uma história muito distinta aconteceria com nosso hipotético viajante da máquina do tempo que acordasse seis, oito ou dez anos depois da passagem de Lula a Dilma em 2010. Este livro apresentará um guia de algumas dessas transformações e um argumento acerca do porquê de elas serem tão essenciais na explicação *disso que nos aconteceu.*

Como poderíamos sintetizar *isso* em superlativos, para iniciar a conversa já provocando algum desconforto em pelo menos dois terços do universo de leitores possíveis? A partir de junho de 2013, o Brasil testemunhou o maior levante popular de sua história (2013); o seu maior estelionato eleitoral moderno (2014); sua maior recessão econômica de todos os tempos (2014-17); um maciço movimento pela derrubada da presidente recém-eleita que contou com a maior multidão já reunida em um dia na rua (2015); um processo de impeachment que terminou interrompendo o governo dessa presidente (2016); o maior dos escândalos de corrupção, exposto, mas também recortado e editado, pela Operação Lava Jato (2014-18); as tensas condenação (2017) e prisão (2018) de um ex-presidente que havia sido o líder mais popular do país; o chocante assassinato de uma amada vereadora e líder popular, no que foi talvez o crime político de maior repercussão internacional do Brasil pós-ditatorial (2018), a surpreendente eleição, como novo presidente, de um inexpressivo parlamentar do baixo clero conhecido por declarações homofóbicas, misóginas e militaristas (2018); as também chocantes revelações da Vaza Jato (2019), que demonstraram desvios éticos e profissionais graves de procuradores e do juiz da Lava Jato; e, finalmente, os dois primeiros anos de governo marcados pelo desmonte ambiental, educacional, científico e diplomático, além de ofensivas extremistas contra populações desprotegidas. Se você pertence ao 0,1% da população que não tem qualquer objeção à caracterização dos acontecimentos apresentada neste parágrafo, ótimo. Àqueles que estão situados nos outros 99,9%, peço que suspendam os juízos prévios sobre o Brasil recente e me acompanhem ao longo das próximas centenas de páginas. Em troca, prometo que as afirmações factuais feitas aqui estarão documentadas, que os argumentos serão baseados em dados apresentados ao leitor e que as palavras-chave serão discutidas, inclusive porque o processo pelo qual elas mudaram de sentido é inseparável do processo pelo qual a catástrofe nos aconteceu. As acepções em que uso essas palavras-chave estão definidas em um glossário que acompanha o livro ao final, cuja leitura é apenas ancilar, não obrigatória para a compreensão do argumento.

Parte da pesquisa que informa este livro é acadêmica, mas ele foi escrito para ser lido por qualquer brasileiro que tenha acompanhado, pela imprensa e/ou como cidadão, os acontecimentos dos últimos anos. Aqui estão reunidas duas facetas do meu trabalho. Por um lado, meus livros e artigos acadêmicos, não importa o objeto (literatura brasileira, literaturas e culturas hispano-americanas, teoria literária, música brasileira popular), sempre se interessaram pelo funcionamento da retórica e pelo cruzamento entre questões estéticas e questões sociais e políticas. Por outro lado, pelo menos desde o começo de século, tenho mantido uma intervenção sobre política cotidiana na mídia tradicional ou eletrônica. Este é um livro sobre a política brasileira feito por um profissional de Letras, do ponto de vista da análise do discurso, e também por alguém que se posicionou nos principais debates políticos brasileiros deste século com textos de opinião, participação em manifestações e declarações de voto. A voz que fala neste livro se diferencia um pouco de ambas, no entanto. Ao contrário dos meus escritos na imprensa e na internet, em que a voz é mais incisiva e se posiciona com agilidade e sem ambiguidade sobre um fato dado, aqui não haverá pressa de chegar a uma "posição". O texto procederá com um pouco mais de calma, iluminado por bibliografia, dados empíricos e contra-argumentos. Este livro defende determinadas teses, claro; é impossível escrever um livro sobre a contemporaneidade política sem defendê-las, ainda que implicitamente. Mas elas serão bem menos importantes para o livro do que os argumentos em si, que giram em torno da premissa de que falta, na bibliografia sobre o Brasil contemporâneo, um estudo da interseção entre o processo político e as transformações na linguagem. Aliás, no Brasil contemporâneo, tem faltado interseção entre muita coisa. As ilhas de excelência de cada campo bibliográfico tendem a se escrever sem muita comunicação com ilhas semelhantes em outras disciplinas. Ao contrário da voz que fala em meus livros de crítica literária, aqui não se pressuporá que o leitor domina termos técnicos, e o texto visa abrir-se a um público mais amplo, não se fechar em um círculo de especialistas. O projeto é combinar rigor e clareza, em suma. O leitor decidirá se fui bem-sucedido.

Rastrear o que aconteceu na política brasileira das últimas décadas é complicado porque, muito mais do que havia sido o caso em outros estudos também contemporâneos a seus objetos, *as fontes estão singularmente implicadas nos próprios acontecimentos*. Isso quer dizer que, para conhecer a Operação Lava Jato, as duas grandes fontes serão o jornalismo e os escritos de procuradores e do juiz. Mas é hoje evidente que o jornalismo foi parte da produção do próprio fenômeno que ele noticiou, o que o torna algo que você também deverá desmontar retoricamente, ou não começará a entender a Lava Jato. O mesmo pode ser dito de várias disciplinas acadêmicas encarregadas de estudar aspectos da realidade social. Na ciência política, a hegemonia de um conceito, o presidencialismo de coalizão, trouxe consigo um arcabouço que, não raro, foi entendido de forma prescritiva pela disciplina — ou como a descrição de um estado ótimo de coisas, de uma pertença genuína do Brasil ao rol das democracias maduras. O arranjo fotografado pelo conceito de presidencialismo de coalizão, claro, espatifou-se em junho de 2013, mas foi enterrado com pompa e circunstância mesmo pela insurgência bolsonarista. Seu último suspiro foram as previsões de cientistas políticos de que o sistema recompor-se-ia e o segundo turno de 2018 seria disputado de novo pelas coalizões petista e tucana. Erros de previsão se tornaram rotina no Brasil dos últimos anos, é claro, mas aqui se tratava de algo mais enraizado: o próprio arcabouço com que a disciplina tinha entendido o sistema político brasileiro ao longo de três décadas estava em pedaços. O modelo da ciência política não foi a única coisa a se despedaçar no Brasil dos últimos anos, mas esse talvez tenha sido um dos despedaçamentos mais alegóricos quando se trata de entender o que aconteceu com o sistema político.

Pareceu-me que, na cacofonia de livros sobre o Brasil de hoje, justificava-se a escrita deste, sobre os embates e os gerenciamentos dos antagonismos políticos no país do ponto de vista da linguagem, da análise do discurso. Em não poucos casos, as ciências sociais, encarregadas de estudar esses processos políticos, aceitaram trabalhar com definições notadamente frouxas e opacas de termos como "golpe", "fascismo", "classe rentista", "auditoria da dívida" ou "neoliberalismo", algumas vezes por compromisso com uma força política em particular, algumas por *esprit de corps?* e outras por genuína crença na transparência dessas palavras ou impossibilidade intelectual de imaginar algo diferente. O fato é que ao se deparar com a bibliografia sobre o "golpe" de 2016, por exemplo, notar-se-á a premissa de que alguns sujeitos políticos são fundamentalmente virtuosos e podem, no máximo, cometer "erros", enquanto de outros sujeitos pressupõe-se de antemão um intento maligno tramado alhures. Aqui, nesse processo pelo qual se narrou a política com a linguagem da moral, algum treinamento em análise retórica teria sido útil, ainda que fosse para montar uma teoria do golpe mais crível, em algum gênero que não fosse o melodrama, ou que escondesse melhor a deliberada confusão entre golpe como golpe de Estado e golpe como ardil ou trapaça. A esse ponto se chegou: toda uma teoria montada sobre o ato de ocultar do leitor a barafunda entre duas acepções de uma palavra no dicionário. Em todo caso, boa parte do mundo acadêmico exemplificou nossa quase impossibilidade de tomar o processo político como objeto e analisá-lo, não com "neutralidade" (esse espantalho que se invoca para justificar ideologização extrema do trabalho acadêmico), mas com um mínimo de rigor. Digamos que o ideal seria um trabalho que pelo menos não escondesse contraevidências: por exemplo, que não brandisse a predominância de brancos nas manifestações pró-impeachment omitindo pesquisa que mostra comparável predominância de brancos nas manifestações anti-impeachment. Isso a que chamamos no mundo anglófono de *cherry-picking*, a utilização seletiva de evidência, tem sido o pão com manteiga de boa parte da bibliografia sobre o Brasil contemporâneo. Em não poucos casos, as fontes são sintomas do próprio processo que elas pensam estar explicando.

Claro que esses ligeiros deslizes metodológicos não seriam nada comparados com a máquina de distorção e difamação que a extrema direita montaria alguns anos depois, parcialmente em cima de uma coleção de procedimentos retóricos que o próprio populismo lulista havia inaugurado. Na blitzkrieg bolsonarista, dissolvem-se algumas diferenças que ainda se notavam na bibliografia petista e parapetista. Nestas, há uma operação de distorção de alguns conceitos (como "golpe"), compilação seletiva de evidências (apontar reunião de Michel Temer tramando com Eduardo Cunha enquanto se omite reunião três meses anterior de Aloizio Mercadante tramando contra Temer — com o beneplácito de Dilma Rousseff, cujas pautas de governo Temer então representava, aprovando legislação, no Congresso), inversões deliberadas de datas (como sugerir trama tucano-pemedebista pró-impeachment anterior à presença de multidões nas ruas), grosseiras narrativas sobre o papel da imprensa (que omitem que em agosto de 2015 o *Jornal Nacional* lançava editorial contra o impeachment) e inclusive adulteração deliberada (ou pelo menos ignorante) de citações, como na famosa gravação de Sérgio Machado com Romero Jucá, cujas transcrições não raro omitem o trecho "salva Lula, salva todo mundo". Essas operações revelam uma predisposição tendenciosa, que distorce a coleta e a apresentação do material do pesquisador, e se cozinharam no meio acadêmico ao longo de anos, mas muito especialmente a partir de 2014-15, época de uma notável ideologização e realinhamento ao lulismo, mesmo de setores até então críticos a ele. O notável é que também se articulava, em algo que poderíamos chamar Brasil Central, uma paródia raivosa desses procedimentos, só que agora com sinal trocado e uma injeção de esteroides, Viagra e absinto. Na rebelião bolsonarista, dissolve-se a diferença entre a distorção da realidade e a realidade mesma, e a distorção passa a ser o mecanismo fundamental por meio do qual a própria realidade é *produzida* — não apenas retratada, fotografada ou estudada. Evidentemente, o mundo da bibliografia progressista, depois de duas décadas de carícias trocadas com o lulismo, não tinha notícia de que se cozinhava aquele tsunami de ressentimento.

Encontrar um espaço respirável em que essas teias de retroalimentação entre lulismo e bolsonarismo possam ser estudadas não é simples, porque a coalizão extremista que venceu as eleições de 2018 é raivosamente anti-intelectual e nenhuma pesquisa independente séria pode existir em seu entorno ou em diálogo com ela (o que não quer dizer que ela não possa e não deva ser objeto de estudo, evidentemente). Por outro lado, a coalizão lulista-parapetista, dominante nas ciências sociais dos meios universitários, tenderá a receber qualquer hipótese que analise criticamente o período com a acusação de que ali se estaria "culpando" o lulismo pela emergência do bolsonarismo, ou "igualando" lulismo e bolsonarismo como dois supostos extremos de uma linha, ou postulando o lulismo como "causa" do bolsonarismo. Essas reclamações contra espantalhos passaram a ser o motor de boa parte do ensaísmo e das ciências sociais lulistas e parapetistas. Parecer cúmplice do bolsonarismo ou parecer equipará-lo a qualquer coisa civilizada pode fulminar uma carreira, então é melhor receber certas hipóteses de trabalho com intensa hostilidade antes de sequer ouvi-las. Por outro lado, como a coalizão extremista venceu e já em seus dois primeiros anos de governo mostrou ser mesmo bibliocida e ter a universidade como inimiga a ser eliminada, a bibliografia não poderia senão dar testemunho desse ambiente hostil a qualquer trabalho crítico, às vezes apenas sintomatizando-o na impotência. Em todo caso, falar-se-á aqui de *retroalimentação* entre lulismo e bolsonarismo, o que é coisa bastante diferente de identidade, culpa ou causalidade. Como as acusações de que determinadas posições acadêmicas pressupõem identidade, culpa ou causalidade do lulismo com o bolsonarismo passaram efetivamente a fazer parte do campo discursivo, da conversa sobre os fenômenos, essas próprias interpelações terão que ser analisadas como sintomas.

Como sabemos, culpa não é uma boa categoria para se analisarem processos sociais. Se, no limite, e violando a Lei de Godwin, pode-se dizer que a "culpa" pelo Holocausto foi de Hitler e sua coalizão, nos processos brasileiros que analisamos aqui são muito mais difusas e múltiplas, e nem sempre óbvias, as responsabilidades (eliminemos "culpa" em prol desse termo). Os sujeitos que executam esses processos operam circunscritos por limites políticos, jurídicos e linguísticos, mas no Brasil da bonança das commodities, em vários contextos, também operaram com considerável latitude de escolha. Por exemplo, na literatura econômica séria pode haver discussão sobre até onde a explicação deve voltar o relógio, mas há consenso sobre onde repousam as principais responsabilidades sobre a recessão de 2014-17: em razões predominantemente internas e não externas. Essa conta é nossa. E no interior dessa realidade brasileira, caso a caso, as responsabilidades são mapeáveis com maior ou menor grau de consenso, mas há que se fazê-lo à luz de evidência empírica, eis o requisito mínimo. É difícil culpar o mercado internacional pelo chamado 11 de Setembro do setor elétrico, por exemplo. Quanto ao outro conceito, o leitor verá que a análise do discurso não trabalha com a categoria de causalidade. Os laços entre linguagem e mundo, ou entre fatos discursivos e sociais, são descritos com um vocabulário no qual não se recorre ao primarismo do "X causou Y". Em vez disso, enfatiza-se a imbricação mútua, dialética entre os termos da equação, sempre lembrando que em cada ato linguístico há várias equações operando simultaneamente, que envolvem o sujeito falante, o seu entorno social, o código ao qual ele recorre e o destinatário ao qual ele se dirige. No entanto, ao contrário das teorias da comunicação nas quais se origina esse vocabulário (emissor, receptor, código, canal, contexto), a análise do discurso não entende a mensagem como um objeto claro que viaja do emissor ao receptor. Para a análise do discurso, esses próprios sujeitos são feitos do seu conjunto de interações discursivas, eles não existem fora delas. Não se pode descrever uma briga usando sempre as mesmas palavras se um dos objetivos da briga era justamente mudar o sentido dessas palavras. Esse é o caso, me parece, do Brasil contemporâneo. Por isso, ao se falar em retroalimentação ou imbricação mútua entre lulismo e bolsonarismo, que mantenhamos longe as categorias de culpa e de causalidade. Deixemos de lado, em suma, o vocabulário da moralidade e das teorias mecânicas do social.

Minhas restrições a giros retóricos de setores da bibliografia não querem dizer, é claro, que eu não a tenha utilizado abundantemente nesta empreitada, ou que ela não me pareça em vários sentidos já bastante rica. Durante a preparação deste livro, li com a maior atenção que pude a ciência política, em suas descrições do sistema político do país; um bom naco da sociologia, especialmente a que se produz sobre o sistema carcerário, as populações evangélicas, o racismo e a operação de um dos braços armados do Estado, a Polícia Militar; os juristas do país, tanto no que tange às várias polêmicas em torno ao Direito Constitucional e a atuação do STF como na dimensão mais propriamente penal instalada pela Lava Jato; o jornalismo que se produziu sobre as revoltas de Junho, o impeachment e a ascensão do bolsonarismo; economistas que mapeiam de formas diferentes (mas com alguns acordos básicos) os processos econômicos vividos pelo país; e parte da caudalosa antropologia brasileira deste século, que vai nos iluminar aqui tanto na atenção que trouxe à Amazônia e ao saber ameríndio como nas incipientes etnografias do bolsonarismo. Claro que será impossível dialogar individualmente com cada um desses trabalhos, mas a totalidade do que escrevi está informada por essas leituras e o livro traz um abundante aparato de notas ao final, para quem queira se aprofundar. Os colegas especialistas nessas várias disciplinas dirão se fiz justiça a essa produção acadêmica.

O objeto deste livro é o que nos aconteceu neste século, mas seus capítulos não estão estruturados cronologicamente, por um motivo sobre o qual tenho bastante convicção. Tenho para mim que o alinhavo cronológico, sequencial e presumivelmente causal dos acontecimentos tem sido uma das maiores fontes de mistificação, mesmo que involuntária, do processo histórico brasileiro recente. Não vai aqui uma crítica aos historiadores, inclusive porque o mais característico da melhor historiografia é recusar cadeias causais toscas. Mas temos, em várias disciplinas, uma lista de livros e artigos que consistem em um "De Junho à Lava Jato" ou "De Junho ao golpe" ou "Da Lava Jato ao fascismo", ou outras combinações que se podem fazer entre os termos, nas quais a estrutura "De ... a ..." frequentemente pressupõe uma relação causal e automática. Não vejo nada de errado em si com a estrutura linguística indicadora de passagem do tempo, eu mesmo a uso. Mas o ideal seria deixar claro, no corpo do texto, que a relação entre os dois termos não é de causa-consequência simples. Por isso, para embaralhar um pouco a sequência histórica e permitir a modelagem dos acontecimentos de outra forma, os capítulos estão estruturados em torno de *categorias retóricas*, e passeiam pelos vários momentos históricos segundo a necessidade gerada por cada um dos principais núcleos retóricos da política brasileira. O objetivo é, ao final dos seis capítulos, compor um mosaico que ilumine *isso* que nos aconteceu.

A dificuldade extra que este objeto de estudo apresenta é que parte substancial da linguagem da política brasileira contemporânea se gestou em um espaço, a internet, marcado não apenas pela tradicional diferença de acesso entre classes, mas agora também entre gerações. É comovente ver a dificuldade de tantos acadêmicos de ciências humanas e sociais perguntando-se como é possível "perder tempo" com o "lixo" do YouTube, WhatsApp, Twitter ou Facebook, dois anos inteiros depois de que esses espaços já eram responsáveis pela indicação dos ministros de Estado sob os quais vivem esses mesmos intelectuais. Para dificultar ainda mais a empreitada, a história da internet inclui, como é o caso com as instituições brasileiras recentes em geral, um momento de lua de mel com o lulismo, durante o qual parecia se desenhar uma utopia da informação descentralizada em URLs abertas e produzida pela cidadania engajada, em um movimento no qual o Ministério da Cultura de Gilberto Gil e Juca Ferreira teve grande protagonismo. Antes da consolidação das chamadas redes sociais (tanto as abertas como Twitter ou YouTube quanto a mais enclausurada, o Facebook), a internet brasileira viveu uma década de notável florescimento de blogs e revistas on-line, a partir dos quais se chegou a sonhar com uma esfera pública eletrônica horizontal e cidadã. Como se passou disso à distopia em que uma corrente conspiratória de extrema direita gestada na internet, o olavismo, indica ministros de Estado, é uma história complicada de se contar. O acadêmico mais tradicional tropeça até mesmo para entender o que é o Reddit ou como funciona um encaminhamento de WhatsApp. Por outro lado, a maioria daqueles que viveram toda a trajetória da internet não tem o costume ou o traquejo de analisar fenômenos sociais complexos, que se desenrolam em temporalidades alongadas, opostas em tudo às temporalidades do instantâneo das redes, que estão em constante transformação e que incluem o/a próprio/a observador/a. Em todo caso, junto com a história do sistema político e das linguagens que tradicionalmente o acompanham (da sociedade civil, do Legislativo, do Judiciário, dos meios de comunicação), há que se contar agora também a história desse espaço multitudinário no qual se gestou outra linguagem, decisiva nas eleições de 2018, mas bastante relevante já antes. O livro tentará não se furtar a essa tarefa.

O capítulo 1 lida com as hipérboles na história brasileira contemporânea, e é o único que volta no tempo até os anos 1930-40, durante a invenção varguista da categoria de povo brasileiro. Aqui eu me apoio no trabalho pioneiro de uma analista do discurso na política, Maria Emilia A. T. Lima, que detalhou a forma como Vargas inventou um "povo brasileiro" por meio de seus discursos de 1º de maio, tanto durante o Estado Novo como durante o mandato democrático dos anos 1950. O capítulo prossegue analisando a hipérbole do Brasil Grande durante a ditadura militar, desde suas raízes na Escola Superior de Guerra, onde o intelectual orgânico da ditadura, Golbery do Couto e Silva, formulara um projeto de nação ancorado na geopolítica, até a retórica do programa nuclear brasileiro, o genocídio ameríndio sob a ditadura e o projeto dos militares para uma Amazônia entendida como colônia energética a ser ocupada. O terceiro tripé do capítulo é o funcionamento da hipérbole durante o lulismo, uma corrente que, especialmente em sua fase dilmista, herda de Geisel um intenso privilégio a um substantivo e dois adjetivos em particular: "planejamento", "nacional" e "estratégico".

A hipérbole é um componente essencial de como esses sujeitos políticos entenderam o Brasil, não apenas em seu sentido básico de "exagero", mas também no sentido original, etimológico, que é bem curioso. *Hyperballein* é um verbo grego que significa "lançar lá na frente", "jogar adiante". Um dos traços relevantes da hipérbole do Brasil Grande tem sido esse: lançar lá adiante as projeções de crescimento, as metas de inflação, os subsídios, e dobrar a aposta (não por acaso, uma das frases mais famosas de Dilma conclui com esse bordão). Se o planejamento estratégico deu errado, conserta--se *com mais planejamento estratégico*. O capítulo 1 terá a oportunidade de detalhar esse funcionamento, no qual a hipérbole designa um *processo*, não a fotografia de um exagero em si. Ao terminar o capítulo, o objetivo é que o leitor tenha os contornos do que seria uma genealogia da metáfora hiperbólica do Brasil Grande e uma compreensão do que têm sido os efeitos dessa operação retórica na história política moderna. Parece razoável supor, com base na pesquisa feita aqui, que maior incidência da hipérbole do Brasil Grande tenderá a acompanhar os momentos de fortalecimento, ditatorial e/ou carismático, do Estado ou de seu chefe.

O capítulo 2 está armado em torno ao *antagonismo* (ou, para falar kantianamente, antinomia). Aqui a ênfase será no que poderíamos chamar de mascaramento dos antagonismos no Brasil, um tema que não é estranho à ciência política de Fernando Limongi e Jairo Nicolau ou ao ensaísmo político de filósofos como Marcos Nobre e sociólogos como Chico de Oliveira. Apoio-me no trabalho destes e outros pensadores brasileiros para fazer um inventário das formas como se refletiu sobre o que até recentemente parecia ser quase uma fatalidade do nosso sistema político: a de que os antagonismos ficassem mascarados, negociados por meio de um gerenciamento no qual a pactuação e a amnésia cumpriam papéis decisivos. Marcos Nobre descreveu o arranjo político brasileiro com o termo *pemedebismo*, um sistema no qual os antagonismos são levados a uma sala de portas fechadas e gerenciados a partir de um regime de vetos e chantagens. Chico de Oliveira usou a metáfora do *ornitorrinco*, o estranho mamífero que se move como réptil e mantém características de um anfíbio — Chico gostava da imagem para descrever o capitalismo brasileiro em seu atravessamento por múltiplas temporalidades, que tendem a combinar o mais moderno e o mais arcaico. Não ignoro que colegas da ciência política possam se opor à inclusão do conceito de presidencialismo de coalizão nesse grupo, mas me pareceu que do ponto de vista formal, retórico, havia suficientes semelhanças com o pemedebismo e com o ornitorrinco para que eles fossem apresentados como trinca.

O capítulo 2 oferece também uma descrição de dois componentes retóricos desse sistema mascarador de antagonismos: a retórica do pacto, por meio da qual o sistema político tradicionalmente impediu que florescessem e se consolidassem antagonismos, e a retórica da amnésia, que é para nós quase um componente ontológico da nacionalidade mesma, uma espécie de nome de quem somos, verdadeira invariante trans-histórica da história do país. Essa genealogia do mascaramento de antagonismos pela retórica do pacto e da amnésia será importante para este livro, porque uma de suas teses é que *o bolsonarismo representa uma insurgência de antagonismos represados* (no sentido freudiano, não rousseffiano, de "represado", ou seja, vivido como memória traumática e depois reprimido), ali expressando-se, é evidente, de forma distorcida e imaginária. Brandir o antagonismo incessantemente produzirá o efeito de transformar o antagonismo em *antinomia*, ou seja, em um antagonismo que não pode ser resolvido, superado ou sintetizado em outro plano jamais. Eis aí a situação essencialmente *antinômica* em que se encontra a política brasileira hoje, em 2020; mas até 2013 o que a caracterizava era exatamente o oposto. Não apenas os antagonismos não se congelavam em antinomias irresolúveis, mas eles nem sequer apareciam com sua própria cara, mascarados que ficavam depois de transitar pelas salas trancadas das negociatas pemedebistas.

O capítulo 3 está estruturado em torno de uma das minhas categorias retóricas favoritas, talvez a mais brasileira delas, *o oximoro*. Como a antinomia e a contradição, o oximoro lida com polos de um antagonismo, mas, enquanto naquelas os polos se enfrentam a partir de lugares separados (de forma irresolúvel na antinomia, de forma talvez superável em uma síntese no caso da contradição), no oximoro eles ocupam *o mesmo lugar semântico*. Trata-se aqui de todas aquelas expressões conhecidas e que sugerem uma espécie de enlouquecimento da linguagem: "água seca" ou "círculo quadrado". A história brasileira sempre foi um desfile incessante de oximoros: a República foi proclamada por um monarquista, a transição pós-ditatorial foi feita por um homem da própria ditadura e o auge das privatizações ocorreu sob o príncipe dos sociólogos de esquerda. A vocação brasileira ao oximoro encontra seu emblema na Praça Tiradentes do Rio de Janeiro, onde não há uma estátua sua, e sim de Dom Pedro I, neto da mesma Dona Maria que ordenara a morte do alferes mineiro. Uma das propostas deste livro é que o lulismo refinou essa vocação do país ao oximoro, atualizando-a em uma sinfonia curiosa, composta de apelos recorrentes e simultâneos aos dois polos. Insuflar a base contra o Grupo Globo enquanto nomeava-se Hélio Costa ministro das Comunicações ou costurar acordos com José Sarney e Romero Jucá enquanto utilizava-se do discurso bolchevique para demolir Marina Silva como "neoliberal fundamentalista": estas não eram simples contradições entre o que lulismo fazia e o que ele falava. Ele *fazia e dizia as duas coisas ao mesmo tempo*. Não se tratava de uma contradição entre discurso e prática, mas de um discurso-prática atravessado pelo oximoro, pela afirmação simultânea dos opostos. Foi a fórmula com que o lulismo gerenciou os antagonismos políticos de 2005 a 2013, com um sucesso nada desprezível. O capítulo 3 descreve o funcionamento dessa retórica oximorônica e o seu colapso, sob o impacto das multidões insurretas de Junho.

O capítulo 4 cunha um termo, *lexicocídio*, para descrever processos de mortes de palavras que acompanharam a conversa política brasileira neste século. Seja por sobreuso (casos de "golpe" e "fascismo") ou por abandono (caso de "latifundiário", substituída por "ruralista" ou mesmo apenas "fazendeiro"), certos vocábulos podem ir perdendo sua potência ou mesmo desaparecendo em um período relativamente curto de tempo. O capítulo exemplifica esse processo com uma pesquisa quantitativa nos três principais jornais brasileiros que oferece um retrato da decadência dos termos "latifundiário" e "latifúndio" e a ascensão do termo "ruralista". O mote do cemitério das palavras se abre para que o capítulo trabalhe outra dimensão da catástrofe política brasileira, aquela relacionada ao meio ambiente e à Amazônia. Por um lado, o Brasil existe por causa da Amazônia, o Brasil não é senão uma dádiva da Amazônia. Por outro lado, o país se consolidou já desde sempre colonizando, saqueando e entendendo mal a Amazônia. Não há projeto de desenvolvimento brasileiro moderno que não a tenha entendido como colônia energética ou vazio a ocupar e civilizar. "Civilizar", "povoar" e "incorporar" são alguns dos eufemismos que acompanharam esses projetos durante a ditadura militar e reapareceram no período lulista. O capítulo 4 rastreia a história das lutas ambientais sob o lulismo mapeando alguns desses eufemismos, incluindo-se as várias formas em que se tem designado, no Brasil, o genocídio guarani.

Um dos eufemismos que retornaram, o da "energia limpa" das hidrelétricas, cumpriu um papel decisivo no ecocídio mais dramático do século XXI brasileiro, a usina de Belo Monte, no rio Xingu. Atravessada por uma série de operações eufêmicas sobre o custo da obra, a dimensão dos impactos e o número de afetados, a usina de Belo Monte deixou ver como funcionam os discursos político, jurídico e técnico quando se trata de uma obra de interesse real de uma coalizão de poderosos. O mote da "energia limpa" ecoava sinistramente nos vários sentidos que se combinam ao redor do campo semântico de "limpar". O que estava em jogo em Belo Monte era e é, sobretudo, limpeza étnica. O capítulo 4 oferece um acompanhamento político e jurídico do caso até o seu desfecho, com uma concessão monocrática de liminar por Ayres Britto em 2012 e a inauguração da obra pela já quase impichada presidente Rousseff em 2016. O capítulo oferece um argumento detalhado sobre como tem lugar o lexicocídio e como operam os eufemismos em processos de genocídio, como o guarani; de ecocídio, como o de Belo

Monte; e de colonização energética da Amazônia, como aquelas levadas a cabo pelos militares e pelo lulismo.

O capítulo 5 estuda um processo que sempre me interessou e que tem no Brasil desta década dois excelentes casos de estudo. Refiro-me à transformação de substantivos comuns em nomes próprios, como por exemplo "junho" transformado a partir de 2013 em "Junho", nome próprio, que designa um ser singular. O outro exemplo é "lava a jato", forma correta da expressão transformada em "Lava Jato" a partir de 2014. Se você mapear o processo de conversão de substantivos comuns em nomes próprios, boa parte da tensão discursiva entre os vários agentes políticos ficará mais clara. A oposição ao lulismo encaixou alguns nomes próprios, mormente "Mensalão", que de termo usado na imprensa entre aspas foi se universalizando rumo à dicionarização, ao ponto de hoje ser utilizado sem ironia até mesmo pelos mais empedernidos petistas. Nos mandatos de Lula, o lulismo conseguiu operações notáveis de conversão de substantivos comuns em nomes próprios, como "Bolsa Família", logo adotado universalmente. O sucesso mais espetacular do lulismo nessa arena foi "Pré-Sal" — nome de uma virtualidade que passou a ser tratada como tíquete de entrada ao progresso eterno. Nesse curioso caso, "pré-sal" não era sequer um substantivo comum, mas adjetivo modificador de "camada". "Pré-Sal" foi um genuíno caso de construção de uma substância mágica. O fato de a camada realmente existir não apaga as incertezas sobre a possibilidade, para não dizer a desejabilidade, de sua extração, e não muda as dificuldades econômicas associadas a uma suposta comercialização com grande lucro, nem a torna menos sujeita a oscilações de seu preço no mercado internacional, que o Brasil evidentemente não controla. Todos esses requisitos foram esquecidos para que "Pré-Sal" se tornasse sinônimo metonímico de "investimento em saúde e educação". Boa parte dos que corretamente denunciaram a fake news da cloroquina sob a pandemia não suspeitavam de nenhuma semelhança com a substância mágica do Pré-Sal, concebida sob o mesmo registro retórico em época de bonança.

Mas os grandes nomes desta década, os dois processos nos quais observaram-se as vicissitudes da conversão do substantivo comum em nome próprio na política, foram mesmo Junho e a Lava Jato.

A coincidência é relevante porque as relações entre os dois fenômenos são pouco investigadas no Brasil, por mais que boa parte da bibliografia pressuponha ou afirme que Junho "levou" à Lava Jato (mas que raios pode significar "levou" nessa frase?). Como porta de entrada a um ponto contencioso da história brasileira recente, proponho a análise do discurso. Observamos primeiro a conversão de "Junho" em nome próprio, como designação de um ato de fala ao mesmo tempo singular (ou seja, diferente de tudo o que o Brasil havia visto) e múltiplo (ou seja, irredutível a qualquer unicidade, de sujeitos ou de pautas). Para que algo se transforme em nome próprio, esses dois requisitos aparentemente contraditórios devem ser satisfeitos: um nome próprio é sempre singular (ele designa apenas um ser) e múltiplo (aquele ser nunca é redutível a nenhuma de suas características ou atributos; o fato de que ele tenha nome indica justamente que ele é também uma multiplicidade). Aqui combinamos, por um lado, diálogos com bons estudos já publicados sobre os levantes de junho de 2013 e, por outro lado, a insistência em um argumento que me parece pouco explorado ainda: o de que Junho transformou completamente a linguagem em que se fala e se faz a política no Brasil. Junho instalou outro léxico, outra coleção de palavras no português brasileiro; trouxe à esfera pública discursos e enunciados que não tinham tido lugar ali; inventou registros, modos discursivos marcados por ironia, deboche, sarcasmo e outras estratégias retóricas então pouco presentes nos antagonismos políticos brasileiros. Como apontado anteriormente, se um hipotético eleitor do fim do século XX hibernasse de 1995 a 2010, ele não teria grandes dificuldades para ler os jornais do país quando acordasse. Por mais que ele pudesse se surpreender com a popularidade de Lula ou com a notícia de que haveria Olimpíadas no Brasil, a língua em que se falava a política ainda era a mesma que ele conheceu. Apenas o hipotético viajante que acordasse depois de junho de 2013 perder-se-ia em uma selva de palavras desconhecidas: Junho, delação premiada, Lava Jato, PEC 37, Amarildo, Aldeia Maracanã, acampadas, 20 centavos, revoltas, UPPs... até o Pinho Sol e o vinagre são palavras que tiveram seus sentidos transformados depois de Junho.

A conversão de "Lava Jato" em nome próprio funcionou de forma bem diferente. Proponho que se entenda a Lava Jato como operação político-jurídico-policial, em uma expressão na qual os três modificadores são importantes e cumprem um papel. Tratava-se de uma investigação policial que coexistia com um bloco jurídico que também atuava como ator político. Ou seja, proponho recusa das teorias que sugerem que a Lava Jato era um epifenômeno de alguma outra coisa, um mero instrumento da ação de um outro sujeito, seja "o imperialismo norte-americano" ou "a luta contra a corrupção" ou o antipetismo. A hipótese mais sensata — a de que se tratava de um bloco jurídico-político com interesses próprios, cuja trajetória é rastreável nos ganhos em autonomia e em condições de trabalho conquistados por Ministério Público e Polícia Federal sob o lulismo — não tem sido muito explorada na bibliografia, talvez pela pressa com a qual a Lava Jato ensejou repúdios e (principalmente) adesões. Exceção nessa bibliografia é a leitura de Christian Lynch, que vê a Lava Jato como a expressão de um tenentismo togado que teria levado a cabo uma revolução judiciarista, hipótese fecunda com a qual dialogo no capítulo. De resto, tomo a bibliografia sobre a Lava Jato, tanto a petista como a morista, como sintomas do fenômeno, não teorias dele.

Do ponto de vista retórico, me parece que a categoria para se entender a Lava Jato é a tautologia. Em primeiro lugar, a Lava Jato dinamita a separação entre o fato e o noticiamento do fato — a operação consistia menos nas prisões dos políticos do que *na própria transmissão televisiva dessas prisões*. O fato político era a transmissão da prisão, inclusive porque essa transmissão criava legitimidade para outras prisões. A coalizão construída por procuradores, Polícia Federal e alguns juízes, no entanto, não fornecia apenas as fontes únicas e o ponto de vista preferencial do qual se narravam as notícias. O círculo vicioso ia além, porque as notícias que ali se reportavam consistiam, com frequência, em prisões para as quais o principal material probatório *eram matérias da própria imprensa*, em uma evidente tautologia que boa parte do Brasil ignorou, ansiosa por encontrar alguma punição ao saqueio do patrimônio público que efetivamente ocorreu. O rastreio da tautologia da Lava Jato nos leva a uma outra conclusão acerca das relações entre ela e Junho: enquanto petistas e moristas coincidem em ver uma identidade, uma consequência natural de um fato que se desdobrou no outro (a única diferença é a marca, positiva ou negativa, que atribuem a essa linha reta), argumentamos aqui que, depois de uma análise do que foram esses acontecimentos e suas retóricas, não se sustenta a premissa de um vetor linear que leva de Junho à Lava Jato. A Lava Jato deve ser entendida como uma *captura*, uma *domesticação*, um afunilamento dos anseios incendiários de Junho na direção de um filtro particular: a máquina do sistema penal, mas agora em articulação direta com a política em sentido estrito, a política partidária, parlamentar e executiva. Ela agiu assim não porque estivesse perseguindo um partido em particular (como afirma sem qualquer fundamento a bibliografia petista), mas porque apenas fomentando o antagonismo incessante ao sistema político a coalizão judiciarista encontra seus mecanismos de autorreprodução.

O capítulo 6 começa com o susto que boa parte dos brasileiros levou, em algum momento da evolução do país no pós-impeachment: a Lava Jato ainda estava prendendo políticos e, de repente, já era bolsonarismo. Tratava-se da ascensão improvável de um movimento extremista, com uma retórica repleta de giros explicitamente misóginos, homofóbicos, anti-indígenas, ecocidas e xenófobos, inspirado por um caricatural guru de internet e liderado por um parlamentar que havia conseguido manter-se irrelevante por 28 anos na Câmara dos Deputados. Nenhuma dessas improbabilidades impediu que o bolsonarismo irrompesse e arrebentasse com todas as previsões do establishment político e dos especialistas para as eleições de 2018. As reações estupefatas da bibliografia transitaram por alguns lugares-comuns: expressão do ódio, alucinação coletiva, fake news, reação dos racistas e machistas ou fraude eleitoral de WhatsApp foram algumas das principais. Nenhuma delas conseguiu demonstrar incidência maior, particular ou especial de qualquer dessas variantes nas eleições de 2018 em relação à totalidade das eleições anteriores. O capítulo 6 começa desbastando essas interpretações e propondo que se recusem as teorias do bolsonarismo como falsa consciência, como a história de um erro, ou como expressão de fraude, por mais que haja ocorrido violação de lei eleitoral, que deve ser apurada em outras esferas.

O bolsonarismo tornou visível o caráter anacrônico e impotente das siglas partidárias brasileiras como instrumentos de cidadania. Por isso, ele apresentou problemas para ciências sociais acostumadas a ocupar-se da movimentação dos partidos, das coalizões petista e tucana, e de suas relações com o pemedebismo. Para ressaltar a irrelevância das siglas partidárias pelas quais passou Bolsonaro (PP, PSC, PSL etc.), a análise do bolsonarismo apresentada neste livro mantém o nome "partido" para designar os blocos temáticos que o compuseram. O argumento apresentado aqui é de que o bolsonarismo foi o produto de uma coalizão entre os Partidos do Boi, Teocrata, da Polimilícia, da Lava Jato, do Mercado e dos Trolls. Cada um desses seis partidos é essencial na coalizão e vai se juntando ao mosaico em datas e em formas diferentes, respondendo a uma série de contingências que só se produziram uma vez e atendendo a uma dinâmica que foi exatamente o contrário de uma conspiração, por mais que alguns membros do bloco, como o olavismo, se inspirassem em teorias conspiratórias. Os vários membros do mosaico trazem diferentes elementos. O Partido do Boi traz dinheiro e o Partido Teocrata traz massas suburbanas e rurais. O Partido do Mercado traz o avalista sem o qual nenhuma candidatura concorre com chances, mas sua importância retórica é reduzida. A coalizão bolsonarista jamais teria vencido a eleição se falasse como Paulo Guedes. Sua retórica tinha que vir de alhures, e veio da internet, do raivoso Partido dos Trolls do qual as ciências sociais e humanas parapetistas não possuíam notícia.

É possível que Jair Bolsonaro nunca tenha tido uma ideia original na vida, mas é fato que, em algum momento entre 2016 e 2017, ele pensou: "se mantiver a gritaria antipetista, juntar essa capangada nossa do Rio com a turma do agronegócio que já gosta de mim, mais os pastores e a internet, só fica faltando alguém para me avalizar no mercado". As ciências sociais não viram, ocupadas que estavam em burilar a relação correta entre "golpe", Moro, "fascismo" e, às vezes, "espionagem dos EUA", ou em mapear os vaivéns das coalizões petista e tucana. Mas é fato que Jair o disse mais ou menos desse jeito aí, em uma entrevista com Nando Moura, youtuber de direita, em fevereiro de 2016,[1] quando Moura já falava para meio milhão de pessoas no YouTube.

Essa ideia ele teve, por incrível que possa parecer. Este livro é um mapeamento discursivo do país em que essa ideia pôde surgir, triunfar e produzir a catástrofe que produziu, e que continua se desenrolando.

1.

Para uma genealogia do Brasil Grande: hipérbole e desenvolvimentismo de Geisel a Rousseff

Hipérbole e euforia

Há uma genealogia a ser feita da vasta coleção de imagens através das quais o Brasil se imaginou como uma pátria grandiosa. O Brasil Grande aparece em incontáveis ocasiões no período colonial e imperial, na literatura, jurisprudência, discurso político, pintura e outros. Meu interesse aqui é uma instância específica da metáfora, aquela que imagina uma grande pátria expressa em seu povo. Várias ocorrências dessa metáfora vão da legislação trabalhista autoritária de Vargas nos anos 1930 e seu nacionalismo trabalhista dos 1950, passando pela ditadura conservadora, mas empreendedora e estatizante dos anos 1970, até o desenvolvimentismo dos anos lulistas, especialmente entre 2005 e 2014. A metáfora do Brasil Grande tem sido uma imagem recorrente, matriz e mecanismo de legitimação do discurso político no país. Ela é abundante no populismo brasileiro, mas não se limita a ele. Ela se manifesta em diversas arenas, da premissa de que o Brasil precisa ter uma indústria naval — um projeto malsucedido em suas três tentativas (sob Juscelino Kubitschek, sob Ernesto Geisel e sob Dilma Rousseff) — às declarações do PT, em certa época, sobre sua condição de "maior partido de esquerda do mundo ocidental". O Brasil Grande se materializou mais notavelmente em atos de propaganda veiculados durante o regime militar, que giravam em torno de imagens nacionalistas e hiperbólicas, com intensa presença na TV e no rádio. Há uma linha de continuidade, um diálogo real entre as hipérboles varguista, ditatorial-militar e lulista. Vale a pena mapear essas coincidências discursivas, para além das óbvias diferenças políticas entre os três regimes — ou quatro, considerando que o varguismo teve um período ditatorial e outro democrático.

A palavra "hipérbole" tem uma etimologia interessante. Já conhecida na Grécia Antiga no sentido que lhe damos hoje — como um termo retórico para o exagero —, "hipérbole" também significa um tipo específico de movimento. *Bal-* é a raiz nominativa de *ballein*, que significa "jogar, atirar". *Hyperballein* é jogar além, por assim dizer. Ou, como poderíamos afirmar em linguagem esportiva, mudar constantemente a trave de lugar. O discurso hiperbólico se dá não apenas através do exagero da realidade, mas do uso da amplificação prévia como ponto de partida para uma nova operação retórica, para outra hipérbole. Uma hipérbole é, assim, também uma luta contra a finitude, expressa por uma contínua elevação das expectativas. Ela tem sido a estrutura retórica fundamental de um significativo número de discursos sobre o grande, grandioso Brasil. Este capítulo estuda o funcionamento da hipérbole em três momentos da história brasileira que foram particularmente marcados pela metáfora do Brasil Grande: o varguismo (1930-45 e 1951-54), a ditadura militar (1964-85) e os anos lulistas (2003-16).

Um dos primeiros discursos de Lula como presidente, em 2003, representa um momento interessante dessa história:

> É preciso acabar o tempo de brasileiro viajar para o exterior e falar só de mortalidade infantil, de criminalidade, de carnaval ou de futebol. Tudo isto existe, mas existe também o outro lado do Brasil competente, do Brasil competitivo, e nós não temos que nos apresentar ao mundo como se fôssemos os pobrezinhos. Este país é grande, tem uma base industrial, tem tecnologia, tem uma base universitária, tem uma classe trabalhadora bem formada. É só a gente querer que a gente passa a ser respeitado no mundo (Lula da Silva, 10 de março de 2003).[1]

O discurso é surpreendente para quem está acostumado a ver políticos contrastando imagens positivas e negativas de seus países. Nesse discurso de

Lula, o carnaval e o futebol são citados junto com a mortalidade infantil e a criminalidade como imagens do Brasil a serem descartadas, a fim de dar lugar a avanços tecnológicos, à base industrial e à força das universidades. Em outras palavras, Lula abandona uma oposição comum entre dois tipos nacionais, o patriota ufanista sempre a agitar a bandeira do otimismo e o cidadão que sofre do complexo de vira-lata e só vê o lado negativo do Brasil em comparação a alguma nação idealizada e situada além-mar. No lugar dessa oposição, Lula apresenta outra: a que existiria entre aqueles que recorrem a imagens estereotipadas do Brasil, tanto positivas quanto negativas, e os que não se esquecem de que o país também é "competente e competitivo". Seria de se esperar que então, à frente do país, Lula fosse privilegiar o otimismo. Mas seu discurso vai além e rejeita imagens de grandeza normalmente associadas ao Brasil — ou seja, o carnaval e o futebol — para enfatizar o crescimento industrial, a modernização e o Brasil "competente e competitivo". Lula termina o discurso com um elogio da vontade, supostamente tudo o que seria necessário para que o Brasil se tornasse respeitado em todo o mundo. Se tivermos força de vontade suficiente, nós alcançaremos nosso objetivo. O destino final é a grandeza mundialmente reconhecida, nada menos. O recurso de Lula ao poder da vontade como força política transformadora permaneceria constante ao longo do lulismo.

Os discursos do lulismo e do *establishment* político se tornaram cada vez mais grandiosos e eufóricos durante a primeira década do século XXI. É interessante notar que isso era contraintuitivo, já que o Partido dos Trabalhadores (PT) foi fundado em 1980 a partir de uma dura crítica da mitologia do Brasil Grande fomentada pela ditadura militar. Na época de sua fundação, o PT também mirou sua artilharia crítica no clientelismo próprio da tradição populista de Getúlio Vargas, também marcada pelo recurso retórico à grandiosidade da hipérbole. Naquele período, a classe trabalhadora emergente que fundou o PT dedicou zero energia a defender ou manter uma imagem forte do Brasil ou qualquer tipo de orgulho nacional. O Partido dos Trabalhadores era decididamente um projeto de classe, para o qual o embate entre trabalhadores e a classe dominante era um assunto bem mais importante que o orgulho nacional. O elogio da vontade aparecia, sim, nos discursos de Lula em seus dias de líder sindical e de político de oposição, mas aquilo fazia sentido dentro de uma estrutura de classe. O que as pessoas deveriam querer e desejar com força suficiente eram a maturação e o fortalecimento da classe trabalhadora: "ninguém deve duvidar da classe trabalhadora deste País" era um de seus lemas recorrentes.

É verdade, então, que uma crença um tanto idealista, apesar de intensa e sincera, no poder da vontade esteve sempre presente nos discursos de Lula, mas seus apelos iniciais a esse poder tendiam a ser estritamente classistas. Por outro lado, nos discursos de Lula depois da posse, um punhado de lugares-comuns da esquerda foi rejeitado, inclusive a própria existência do imperialismo. E a vontade mais uma vez se fez presente:

> E o dia em que todos nós pararmos de acreditar que o que se produz lá fora é melhor do que [o que] se produz aqui dentro, e acreditar[mos] no que nós produzimos, nós deixaremos de ser um país emergente para sermos a grande potência que todos nós sonhamos no mundo.
>
> Sem continuar com a mania que habitualmente nós, brasileiros, temos de achar que somos coitadinhos, de achar que somos do Terceiro Mundo, de achar que somos os pobres da América Latina, da América do Sul, que somos pobres porque os americanos são ricos, que somos pobres porque a Europa é rica e que somos pobres porque o imperialismo faz com que sejamos pobres (Lula da Silva, 25 de março de 2003).

Note-se que, de acordo com Lula, nenhuma grande transformação na estrutura política seria necessária para que o país fosse respeitado. Só era necessário "acreditar no que nós produzimos", "parar de pensar que somos coitadinhos" e "acabar com a mania de que somos uma nação de Terceiro Mundo porque o imperialismo nos fez pobres". O imaginário que animava o discurso de Lula era desenvolvimentista, mas implicitamente rompia com uma das noções-chave do desenvolvimentismo, a que postula uma imbricação mútua entre a concentração de riqueza no Primeiro Mundo e a pobreza à qual as nações do Terceiro Mundo estão submetidas, assim como a preferência das classes dominantes locais pelo papel de sócias menores. Enquanto o desenvolvimentismo imaginava um limite ao que o país poderia realizar sob o capitalismo, o lulismo se apropriava de sua lógica cumulativa e progressiva sem levar em conta esse limite, do qual até o desenvolvimentismo tradicional estava bem ciente.[2] Lula repetidamente rejeitava a teoria da imbricação mútua em seus discursos. Tome-se por exemplo a cerimônia em Ouro Preto (MG) em abril de 2003:

Eu não aguento mais viajar pelo mundo e encontrar um presidente de país latino-americano, e ele ficar jogando a culpa das desgraças do Terceiro Mundo em cima do imperialismo não sei da onde, do desenvolvimento dos países ricos, do imperialismo americano. É uma bobagem. Nós não somos vítimas de nada, nós somos vítimas da nossa competência ou da nossa incompetência (22 de abril de 2003).

"Não aguento mais ouvir falar em imperialismo." Muitos observadores, e até especialistas, ficariam surpresos ao serem informados de que essa frase foi repetida muitas vezes pelo mais ilustre presidente de esquerda da América Latina moderna. Nos primeiros trinta meses de seu primeiro mandato, antes do escândalo do Mensalão (2005), é inútil procurar um antagonista nos discursos de Lula. Os inimigos do Brasil não têm nome, CPF, palácio presidencial nem endereço. São conhecidos por nomes como complexo de inferioridade, preguiça ou falta de autoconfiança. Esse momento retórico de Lula foi uma continuação do espírito estabelecido pela Carta ao Povo Brasileiro, assinada por Lula antes das eleições de 2002 a fim de acalmar o mercado, inquieto com a possibilidade de uma presidência do PT. Na carta, o PT abandonava anos de um discurso centrado no antagonismo e falava a todo o Brasil, como a uma família unificada. Isso será particularmente importante para o argumento deste livro, que em grande parte é sobre como se administram antagonismos no sistema político brasileiro. O PT passa por diferentes fases em sua relação com eles. Os discursos de Lula em 2003 e 2004 mantiveram uma estrutura livre de antagonistas e optaram por mobilizar categorias idealistas, como vontade, autoestima e determinação. Em discurso dirigido a diplomatas latino-americanos três dias antes do discurso de Ouro Preto, citado anteriormente, Lula afirmava:

> Muitas vezes, na América Latina, os nossos governantes já entram numa reunião de negociação de forma subserviente, como se fossem cidadãos de segunda classe, sem autoestima e sem se respeitarem. Eu aprendi, nos meus trinta anos de militância política, que nenhum negociador respeita alguém que começa a negociar de cabeça baixa. Eu acho que nós temos que entrar nas negociações de cabeça erguida (25 de abril de 2003).

A imagem da cabeça erguida permaneceu crucial para Lula pelos anos que viriam, inclusive no período marcado pela sua prisão. No começo de seu segundo mandato, no entanto, Lula fez referência à imagem da cabeça erguida como um mantra, uma chave para o sucesso e uma fórmula para a respeitabilidade. No entendimento de Lula sobre a América Latina, a imagem da cabeça erguida ocupava o espaço antes reservado para a luta contra o imperialismo e a dominação de classe, em uma total ruptura com a história prévia da esquerda e de seu próprio partido.

O nascimento do PT havia sido baseado no antagonismo com as lideranças trabalhistas e populistas associadas a Getúlio Vargas, especialmente Leonel Brizola. À medida que Lula desenvolvia um novo apreço por Vargas nos anos 2000, ele se tornava cada vez mais propenso a descrever qualquer oposição à sua administração como uma continuidade da oposição que conspirou contra Vargas, composta das forças "antinacionais" que promoveram o golpe militar de 1964. O varguismo funciona para Lula como um balizador de quais são seus inimigos. Em sua autodefesa, enquanto estava no poder, o lulismo se alinhou com as interpretações-padrão trabalhistas e nacionalistas da história do Brasil, segundo as quais a oposição a Vargas havia representado uma alternativa política antinacional e subserviente aos Estados Unidos. Enquanto o lulismo se apropriava dessa visão trabalhista da história brasileira, a espinha dorsal do discurso lulista mudava significativamente. Na medida em que os gestos anteriores de ruptura com o varguismo minguavam, as metáforas do Brasil Grande ganhavam destaque tanto nos discursos e entrevistas de Lula quanto nos documentos e resoluções do PT. Apesar de bastante conhecida politicamente pela pesquisa de Lincoln Secco e de outros estudiosos, assim como por testemunhos de vários protagonistas,[3] a história do PT antes dessa guinada precisa ser mais bem estudada em termos retóricos. Em geral, e com poucas exceções, cientistas sociais e historiadores não prestaram muita atenção à retórica. Por outro lado, as faculdades de Letras dedicaram pouco tempo à análise do discurso político como tal no Brasil, especialmente nos seus efeitos institucionais, reais. A seção a seguir tenta preencher parte dessa lacuna, mapeando alguns dos nós retóricos mais frequentes do petismo, da época em que ele representava uma crítica ao populismo, nos anos 1980, até a lembrança de Lula das mudanças em seu relacionamento com Vargas, em discurso pronunciado quando ele estava deixando a presidência no auge de sua popularidade, em 2010.

A crítica do PT ao Brasil Grande populista

Nos anos 1980, quando o partido nasceu, o discurso do PT girava em torno de sua inovação como uma forma de organização política não personalista, que já não se baseava na tradicional figura latino-americana do caudilho. Esse era um dos anseios que unia sindicalistas, católicos, trotskistas e parlamentares oriundos do MDB chamado autêntico. A onda de greves na região do ABC em São Paulo, em 1978-79, criou condições para um novo tipo de projeto político, marcado por uma linguagem decididamente nova. Um projeto maciço de industrialização havia ocorrido na região nos anos 1960 e 1970, impulsionado pelas altas taxas de crescimento entre 1968 e 1975. Santo André, São Bernardo do Campo, São Caetano e Diadema tornaram-se o nascedouro de uma liderança jovem e moderna da classe trabalhadora, forjada na organização dos metalúrgicos. Seu movimento emergiu ao romper com formas corruptas de representação e propor uma estrutura de sindicatos livre de clientelismo estatal. Nos anos 1970, essa renovada geração de líderes sindicais começou a ganhar eleições e a substituir a liderança colaboracionista anterior. Lula foi o símbolo máximo do confronto com os rígidos limites da lei trabalhista herdada de Vargas. Na medida em que se fortalecia o movimento para criar um novo Partido dos Trabalhadores em torno de Lula, Jair Meneguelli e as novas lideranças sindicais, o PT tinha uma ideia bem clara do que não queria: não queria ser mais um partido comunista nem um partido populista/trabalhista na linha do legado de Getúlio Vargas, baseado em restrições forçadas e legalizadas aos sindicatos, um *éthos* nacionalista e laços clientelistas entre a liderança dos trabalhadores e o Estado. O PT emergiu de uma crítica a essas duas tradições, tanto à linha populista quanto ao modelo comunista centralizado. Ele queria ser um partido de trabalhadores e democrático, plural e de base, construído de baixo para cima, que tomaria decisões por meio da maioria de seus membros, independente do status ou poder de cada um dentro do partido. Impulsionado por células locais de ativistas, esse arranjo se manteve ao longo dos anos 1980 e teve um papel importante nos primeiros mandatos do PT no governo de grandes cidades, bem-sucedidos em alguns casos, como em Porto Alegre (onde o PT ganhou em 1988 e continuou ganhando até a derrota de 2004), e desastrosos em outros, como em Fortaleza (1985-89).

O PT foi resultado de vários componentes, mas claramente um deles foi a espinha dorsal que tornou tudo possível: as lideranças sindicalistas independentes que movimentaram centenas de milhares de trabalhadores no final dos anos 1970 e obtiveram uma legitimidade massiva que nenhum outro setor da esquerda brasileira jamais havia conseguido. O Partido Comunista foi o que mais próximo chegou disso, no breve período durante o qual foi legalizado, em 1946-47. Mas, mesmo ali, o PCB nunca movimentou massas de trabalhadores em números comparáveis aos de Lula e da nova liderança no final dos anos 1970. O movimento anterior ao ABC que havia chegado a abalar a ditadura acontecera nas ruas de 1968, no ápice do regime militar. Este movimento, no entanto, não tinha sido produto de uma corrente política em particular, havia se limitado a uma marcha de proporções consideráveis, de cerca de 100 mil cidadãos, e não criou uma força orgânica que pudesse se sustentar ao longo do tempo. Os anos entre 1968 e 1978 foram de intensa repressão, tortura e eliminação, não apenas de ativistas que recorreram à luta armada, mas também de membros do Partido Comunista Brasileiro (o PCB sempre foi crítico da luta armada e nunca recorreu a ela) e até mesmo da oposição democrática em geral. O clima entre os movimentos sociais era de medo, somente desafiado por levantes ocasionais da sociedade civil, tais como a missa ecumênica de 1975 em memória de Vladimir Herzog, jornalista assassinado sob tortura e mais tarde elevado a *cause celèbre* quando a ditadura tentou configurar sua morte como suicídio.[4] Os sindicalistas do final da década de 1970, com Lula, Jair Meneguelli e Djalma Bom na linha de frente, não traziam consigo os vícios da velha esquerda. Polêmicas obscuras sobre o caráter do partido revolucionário e a natureza do regime soviético não tinham lugar em suas discussões. Eles eram trabalhadores de verdade, em contato diário com fábricas e preocupados com os problemas reais da classe trabalhadora. Não aceitavam sermões de intelectuais de classe média. Quando Lula surgiu como o líder dos metalúrgicos, em seus discursos não era incomum ouvir expressões de desdém explícito por políticos e intelectuais. Lula em geral colocava ambos na mesma sacola e concluía com alguma variação da afirmativa de que "o que importa é comida na mesa do trabalhador". O surgimento do PT tem lugar em ambiente marcado por uma intensa suspeita contra a política institucional, incluindo as várias formas tradicionais de ativismo de esquerda. Tal suspeita não estava livre de anti-intelectualismo, mesmo quando grandes intelectuais progressistas se uniram ao movimento pró-PT. Por causa da subserviência a Lula, os intelectuais do partido raramente protestavam contra o componente anti-intelectual que já compunha a origem mesma do discurso lulista.

Em sua obra referência sobre a história do PT,[5] Lincoln Secco cita os seis principais componentes na constituição do partido, mas podemos, sem prejuízo, reduzi-los a três para o nosso argumento. Além da liderança sindical independente que surgiu nas greves de 1978-79, dois outros importantes coletivos rapidamente se uniram ao movimento pró-PT: os católicos e algumas organizações clandestinas de esquerda. Os primeiros vieram das vibrantes Comunidades Eclesiais de Base, então radicalizando-se à esquerda ao abraçar a teologia da libertação. É importante frisar o quanto essas comunidades de base católicas foram importantes para a constituição do PT e o quanto elas foram perseguidas pelo Vaticano de João Paulo II. O brasilianista Thomas Skidmore ressalta que em 1974 havia cerca de 40 mil Comunidades Eclesiais de Base (CEB) no Brasil.[6] Elas continuaram crescendo ao longo dos anos 1970 e, como mostra Secco, em várias cidades brasileiras a esquerda católica foi a força principal que impulsionou a fundação do PT.[7] Ao longo dos anos, o papel das CEB declinou no partido, em parte pela ofensiva do Vaticano contra a teologia da libertação na América Latina, em parte em razão do abandono, pelo próprio PT, da democracia interna construída em torno de células ativistas locais. Mas ao longo dos anos 1980, quando o PT estava começando a tomar forma, não era incomum ouvir declarações como esta, feita por Frei Betto a Lula em 1986: "Um autêntico comunista é um cristão, ainda que não o saiba, e um autêntico cristão é um comunista, ainda que não o queira."[8] A convergência entre "verdadeiro cristianismo" e "autêntico socialismo" era um assunto constante à época, ainda que os ativistas católicos mantivessem uma forte desconfiança quanto aos princípios organizacionais leninistas que governavam os grupos clandestinos de esquerda. O emblema desse *éthos* foi o best-seller de Frei Betto, *Fidel e a religião*, uma série de longas entrevistas com Fidel Castro sobre possíveis convergências entre o marxismo e o cristianismo progressista.

Entre as muitas organizações de esquerda que imediatamente se juntaram ao PT, os trotskistas foram os mais relevantes. À época, os dois partidos comunistas do Brasil — PCB, pró-soviético, e PCdoB, pró-albanês — eram ilegais e continuavam a conduzir seu ativismo dentro do MDB, o único partido de oposição permitido pelo regime militar. Sua reação inicial ao movimento pró-PT foi acusar o Partido dos Trabalhadores de dividir a esquerda, uma posição na qual eles insistiriam pelos anos 1980 adentro (ironicamente, este torna-se-ia um dos principais argumentos do PT contra qualquer oposição progressista feita a seu governo no século XXI). Em contraste, os trotskistas apostaram alto no PT. A DS (Democracia Socialista) — trotskista alinhada à Quarta Internacional conduzida pelo economista belga Ernest Mandel e composta de ativistas remanescentes de vários grupos clandestinos antiditadura como a AP e a Polop — se uniu ao movimento pró-PT logo no começo e divergiu da estratégia entrista adotada por outras organizações trotskistas. Destacada entre os grupos entristas estava a CS, Convergência Socialista, alinhada à vertente da Quarta Internacional dirigida pelo trotskista argentino Nahuel Moreno. Ela se juntou ao PT, mas continuou a atuar em seu próprio nome e a carregar suas próprias bandeiras e cartazes em reuniões políticas. O principal debate entre os trotskistas no período era se o PT deveria ou não ser considerado um partido com o qual os ativistas revolucionários comprometer-se-iam ou uma frente popular de relevância tática, com o intuito de derrubar a ditadura. A DS adotou a primeira posição, enquanto a CS adotou a segunda. A DS permaneceu no PT pelas décadas seguintes, e a CS foi expulsa em 1992, acusada de desrespeitar resoluções do partido — e essa expulsão geraria o PSTU. Outras organizações, como a trotskista Libelu (acrônimo de Liberdade e Luta) e o leninista PRC (Partido Revolucionário Comunista), também se juntaram ao PT desde cedo. De modo geral, havia uma boa dose de tensão entre essas organizações, por um lado, e a esquerda católica e os sindicalistas independentes, por outro. Mas todas concordaram em colocar a luta antiditatorial e a construção do PT à frente de suas prioridades, mesmo que discordassem em seu entendimento de como deveria ser aquele partido de trabalhadores.

Democracia interna, pluralidade e consciência de classe combativa eram os princípios essenciais do novo partido. O regime e a legislação de trabalho clientelista herdados do populismo de Getúlio Vargas eram constantes objetos de crítica. O pacto de classes que sustentara o populismo latino-americano devia ser abandonado em favor de um projeto de classe trabalhadora verdadeiramente autônoma. Por exemplo, no terceiro congresso da Central Única dos Trabalhadores (CUT), ocorrido em 1988, a rejeição à legislação da era Vargas foi bastante clara: "O avanço da luta dependerá da força dos trabalhadores na conquista de suas reivindicações, abolindo a CLT e a intervenção da Justiça do Trabalho e do Estado."[9] A CLT (Consolidação das Leis do Trabalho, promulgada em 1943 por Vargas) era a *bête noire* daquele novo movimento da classe trabalhadora. Ela forçava um vínculo entre os sindicatos e o Estado por meio de uma série de regulamentos, tais como taxas sindicais compulsórias, um dos maiores alvos das críticas do PT durante os primeiros anos do partido. O próprio Lula narra melhor essa história em um discurso feito durante a inauguração do Centro de Referência do Trabalhador Leonel Brizola, em 2010, ano em que deixaria a presidência, no auge de sua popularidade:

> E o Brizola não compreendia que lá nas bandas de São Paulo — não é, Paulinho Medeiros? —, nós, sindicalistas, começamos a aprender as coisas no sindicato nos opondo à visão que Getúlio tinha do movimento sindical. Ou seja, nós éramos contra e dizíamos em alto e bom som: porque a estrutura sindical brasileira é cópia fiel da Carta del Lavoro de Mussolini. E foi aquilo que balizou grande parte da atuação dos dirigentes sindicais de São Paulo. Então, eu não tinha muita relação com o Getúlio Vargas (18 de novembro de 2010).

As recordações de Lula do quanto ele havia sido distante de Vargas só adquiriram seu total significado para a plateia (composta tanto de tradicionais políticos oligarcas quanto de herdeiros da tradição trabalhista Vargas-Brizola) à luz do quanto Lula havia mudado. Ele agora estava reconhecendo que havia reivindicado aquele legado durante os dois mandatos presidenciais que então concluía. Em uma de suas performances mais divertidas, Lula prosseguiu contando como Brizola, candidato a vice-presidente na sua chapa de 1998, o havia levado para visitar o túmulo de Vargas em São Borja, no Rio Grande do Sul, e iniciado uma longa conversa com o espírito de Vargas ao pé da lápide, concluindo com a desconcertante pergunta (e neste ponto a audiência naturalmente caiu na gargalhada): "Lula, você também quer ter uma palavra com o Vargas?"

Lula declinou do convite para falar com o fantasma de Vargas em seu túmulo naquela tarde em São Borja, mas a história marca um momento de transição entre o Lula crítico da legislação varguista inspirada na Carta di Lavoro, quando líder sindicalista nos anos 1970 e 1980, e o Lula herdeiro de Vargas durante e após o seu período na presidência, a partir de 2003. A nova convergência era devida ao fato de que, para Lula, ele e Vargas haviam chegado a compartilhar os mesmos antagonistas. De acordo com o testemunho de Lula, quando ele se recusou a conversar com o espírito de Vargas, Brizola procedeu a apresentá-lo a Vargas como "o operário de fábrica que nunca fomos, caro Getúlio, a quem agora apoiaremos e que fará tudo o que nós tínhamos planejado e desejado". Mais uma vez é importante lembrar que, aumentando o efeito cômico da história tal como Lula a contava em 2010, no auge de seus poderes, vinha o fato de que todos os presentes sabiam que, de uma forma ou de outra, durante o final de seu primeiro mandato em Brasília e por todo o segundo, Lula havia de fato "conversado" com Vargas, de várias formas. Em múltiplas ocasiões ele tinha designado seus antagonistas como sendo as mesmas forças antinacionais que haviam levado Vargas ao suicídio em 1954. Em várias iniciativas desenvolvimentistas, tais como o bilionário Pacto para a Aceleração do Crescimento (PAC), Lula tomou para si o legado de Vargas de formas que teriam sido impensáveis nos anos 1980 e 1990. A surpreendente mudança que ocorreu durante os anos 2000, quando o PT finalmente chegou ao poder, foi que o populismo de Vargas, sua legislação trabalhista e seu sistema de sindicatos regulados pelo Estado passaram de antagonistas e *bêtes noires* a apostas certas e inspiração explícita. De inimigos declarados do populismo varguista, os petistas se tornaram seus maiores defensores. De expressão de um *éthos* da classe trabalhadora rumo a uma sociedade mais igualitária, o lulismo havia se transformado em uma máquina dedicada a estimular o consumo, um contraste tão mais significativo quanto mais claro ficava para os brasileiros que o aumento do consumo na base da pirâmide social não implicava necessariamente a redução da desigualdade,[10] não era sustentável ao longo do tempo e não levava consigo uma expansão correspondente no campo da cidadania.[11] Nesse processo de rever seu relacionamento com a metáfora do Brasil Grande, certas mudanças retóricas importantes tiveram lugar, e o próprio discurso lulista viu-se repetindo diversas narrativas herdadas da ditadura militar.

A geopolítica de Golbery e a retórica do programa nuclear

Para traçar linhas retóricas de continuidade na história política moderna do Brasil, deve-se notar que muitas especificidades da ditadura militar no país são frequentemente negligenciadas nos estudos comparativos sobre a América Latina. Está fora de questão fazer aqui uma resenha da bibliografia, mas alguns dos erros mais comuns devem ser esclarecidos antes que uma genealogia da metáfora do Brasil Grande possa ser feita. Comumente, estudiosos que veem a ditadura brasileira a partir de uma perspectiva hispano--americanista falam dos regimes militares "neoliberais" ou "privatizantes" no continente. Nenhum desses rótulos se aplica à ditadura brasileira em qualquer sentido real. Além disso, em comparação com o longo período de governo por um único ditador no Chile ou o mesmo *modus operandi* observável em todos os generais da junta argentina, a ditadura brasileira foi, em certo sentido, mais plural e contraditória. A equipe do general Castelo Branco, que estava no poder em 1965, tinha pouco em comum com a facção do general Garrastazu Médici, que governou em 1969, que por sua vez demonstrava importantes diferenças em comparação com o tipo de mentalidade de Ernesto Geisel, que dominou a segunda metade dos anos 1970. De modo geral, a ditadura brasileira foi militarista, mas diplomática, expansionista dentro do próprio território (especialmente na Amazônia), intervencionista na economia e centrada no Estado, mas empreendedora. Ela demonstrava uma compreensão específica da cultura brasileira e tinha um projeto em particular para a Amazônia. Dependia do conservadorismo católico para fins de mobilização, mas, enquanto governo, era decididamente modernizadora e, em grande medida, secular. A pluralidade incluía constantes disputas internas envolvendo sua ala privatizante, abrigada no Ministério do Planejamento de Mário Henrique Simonsen, e a ala estatista e intervencionista, encravada no gabinete militar de Ernesto Geisel. A história da ditadura brasileira contada em vários volumes por Elio Gaspari traz um relato revelador sobre a luta entre privatismo e estatismo na política de comunicações telefônicas dos anos 1960:

> Poucos avanços do Estado sobre a economia brasileira foram tão exemplares como o da telefonia, ocorrido no governo Castello Branco. Confrontara dois

personagens que haveriam de se tornar paradigmas no debate econômico nacional da segunda metade do século XX. De um lado estivera o ministro do Planejamento, Roberto Campos. Defendia uma solução privada e contava com a simpatia do presidente. Do outro, o general Ernesto Geisel, chefe do Gabinete Militar, sustentando a criação de um monopólio estatal. Castello dera razão a Campos e pediu-lhe que fosse ao mercado buscar empresários interessados no negócio. Geisel apostou no fracasso do colega. Mais tarde, perguntaria: "O capital privado se interessou?"[12]

Gaspari prossegue com uma citação da autobiografia do ministro privatista Roberto Campos, explicando que, com o limitado mercado de capitais existente no Brasil na época, vultosos 90 bilhões de dólares não eram uma quantia que pudesse ser facilmente reunida por grupos privados. Em suas memórias, Campos lamenta ter perdido a batalha para Geisel e qualifica o episódio como sua maior derrota durante o regime militar. As comunicações telefônicas continuaram sendo um monopólio do Estado até quase o final dos anos 1990, quando o governo FHC as privatizou.

Apesar da presença de economistas privatistas como Roberto Campos no ministério, uma mentalidade nacionalista, desenvolvimentista e obcecada com planejamento prevaleceu, e tomou de vez as rédeas do processo econômico em 1974, com a subida ao poder de Ernesto Geisel. Àquela altura, o Brasil estava concluindo o assim chamado "milagre econômico", que levou o país a taxas de crescimento do PIB de até 14% ao ano. O PIB brasileiro cresceu continuamente, com taxas altas, de 4,2% em 1967 a 9,8% em 1968 e de 11,3% em 1971 a 14% em 1973. Como efeito da crise internacional de petróleo e do desequilíbrio fiscal doméstico, o crescimento brasileiro caiu para 9% em 1974, depois para 5,2% em 1975, rumo à recessão que acabou chegando em 1981, quando o país fechou o ano com uma retração de 3,1% em seu PIB.[13] Um dos números mais estarrecedores da economia da ditadura é o que trata da evolução da dívida externa brasileira, que totalizava 3,2 bilhões de dólares em 1964, quando os militares tomaram o poder, e que havia inchado para 91 bilhões em 1985, quando foram realizadas as eleições indiretas de transição que levaram aos governos civis. Obras megalomaníacas, como hidrelétricas na floresta e rodovias cortando a Amazônia (a Transamazônica), contribuíram muito para esse endividamento, já que os militares haviam estabelecido sua concepção da Amazônia como um espaço vazio a ser colonizado e incorporado ao Estado-nação.[14] Enquanto a ditadura mostrava seus músculos na investida desenvolvimentista, os investimentos em aço, petróleo, telecomunicações, rodovias, indústrias naval e petroquímica, ferrovias, eletricidade, minério de ferro e outros setores da economia endividaram pesadamente o Estado. Esse endividamento não ocorreu sem resistência interna da própria coalizão no governo. Elio Gaspari relata que até mesmo antigos ministros de Estado, como Octavio Gouvêa de Bulhões, que serviu à ditadura, escreveram a Geisel avisando sobre "o endividamento da economia brasileira que impede acelerar o desenvolvimento e cria obstáculos ao desaceleramento inflacionário, com reflexos negativos sobre o equilíbrio da balança de pagamentos".[15] O gigantismo que estava na base do entendimento do país pela ditadura sob Geisel se fez sentir em uma miríade de diferentes áreas, como na indústria de aço.

Em janeiro de 1975 Geisel começava a construção da Açominas, usina de aço em Minas Gerais, outra vez feita com capital estatal. De acordo com Gaspari, a Açominas foi orçada em 1,6 bilhão de dólares, e acabou custando 7 bilhões. Ela não foi inaugurada até 1986, e sete anos mais tarde, completamente falida, foi privatizada por 598,5 milhões, menos de 10% do que havia custado para ser construída, sem computar o déficit que havia acumulado durante sua atividade.[16] Em resumo, "O Brasil era governado por um general que estava convencido de que 'a iniciativa privada não está interessada no real desenvolvimento do país', e que, portanto, 'o Estado deve tomar a frente'".[17] A Açominas foi um entre muitos exemplos do expansionismo estatal descontrolado da era Geisel, uma realidade que incluía várias medidas conhecidas de quem acompanhou a política econômica de Dilma Rousseff. O boom de empréstimos subsidiados pelo BNDE (Banco Nacional de Desenvolvimento Econômico) para empresas escolhidas a dedo para liderar a nação em seus segmentos foi um nítido legado do regime de Geisel que seria retomado nos anos petistas. "Setores estratégicos", o que é léxico desenvolvimentista, foi o termo que tanto a ditadura de Geisel quanto as administrações lulistas escolheram para designar as áreas nas quais o Executivo pretendia demonstrar seu poder de planejamento.

Para as empresas que conseguiam créditos no BNDE, havia dinheiro premiado. Prosperaram debaixo da proteção de um teto de 20% no cálculo da correção monetária de suas dívidas. Com uma inflação de 34,5%, isso significava um subsídio de 14,5%. O banco duplicara sua capacidade financeira, emprestando, só em 1974, um bilhão de dólares a esses empreendedores afortunados.[18]

Quarenta anos mais tarde, como veremos no capítulo cinco, empréstimos bilionários subsidiados pelo BNDES (a essa altura o banco havia acrescentado a palavra "social" a seu nome) tiveram um papel-chave na produção do colapso fiscal que teve lugar sob Dilma. Em 1975, o BNDE já havia sido um componente crucial no planejamento de Geisel para a nação, e o pensamento por trás disso foi notavelmente similar nos dois casos. Em ambos, a hipérbole era a categoria retórica dominante. O "planejamento" na verdade era pouco mais que uma projeção voluntarista fomentada por premissas econômicas bastante questionáveis, para não dizer falidas.

Essas políticas eram hiperbólicas não apenas porque dependiam de exagerar e de superestimar o poder do Estado e a demanda econômica. Quando nos lembramos de que *hyperballein* também significava "jogar além", percebemos que essas operações eram igualmente hiperbólicas no sentido etimológico, já que continuamente mudavam as metas, microgerenciando os órgãos do governo enquanto as mudanças de metas iam produzindo suas distorções. Ao constantemente jogar para além suas metas, objetivos e cálculos, as administrações Geisel e Rousseff acabaram sendo governos que exemplificam a metáfora do Brasil Grande, produzindo junto com ela uma espiral de déficit e desequilíbrio fiscal. Durante o regime militar, o esforço era direcionado a fortalecer poucos setores da economia, cuidadosamente selecionados, ao escolher áreas "estratégicas" e certos atores para representá-las. Com efeito, há bem poucos discursos de Geisel nos quais as palavras "nacional", "estratégico" e "planejamento" não apareçam juntas. Esse foco particular em planejamento estratégico nacional se remonta à linha de pensamento desenvolvida pela Escola Superior de Guerra (ESG) desde os anos 1950. Um militar e escritor em especial, Golbery do Couto e Silva, desempenhou um papel central na elaboração desse pensamento. Não seria exagero dizer que Golbery foi o intelectual orgânico da ditadura no verdadeiro sentido gramsciano, ou seja, ele foi a figura que formulou as tarefas políticas e o entendimento histórico de todo o bloco social que ascendeu ao poder em 1964. Nas 494 páginas de entrevistas do antigo ditador Ernesto Geisel a Maria Celina D'Araújo e Celso

Castro, publicadas pela Fundação Getulio Vargas,[19] Golbery é de longe o nome mais citado, com setenta menções. Sob o comando do general Juarez Távora na ESG, na década de 1950, Golbery começou a elaborar o que mais tarde se tornaria a espinha dorsal do pensamento do regime militar para o Brasil. Seus livros *Planejamento estratégico* (1955) e *Geopolítica do Brasil* (1958)[20] não foram especialmente influentes logo que publicados, mas a segunda edição das duas obras em um volume único (1967) coincidiu com a ascensão de Golbery em Brasília, que o levou ao gabinete de Geisel, onde se tornaria chefe da Casa Civil em 1974. Em *Planejamento estratégico*, Golbery concebeu a constituição de uma elite tecnocrática civil e militar, ideologicamente comprometida com uma série de metas nacionais permanentes.[21] Essas metas deveriam ser atingidas através da geopolítica, uma disciplina então recente, criada no século XIX, e que Golbery interpretava de forma bastante singular. Para ele, geopolítica era a área do conhecimento na qual se podia desenvolver um projeto nacional estratégico que combinasse militarismo, planejamento centralizado e uma aliança com o Ocidente cristão sob a liderança dos Estados Unidos. Não foi por acaso que, em busca de legitimar seus argumentos, Golbery fez questão de revisitar o alemão Friedrich Ratzel (1844-1904), o sueco Rudolf Kjellén (1864-1922) e o americano Alfred Thayer Mahan (1840-1914), figuras fundadoras da geopolítica.

O pensamento de Golbery era tributário da Guerra Fria, mas sua visão do conflito era bastante peculiar. Mais que um confronto entre os Estados Unidos e a União Soviética, ele via no conflito entre o cristianismo ocidental e o materialismo comunista do Leste um verdadeiro choque entre civilizações, quatro décadas antes que o cientista político americano Samuel Huntington popularizasse a expressão em outro contexto.[22] Para Golbery, o Brasil havia sido chamado a ocupar seu lugar no concerto das nações ocidentais, uma unidade composta de três pilares fundamentais: ciência, democracia e cristandade.[23] Como Thiago Bonfada de Carvalho destaca em seu estudo do pensamento de Golbery, este nunca foi capaz de resolver a potencial contradição entre seu ímpeto nacionalista e a convicção de que o destino do Brasil era se unir à aliança ocidental sob a liderança dos Estados Unidos. Durante toda a sua vida ele foi, no entanto, bem claro a respeito do papel central que conferia ao Estado. Seu objetivo era a "sobrevivência do Estado como entidade internacional dotada de um poder soberano, como organismo social em processo de integração continuada, como nação próspera e prestigiada no mundo".[24] O elogio de Golbery ao individualismo ocidental deve aqui ser reconciliado com uma visão do mundo profundamente centrada no Estado, na qual o Estado é o principal planejador estratégico e o maior sujeito da soberania. A ditadura brasileira herdaria muito da contradição típica do pensamento de Golbery.

A geopolítica de Golbery via o triângulo composto de América do Sul, África e Antártica como um possível bastião de defesa contra a infiltração comunista no Novo Mundo. O papel do Brasil seria superar o subdesenvolvimento, ficar de olho na África para evitar possíveis subversões da ordem e fortalecer uma aliança pan-americanista com os Estados Unidos. Para a primeira tarefa, era crucial "povoar" a Amazônia, uma tarefa que era formulada como se a região fosse um espaço vazio. Era imperativo incorporá-la à nação e colonizar seus recursos energéticos em benefício de um Brasil forte. A geopolítica de Golbery fornecia a base retórica dos projetos grandiosos da ditadura para a região, incluindo a rodovia de 4.200 km conhecida como Transamazônica, hidrelétricas como Tucuruí e Balbina, relocações subsidiadas de populações do Norte do país, o avanço de várias empresas mineradoras e madeireiras sobre a floresta e, naturalmente, o genocídio indígena que se seguiu. O número de vítimas fatais da ditadura militar brasileira é normalmente contado em centenas, e a Comissão da Verdade chegou ao número de 419 pessoas. Uma sequência de massacres sofridos por uma única nação indígena, os waimiris-atroaris, durante a construção de uma grande estrada na Amazônia, a BR-319, levou ao assassinato de mais de 2 mil indivíduos.[25] Uma vez que consideramos as vítimas indígenas da expansão do Estado na Amazônia durante os anos 1960 e 1970, o número de vítimas fatais da ditadura militar torna-se *vinte vezes maior*. No caso da rodovia BR-319, vários documentos revelaram uma política explícita de extermínio deliberado que incluía artilharia pesada contra árvores, rios e ocas para aterrorizar os waimiris-atroaris.[26]

Na compreensão grandiosa de Golbery do papel do Brasil na aliança das nações ocidentais, a hipérbole era uma constante. A hipérbole específica que animou sua concepção de um papel histórico para o Brasil se apoiava em uma metonímia, na medida em que a tarefa era formar aquela fração das elites dotadas dos meios para liderar uma nação inteira, ou seja, a parte que poderia falar pelo todo. O BNDE, como banco de desenvolvimento, estava encarregado de escolher as empresas especiais que viriam a se tornar líderes em seus segmentos e espinhas dorsais da nação. O processo por meio do qual essas companhias eram selecionadas e fortalecidas também incluía inflar e superestimar seus poderes e perspectivas, em um círculo vicioso que naturalmente tendia a levar à corrupção, uma vez que os resultados finais de uma companhia no mercado haviam sido previstos pelo próprio Estado. Eventos como o Salzburg-75 (também conhecido como I Seminário Internacional de Investimentos no Brasil), em Viena, dão uma medida do espírito hiperbólico do aparato retórico do regime militar naquele momento. Dois mil líderes de empresas, banqueiros e investidores foram ao evento na Áustria. Até o lendário maestro Herbert von Karajan teve que interromper ensaios com a Orquestra Filarmônica de Viena para que os brasileiros pudessem lotar a Konzerthaus. Presidentes da Volkswagen, Mercedes, Brown Boveri e outros compareceram, assim como os ministros alemão e austríaco da Economia. A delegação brasileira contava com três ministros de Estado e nada menos que trinta e três membros. Só o Banco do Brasil enviou onze representantes. Segundo Elio Gaspari, em meia dúzia de dias, a reunião brasileira gastou *dez vezes* mais dinheiro do que conseguiram arrecadar em seus primeiros anos a Heritage Foundation (a gênese do reaganismo) e o Center for Policy Studies (a origem do thatcherismo). No caso da ditadura militar brasileira, o entendimento grandioso do território incluía como projeto constitutivo uma "ocupação" da Amazônia que via a região como um espaço ao mesmo tempo vazio de seres humanos — em desconsideração a povos que lá vivem há milhares de anos — e prenhe de recursos a serem extraídos, como de uma colônia energética. Em uma operação essencialmente hiperbólica, massas de colonos sulistas foram subsidiadas e encorajadas a se mudar para a floresta e tomar para si o encargo de torná-la lucrativa. Quando chegamos a Geisel, a hipérbole fica ainda mais hipertrofiada, tanto na Amazônia quanto na economia e na política externa.

Em nenhum momento a imagem do Brasil Grande foi tão proeminente quanto no acordo nuclear com a Alemanha. Em 27 de junho de 1975, o Brasil e a República Federal da Alemanha assinaram um acordo nuclear estimado, à época, em 10 bilhões de dólares. Em 1979, o custo havia subido para 15 bilhões e, em 1982, chegou a 18 bilhões. Foi o maior contrato nuclear da história e o pacto colaborativo mais caro entre um país industrializado e outro em desenvolvimento. O acordo incluía a contratação de oito usinas nucleares e criava um conglomerado de sete empresas, cinco das quais eram alemãs. Também era estipulada a construção de dois reatores nucleares até 1985, e incluída a opção para mais cinco até 1990. O acordo acabou produzindo apenas uma usina nuclear, Angra 2, inaugurada em 1986, mas seu impacto nas finanças do país e na retórica do regime militar foi considerável. O acordo brasileiro com a Alemanha Ocidental foi feito, mais uma vez, por intermédio de uma empresa estatal. A ditadura militar se recusou a assinar o Tratado de Não Proliferação de Armas Nucleares, assinou o Tratado de Tlatelolco, que permitia o desenvolvimento de energia nuclear para fins pacíficos, e criou a Companhia Brasileira de Tecnologia Nuclear, tudo isso durante o período de Costa e Silva, em 1968. A empresa foi rebatizada como Nuclebras em 1974, enquanto Geisel começava a tentar o acordo com a Alemanha depois que os Estados Unidos se recusaram a continuar fornecendo urânio ao Brasil. O acordo superestimou significativamente a emergente demanda de energia no Brasil, e o primeiro resultado disso foi a criação de uma reserva de mercado para equipamentos fornecidos pela Alemanha. Como a transferência de tecnologia foi bem inferior ao que o Brasil havia previsto e a crise econômica chegou com força no final dos anos 1970, o projeto nuclear perdeu prioridade e foi vítima de seu próprio gigantismo. Como Gaspari resumiu, "O processo alemão estava tecnicamente comprovado, mas ainda não demonstrara sua viabilidade comercial. Parecia ser verdadeira a piada: firmara-se um acordo em que a Alemanha oferecera uma tecnologia que não tinha para enriquecer um urânio que o Brasil não encontrara".[27] Mais revelador ainda, do ponto de vista retórico, era a premissa permanente, não questionada na esquerda ou na direita, de que um programa nuclear brasileiro fosse algo em si desejável. Considerando sua insensatez ambiental e desperdício econômico, o programa nuclear brasileiro tornou-se emblemático do quão equivocadas podem ser as formas mais hiperbólicas do projeto do Brasil Grande.

Luiz Pinguelli Rosa, um dos mais eminentes físicos brasileiros e, não por coincidência, uma das principais vozes nas coalizões do Partido dos Trabalhadores no segmento de energia — antes que a área ficasse sob responsabilidade de Dilma Rousseff —, foi um dos primeiros e mais ácidos críticos do acordo nuclear Brasil-Alemanha. Em 1975, ele foi parte de uma força-tarefa especial, estabelecida pela Sociedade Brasileira de Física, que produziu um relatório traçando os equívocos do programa. Em 1979, o Congresso instaurou uma CPI para examinar o acordo nuclear, e mais uma vez Pinguelli Rosa testemunhou, evidenciando o quanto o acordo havia exagerado a demanda energética brasileira para as décadas seguintes, subestimado o potencial de outras fontes, como usinas hidrelétricas, jogado o país na posição de construir usinas nucleares excessivamente caras, capitalizando pouco em termos de transferência de tecnologia. A CPI tinha a responsabilidade de investigar corrupção nos negócios relacionados ao acordo nuclear, prática constante, como mais tarde viríamos a confirmar, sempre que a ditadura exercia sua veia empreendedora. Previsivelmente, dada a época em que foi instaurada, a CPI foi concluída sem indiciar ninguém. Naquela altura, o país já havia gasto bilhões de dólares, fantasiado com o status de potência nuclear e criado toda uma mitologia do Brasil Grande, baseado em um acordo de transferência de tecnologia e comércio de resultados bastante dúbios.

O acordo nuclear do Brasil com a Alemanha também foi uma ofensiva diplomática enquanto tal. Segundo Gaspari, "mesmo tendo sido desastroso, o acordo com a Alemanha foi uma fonte ocasional de propaganda e demonstração de que o governo brasileiro seguia uma política externa própria".[28] Nem mesmo uma análise breve da retórica do acordo nuclear estaria completa sem uma menção ao embaixador Paulo Nogueira Batista, a figura decisiva nas manobras políticas que levaram à sua assinatura. O embaixador foi peça-chave para o acordo nuclear e para a imagem nacional que o acordo projetou. A trajetória de Batista era, ela própria, emblemática da convergência entre as vertentes de esquerda e de direita do nacionalismo na promoção da metáfora do Brasil Grande. Batista havia sido praticamente invisível na esquerda do Itamaraty até que emergiu como uma voz potente contra o Tratado de Não Proliferação de Armas Nucleares, que o Brasil se recusou a assinar em 1968 (o Brasil só cederia e assinaria o tratado em 1998). Como a ditadura brasileira tomou posição contra o tratado, naturalmente ficou em desacordo com os Estados Unidos, uma potência nuclear que tinha todo interesse em limitar a proliferação de energia nuclear nas Américas. Como a crise do petróleo de 1973 restringiu ainda mais a política norte-americana de energia, e os

Estados Unidos pararam de fornecer urânio ao Brasil, a porta estava aberta para a ofensiva de Batista dentro da administração Geisel em favor de um gesto ousado e grandioso de política externa. Em 1975, Batista foi nomeado presidente da Nuclebras, posição na qual ele permaneceria até 1983. Mesmo depois que saiu do cargo, com o programa nuclear em frangalhos, ele não admitiu que a aventura havia sido um erro. Em seu discurso de despedida, Batista recorreu a metáforas nacionais de grandiosidade e declarou ter encerrado seu período à frente da empresa "sem sentimentos de frustração, orgulhoso de desejar um Brasil grande e de acreditar na possibilidade de sua construção". Ele apenas "deplorava a timidez daqueles que são intimidados por dificuldades, a incompreensão dos que caem presas de problemas de curto prazo e o negativismo dos que criticam porque frequentemente ignoram ou temem a construção".[29] O hábito de rotular os críticos de projetos grandiosos como tímidos, ignorantes ou covardes demais para ousarem criar um novo Brasil continuou uma constante, tanto durante os anos Geisel quanto na era lulista. Em 1983, as finanças públicas brasileiras estavam um caos (em parte devido a projetos como o programa nuclear) e o país estava a um passo da hiperinflação, mas Nogueira acreditava que interromper um programa nuclear com um déficit bilionário representava falta de coragem ou de vontade para desejar uma pátria suficientemente grandiosa. A completa desconsideração da finitude dos recursos orçamentários, depois uma marca registrada do governo Dilma, tinha aqui, na ditadura militar, a sua origem. Dilma e os militares também desconsideravam a finitude dos *recursos naturais* em seus cálculos. No Brasil, em geral, a direita tem sido cega à finitude dos recursos naturais e a esquerda tem sido cega à finitude dos recursos orçamentários. O desenvolvimentismo dilmista-geiseliano combina as duas viseiras.

A *hipérbole* do varguismo ao dilmês

Um dos muitos vínculos entre a ditadura e os anos lulistas foi Belo Monte, uma megabarragem hidrelétrica concebida pelo regime militar no auge de sua investida desenvolvimentista nos anos 1970 e derrotada pelas populações locais mais de uma vez antes de ser ressuscitada por Dilma, quando ela se tornou a chefe da Casa Civil de Lula. Nas intensas batalhas jurídicas e políticas que foram travadas para que Belo Monte se tornasse realidade, as administrações de Lula e Dilma nunca realmente contestaram o mérito das muitas ações impetradas pela sociedade civil e pelo Ministério Público do Pará. Ao longo do processo, as administrações Lula e Dilma continuaram interpondo liminares até que a barragem hidrelétrica e o ecocídio dela decorrente se tornassem fato consumado. Nos embates legais que os governos lulistas protagonizaram, a hipérbole foi um recurso constante.[30] De modo bem semelhante ao que a ditadura fez, exacerbando sua retórica grandiosa em 1974-76, durante a construção da barragem de Tucuruí, a hidrelétrica de Belo Monte ganhou impulso durante o ápice da ilusão do Brasil Grande em 2009-10, quando o país conquistou o direito de sediar a Copa do Mundo (2014) e os Jogos Olímpicos (2016), e a revista *The Economist* retratava a estátua do Cristo Redentor do Rio de Janeiro como um foguete, acima da hoje famosa manchete "O Brasil decola" ["*Brazil takes off*"]. Foi também em 2009-10 que a política externa brasileira mostrou sua força mais claramente, com a ousadia de Celso Amorim à frente do Ministério de Relações Exteriores tornando-se uma marca registrada do lulismo, com tentativas até mesmo de intermediar relações entre os Estados Unidos e o Irã ou entre Israel e a Palestina. De modo geral, a metáfora do Brasil Grande não desempenhou nenhum papel na fundação do PT nos anos 1980, já que um dos primeiros atos do partido foi criticar as hipérboles da ditadura. Mas ela ganhou cada vez mais importância na medida em que Lula acumulava sucessos de popularidade e de expansão de consumo em seu mandato, a ponto de a frase "nunca antes na história deste país" ter se tornado o bordão mais usado no lulismo, um verdadeiro meme do século XXI.

A cadeia de hipérboles que vai da ditadura militar ao lulismo se remonta a Vargas e à sua reinvenção do Brasil por meio da categoria "povo". A pesquisa mais sofisticada na área de análise do discurso (ou seja, trabalhos inspirados no campo de estudos inaugurado por Michel Pêcheux no final dos anos 1960 na França) e aplicada à política brasileira trata justamente desse tópico. Em *A construção discursiva do povo brasileiro: os discursos de 1º de maio de Getúlio Vargas* (1990),[31] Maria Emilia A. T. Lima analisa como Vargas criou uma ideia particular de povo por intermédio de discursos feitos como presidente eleito (1934-37), ditador (1937-45) e novamente presidente eleito

(1951-54). A formação de Maria Emilia na análise do discurso permite que ela evite vários falsos problemas, como perguntar-se se o discurso distorce a realidade, se a reflete corretamente, se é uma representação sincera ou um falso relato das reais intenções do emissor. Todos esses problemas mal colocados, que reduzem a análise do discurso a uma sociologia ou psicologia grosseiras, são superados na obra que Pêcheux começou a publicar na segunda metade dos anos 1960. Maria Emilia se inspira nela (a dissertação que levou ao livro foi orientada pelo próprio Pêcheux) e mapeia os discursos de Vargas, mostrando como o populismo surgiu no Brasil ao estabelecer um relacionamento entre as massas populares e o Estado. No começo tratadas na sua especificidade como trabalhadoras, essas massas populares se tornam progressivamente identificadas com a própria nação, de tal forma que não resta diferença entre "o povo" e "o povo brasileiro". Maria Emilia mostra que a intervenção de Vargas consiste em uma rasura das memórias anarquistas dessa classe, tanto que seus discursos mais decisivos aconteceram em 1º de maio, um dia simbólico para o movimento da classe trabalhadora em geral e para os anarquistas em particular. Muita historiografia e sociologia foram escritas contando como Vargas cooptou a classe trabalhadora e os movimentos sociais, estabeleceu um credo nacionalista de feições autoritárias, criou uma legislação trabalhista que vinculava os trabalhadores ao Estado e, nesse processo, redefiniu a imagem do Brasil moderno. Só depois da publicação do trabalho de Maria Emilia, no entanto, esse processo de construção nacional foi observado do ponto de vista da análise do discurso.

Na análise do discurso, é axiomático que verificar o grau de fidelidade do ato de fala à realidade social que ele supostamente indica é um problema falso. Isso não quer dizer, como uma paráfrase apressada poderia sugerir, que não se pode distinguir entre afirmações verdadeiras ou falsas ao se fazer análise do discurso. Significa apenas que esse componente do discurso, seu valor de verdade referencial, não explica como o discurso interage com a realidade social ou como ele produz seus efeitos. "Interagir" é o verbo-chave aqui, já que a análise do discurso pressupõe que os discursos não apenas traduzem uma determinada realidade social, mas também operam de forma a constituir essa realidade, a fazer com que ela seja vivenciada de uma forma X e não Y. Isso não deve ser confundido com alguma afirmação idealista ou pseudodesconstrutivista (há versões até talmúdicas dessa lorota) de que a linguagem constituiria a realidade ao nomeá-la, de que a palavra inventaria o mundo *ex nihilo*, do nada. Apenas significa que a análise deve levar em conta como a sintaxe, o léxico e a retórica se mobilizam para produzir alguns efeitos políticos bastante reais. O conjunto de premissas que o analista mantém quanto à relação entre linguagem e realidade social deve, portanto, ser informado por pesquisa empírica e flexível o suficiente para explicar uma interação bastante complexa, do tipo que não se reduz a fórmulas que pressupõem que "realidade social X determina discurso Y". O estudo de Maria Emilia sobre como a categoria de povo brasileiro foi inventada por intermédio dos discursos de Vargas evita essas armadilhas e consegue descrever um processo dinâmico e mutuamente constitutivo entre discurso e realidade social.

Maria Emilia analisou todos os discursos de 1º de maio de Vargas de 1938 a 1944, durante a ditadura do Estado Novo, e de 1951 a 1954, durante o retorno ao poder como presidente eleito. Com sete discursos no corpus I e quatro no corpus II, Maria Emilia separa trezentas Sequências Discursivas Autônomas (ADS) no primeiro e 328 no segundo, e então mapeia a teia de relações tecidas por meio da palavra "povo". Sua escolha do item lexical não é, obviamente, fortuita ou arbitrária. Todos os populismos vêm à luz em torno da categoria "povo", e o varguismo conseguiu, com seu uso, levar a cabo uma operação eficaz, que esvaziou o feriado de 1º de maio de qualquer ódio de classes e canalizou seu significado para o terreno de uma entidade muito mais homogênea, associada com o Estado-nação e a pátria. Particularmente instrutiva para esse mapeamento é a atenção de Maria Emilia às cláusulas nominais associadas com o item lexical no centro da análise. Ela nota que "a miséria do povo", "os inimigos do povo" e "o suor do povo" são três dos sintagmas mais recorrentes. Somos levados a entender como o antagonismo teve um papel na operação de Vargas, no sentido de que os inimigos do povo, por definição, se colocam *fora* do povo. É uma estrutura paradoxal, na qual um termo descreve uma totalidade (o povo) na qual há aqueles que se colocam — e assim são nomeados pelo caudilho — como externos a essa totalidade.

Não sei se Maria Emilia concordaria com minha conclusão (e jamais saberemos, devido à sua morte prematura), mas me parece que Vargas estabeleceu um uso do antagonismo que mais tarde ressurgiria na ditadura militar e também no lulismo, nos quais os choques políticos são traduzidos como uma dicotomia entre o povo e aqueles que escolheram permanecer fora dele. O argentino Ernesto Laclau tem sido o maior teórico do populismo como *forma* particular na qual os antagonismos políticos são gerenciados. De acordo com Laclau, o pacto populista tem lugar quando um antagonismo específico consegue traduzir todos os outros de forma hegemônica, temporária e contingencialmente fazendo com que todos os outros embates da sociedade se vejam transfigurados e representados naquele antagonismo. É verdade que críticas pertinentes da teoria de Laclau apontaram que ele acaba reduzindo toda a política ao populismo, e este certamente não é o momento para entrar nessa discussão.[32] Independente da pertinência dessas críticas, no entanto, Laclau acerta ao sugerir que o populismo é um sistema de gerenciamento dos antagonismos. O que define a política populista são as maneiras pelas quais o povo e aquilo que é externo ao povo se relacionam. Há sempre um povo e algo externo ao povo. Em certos contextos, como no caso do chavismo, a política acaba sendo nada além da expressão de antagonismos em tempo integral, ela é totalmente redutível ao antagonismo.[33] Na tradição brasileira que vai de Vargas até os pactos lulistas, não tem sido este o caso. No populismo brasileiro, os usos do antagonismo tendem a ser mais maleáveis, de modo que aqueles que são e os que não são incluídos no povo variam. O que é designado como sendo externo ao povo são entidades vagas o suficiente para serem contadas como muitas, algumas ou nenhuma, dependendo de outros fatores que afetem o discurso. O varguismo e o lulismo constantemente jogaram com essa ambiguidade: às vezes o inimigo parecerá estar por toda parte; às vezes, em lugar nenhum. O externo ao povo pode oscilar de "todos os que são contra o monopólio estatal sobre o petróleo", como durante a campanha de Vargas a favor da Petrobras nos anos 1950, a toda a classe média, vista como presa do complexo de vira-lata (como em alguns discursos de Lula) e destinada a odiar os brasileiros de classe trabalhadora (como em algumas perorações de Marilena Chauí). No caso do chavismo, o antagonismo aparece em tempo integral. No caso do lulismo, o antagonismo só aparece fazendo meio expediente, mas sempre com essa forma: o outro lado, no fundo, está composto de gente que odeia o fato de que pobres começaram a ter acesso a viagens aéreas. Esse foi o discurso de vários dos defensores do lulismo na década que vai de 2005 a

2015. Foi também a premissa que fundamentou a teoria do golpe com que os petistas e parapetistas explicaram os protestos pró-impeachment e a queda de Rousseff em 2015-16.

Por mais sedutora que seja a teoria de Laclau, ela deixa pouco espaço para distinguir populismos tão diferentes quanto o chavista e o lulista, que representam talvez os dois opostos extremos na recente onda rosa da América Latina. Em termos estritamente formais, o populismo chavista tem mais em comum com a coalizão de extrema direita que sucedeu o lulismo no Brasil, a colcha de retalhos bolsonarista, que inclui evangélicos, militaristas, moristas/lavajatistas e a extrema direita tradicional, e que é uma corrente política que sobrevive de alimentar antagonismos o tempo todo. Na tradição brasileira que leva de Vargas à ditadura de direita e depois a Lula e Dilma, há um status muito mais incerto e variável para o antagonismo. No lulismo, o antagonismo pode ser fomentado pelo líder em um discurso inflamado e raivoso para sindicalistas de manhã e dissolvido em um evento coletivo com políticos oligárquicos à tarde do mesmo dia. Mesmo na ditadura militar, conhecida por torturar, assassinar e fazer desaparecer seus oponentes políticos, o sistema de antagonismos não foi sempre fixo e estável. Com raízes profundas na retórica da Guerra Fria, e para todos os efeitos alinhada com os Estados Unidos, a ditadura brasileira também foi o primeiro governo a reconhecer a independência da socialista Angola, para mencionar apenas um entre vários fatos contraintuitivos. Ávida por assassinar intelectuais e ativistas comunistas, o regime militar brasileiro também permitia que escritores comunistas, como Dias Gomes, tivessem carreiras ilustres escrevendo novelas para a Rede Globo, que tinha relações amigáveis com a ditadura. No Brasil, montar e desmontar pactos políticos tem sido a norma, à qual nem a ditadura militar foi exceção.

Carlos Fico fez um belo estudo mostrando que a partir de 1969 o regime militar realizou um intenso esforço de propaganda política, capitalizando o assim chamado milagre econômico que então acontecia. Em seu *Reinventando o otimismo: ditadura, propaganda e imaginário social no Brasil, 1969-1979*,[34] Fico demonstra como a Assessoria Especial de Relações Públicas (AERP) fomentou um clima de otimismo por meio da propaganda, especialmente na televisão, em um modelo ancorado em conceitos como integração nacional, progresso e desenvolvimento. Construções grandiosas como a ponte Rio–Niterói e a rodovia Transamazônica povoavam as imagens disseminadas pela mídia de massa, de tal forma que o Brasil invariavelmente aparecia como destinado à grandeza. Em comparação com o Departamento de Imprensa e Propaganda (DIP) de Vargas, a política de comunicação do regime militar foi notavelmente menos personalista e menos focada no presidente. A AERP da ditadura tinha importantes diferenças retóricas com relação ao DIP de Vargas: ao contrário deste, cuja propaganda era invariavelmente gravada com a voz, nome e corpo do ditador, a AERP passava uma mensagem impessoal e baseada principalmente em *imagens*, mostrando não apenas construções grandiosas como barragens ou rodovias, mas também cenas da vida cotidiana de famílias, o carnaval, o futebol ou os locais de trabalho. Entre importantes estudos recentes que dialogam com a obra de Fico, Nina Schneider e Raphael Oliveira demonstraram que a diferença entre as estratégias retóricas do DIP e da AERP deve ser interpretada com desconfiança.[35] Por mais diferentes que a propaganda de Vargas e a do regime militar tenham sido em termos formais, "o povo" a quem os militares apelavam nos anos 1970 tinha indiscutíveis raízes no jogo entre "o povo brasileiro" e "a nação brasileira" desenvolvido na ditadura do Estado Novo.

Quando abstraímos as especificidades históricas desses três regimes (ou quatro, já que Vargas foi ditador [1937-45] e presidente eleito [1951-54]), os discursos apresentam notáveis semelhanças formais. Tomemos o discurso televisionado com que o ditador Geisel encerrou o ano de 1975, quando suas preocupações com o déficit comercial do Brasil estavam no ápice.[36] Ele anunciou uma série de medidas, tais como taxas de juros subsidiadas para exportadores, isenções fiscais para lucros relacionados a exportações e linhas de crédito para produtores. Uma política econômica baseada em taxas de juros subsidiadas para companhias chamadas de "campeãs nacionais" e isenções fiscais para setores denominados "estratégicos" também seriam as espinhas dorsais da Nova Matriz Econômica de Dilma e Mantega três décadas mais tarde. No caso do discurso de Geisel em 1975, o microgerenciamento da economia alcançou níveis até então desconhecidos e surreais, com o ditador recitando de forma soporífera uma longa e doutrinária explicação dos motivos pelos quais o país precisava importar menos e exportar mais. O Brasil continuava a tradição de incorrer nos mesmos erros ao longo de sucessivos e diferentes governos.

A leitura de discursos presidenciais feitos por Lula durante seus dois mandatos (2003-10) e por Dilma em seu mandato e quase meio (2011-16) revela a volta de termos relacionados ao progresso e à integração nacional, especialmente em 2008-13, o auge do desenvolvimentismo lulista. Várias linhas retóricas de continuidade com a ditadura saltam aos olhos. Discursos sobre iniciativas como a da indústria naval brasileira (tentada e malsucedida três vezes, sob JK, sob Geisel e sob Dilma), o papel do BNDES em fomentar e tornar possível um projeto nacional, e a barragem hidrelétrica de Belo Monte, um projeto da ditadura desenterrado e revisto por Dilma quando chefe da Casa Civil de Lula (agora como barragem do tipo fio de água — e portanto economicamente injustificável à luz da sazonalidade do rio Xingu) são bastante parecidos. Quando chegamos ao início das prospecções do pré--sal em 2008-09, o lulismo e o establishment político estavam falando língua cada vez mais hiperbólica. O ministro das Minas e Energia e velho oligarca Edison Lobão chegou ao ponto de prometer *uma usina nuclear por ano durante cinquenta anos*. Dilma anunciou oitocentos aeroportos regionais, 6 mil creches e um trem-bala entre São Paulo e Rio de Janeiro, a ser inaugurado em 2016 (desnecessário dizer, nenhuma dessas promessas se tornou realidade).[37] O ápice da popularidade de Lula em 2009-10, a descoberta do pré-sal, a aquisição do direito de sediar a Copa do Mundo e os Jogos Olímpicos, e a passagem relativamente tranquila do Brasil pela crise das hipotecas que abalou o Primeiro Mundo alimentaram o tom hiperbólico da época. Era difícil encontrar um discurso de Lula que não pressupusesse a possibilidade de aperfeiçoamento, melhora e crescimento infinitos, como se os recursos não fossem escassos. Nenhuma cautela, limitação aos gastos ou equilíbrio nas contas eram necessários. O "estado indutor" ia gerar receita infinita por intermédio dos impostos arrecadados com o crescimento constante alimentado pelo... investimento estatal! A hipérbole nacional-desenvolvimentista repousa sobre uma tautologia e um raciocínio eminentemente circular, cuja condição de possibilidade é a desconsideração da escassez. Essa operação hiperbólico-tautológica encontraria seu emblema mais acabado no bordão rousseffiano "gasto é vida".

Não por acaso, no final da década de 2000, os discursos de Lula, assim como os textos de jornalistas e intelectuais alinhados com o lulismo, começaram a incluir crescentes elogios à política econômica e ao projeto nacional da ditadura, em contraste favorável ao "entreguismo derrotista", típico de administrações liberais. O sociólogo Jessé Souza, talvez o mais influente entre os intelectuais alinhados com o lulismo, resume todos os clichês aos quais recorreu o lulismo, incluindo-se notáveis e curiosos clichês revisionistas. Jessé atribui o papel oposicionista do jornalismo sob a ditadura à repulsa que o "interessante" projeto econômico nacionalista dos militares provocava na "elite endinheirada":

> Para a elite do dinheiro, o arranjo com os militares azedou quando eles propuseram, ainda que de cima para baixo e de modo autoritário, um interessante projeto nacional de desenvolvimento, o II PND da era Geisel. Uma série de investimentos na área de mineração e tecnologia, com a abertura de universidades e centros de pesquisa em todo o país, deveria proporcionar uma base vigorosa para um desenvolvimento econômico nacional autônomo. Ainda que o Estado fosse o condutor do processo, ele era aberto à iniciativa privada. Isto é tudo que jamais interessou a nossa elite do dinheiro e da rapina fácil e do aqui e do agora: um processo nacional de desenvolvimento de longo prazo sob a condução do Estado. A grande imprensa a seu serviço começa a bombardear o projeto e a minar por dentro o acordo que havia propiciado o golpe.[38]

Jessé Souza tem sido o acadêmico paradigmático do alinhamento de um setor da universidade com a interpretação da história que o lulismo põe em movimento. Ao longo dos últimos anos, Jessé vem produzindo a versão canônica da revisão lulista da política brasileira, e a partir daí reuniu uma considerável plateia. Para Jessé, a série de operações jurídico-político-policiais conduzidas sob a rubrica Lava Jato *representam uma continuação da escravidão*, na medida em que interrompem o círculo virtuoso do Partido dos Trabalhadores no governo. Por mais surpreendente que essa proposição possa soar, é uma representação bastante precisa da tese de Jessé em *A elite do atraso*, um best-seller escrito do ponto de vista de um estudioso acrítico do lulismo. De qualquer forma, a proposição central não é tão espantosa quanto a tese citada anteriormente, de que o jornalismo brasileiro só começou a questionar a ditadura depois que os militares revelaram um "interessante" programa de "desenvolvimento nacional" que "a elite do dinheiro não poderia aceitar". Não há referências a dados empíricos que embasem a tese. Não há citação relevante a nenhum estudioso que pudesse ter promovido a ideia de que antes do PND (1975) o jornalismo não tinha feito nada de relevante contra a ditadura, mas essa é a premissa que deve ser aceita como verdadeira para que a hipótese possa se manter de pé. Você também deve presumir que todo o jornalismo feito no Brasil era de algum modo o fantoche de uma "elite do dinheiro", que tinha interesses unificados e manipulava a imprensa de acordo com eles, uma visão que qualquer pessoa familiarizada com o dia a dia do jornalismo jamais teria.

Para que a hipótese de Jessé fosse verdadeira, teria que haver existido uma realidade paralela na qual ninguém teria sido perseguido por fazer jornalismo no Brasil entre 1964 e 1974, o jornalismo teria operado como nada além de uma rede que promoveria os interesses da "elite do dinheiro", e o regime militar teria criado um projeto de desenvolvimento nacional que misteriosamente estava em contradição com os interesses da tal elite, ameaçando sua existência ou criando a percepção de que a ameaçaria. Além disso, seria necessário supor que essa história tivesse se desenrolado como uma espécie de choque moral entre a retrógrada "elite do dinheiro" e todos os projetos de desenvolvimento nacional, populistas/trabalhistas, de direita ou ditatoriais — essas diferenças não parecem importar para Jessé, ou surgem como algo menor em comparação com a marcha da história que se desenrola como a luta dos bons contra os maus. A caricatura apresentada por Jessé pressupõe ainda que todo o jornalismo feito no país era manipulado para se comportar de acordo com os interesses da tal "elite do dinheiro". As premissas são colocadas e nunca demonstradas, e contradizem quantidades substanciais de evidência empírica que sugere que o jornalismo era uma realidade plural e complexa durante a ditadura, que o colapso da política econômica do regime militar foi consequência dela própria (e não da oposição de algum sujeito maligno, aliado a interesses extranacionais) e que a coleção de atores econômicos atuantes no Brasil da metade dos anos 1970 não pode ser reduzida à oposição maniqueísta entre um bloco de virtuosos desenvolvimentistas nacionalistas e um bloco de "elites" vendidas, corruptas e antinacionais. Assim como ele interpreta a ditadura militar como um embate entre oficiais nacionalistas autoritários, mas em última análise recuperáveis, e uma elite vendida e extranacional, Jessé interpreta o processo de impeachment de Dilma em 2016 como uma reação dessas mesmas elites contra a ascensão de setores populares, mais uma vez sem oferecer qualquer evidência sobre por que essa reação teria acontecido justamente quando os tais setores populares não estavam mais tendo reais ganhos econômicos (2014-16) e não nos onze anos anteriores (2003-13). Como Sérgio da Mata apontou em uma crítica contundente a outra das obras recentes de Jessé, seu projeto é transformar a sociologia em uma "teodiceia do sofrimento, ainda que em versão laicizada",[39] na qual até a ditadura militar pode se tornar uma fonte de desenvolvimento nacional liderado pelo Estado, que só fracassou porque foi boicotada por uma elite hostil ao desenvolvimento e de alguma forma capaz de manipular toda a mídia a seu favor. O autor escreve essas coisas, não cita nenhum estudo para fundamentá-las e um considerável naco das ciências humanas e sociais brasileiras engole de forma acrítica. É vergonhoso, particularmente porque boa parte dos cientistas sociais envolvidos manifesta crença firme de que burro é apenas quem vota em Bolsonaro.

Vários discursos de Lula, Dilma e de outros líderes do lulismo, como a deputada Manuela d'Ávila, do PCdoB, corroboraram essa versão da história contemporânea do Brasil, de admiração pela política econômica e pelo projeto nacional da ditadura. Já em 2002, Lula abertamente elogiou o ditador Médici (1970-74) por levar o Brasil ao "maior boom de empregos da história desse país e um crescimento de 10% ao ano".[40] Para Lula, "apenas três vezes o Brasil já pensou estrategicamente: nos governos de Vargas e Kubitschek e sob os militares".[41] É interessante observar o ressurgimento da palavra "estratégico", talvez o adjetivo mais importante no léxico do ditador Geisel, junto com "nacional". A combinação entre "nacional" e "estratégico" também se tornou uma ocorrência comum nos elogios de Lula ao regime militar. O compromisso de Lula com essa visão o levou, nessa entrevista, a negar um fato histórico universalmente aceito: o de que um dos legados do regime militar brasileiro foi a hiperinflação. É possível que, dadas as formas particulares pelas quais as decisões políticas têm efeito retardado na economia, Lula tenha chegado a associar a hiperinflação de meados dos anos 1980 com o abandono, e não com a implementação da política econômica desenvolvimentista dos anos 1970. É um caso comum de confusão da consequência com a causa. As lembranças de Lula dos anos 1970 como uma época na qual os trabalhadores ficavam na porta da fábrica da Volkswagen e caminhões de outras empresas passavam e convidavam eles para ir trabalhar lá ganhando mais têm razão de ser, é claro. O Brasil realmente cresceu a taxas extraordinárias no começo dos anos 1970, e o fruto desse crescimento, particularmente para os trabalhadores qualificados que eram empregados em siderúrgicas e montadoras multinacionais, foi sentido até quase o final dos anos 1970. Mas Lula parece não ter se perguntado como os gastos descontrolados dos anos 1970 poderiam não ter nada a ver com a aguda crise dos 1980.

Ao discursar no trigésimo quinto aniversário da Empresa Brasileira de Pesquisa Agropecuária (Embrapa), Lula reiterou sua admiração pelos sucessos desenvolvimentistas do regime militar:

> Um dos presidentes que permitiu que a gente vivesse o momento político mais crítico da história do País, o presidente Médici, foi o homem que assinou a Embrapa e foi o homem que assinou Itaipu. Em uma demonstração de que cada um de nós tem uma coisa boa para oferecer, tem coisas ruins dentro da gente, e que nós não poderemos ficar julgando eternamente as pessoas por um gesto, ou dois gestos, sem compreender os outros gestos que as pessoas fizeram, que permitiram que o Brasil encontrasse o seu rumo (Lula da Silva, 23 de abril de 2008).

De forma bastante transparente, Lula propõe reduzir a política de tortura e assassinatos de Médici a um "gesto" a ser visto à luz de outros "gestos" que "permitiram que o Brasil encontrasse o seu rumo". Esses "gestos" foram, supostamente, a mentalidade desenvolvimentista e empreendedorista por trás de megaprojetos como a barragem hidrelétrica de Itaipu, construída em parceria com o Paraguai sob a ditadura e que mais tarde se tornaria a maior geradora de energia do mundo. Em seus elogios às obras do regime militar, Lula com frequência as relacionou às altas taxas de crescimento alcançadas na primeira metade dos anos 1970, mas nunca chegou a qualquer conclusão sobre uma possível relação entre a política econômica e o colapso fiscal e a hiperinflação da década seguinte. Mesmo assim, Lula não se furta a tecer abundantes elogios a Itaipu como obra-mestra que deveria ser apresentada em escolas públicas do Brasil e do Paraguai para que "as nossas crianças pobres cresçam sabendo que dois países foram capazes de fazer uma obra gigantesca como esta, de causar inveja a qualquer país desenvolvido do mundo, com engenharia capaz de desafiar qualquer engenharia do mundo" (Lula da Silva, 21 de maio de 2007). Itaipu é vista por Lula como uma espécie de exemplo moral, guia para a vida e prova de que nações do Terceiro Mundo também podem ser eficientes. Ao longo dos anos, tentativas de provar que somos capazes de sucesso começam a aparecer cada vez mais nos discursos de Lula, e esse movimento chega ao ápice no auge do lulismo, começando em 2008, com a passagem relativamente tranquila do Brasil pela crise das subprimes e a eleição de Dilma em 2010, até o colapso do pacto lulista em junho de 2013. Itaipu, uma das hidrelétricas mais questionáveis da história do Brasil, tanto econômica quanto ambientalmente, permaneceu no discurso de Lula como um paradigma do quanto as coisas poderiam ir bem.

No pronunciamento de Lula em Itaipu, em 2007, duas diferentes linhas bastante frequentes em seu discurso se unem de forma curiosa. Por um lado, há o Lula com o qual comecei este capítulo, que insistia que condições materiais não eram obstáculo à vontade; que uma vez que os brasileiros adquirissem a autoestima e a autoconfiança apropriadas, nada poderia detê-los; que a confiança e a crença em nós mesmos eram forças muito mais poderosas para mudar a realidade que qualquer empecilho produzido pelo imperialismo ou pela desigualdade social. *Por outro lado*, há o Lula com o qual termino este capítulo, o escancarado admirador da "força", "planejamento estratégico" e "milagre econômico" da ditadura militar, admiração que surge com muito mais frequência em seus discursos dos anos 2000 do que seus apoiadores na política e na academia tendem a admitir. A ironia chegou ao ponto em que recentes grupos de direita, movidos por sentimentos antilulistas hidrófobos, publicaram em seus canais de YouTube um pot-pourri de declarações públicas de Lula elogiando a ditadura, misturadas a propaganda da era militar, e receberam vários comentários com variações do tema "esse ladrão agora está dizendo a verdade, pelo menos uma vez na vida". Particularmente excitante para esses internautas de direita foi a especulação feita por Lula de que, caso o ditador Médici tivesse concorrido democraticamente à presidência, ele teria sido reeleito, um palpite retrospectivo destituído de qualquer evidência empírica que o sustente, dada a ausência de pesquisas confiáveis e a atmosfera de intensa repressão no começo dos anos 1970. De qualquer maneira, perto do fim de seu segundo mandato, quando a euforia desenvolvimentista inundava o país, os discursos de Lula passaram a combinar de forma mais intensa e sistemática o elogio da vontade ("tudo o que nós, brasileiros, precisamos fazer é entender o quanto somos fortes") e as loas ao caráter "nacional" e "estratégico" da política econômica do regime militar.

Entre 2005 e 2010, enquanto Dilma percorria sua longa trajetória de braço direito de Lula a sua sucessora, algumas imagens recorrentes dos pobres enfim tendo acesso ao consumo povoaram o discurso do lulismo. Litanias que retratavam os pobres ascendendo à classe média, adquirindo respeitabilidade por intermédio de um diploma universitário, desfrutando de viagens aéreas e dando entrada na casa própria se tornaram corriqueiras. Esses marcos de consumo foram simbólicos para o lulismo e estiveram obsessivamente presentes tanto nos discursos de Lula quanto na propaganda oficial. O imaginário desenvolvimentista foi mais que uma política econômica: ele também reunia *uma série de fórmulas retóricas que funcionavam como uma plataforma discursiva, por meio da qual milhões de brasileiros interpretavam a política*. Além de ser um pacto que ligava um partido de esquerda ao sistema político oligárquico, o lulismo era um conjunto de práticas que convencia milhões de brasileiros de que havia uma progressão que os levaria de possuir uma geladeira e ter um carro financiado a comprar passagens de avião para fazer compras em Miami. O conceito de *hipérbole* é útil aqui não apenas porque evoca exagero, que é um componente essencial do lulismo — um movimento cujo líder tinha como bordão mais famoso a frase "nunca antes na história deste país". Apelo de novo para o sentido etimológico no qual hipérbole significa "jogar além": o lulismo sistematicamente muda a trave de lugar ao falar do que já conquistou (a hipérbole de "40 milhões de pessoas chegaram à classe média" talvez seja a mais ilustre delas) e em suas projeções do que ainda falta alcançar. Essa constante mudança de parâmetros implica uma releitura da tradição desenvolvimentista da América Latina, que introduz um horizonte de infinito aperfeiçoamento atingível em um modelo político-econômico que costumava estar bem ciente de sua finitude e de suas limitações.

De forma ainda mais abundante que Lula, Dilma recorreu a termos como "nacional", "desenvolvimento", "crescimento" e "estratégico" como eixos definidores dos seus atos de fala. Dilma fez alusões à natureza "estratégica" de algo em 218 ocasiões em seus discursos como presidente entre 2011 e 2016.

Ao ler os discursos é impossível não pensar que, se tantas coisas são estratégicas, nenhuma o é. Durante a presidência de Dilma, os anúncios de planos estratégicos se sucediam com velocidade estonteante: do Plano Estratégico de Fronteiras (8 de junho de 2011) e do Plano Estratégico de Ação Social no Mercosul (29 de junho de 2011) ao Plano Estratégico de Defesa Nacional (20 de maio de 2014) e ao Plano Estratégico de Emprego e Trabalho (21 de dezembro de 2015). Ao leitor menos versado em língua desenvolvimentista pode parecer estranho que em 2016, quando Dilma já estava com taxas de aprovação de 9%, enfrentando completo isolamento no campo político e passando pelo processo de impeachment, ela ainda estivesse lançando planos estratégicos para a economia, a ação social e o Estado. Por mais folclórico que possa parecer, isso também é revelador de certa confiança hiperbólica no poder do Estado para microgerenciar o corpo político, um tipo peculiar de confiança estadocêntrica que une amplos setores da esquerda à extrema direita que deteve o poder nos anos 1970, durante a ditadura. Como uma crescente bibliografia deixa claro, são espantosas as semelhanças entre a compreensão da economia da dupla Rousseff-Mantega e a do segundo "Plano Nacional de Desenvolvimento" (II PND), de Geisel.[42]

Quando se fala da passagem de Lula para Dilma, um dos aspectos mais salientados é o domínio da linguagem. Por mais negativa que possa ser a opinião de alguém sobre Lula, ele tende a ser reconhecido como um gênio da retórica. Orador magistral, extremamente talentoso com analogias e causos, além de protagonista de uma história de vida com nuances heroicas, Lula sem dúvida pode atribuir boa parte de seu sucesso no governo a suas habilidades políticas, das quais a retórica sempre foi um componente essencial. Como apontou Elio Gaspari, Lula, ao contrário de Dilma, pertencia à categoria de presidentes de cujos palácios as crises saíam menores do que entravam. Nunca ficará completamente claro quanto da crise brasileira pode ser atribuída à proverbial aversão de Dilma por conversas políticas, mas desde o começo de 2011 referências à dificuldade de interlocução com a presidente começaram a povoar as conversas e declarações de membros do Congresso — e até do próprio gabinete e da equipe de Dilma. Como o próprio Lula resumiu: "Dilma, você deve ser a única governante do mundo que até os ministros se recusam a defender",[43] contou o ex-presidente petista ao relembrar suas tentativas de reunir uma base de apoio em defesa da presidente contra o impeachment. Nenhum dos textos sobre "o golpe" achou relevante considerar essa singela contraevidência: o guru da presidente deposta declarou que era impossível defendê-la. Seja como for, em seus primeiros anos como presidente, Dilma ainda não havia adquirido a reputação de oradora folclórica e incoerente que conquistou mais tarde, em parte por causa de algumas tentativas fatais de improvisar sobre discursos escritos. Temos aí os contornos de um problema complexo, cheio de variáveis que devem ser consideradas com cuidado.

Ao navegar por essas variáveis, para este capítulo eu me voltei para analistas de discurso, que defendiam que primeiro seria preciso tratar dos nós semânticos em questão e mapear as formas pelas quais o significado é produzido por meio desses nós. Talvez o melhor resumo (de 65 minutos) do nó de significados evocados pelas metáforas hiperbólicas do Brasil Grande seja a cerimônia que teve lugar em 2 de agosto de 2011, em Brasília, no lançamento do Plano Brasil Maior, uma série de medidas para proteger e estimular a indústria brasileira. Naturalmente, o nome do programa em si é firmemente enraizado na tradição hiperbólica que se tornou uma marca do primeiro mandato de Dilma. Junto com "estratégico", duas das palavras mais ubíquas de sua administração foram precisamente "plano" e "maior". No lançamento do Plano Brasil Maior, a própria Dilma não aparece até o quinquagésimo minuto. Antes que ela suba ao pódio, ouvimos o ministro da Economia, Guido Mantega; o ministro da Educação, Aloizio Mercadante; o presidente da Confederação Nacional da Indústria, Robson Andrade; e o ministro do Desenvolvimento, Indústria e Comércio, Fernando Pimentel. Na plateia, vemos o presidente do Senado, o presidente da Câmara, uma enorme fatia do PIB brasileiro e representantes das lideranças sindicais cooptadas ao Estado pelo lulismo. Era o auge do Brasil Grande em sua versão desenvolvimentista de centro-esquerda.

Em um discurso que foi um verdadeiro precursor da retórica "contrate americanos, compre de americanos" de Donald Trump, o ministro da Economia de Dilma, Guido Mantega, falou da necessidade de uma "cruzada" em defesa das indústrias brasileiras. A apresentação feita por Mantega das medidas do governo Dilma para "proteger" a indústria nacional incluiu diatribes contra importados e a competição "predatória e desleal" de países estrangeiros. Mantega chegou ao ponto de falar de importadores como "aventureiros" e de declarar que o governo garantiria que "o mercado interno pertencesse à indústria brasileira". Tanto o discurso do ministro quanto o da presidente anunciaram várias medidas nesse sentido, incluindo linhas especiais de crédito, incentivos fiscais e empréstimos para exportadores, subsidiados pelo Tesouro. Como Marcos Lisboa, Samuel Pessoa e outros economistas vêm alertando há algum tempo, o problema com essas políticas começa na hora de se decidir quais setores da economia serão declarados "estratégicos" o suficiente para merecer as vantagens, como essas vantagens serão distribuídas e de que forma tal distribuição será feita. Economistas liberais têm defendido, convincentemente, que essas políticas tenderão a favorecer setores privilegiados da sociedade, ou seja, aqueles com poder de pressão suficiente para manter a defesa de seus interesses corporativistas ao longo do tempo. Uma vez que regras universais e impessoais não são estabelecidas de antemão e a lista de empresas favorecidas oscila de acordo com a pressão política, o microgerenciamento protecionista da economia fatalmente vai reforçar a desigualdade social e empobrecer o país, como as políticas de Dilma acabaram fazendo. Em agosto de 2011, no entanto, isso não era perceptível exceto para uns poucos economistas e um pequeno setor da sociedade civil, que continuavam insistindo que incentivos fiscais e empréstimos subsidiados, arbitrariamente distribuídos para pequenos segmentos do setor produtivo, não eram políticas saudáveis. Nos círculos oficialistas de Brasília a euforia dominava, alimentada pelo enganoso crescimento de 7,5% em 2010.

Os discursos de Dilma, Mercadante, Pimentel, Andrade e Mantega no lançamento do Plano Brasil Maior são simbólicos porque representavam uma intensificação do espírito nacionalista, desenvolvimentista e protecionista já estabelecido desde os últimos anos do segundo mandato de Lula. Em termos retóricos, entretanto, aquele era um momento novo e qualitativamente diferente. A defesa da indústria nacional é definida como uma *cruzada* e os bens importados são rotulados de *invasores*. *Predatórios* e *desleais* são os adjetivos reservados para bens manufaturados do exterior que competem no mercado brasileiro. Dilma descreve o comércio com a linguagem de uma guerra religiosa.

Estamos iniciando, com o Plano Brasil Maior, uma cruzada em defesa da indústria brasileira diante de um mercado internacional com uma competição, na grande maioria das vezes, desleal e predatória. Sobretudo para que o nosso mercado interno, construído a duras penas e consolidado, nos últimos oito anos, com a ascensão de 40 milhões de brasileiros às classes médias, seja uma riqueza do Brasil (Dilma Rousseff, 2 de agosto de 2011).

Pensando no mercado da nova classe C criada pelo lulismo como algo a ser "protegido" contra bens importados, Dilma concluiu com um apelo aos industriais para se juntarem ao "plano estratégico da nação", já que o governo supostamente estava lhes oferecendo tudo que poderiam querer: incentivos fiscais, empréstimos subsidiados, linhas especiais de crédito e medidas monetárias para evitar a supervalorização do real com relação ao dólar. Como veremos, muito do que os estudiosos e ativistas acríticos do lulismo produziram sobre o governo Dilma gira em torno desta questão: "Por que eles não investiram, se Dilma lhes deu tudo o que queriam?" A pergunta em si pressupõe um controle todo-poderoso do Estado sobre o comportamento dos atores econômicos, que responderiam a incentivos de forma mecânica e automática, como cães pavlovianos. Esses pressupostos se tornam ainda mais insustentáveis, uma vez que se leva em conta o fato de que, entre 2011 e 2015, o governo Dilma criou vários incentivos econômicos *contraditórios entre si*, frequentemente criados para reparar consequências indesejadas causadas por incentivos anteriores.

Este livro terá a oportunidade de enveredar por alguns dos meandros retóricos que sustentaram os incentivos fiscais, empréstimos subsidiados e linhas de crédito então concedidas a setores como a indústria automobilística, empreiteiras e empresas de tecnologia envolvidas no Plano Brasil Maior. O assunto será retomado nos capítulos 3 e 4. Para nossos propósitos aqui, basta dizer que o Plano Brasil Maior marca uma nova inflexão, um novo teto na utilização da hipérbole. O Brasil é convocado a enfrentar uma *guerra monetária*, supostamente iniciada por países mais ricos. Entre os obstáculos a serem superados pela indústria brasileira estava uma avalanche de bens manufaturados, retratados como uma maligna *invasão* vinda de longe. Os brasileiros eram convocados a fazer uma *cruzada* para defender o *produto nacional*, que dessa forma deixava de ser uma mercadoria produzida por uma empresa e se tornava um emblema da alma nacional, uma espécie de marca da própria identidade para o cidadão patriota. Geopolítica, moralidade e economia viravam uma coisa só.

As linhas de continuidade retórica entre varguismo, ditadura militar e lulismo evidentemente não apagam as consideráveis diferenças que existem entre esses três regimes políticos (ou quatro, se considerarmos os períodos ditatorial e democrático do varguismo). Mas essas linhas sugerem que esses regimes mobilizaram uma imagem comum do Brasil Grande em torno da qual alguns dos dilemas não resolvidos do país são reiterados: "integração" nacional levada a cabo ao custo de genocídio indígena; uma concepção da Amazônia como espaço vazio e colônia energética; a vinculação da autoestima nacional a grandiosos projetos de construção; e a insistência em uma suposta vocação histórica do país, que pode oscilar entre a coalizão cristã de nações ocidentais e a potência mundial desenvolvimentista, mas que de qualquer forma apresenta uma visão do Brasil como uma nação predestinada marchando rumo a uma meta ideal, uma hipérbole previamente concebida. A análise do discurso ajuda a decifrar essas linhas de continuidade na história brasileira. Um componente importante dessa história é a retórica do establishment político, que no Brasil é caracterizada pela amnésia, pelo pacto a portas fechadas e pelo mascaramento dos antagonismos. Não se entende a língua com que se fala a política brasileira sem entender o que é um antagonismo político e como o Brasil construiu um sistema caracterizado pelo seu escamoteamento.

2.

Mascaramento de antagonismos:
a retórica do sistema político oligárquico

Presidencialismo de coalizão

Mencionando ou não o termo, os estudos mais ambiciosos da política brasileira dos últimos tempos tendem a se ocupar do problema do antagonismo. Desde o conceito de presidencialismo de coalizão, oriundo da ciência política de Sérgio Abranches e Fernando Limongi, até a noção de pemedebismo, desenvolvida pelo ensaísmo político-filosófico de Marcos Nobre, passando pela sociologia marxista do ornitorrinco de Chico de Oliveira, os grandes textos que interpretaram o sistema político brasileiro nas décadas recentes o fizeram tentando entender como o Brasil representa, administra e/ou escamoteia antagonismos. A palavra não aparece nomeada com frequência nesses ensaios, mas o problema do antagonismo é um guia para a confecção desses conceitos, na medida em que presidencialismo de coalizão, pemedebismo e ornitorrinco são três formas como as ciências sociais nomearam a relação do sistema político brasileiro com o choque de forças, com o seu escamoteamento ou com a sua administração. O objetivo deste capítulo será fazer uma descrição retórica do funcionamento desse sistema, apoiando-me nos estudos institucionais ou sociológicos feitos por Abranches/Limongi, Nobre e Chico de Oliveira, e explorando facetas discursivas pouco analisadas por esses autores.

Até mesmo para o observador casual da política, salta aos olhos o quão pouco explícitos, sólidos ou duradouros são os antagonismos políticos brasileiros quando cotejados com os de seus vizinhos latino-americanos. Em comparação com a Argentina, marcada há quase oito décadas pela cisão entre peronismo e antiperonismo, o quadro partidário brasileiro sempre pareceu amorfo, desprovido de antagonismos reais. Ao contrário do Chile, que consolidou três sólidos blocos — a direita, dividida entre pinochetistas e não pinochetistas; a esquerda, composta de socialistas e comunistas; e o centro democrata-cristão —, no Brasil a regra tem sido a proliferação de siglas amorfas que sempre rifarão o seu antagonismo até então principal no altar de um novo arranjo casuísta. A regra é o toma lá dá cá. Com qualquer governo de turno, é esperado que se formem supermaiorias à base de arranjos pouco republicanos, trocas, vetos, chantagens e subornos. Ao contrário de países como a Colômbia e os centro-americanos, não se constituiu no Brasil moderno um bipartidarismo sólido entre liberais e conservadores. Mesmo quando se formam dois blocos, em geral com o bloco governista gozando de supermaioria, o antagonismo tenderá a ser bem menos fixo, duradouro ou arraigado que nos países irmãos. No Brasil, o arranjo dominante parece sempre dotado de um elevado grau de maleabilidade, casuísmo e reversibilidade. Basta mencionar nomes como José Sarney, Romero Jucá e Renan Calheiros, todos eles ministros ou líderes parlamentares de governos pemedebistas, tucanos e petistas, para se ter um quadro do quão adaptável é o sujeito político oligárquico brasileiro. A chave dessa maleabilidade será interpretada aqui como um dispositivo mascarador de antagonismos. Desse ponto de vista, o bolsonarismo não seria senão a irrupção raivosa de antagonismos que vinham até então represados.

Nas últimas três décadas, a ciência política tem descrito o arranjo político brasileiro com o conceito de presidencialismo de coalizão, cunhado por Sergio Abranches em 1988 e burilado em uma série de publicações de Fernando Limongi e outros autores. O conceito nasceu em Abranches como resultado da observação de uma singularidade do sistema político brasileiro:

> O Brasil é o único país que, além de combinar a proporcionalidade, o multipartidarismo e o "presidencialismo imperial", organiza o Executivo

com base em grandes coalizões. A esse traço peculiar da institucionalidade concreta brasileira chamarei, à falta de melhor nome, "presidencialismo de coalizão".[1]

No texto de 1988, Abranches descrevia um "dilema institucional brasileiro" expresso em um sistema político que tende à instabilidade. O Brasil teria em comum com os parlamentarismos europeus as coalizões multipartidárias e a proporcionalidade, mas em um regime presidencialista no qual há considerável responsabilidade do presidente como provocador do corpo legislativo e proposicionador de leis. Como não se conhece, nas democracias modernas, outro exemplo de associação entre representação proporcional, multipartidarismo e presidencialismo, o conceito de presidencialismo de coalizão terminou funcionando, em grande parte, como a teoria de uma jabuticaba, embora muito da trajetória posterior do conceito levaria também, paradoxalmente, a uma teoria da antijabuticaba, ou seja, uma teoria da normalidade e da naturalidade da presença do Brasil entre as democracias estáveis. No Brasil, a recorrência das grandes coalizões teria, para Abranches, uma dimensão política, mas também uma dimensão regional. Particularmente nos ministérios "de gastos" ou "de clientela", Abranches observa como o sistema político brasileiro responde a uma necessidade de pactuação que não é apenas política, mas também regional, graças ao federalismo e ao poder dos governadores. Em todo caso, no momento de formulação do conceito, em Abranches, descrevia-se um arranjo político particular, caracterizado por grande heterogeneidade estrutural, alta propensão ao conflito de interesses, forte tradição presidencialista e proporcional, fracionamento partidário-parlamentar e tendência à instabilidade, dadas a insuficiência e a inadequação do Estado na criação de mecanismos institucionais que pudessem fazer o sistema tender ao equilíbrio.[2]

Na elaboração a que Fernando Limongi submeteu o conceito, tornou-se mais explícita a ênfase na premissa de que "nada autoriza a tratar o sistema político brasileiro como singular".[3] Em Limongi, o conceito de presidencialismo de coalizão passou a ensejar uma explícita teoria da antijabuticaba: "Do ponto de vista da sua estrutura, da forma como efetivamente funciona, há pouco que permita distinguir o sistema político brasileiro de outras democracias ditas avançadas ou consolidadas."[4] Para Limongi, "os argumentos usualmente invocados para desconsiderar a possibilidade de governos de coalizão sob presidencialismo não são convincentes". Desse postulado ele passa à demonstração de que o sistema brasileiro compartilha com outros, não coalizacionais, o caráter protagonista do Executivo em matérias legislativas. Está fora do escopo deste trabalho revisitar toda a discussão que tem lugar na ciência política brasileira acerca de quando e como a compreensão do conceito de presidencialismo de coalizão passou a ser mais normativa que descritiva, assim como tampouco me ocuparei do debate acerca da desejabilidade ou da inevitabilidade dessa dimensão normativa. O fato é que, nas palavras do próprio Limongi, a ciência política optou por uma demonstração de que "o recurso às fórmulas conhecidas é insuficiente para sustentar as suspeitas acerca da qualidade do processo eleitoral brasileiro e dos resultados que ele produz, a qualidade dos representantes incluída". Estávamos nos anos 2000, o lulismo surfava em alta aprovação popular e sólida maioria legislativa, e parecia não haver razões para suspeitar, pelo menos não dentro da disciplina, que o sistema político brasileiro não funcionasse tão bem como qualquer outro sistema democrático: A "forte e marcante preponderância do Executivo sobre um Congresso que se dispõe a cooperar e vota de maneira disciplinada"[5] não parecia um tão mau negócio assim.

Subrrepticiamente, a teoria do que era passava a se misturar bastante com a teoria do que deveria ser, e a ciência política brasileira se dedicou a construir engenhosas engrenagens que descreviam o funcionamento ótimo de uma democracia consolidada. A teoria passou a fornecer demonstrações e provas de que o sistema brasileiro não operava de forma substancialmente diferente das democracias maduras. Para se contrapor ao argumento de que "nossas mazelas derivam todas de nosso sistema de representação e das fragilidades de nosso quadro partidário", propunha-se que "nossos problemas derivam muito mais da incapacidade de nossas elites em compatibilizar nosso formato institucional com o perfil heterogêneo, plural, diferenciado e desigual de nossa ordem social".[6] A teoria sugeria, então, que o sistema político funcionava como deveria funcionar, e as mazelas brasileiras seriam decorrentes de algum tipo de incapacidade ou falta de destreza técnica de um agente social, aqui no caso "nossas elites". Pela própria sequência das citações, não é difícil perceber como a teoria do presidencialismo de coalizão incluiu uma inegável dimensão normativa, em um movimento que não passou despercebido à disciplina. Enquanto a disciplina discutia a história e a desejabilidade da normatização do conceito de presidencialismo de coalizão, as multidões de Junho irrompiam nas ruas, varriam de cena o pacto lulista, tornavam quaisquer justificativas do sistema político brasileiro uma piada e, assim, faziam do debate que ocupava a ciência política brasileira uma conversa que tendia à inutilidade bizantina.

Uma teoria do presidencialismo de coalizão não precisaria prescindir da possibilidade de explicar movimentos de massas, mas *aquela* teoria, *naquele* momento, não tinha instrumental para explicar *aquelas* massas. Irracionalidade, "fascismo" ou ingratidão ao petismo — expressão que era com frequência pressuposta ainda que não dita — foram diferentes imagens às quais as ciências sociais brasileiras recorreram em sua estupefação ante a irrupção daquelas multidões que caminhavam e gritavam em junho de 2013. No arsenal da própria disciplina havia recursos para se entender a revolta das massas de Junho contra o sistema político. Na pesquisa de Bruno P. W. Reis sobre o presidencialismo de coalizão e o financiamento de campanhas eleitorais, por exemplo, já cinco anos antes de Junho demonstrava-se que "o financiamento de campanhas está totalmente fora de controle entre nós".[7] A revolta contra esse sistema de financiamento da política foi, como a bibliografia etnográfica depois nos mostraria, uma das constantes nas Revoltas de Junho. Na disciplina, em todo caso, a compreensão dominante da trajetória ao impeachment passou a ser a de corrompidos pela mídia, grupos "fascistas" de cidadãos haviam tomado de assalto o cenário político e o resultado havia sido uma "degradação institucional".[8] A retórica do golpe terminou sendo um corolário necessário e um recurso emergencial para uma teoria que havia se encurralado atrás das premissas de que o sistema político brasileiro funcionava a contento e de que, portanto, quaisquer perturbações que o pusessem em xeque teriam que ser lidas como atos de agentes externos não previstos pela teoria, seja como irracionalidade, seja como aberração do tipo fascista. Ou seja, a sequência de acontecimentos que têm lugar no Brasil a partir de 2013 (Junho, a Lava Jato, o impeachment e a eleição da extrema direita) não pôde ser explicada a não ser como resultado da ação de sujeitos irracionais, mas é importante que fique dito que isso apenas aconteceu por armadilhas provocadas pela própria teoria.

Enjauladas nesse molde, as manifestações de junho de 2013 terminaram sendo lidas na ciência política enquanto prenúncio do golpe parlamentar, como deixa visível o próprio título do artigo de Fabiano Santos e Fernando Guarnieri publicado no *Journal of Latin American Cultural Studies* ("From protest to parliamentary coup"), no qual os autores enfrentam uma tarefa inglória e dupla: demonstrar que a ação de sujeitos extraordinariamente malignos como Eduardo Cunha havia levado a um "golpe parlamentar" e, ao mesmo tempo, provar que "nosso modelo de governança resiste até mesmo a elementos irruptivos como Eduardo Cunha".[9] Quando o modelo que apresentava o sistema político como ótimo passava a dar mostras de colapso, pressupunha-se um "golpe" desferido por sujeitos traiçoeiros contra uma presidente que "investiu sobre pontos sensíveis de esquemas consolidados de corrupção"[10] e que, portanto, colocaria esse sistema em risco. O mito da gerentona anticorrupção ajudava a moldar uma explicação que, ao mesmo tempo, adquiria certa verossimilhança (na medida em que Rousseff realmente não é uma "corrupta" no sentido em que o é Eduardo Cunha, ou seja, no sentido do enriquecimento pessoal) e mantinha intactos os pressupostos da teoria (na medida em que o Brasil continuou a funcionar com o seu sistema político rodando o pemedebismo e o pacto oligárquico normalmente depois do impeachment). Para salvar essa mesma teoria, no entanto, havia que se argumentar também que o sistema político era capaz de resistir até mesmo àqueles sujeitos traiçoeiros que lhe haviam burlado as normas proferindo um golpe, uma trapaça. Para explicar um fenômeno não previsto pela teoria, vinha a calhar a homonímia entre a palavra usada para designar golpe de Estado e o vocábulo que designa trapaça, artimanha, ardil ou chicana. As ciências sociais se cansaram de transitar nessa homonímia. Em incontáveis debates travados nas redes sociais, sociólogos, cientistas políticos e até antropólogos insistiram na distinção "é golpe, mas não é golpe de Estado", sem poder explicar, claro, que raios seria um golpe no sentido político que não fosse um golpe de Estado. Ao ser cobrada pela invocação da figura do golpe que, sabemos, na América Latina traz consigo premissas bastante conhecidas e claras, a teoria deu outra volta sobre si própria e postulou o sistema cujo colapso tinha que ser explicado como resistente o suficiente até mesmo para absorver aqueles agentes sociais malignos e seus golpes. Nada de muito produtivo poderia sair desse círculo de tautologias, como ficou claro na resposta aos autores publicada pelo próprio *Journal of Cultural Studies* no número seguinte (e escrita por mim, mas que poderia ter sido escrita por qualquer brasileiro que tivesse lido jornais ou acompanhado a política entre 2013 e 2017).[11]

Essa resposta tratava-se de postular uma hipótese acerca do papel que cumpriu a teoria do golpe em algumas comarcas das ciências sociais, da academia de esquerda e dos campos do petismo e do parapetismo. Para que se mantivesse o postulado de que o Brasil dispunha de um sistema político que funcionava otimamente e de que o presidencialismo de coalizão se encarregava de administrar os antagonismos, era necessário pressupor uma diferença moral entre os agentes políticos envolvidos que levava a um golpe e, ao mesmo tempo, um sistema maleável o suficiente para se recompor desse golpe de forma a continuar sendo descrito pela teoria. Não era uma operação simples de se realizar. Não por acaso, a previsão dominante na ciência política brasileira foi de que o sistema se recomporia nas eleições de 2018, levando ao segundo turno os dois blocos que haviam competido nas seis eleições anteriores, a saber, o petista e o tucano (e, nessa previsão equivocada, eu mesmo, entre muitos outros analistas, acompanhei a maioria das ciências sociais). A disciplina discute até que ponto o conceito de presidencialismo de coalizão permanece adequado para se descrever o arranjo político posterior à eleição da extrema direita em 2018, mas, em todo caso, os seus tropeços parecem ter tido alguma raiz na sobrevalorização da capacidade do presidencialismo de coalizão de sublimar, amortecer e traduzir os antagonismos políticos. No momento em que esses antagonismos transbordaram para as ruas (Junho e manifestações pró-impeachment), para o sistema judiciário (Lava Jato) e para forças políticas até então inexistentes ou subterrâneas no jogo político (o bolsonarismo), o potencial explicativo da teoria sofreu um forte abalo. O presidencialismo de coalizão poderia ser descrito, então, como um instrumento gerenciador de antagonismos no qual a ciência política brasileira fez uma considerável aposta, atropelada, como tantas coisas no país, por uma sequência imprevisível de acontecimentos que têm suas raízes nas multidões de Junho.

Pemedebismo, a jabuticaba política

Enquanto a ciência política trabalhava o conceito de presidencialismo de coalizão, na obra *Imobilismo em movimento*, Marcos Nobre passou ao largo de alguns becos sem saída da disciplina, abordando — aqui sim, de forma claramente descritiva — o que é mais próprio desse sistema político, um conjunto de traços que ele nomeia de *pemedebismo*.

O conceito descreve a natureza da vida política no país transformando em metáfora a sigla do então maior partido brasileiro, a federação de oligarcas locais que está sempre no poder independente de quem vença as eleições. Como apontado antes, esse traço não tem equivalente na América Latina. Na Colômbia e na América Central, as disputas políticas tradicionalmente acontecem segundo uma estrutura binária que opõe liberais e conservadores.[12] No Chile, um sistema triádico composto da direita, dos democratas cristãos e das esquerdas socialista e comunista se manteve razoavelmente estável ao longo das décadas, descontando o intervalo pinochetista.[13] Na Argentina, há tempos o maior partido com conteúdo social real ocupa o centro da cena e organiza o campo político ao seu redor, primeiro com os "radicais" de classe média no começo do século XX (a União Cívica Radical foi, grosso modo, a expressão do liberalismo na Argentina) e, depois, com o peronismo, da década de 1940 em diante.[14] No Brasil, ao contrário, a regra tem sido a proliferação selvagem de siglas esvaziadas de significado ideológico real em coalizões de mais de 20 partidos que não passam de meros instrumentos do tráfico de propinas e dos conchavos orçamentários. O pemedebismo seria o arranjo estrutural, mas informal, que permite o funcionamento desse sistema político obeso, graças a cinco características fundamentais: o governismo (a coalizão de oligarcas é sempre parte do governo, independente de quem ganhe as eleições), a formação de supermaiorias legislativas, um sistema hierárquico de vetos, o bloqueio máximo contra o ingresso de novos membros (de modo que a coalizão conserve o seu poder de barganha), e o deslocamento de todos os conflitos internos da coalizão aos bastidores, de forma que os antagonismos, enquanto tais, jamais aflorem em campo aberto. Essa é uma diferença gritante entre Brasil e Argentina, que fica visível até para o cidadão medianamente informado de um dos países que visita o outro e observa sua política. Na Argentina, o antagonismo entre peronismo e antiperonismo atravessa todo o corpo social. Simplesmente não há como sustentar um sistema com base no mascaramento de antagonismos, como no Brasil.

Os resultados práticos da primazia do pemedebismo na estrutura partidária são visíveis no Brasil há 25 anos. Da conformação do bloco de governo de FHC em 1994, que juntou um partido então de centro-esquerda moderna (PSDB) à nata dos grotões da oligarquia brasileira (PFL), passando pela aliança de Lula com o PMDB para consolidar as suas bases depois do escândalo do Mensalão em 2005, até o vaivém do impeachment de Dilma em 2016 (que mostrou a máquina pemedebista em seu pleno funcionamento), a coalizão oligárquica se manteve no poder ininterruptamente, e seu comando da vida política brasileira só seria abalado na eleição da extrema direita para o Executivo em 2018. Segundo Nobre, essa longevidade do pemedebismo se deve aos vários modos pelos quais a herança autoritária da ditadura impediu que os processos de modernização viessem a ser traduzidos no sistema político. Depois do impeachment de Collor em 1992, com o Brasil ainda cambaleando na esteira da hiperinflação dos anos 1980, o plano de estabilização da moeda deu certo em 1994 porque foi apresentado como um pacto "que não combate de frente a lógica pemedebista da política brasileira, mas propõe a ela uma acomodação".[15] Esse é um dado inegável sobre o Plano Real. Para além de quaisquer debates econômicos que se possa ter hoje sobre méritos e responsabilidades, ele foi um plano que reconheceu a primazia do pemedebismo na política brasileira e adaptou-se da forma mais maleável e menos antagônica possível a esse arranjo. O pacto proposto pelo Plano Real estava ancorado na proibição de que a dívida pública saísse do controle, na manutenção da inflação em níveis razoáveis por meio do monitoramento das taxas de juros e na ausência de enfrentamento à lógica dos mercados. Esse arranjo macroeconômico manter-se-ia inalterado em governos tucanos e petistas, e apenas daria mostras de desajuste depois que as políticas de subvenções, isenções fiscais e subsídios do governo Dilma levaram à crise econômica de meados da década de 2010. Em todo caso, no Brasil, até mesmo a estabilização da moeda rendeu seu tributo ao pemedebismo.

O pemedebismo manter-se-ia pelo menos durante duas décadas e meia, então, como a forma dominante que assumiu a democracia brasileira nos tempos pós-ditatoriais. Como vimos anteriormente, trata-se de um arranjo em que os antagonismos ideológicos são camuflados em prol de acordos de gabinete, vetos a portas fechadas e supermaiorias formadas por meio da chantagem. O Brasil nunca elege um presidente com maioria parlamentar automática e, por outro lado, a oposição jamais está ideologicamente imune a ser atraída para o governo. A cada legislatura, o Congresso termina testemunhando a formação de uma base governista alargada, flutuante e amorfa, que oscila em função do grau de apoio popular ao governo, do poder de barganha da presidência e das condições políticas e econômicas para a chantagem. A estratégia perene do superbloco pemedebista consiste em negociar o apoio a qualquer governo em troca de emendas orçamentárias para projetos locais de valor questionável, sinecuras no aparelho estatal, apoios políticos nas eleições seguintes (sobretudo pelo cobiçado tempo na TV a que todos os partidos têm direito em naco proporcional à sua representação parlamentar) e, como o país percebeu com espanto a partir da Lava Jato, a acumulação pessoal de montanhas de dinheiro. Nesse sentido, o pemedebismo é também o arranjo oligárquico que permitiu ao sistema se recompor depois da queda de Collor. Segundo o esquema que se firmou ali, dois blocos antagônicos, um de centro-esquerda encabeçado pelo PT, o outro de centro-direita liderado pelo PSDB, se alternaram no poder ao sucumbir à chantagem do pemedebismo e cortejar as coalizões oligárquicas aglutinadas ao redor do PMDB e de seus partidos-satélite. O lulismo não deve ser visto, portanto, como um antagonista ao pemedebismo, mas apenas como uma acomodação de centro-esquerda a ele, uma espécie de apêndice que se acoplou à máquina pemedebista pela esquerda por catorze anos e foi depois expelida por ele. Compreendido do ponto de vista da *longue durée* do pemedebismo, o impeachment de Dilma não seria senão uma reacomodação no interior do sistema, um ajuste que, inclusive, manteve no governo várias das forças políticas e lideranças que já lá estavam. A melhor prova da acomodação do lulismo ao pacto pemedebista é o fato de que, mesmo com toda a peroração sobre "golpe", quando puderam votar para derrubar o já presidente Michel Temer no Congresso, os parlamentares lulistas, representantes da força supostamente "golpeada", escolheram não fazê-lo.

O impeachment de Dilma deve, portanto, ser entendido como uma operação análoga às tramoias de FHC para aprovar a emenda constitucional que lhe permitiu ser reeleito em 1998, ou à imposição do então presidente José Sarney de uma prolongação do seu mandato para cinco anos, e não quatro, como havia sido originalmente acordado em 1985. Em tais ocasiões, assim como durante o próprio impeachment de Collor, o sistema político mudou suas regras com o jogo em andamento, com algum grau de hipocrisia e em meio a acusações de corrupção, a fim de reacomodar o pacto pemedebista. Vemos assim que *a constante reescrita retrospectiva das regras do jogo tem sido o funcionamento costumeiro da democracia brasileira*. Não existe uma entidade cuja existência positiva poderia ser identificada como "a democracia brasileira", depois quebrada ou interrompida, seja pelas manobras de Sarney ou FHC para alongar a permanência no poder, seja pela interrupção dos mandatos de Collor (1992) e Dilma (2016). Em todas essas situações, o sistema político fez o ajuste necessário para manter a desenvoltura do pacto oligárquico, e para isso as leis foram reinterpretadas de acordo com a conveniência das elites políticas. Observado do ponto de vista de sua estrutura formal, o sistema político brasileiro não foi comprometido ou rompido por nenhuma das manobras parlamentares ou eleitorais citadas. Pelo contrário, essas manobras têm sido o pão com manteiga, o café com leite por meio do qual o sistema político se reproduz.

No passado recente, o sistema político brasileiro foi, sim, significativamente abalado, mas não por manobras parlamentares ou pela ruptura de alianças eleitorais, mas a partir de seu exterior, pela série de levantes populares que tiveram lugar em 2013 e que ficaram conhecidas como as Revoltas de Junho. Para além dos jogos parlamentares ou intrapalacianos, a estrutura política pemedebista foi chacoalhada apenas quando multidões saíram às ruas, nunca por uma força oriunda do próprio sistema político. Logo depois que uma simples demanda de revogação do aumento das tarifas de transporte público acendeu a faísca, os protestos populares incendiaram os mecanismos de blindagem do sistema político brasileiro. Também desabou todo o edifício de oximoros do lulismo.

De início, entre as várias características que se podem atribuir a Junho, há uma que deve ser destacada de antemão: os protestos de 2013 foram um *levante popular e múltiplo*. Inserido nos movimentos autonomistas globais da era Occupy, Junho tomou a forma de uma proliferação de levantes nos quais os slogans se sucediam muitas vezes em contradição uns com os outros. Constatar essa natureza múltipla é um gesto ao mesmo tempo óbvio e profundo.

Enquanto alguns cientistas sociais interpretaram os levantes de Junho como ponto de partida de uma degeneração institucional que viria a culminar no impeachment de Dilma, acadêmicos e ativistas que rastrearam as várias tramas emergentes nos levantes chegaram a conclusões diferentes. A saber, que se tratava em primeiro lugar de uma revolta genuinamente popular contra um sistema apodrecido de representação política, com um fortíssimo componente da utopia do anonimato, do zé-ninguém, da enunciação que deliberadamente dissolve o sujeito enunciador na multidão.[16] Nesse sentido, Marcos Nobre não estava longe da verdade ao escrever que Junho foi um levante contra o pemedebismo.[17] Junho assinalou o ponto final no período de uma década em que o lulismo havia sido capaz de administrar ruas silenciosas e movimentos sociais dóceis, cooptados pela fascinação em colaborar com um governo progressista que lhes oferecera inegáveis ganhos sociais e simbólicos. Em todo caso, o que não se podia negar é que Junho fizera aflorar antagonismos que até então pareciam dormentes ou invisíveis no corpo social. Desde quando eles estavam ali? *Qual seria a descrição sociologicamente adequada do represamento desses antagonismos que desse conta, ao mesmo tempo, de explicar sua emergência abrupta e sua tão visível potência e pujança?* Um modelo interessante havia sido oferecido nos albores do pacto lulista pelo sociólogo Chico de Oliveira, por meio da imagem do ornitorrinco, mamífero adaptado à vida aquática que conserva certas características reptilianas. O ornitorrinco seria a metáfora de uma evolução truncada, que combina diferentes temporalidades, a mais moderna e a mais arcaica. Essa contradição e alimentação mútua entre o progressista e o retrógrado explodem em Junho, que ocorre em um momento marcado pela intensificação no consumo das classes populares, mas pela permanência dos serviços públicos de péssima qualidade.

O ornitorrinco como metáfora do Brasil

Se em Sergio Abranches, Fernando Limongi e Marcos Nobre observamos uma análise dos mecanismos institucionais que permitem que o sistema político brasileiro se reproduza, na obra de Chico de Oliveira encontramos uma reflexão sobre o fundamento mesmo desse sistema. Trata-se de uma teoria acerca do porquê de algumas dualidades que sempre nos pareceram antagônicas não representarem, na realidade, antagonismo nenhum. Também na obra de Chico, portanto, o problema da administração dos antagonismos teve papel central. Ali, no entanto, esse problema se inseria em uma discussão um pouco anterior, tanto lógica como cronologicamente, e própria das ciências sociais brasileiras dos anos 1950 e 1960.

Ao publicar o seu clássico *Crítica da razão dualista*, em 1973, Chico de Oliveira intervinha em um debate contra o dualismo da Comissão Econômica para a América Latina (Cepal), que via separadamente o Brasil moderno e o arcaico, o Brasil que se industrializava e o da agricultura de subsistência, esperando no máximo que o primeiro pudesse mitigar, amparar ou prestar assistência ao segundo. O raciocínio dualista herdado da Cepal via o subdesenvolvimento como algo a ser superado mediante uma integração nacional que refizesse os passos de um desenvolvimento logrado alhures. Contra o raciocínio estanque cepalino, Chico observa em *Crítica da razão dualista* um processo real que "mostra uma simbiose e uma organicidade, uma unidade de contrários, em que o chamado 'moderno' cresce e se alimenta da existência do 'atrasado'".[18] Não havia, portanto, antagonismo a ser detectado entre os componentes do subdesenvolvimento enquanto sistema, nem qualquer possibilidade de explicar as singularidades desse sistema através do postulado de um antagonismo entre ele e algum elemento externo.

Chico de Oliveira exemplifica bem esse deslocamento na compreensão da realidade brasileira ao contrapor a teoria da dependência elaborada por Fernando Henrique Cardoso e Enzo Faletto com a compreensão cepalina da dependência. A originalidade de Cardoso e Faletto teria sido entender a dependência como "a forma em que os interesses internos se articulam com o resto do sistema capitalista".[19] Onde o modelo cepalino via nas relações externas apenas oposição a supostos interesses nacionais, a teoria da dependência se perguntava acerca de quais interesses específicos, no interior da América Latina, se articulavam com forças que atravessavam fronteiras nacionais e eram constitutivas do próprio modelo de acumulação capitalista. Com um olhar mais atento à organicidade da realidade que analisava, Chico encontrava explicações até então inéditas para a coexistência de políticas aparentemente contraditórias do período populista, como por exemplo as que penalizavam a produção para a exportação mas procuravam manter a capacidade de importação do sistema. Para Chico, isso ocorria porque a nova posição hegemônica do setor industrial não podia prescindir das condições de reprodução das atividades agrícolas, que receberiam como contrapartida uma legislação trabalhista que não afetava as relações de produção agrárias. Como corolário, a conclusão de Chico dissolvia na dialética um antagonismo que havia persistido até a Cepal: "esse 'pacto estrutural' preservará modos de acumulação distintos entre os setores da economia, mas de nenhum modo antagônicos, como pensa o modelo cepalino".[20] Ou seja, a grande correção de Chico à Cepal foi demonstrar que, ali onde ela via antagonismo, não havia antagonismo nenhum, apenas diferentes dispositivos da mesma engrenagem.

Trinta anos depois, nos albores do governo Lula, Chico de Oliveira continuava dissolvendo na dialética o que ele percebia como falsos antagonismos. Lido do ponto de vista da crise brasileira dos anos 2010, *O ornitorrinco* (2003), publicado no começo do primeiro mandato de Lula, ao mesmo tempo parece atualizar a *Crítica da razão dualista* (1972) e antecipar de forma impressionante os anos que se seguiriam. Os textos de Chico tinham essa estranha natureza, ao mesmo tempo retrospectivos e prolépticos. Eles faziam uma reconstituição de um debate sempre assinalando algo que terminava sendo, de alguma maneira, profético. Nisso eles emulavam a própria construção metafórica que Chico escolheu para seu opúsculo de 2003, o ornitorrinco. Como mamífero, o ornitorrinco parece ter chegado ao topo da cadeia, mas ele também preserva características anteriores, arcaicas e anacrônicas em seu corpo, próprias dos répteis. A temporalidade que estrutura os textos de Chico replica, então, a própria temporalidade do capitalismo periférico brasileiro que é o tema dos textos. No caso d'*O ornitorrinco*, Chico notava algo já existente, mas jamais descrito daquela forma, e cujo protagonismo tornar-se-ia relevante nos anos seguintes, de Mensalão e Petrolão. O ornitorrinco observava, sem sair do modelo marxista, a *constituição de uma nova classe*, a saber, os administradores sindicalistas de fundos de pensão, sujeitos híbridos, que são originalmente trabalhadores, mas já estão agora suficientemente estabelecidos como gerentes de capital alheio. Note-se que se trata aqui de capital com C maiúsculo. Os fundos de pensão de estatais como a Previ estão entre os players mais vultosos do capitalismo brasileiro.

O modelo do ornitorrinco confere, então, a Chico a teoria de uma nova classe social, os administradores de fundos de pensão. Segundo Chico, eles administram a rentabilidade de tais fundos e ao mesmo tempo financiam a reestruturação produtiva que produz desemprego. É nesse contexto que Chico explica o que ele vê como convergências programáticas entre PT e PSDB, já que essa nova classe está muito mais próxima da base de classe do tucanato. Ao contrário da leitura otimista que fez, por exemplo, Juarez Guimarães da chegada do PT ao poder, Chico não viu na eleição de Lula um momento cívico-republicano de refundação da sociedade, como em uma espécie de antípoda do momento maquiaveliano. Pelo contrário, onde tanto petistas como tucanos, com diferentes ênfases e valorações, viram antagonismo entre si, Chico insistia que, em seus fundamentos, havia se implementado o mesmo modelo desde os anos FHC até o período Dilma: o petucanismo ancorado na convergência de interesses entre a base de classe paulista do PSDB, expressa no dualismo Fiesp-Febraban, e a base de classe paulista do PT, expressa na nova classe de administradores de fundos de pensão congregados na CUT, na Força Sindical e em outras centrais.

A leitura de Chico de Oliveira do Brasil das últimas décadas não é, não se entenda isso, desprovida de problemas. Reitera-se uma visão de que a expansão da tecnologia para pobres é um "narcótico social" e instala-se de novo um modelo de análise em que em algum momento do raciocínio surge a muleta "faltou a burguesia brasileira querer".[21] Mas Chico tem o mérito indiscutível de descrever de forma coerente, detalhada e original uma *coexistência orgânica* ali onde o pensamento brasileiro acreditava ver oposições taxativas e sumárias. As grandes teorias políticas brasileiras foram, então, teorias do antagonismo. Enquanto Abranches, Limongi e outros descrevem uma engrenagem de administração de antagonismos (o presidencialismo de coalizão) e Marcos Nobre descreve uma engrenagem de mascaramento de antagonismos (o pemedebismo), Chico de Oliveira faz da teoria um permanente exercício de dissolução de antagonismos imaginários, ilusórios ou politicamente convenientes. Nessa demonstração, fica explícita uma das facetas mais recorrentes da administração de antagonismos políticos no Brasil, a retórica do pacto.

A retórica do pacto

Em certa medida, toda a trajetória do Partido do Trabalhadores rumo à sua consolidação nos anos 1980 se deu por meio de uma oposição, de um fogo cerrado mesmo, contra a noção de pacto. Particularmente o governo José Sarney, pela fragilidade estrutural, endêmica que o acossava, teve que recorrer às chamadas por um pacto em vários momentos-chave. Já na primeira mensagem ao Congresso, na abertura de 1986, Sarney conferiu à palavra "pacto" oito menções destacadas em seu discurso, incluindo uma subseção intitulada "O pacto social". Naquele momento, o pacto não se entendia apenas como político, mas se apresentava como requisito necessário para o combate à inflação inercial, aquela gerada pela expectativa de manada de subida dos preços. É preciso destacar que a retórica do pacto levou de roldão um bom naco da esquerda não petista, incluindo-se o PCB, o PCdoB e o então relevante, em certas comarcas, MR-8, que chegou a agir em meios estudantis e sindicais de forma grotesca, como uma violenta brigada sarneyzista. Todas essas forças aceitaram fazer parte da base de sustentação do governo Sarney junto com o PMDB e foram levadas a situações hilárias de desleitura histórica. Como exemplo, limitemo-nos ao PCdoB-RJ, que para governador em 1986, em uma eleição que contava com Darcy Ribeiro (PDT) e Fernando Gabeira (PT-PV) como opções possíveis, escolheu apoiar Moreira Franco (PMDB), já então conhecido como baluarte de sustentação do sistema político oligárquico. O PT capitalizou enormemente a partir dessa rendição da esquerda comunista ao governo Sarney.

Do lado petista da esquerda, a prioridade naquele momento passava a ser bombardear a noção de pacto social. No intervalo que vai de 1986 a 1989, talvez apenas o rótulo da Nova República tenha tido tanta centralidade e relevância como o pacto social enquanto marca registrada do aparato retórico do governo Sarney. Como é costume na sociedade brasileira, não estava muito claro quais eram os sujeitos do pacto e o que exatamente se pactuava. Decidido a capitalizar fomentando antagonismos que os PCs evitavam, o PT levou a cabo, como estratégia na Constituinte de 1987-88, a exploração de antagonismos que o colocassem ao mesmo tempo fora do sistema político e em condições de atuar sobre ele. A conhecida polêmica acerca da assinatura na Constituição — que os deputados petistas ensaiaram negar e ao fim concederam — deve ser lida, nesse contexto, como tentativa de realizar a impossível tarefa de estar simultaneamente renegando e operando sobre o sistema político. Esse vaivém da assinatura petista na Constituição de 1988 é o embrião do que o petismo (já então convertido em lulismo) tentaria resolver com o jogo de oximoros do pacto de 2005-13, durante o qual se insuflava a base contra a Globo e nomeava-se Hélio Costa ministro das Comunicações, difamava-se Marina Silva com retórica bolchevique (e às vezes retórica misógina e racista) para simultaneamente entregar a política agrícola a Blairo Maggi. Em todo caso, não foi sem percalços, tropeços ou contradições que o então puro PT rejeitou a retórica do pacto. O Plano Cruzado, lançado em fevereiro de 1986 como tábua de salvação da economia brasileira pelo economista Dilson Funaro, então ministro da Fazenda de Sarney, foi bastante popular até a época eleitoral do final daquele ano, antes que se tornasse visível o seu colapso em 1987. O busílis aqui era que o Plano Cruzado incorporava várias das reivindicações do movimento sindical ao qual o PT se vinculava umbilicalmente. Pela primeira vez na história, o governo federal acionava um gatilho salarial (se a inflação chegasse a 20%, os salários eram automaticamente corrigidos), criava um seguro-desemprego e promovia o congelamento de preços, que era naquele momento uma bandeira do movimento sindical. Em meio à euforia que transformava uma parte significativa da população em "fiscais do Sarney", o PT se viu em uma sinuca discursiva: precisava, ao mesmo tempo, combater a retórica do pacto e não criticar as medidas com as quais concordava e que compunham a espinha dorsal do pacto econômico lançado em 1986. A saída encontrada foi direcionar os ataques aos "empresários que na calada da noite reajustam os preços" e que supostamente não estariam sendo fiscalizados suficientemente pelo governo.

Apesar da oposição política intransigente ao governo Sarney, portanto, na área econômica o petismo não teve como não se alinhar com o Plano Cruzado. Sua economista-chefe, Maria da Conceição Tavares, fez aparição destacada na televisão para saudar o momento em que ela podia "sentir-se orgulhosa da profissão novamente".[22] A louvação de Conceição Tavares ao Plano Cruzado como "plano sério" veio banhada em chorosa performance, na qual a economista conclamava, emocionada, os jornalistas a que fossem os "olhos do povo" e denunciassem estoques, remarcações e ilegalidades. À luz de tudo o que viria a acontecer com seu partido no governo nas duas primeiras décadas do século XXI, não deixa de ser irônico ver Conceição Tavares insistindo que o jornalismo fosse o fiscal da corrupção e que se hipertrofiassem os poderes de fiscalização e monitoramento do Judiciário. Esse é um fato tão capital como esquecido na história brasileira recente: a solução encontrada pelo PT para simultaneamente opor-se à retórica do pacto e manter seu apoio ao congelamento de preços que era a espinha dorsal do pacto sarneyzista foi uma chamada a mais punitivismo, mais fiscalização, mais policiamento, convocação representada na imagem de Aloizio Mercadante fiscalizando um supermercado com microfone, câmera, calculadora e uma tabela de jornal. É um genuíno (sem trocadilho) embrião de Sergio Moro "lutando contra a corrupção".

No entanto, a oposição petista à retórica oitentista do pacto não era, reconheçamos, desprovida de seu momento de verdade. A "intransigência" petista teve o mérito de apontar que os pactos celebrados no Brasil haviam sistematicamente sido imposições oligárquicas nas quais os maiores interessados, a sociedade civil e seus vários componentes, não se faziam representar. Dessa exterioridade ante a retórica do pacto e da estratégia de fomentar o antagonismo represado na sociedade brasileira, o PT derivou boa parte de seu crescimento e sua consolidação nos anos 1980 e 1990. Apesar da vitória acachapante do PMDB nas eleições estaduais e parlamentares de 1986, graças à ainda firme popularidade do Plano Cruzado, o PT logo colheu os frutos de sua oposição à governabilidade pactuada, como vimos no capítulo 1. As vitórias em Porto Alegre, São Paulo, Vitória e no ABC paulista nas eleições municipais de 1988 foram acompanhadas de mui razoáveis administrações (no caso de Porto Alegre, bastante bem-sucedidas) que colocaram em pauta outras formas de se administrar o conflito distributivo. Entre estas, destacaram-se as iniciativas de orçamento participativo, em que a sociedade civil organizada definia os rumos dos gastos do município. Há que ressaltar que as administrações municipais petistas bem-sucedidas não necessariamente operaram fomentando antagonismos. Em Belo Horizonte, uma coalizão de esquerda com PT-PSB-PCdoB governou a cidade de 1992 a 2008 sem que grandes cisões se produzissem no campo político. Ao governar a cidade, o lulismo não sofreu sequer a oposição do principal grupo de comunicações do estado, os Diários Associados. Fiel à tradição mineira, o *Estado de Minas* manteve-se consideravelmente governista, mesmo em nível municipal sob administração lulista. Até em Porto Alegre e São Paulo, cidades que sempre nutriram forte componente antipetista e que foram administradas pelo PT (a primeira de 1988 a 2004, a segunda entre 1989 e 1992 e 2001 a 2004), não parece justo vaticinar que os principais antagonismos que afloraram — por exemplo, contra a RBS e a Ford, no caso de Porto Alegre — tenham sido de principal, majoritária responsabilidade das administrações petistas. Em nível municipal, ao longo dos anos 1990 e da primeira metade da década de 2000, as administrações petistas e lulistas (em BH foram o PSB e o PCdoB, na realidade, que estiveram ao leme na maior parte do tempo) destoaram da máquina de produção de antagonismos que foi o petismo federal sob Fernando Henrique Cardoso (1995-2002). Essas administrações municipais adotaram, no geral, um tom pragmático, que não se dedicava a fustigar a retórica do pacto e fomentar antagonismos.

Bem diferente seria a estratégia adotada pelo lulismo no poder federal. Especialmente depois da constituição do lulismo propriamente dito, ou seja, a partir do Mensalão (2005), o governo Lula simultaneamente adotou a retórica do pacto e operou na constante produção de antagonismos. No capítulo 3, descreverei essa simultânea afirmação de elementos opostos com a categoria retórica que lhe corresponde, o oximoro. Por enquanto, apenas observo uma metade dessa operação, o abraço à retórica do pacto. Ele é, em si, anterior ao lulismo e coincide com a chegada do PT ao poder federal — para ser exato, esse abraço é um pouco anterior a essa chegada e data de junho de 2002, com a Carta aos Brasileiros que seria, inclusive, uma das precondições para a vitória. Nessa carta, a palavra "pacto" não aparece por uma razão análoga à explicada por Jorge Luis Borges em "O jardim dos caminhos que se bifurcam": se a resposta de um enigma é a palavra "xadrez", essa será a única palavra cuja menção será proibida no enigma. No conto borgiano, Stephen Albert, famoso sinólogo que será assassinado pelo narrador para transmitir aos alemães na Segunda Guerra Mundial a mensagem de que a cidade inglesa a ser atacada deveria ser Albert, traduz a grande obra de Ts'ui Pen que dá título ao conto e percebe, por intermédio da ausência da palavra "tempo", que traduzira um tratado sobre o tempo.²³ A palavra "pacto" não aparece na Carta aos Brasileiros porque a carta é, em sua totalidade, o próprio pacto. "Lúcida e criteriosa transição", "respeito aos contratos e obrigações do país", "mudanças dentro dos marcos institucionais", "um Brasil de todos", "equilíbrio fiscal consistente e duradouro": todas as expressões-chave que compõem a Carta aos Brasileiros rendem tributo à retórica do pacto.

Tanto é assim que "pacto" passaria a ser, já a partir da posse, um dos termos a que Lula mais frequentemente recorreria como presidente, não só em discursos e mensagens, mas também no título de uma série de programas. Além do "pacto social" ao que o discurso de posse faz extensas alusões, o lulismo criaria o I Pacto de Estado por um Judiciário Mais Rápido e Republicano, o Pacto II (intitulado Pacto Republicano de Estado por um Sistema de Justiça Mais Acessível, Ágil e Efetivo), o Pacto pela Juventude, o Pacto Federativo dos Territórios da Cidadania, o Pacto pela Redução da Mortalidade Materna e Neonatal, o Pacto pela Saúde e o Pacto Nacional pelo Enfrentamento à Violência contra as Mulheres, entre vários outros. O conceito de pacto pressupõe a negociação de interesses, se não antagônicos, pelo menos divergentes — é da natureza mesma do conceito. No entanto, o lulismo elaborou um uso no qual o objeto de todos os pactos era uma unanimidade pressuposta, na medida em que se supõe que ninguém seja contra a juventude ou contra um Judiciário rápido e republicano ou a favor da violência sobre as mulheres ou da mortalidade materna e neonatal. Trata-se de uma operação retórica curiosa: o próprio objeto do conceito o esvazia, na medida em que nenhum pacto se assenta sobre unanimidades prévias; se há unanimidade prévia, não é necessário pacto nenhum. Nas 86 menções a pactos nos discursos presidenciais lulistas, algumas poucas ocorrências aludem a entidades já preexistentes ao governo Lula, como o Pacto Andino, mas, na esmagadora maioria das ocorrências, tratava-se de momentos propositivos do Executivo, seja na apresentação de novos pactos que eram, na verdade, iniciativas unilaterais do Estado como as nomeadas anteriormente, seja na alusão à necessidade de vagos pactos em favor da reforma política, dos direitos humanos, da reforma tributária ou do consumo de etanol. Na esmagadora maioria dos casos, o objeto do pacto era algo sobre o qual, por definição, não havia o que pactuar: a diminuição da mortalidade infantil, por exemplo.

A retórica do pacto seria uma das formas preferidas de cooptação dos movimentos sociais durante o lulismo. Aqui vale lembrar um dos postulados da análise do discurso: ao falar de "cooptação", em retórica, jamais pressupomos uma mera enganação verbal, um truque de mentiras linguísticas que encobrisse uma realidade à qual os cooptados não tivessem acesso cognoscente. Em outras palavras, não se trata aqui de postular uma separação entre retórica e realidade social na qual aquela funcione como uma cortina de fumaça desta. A cooptação dos movimentos sociais pelo lulismo não é a história de um engano daqueles ou uma trapaça deste. Em amplas coalizões, uma série de organizações da sociedade civil (CUT, MST, MTST, Marcha Mundial das Mulheres, Movimento Negro Unificado, UNE, Andes, associações do semiárido como a ASA e várias outras) experimentaram o lulismo como uma época de conquistas reais para as populações que elas representam. Com o dinheiro abundante oriundo do boom das commodities impulsionado pela China, o lulismo expandiu sobremaneira a oferta de vagas no ensino superior, tanto com a inauguração de dezenas de novos campi de universidades federais como com programas de bolsas públicas para instituições privadas como o ProUni. O público cliente do ensino superior se expandiu também etnicamente, com a política de cotas implantada de forma pioneira na UERJ no começo do século e logo universalizada nas federais. Os ganhos de categorias com sobrerrepresentação feminina, como as diaristas, não se limitaram à valorização do salário mínimo que atingiu todos os trabalhadores, mas também incluiu a conquista de direitos laborais. O programa Minha Casa, Minha Vida, com incontáveis problemas de implementação, foi uma porta de entrada à moradia digna para muitos. Os exemplos se multiplicam.

Na implementação desses programas, o lulismo conferiu protagonismo a uma miríade de organizações da sociedade civil. As chamadas "Conferências Nacionais" foram grandes reuniões entre representantes do governo e da sociedade para debater temas de políticas públicas e propor encaminhamentos a elas. Não possuíam caráter executivo ou decisório de nenhuma natureza, mas foram genuínas oficinas de proposição de políticas públicas que, em certos casos, conseguiram ser decisivas para os rumos de alguns ministérios. Talvez o exemplo mais acabado dessa tendência tenha sido o Ministério da Cultura, que durante os dois mandatos de Lula, nas gestões de Gilberto Gil e Juca Ferreira, instalou uma dinâmica bastante singular, que rompia com um velho dogma da esquerda: tratava da produção cultural em diálogo com as novas tecnologias, sem demonizá-las. Entendia que não era possível pensar uma política cultural de esquerda sem uma compreensão renovada do papel do audiovisual, da internet, das novas técnicas de reprodutibilidade digital. O MinC Gil/Juca também postulava que não era papel dos sujeitos políticos estabelecer distinções entre a cultura que seria autenticamente brasileira e aquela que não o seria. Nesse sentido, foi o primeiro Ministério da Cultura do país que incorporou as lições do tropicalismo, e não é trivial que Gilberto Gil tenha sido o seu grande líder. Além disso, o MinC Gil/Juca abandonou o dirigismo tradicional da esquerda e, em vez de trabalhar com a ideia de "levar" cultura à sociedade, estabeleceu a premissa de que a cultura já estava sendo produzida pelos sujeitos sociais, fundamento dos chamados Pontos de Cultura, que se multiplicaram pelo país.[24] O que havia que se fazer era criar teias, redes, possibilidades de circulação. O MinC Gil/Juca saiu do terreno reservado à cultura como adorno beletrista e passou a colocar em xeque os seus sustentáculos econômicos — daí o projeto de revisão da Lei de Direitos Autorais, que se chocou com os interesses do lobby das patentes e da propriedade intelectual, pôde ser finalmente encaminhado durante o segundo mandato de Lula e foi revertido no MinC de Ana de Hollanda, sob o governo Dilma. Com fóruns, consultas públicas, congressos e encontros, o Ministério da Cultura sob Lula gerou uma massa crítica que se sentia cada vez mais incluída, cada vez mais agente do movimento vivo da política cultural.

O pacto que se armou entre governo e entidades representativas da sociedade civil durante o lulismo tomou formas mais ou menos dirigistas, mais ou menos hegemônicas, mais ou menos livres segundo cada caso, ministério ou momento do governo. Certamente não seria correto dizer que o dirigismo tenha sido a tônica no MinC Gil/Juca, por exemplo. Nas iniciativas dos Pontos de Cultura, era visível o incentivo a que quaisquer formas de produção cultural florescessem sem censura ou direcionamento.

O MinC encontrava sua vocação não em conteúdos particulares, mas no formato de redes disseminadas, impessoais e coletivas no qual apostava. O enraizamento desse trabalho na sociedade ficou patente quando se iniciou o processo de desmonte do legado do ministério no governo Dilma. Ainda em dezembro de 2010, depois da vitória de Rousseff e antes do início do mandato, quando se anunciou o nome de Ana de Hollanda para o MinC, a reação de ativistas da cultura foi intensa. A escolha se deu em parte como resultado de uma articulação de setores da cultura ligados ao aparato petista que incluía um nome com pretensões ao ministério (Emir Sader). A articulação, bem-sucedida em derrubar a coalizão autonomista que sustentava Juca Ferreira, contou com a participação de setores da classe artística — com o qual se quer dizer aqui, apenas, alguns nomes da grande indústria do cinema e do teatro do Rio de Janeiro e São Paulo, que viram prerrogativas suas na definição do que é "cultura brasileira" ameaçadas pela atuação do MinC Gil/Juca. Dados o desejo de Dilma de ter mais mulheres no ministério, sua incapacidade de alocar ministras em outros postos-chave, seu descaso por políticas culturais (apesar de seu reconhecido interesse em artes) e a bem-sucedida articulação do aparato petista, a experiência renovadora do MinC Gil/Juca foi abortada, os Pontos de Cultura foram esvaziados, e iniciativas a longo prazo como a revisão da Lei dos Direitos Autorais foram suspensas.

Enquanto as políticas de cotas, bolsas e incrementos do salário mínimo beneficiavam a população afrodescendente, o lulismo também se relacionava com a maioria negra do Brasil por meio de uma série de outras políticas negativas e repressivas que, apesar de não explicitamente racializadas, atingiam negros e negras de forma desproporcional. É o caso da Lei 11.343/2006, mais conhecida como Lei de Drogas, enviada pelo Executivo ao Congresso e apresentada como uma despenalização do usuário. A lei efetivamente estabelecia isso, ao substituir a pena de prisão anteriormente prevista para o usuário na Lei 6.368/1976 por advertência, medida educativa ou prestação de serviços à comunidade. Também característicos da nova lei, no entanto, eram a ausência de qualquer critério objetivo de distinção entre usuário e traficante e um endurecimento da pena mínima prevista para este, que passou de três para cinco anos de prisão. A partir da promulgação da nova lei, que supostamente "descriminalizava" o usuário de drogas, a curva de encarceramento no Brasil subiu de forma acentuada, com forte contribuição das prisões por tráfico e uma grande maioria de encarcerados pretos e pardos. Como apontou Marcelo da Silveira Campos, o contexto da nova Lei de Drogas tornou possível "pensar as relações entre a incriminação de acordo com o 'perfil social' dos sujeitos, as distinções estabelecidas entre usuários e traficantes e as peculiaridades relativas ao seu tratamento dado no sistema de justiça criminal, inicialmente pela polícia".[25] Nesse contexto, a separação entre usuário e traficante é evidentemente pantanosa e de precário fundamento. Ainda que estas fossem categorias estáveis em seu sentido, imagine-se a miríade de meios-termos possíveis entre elas, desde o "aviãozinho" da esquina ou do morro até o usuário de classe média que compra e repassa a dois ou três amigos. Para complicar mais o tema, essa realidade complexa e móvel deve ser inicialmente capturada pelo mecanismo do Boletim de Ocorrência (BO), no qual o policial tem latitude para apreendê-la com as categorias que escolher. Em um país como o Brasil, com sua herança de escravidão, exclusão social dos negros e direcionamento já preferencial do sistema penal a afrodescendentes, não é de estranhar que as categorias de "usuário" e "traficante", quando despenalizada aquela e sobrepenalizada esta, passarão a ser diferenciadas de forma racializada.

Assim aconteceu com a reforma de drogas do lulismo, que se converteu em uma grande máquina de encarceramento de negros — incluído aqui um expressivo número de mulheres negras. Em 2005, pouco antes da promulgação da Lei de Drogas, o Levantamento Nacional de Informações Penitenciárias (Infopen) apontava uma população de 361,4 mil presos. Nos onze anos que se seguiram até junho de 2016, o Brasil havia *duplicado* essa população carcerária para 726,7 mil pessoas. Em 2019, o Brasil seguia a mesma curva e ultrapassava a marca de 812 mil presos. Estonteantes 41,5% (337.126) desses presos eram provisórios, ou seja, aguardavam julgamento. Havia ainda 366,5 mil mandados de prisão pendentes no país, dos quais a grande maioria (94%) eram de procurados pela Justiça. Evidentemente não se pode atribuir todo esse incremento a uma única lei, mas é reconhecido nas disciplinas envolvidas (sociologia, direito, criminologia crítica) um papel importante da lei de 2006, com sua tremenda discricionariedade nas definições de traficante e usuário e seu incremento no castigo penal ao traficante, agora definido como o inimigo público e brandido como ameaça que justificaria ocupações militares de território.[26] Tampouco é correto reduzir todos os efeitos da lei ao aparato lulista no Executivo, é claro. A Lei de Drogas introduzia, no caso do usuário, uma preocupação médico-sanitária que foi rejeitada pelo aparato judiciário, segundo a hipótese de Marcelo da Silveira Campos. Para Campos, essa "inovação parcial, na verdade, permitiu a emergência de novas práticas no interior do sistema de justiça criminal, mas que priorizaram a velha e conhecida pena de prisão".[27] Independente da justeza dessa hipótese, é fato que à reforma da penalização das drogas de 2006 seguiu-se uma grande expansão do encarceramento no Brasil, com acentuada predominância de negros. Em 2014, 61,7% dos presos brasileiros eram afrodescendentes. A curva de encarceramento também atingiu as mulheres desproporcionalmente. Entre 2006 e 2014, a população feminina nos presídios aumentou estonteantes 567%, mais que o dobro do aumento na população masculina, que foi de 220% no mesmo período.[28]

As condições de pactuação do lulismo com o movimento negro, portanto, respondem a uma dinâmica complexa. Houve inegáveis políticas afirmativas dirigidas a essa população, particularmente no que se refere a acesso ao ensino superior (muito menos do que, por exemplo, em saneamento básico). Em uma parcela dos ativistas negros organizados em movimentos identitários, a lealdade ao lulismo se remonta aos efeitos inegáveis dessas iniciativas. Não se pode diminuir o tremendo efeito social, econômico e simbólico no novo espectro étnico que se vê representado nas universidades federais brasileiras a partir das leis de cotas. Especialmente no Brasil, um país onde o bacharelismo deixou grande rastro de idealização do "diploma de doutor", foi considerável a tração simbólica do acesso ao ensino superior para as populações pobres. Incontáveis testemunhos de negros e negras que foram os primeiros de sua família a ir à faculdade o demonstram. Por outro lado, políticas repressivas não raciais à primeira vista, mas racializadas pela própria dinâmica do sistema penal, fizeram de muitos setores mais vulneráveis da população negra clientes ainda mais frequentes do aparato carcerário. Para complicar ainda mais o entusiasmo anterior, desastres econômicos produzidos pelos próprios governos petistas logo nos asseguraram que os diplomas conseguidos pelas classes C e D na Estácio graças ao ProUni não eram exatamente passaportes à prosperidade.

No campo dos movimentos negros, é importante assinalar que entre as comunidades quilombolas o poder de cooptação do lulismo foi bem mais restrito. Firmando sólida aliança com o agronegócio e dependendo das vultosas balanças comerciais geradas por ele, o lulismo optou por rifar populações de origem quilombola sempre que seus interesses entravam em conflito com o agronegócio. É verdade que o Decreto 4.887, promulgado já em 2003, foi um marco importante para essas populações. O decreto contemplava uma série de reivindicações da população quilombola e conferia a competência para as demarcações, por intermédio do Incra, ao Ministério do Desenvolvimento Agrário (um bastião da esquerda no governo Lula, geralmente ocupado por uma corrente trotskista do PT, a Democracia Socialista). O decreto rompia com a noção de ocupação imemorial, determinava reconhecimento de terras em que populações quilombolas haviam vivido e plantado e estabelecia a autoidentificação como critério. Na oposição, o Partido da Frente Liberal (PFL, atual Democratas) impetrou no STF uma Ação Direta de Inconstitucionalidade (Adin) contra o decreto que só foi julgada (e derrotada) em 2018. No interior do próprio governo Lula, a reação foi intensa, e já no segundo mandato, de acordo com o balanço feito pelo respeitado Instituto Socioambiental, "os procedimentos foram burocratizados: vários ministérios e órgãos passaram a ser consultados sobre os processos fundiários e a Casa Civil começou a examiná-los e controlá-los em sua fase final, antecipando o que aconteceria mais tarde com UCs e Tis".[29] O travamento das titulações de terras quilombolas, das demarcações de terras indígenas e das homologações de unidades de conservação na Casa Civil coincidiu, como se sabe, com a chegada de Dilma Rousseff ao cargo e sua crescente ascendência sobre o governo Lula. Ao final do período petista, o saldo para essas populações era pífio. Dos 757 mil hectares titulados como quilombolas no país, 78% eram de responsabilidade de governos estaduais, 15% foram titulados sob Fernando Henrique Cardoso, 5% sob as duas gestões de Lula e 1,5% sob Dilma. Nesse ritmo, o Brasil tardaria 970 anos para titular as 2.849 comunidades quilombolas *já reconhecidas* pela Fundação Cultural Palmares, que é o órgão que certificava os pedidos de reconhecimento antes que eles chegassem ao Incra.[30]

Mas nenhum mapeamento das pactuações do lulismo com os movimentos identitários estaria completo sem menção a uma outra dimensão do punitivismo, bem distinta da corporificada pela Lei de Drogas. Trata-se de um punitivismo que entra no pacto como uma forma de concessão do governo aos movimentos e é frequentemente apresentada como uma "vitória" destes. Com efeito, as "conquistas" que esses movimentos puderam comemorar a partir da pactuação lulista foram invariavelmente no campo do direito penal. Enquanto os direitos reprodutivos, por exemplo, não avançavam nada em todo o período petista (com exceção da conquista do direito ao aborto de anencéfalos, chancelada por decisão do STF de forma independente do Executivo), uma série de gestos simbólicos do governo na direção das mulheres passavam pela esfera do direito penal. A Lei Maria da Penha, a Lei do Feminicídio e a caracterização do feminicídio como crime hediondo foram três desses mais célebres momentos.

No caso da Lei 11.340/2006, conhecida como Lei Maria da Penha, o conteúdo não se restringia ao punitivo — também se previam medidas preventivas como a possibilidade de que policiais e delegados afastassem o agressor do convívio da vítima e medidas educativas ao próprio agressor, além do trabalho pedagógico em escolas. As ênfases, usos e aplicações mais destacadas da lei sempre recaíram, no entanto, sobre sua dimensão penal. Como apontou Nilo Batista, a lei teve o "efeito positivo de estimular o debate sobre as opressões privadas às quais são submetidas as mulheres", mas o efeito positivo foi "neutralizado pela ênfase que se conferiu à intervenção punitiva".[31] Em estudo realizado pelo Instituto de Pesquisa Econômica Aplicada (Ipea) já mais de sete anos depois da implementação da lei, "constatou-se que não houve impacto, ou seja, não houve redução das taxas anuais de mortalidade, comparando-se os períodos antes e depois da vigência da Lei".[32] As conclusões do estudo do Ipea não surpreenderam os colegas versados na bibliografia da criminologia crítica, céticos, com boas razões, do poder de limitação e impedimento que tem o endurecimento penal.

Mas o endurecimento penal foi o osso compensatório que o lulismo atirou aos movimentos identitários, tanto ao movimento negro (com a criminalização do racismo) como ao feminismo (com a Lei Maria da Penha, a Lei do Feminicídio, a definição do feminicídio como crime hediondo e outras iniciativas). Em clara escolha por não enfrentar as questões estruturais, que são afirmativas — direitos reprodutivos das mulheres, direito à terra para quilombolas, direito a acesso igualitário ao sistema educacional para negros e mulheres, direito à cidadania civil não policializada para negros —, a pactuação lulista com os movimentos identitários soube, já nos primeiros anos, que punir mais, insuflar punição e combinar esse desejo punitivo com o discurso em nome do oprimido era um hábil canal para evitar o confronto com as questões estruturais relacionadas à desigualdade. O giro punitivo da pactuação lulista com os movimentos identitários coincidiu com a emergência das redes sociais e com a consolidação de um discurso tautológico de que a vítima "tem sempre razão". Nesse "paraíso imaginário da subjetividade desvinculada, incontrolada, sem filtros aparentes",[33] o sujeito só se autoriza quando ocupa o lugar da vítima. Nesse sentido, a afirmação de que a vítima sempre tem razão é eminentemente redundante, mas foi escondendo essa tautologia que solidificou o pacto entre lulismo e movimentos identitários, especialmente no campo das redes sociais.

A *retórica da amnésia*

Uma razoável certeza que se pode ter é que as noções de pacto e de amnésia têm caminhado juntas no Brasil. Em geral, nossos pactos políticos pressupõem alguma operação de esquecimento constitutivo, que jamais chega a ser *ativo* no sentido nietzschiano. Ou seja, o esquecimento que fundamenta os pactos brasileiros não costuma passar pelas águas da memória para reemergir forte e afirmativo do outro lado, mas toma a forma de uma rasura apressada, um arranjo mal-ajambrado, um acordo espúrio pela desmemória. Estaria fora dos limites deste escrito revisitar em detalhe qualquer dos momentos-chave dessa história, mas vale registrar que, apesar da ausência de um estudo detalhado sobre a amnésia na política, o papel constitutivo do esquecimento em encruzilhadas específicas é assunto que não escapou à atenção da historiografia brasileira.[34] Do esquecimento do sangue negro e índio jorrado como premissa da modernidade e fundamento do país[35] ao esquecimento que inspirou a Lei da Anistia de 1979 durante a transição democrática, a desmemória é um problema, uma questão genuína que se coloca ao longo da história do Brasil. Estudando nos últimos tempos uma área vizinha, a análise do discurso na política, depois de um trabalho acumulado por um período no campo dos estudos da memória na literatura, tenho me deparado com o tema, que é complexo, espinhoso e próprio a generalizações apressadas ou essencialistas. Em todo caso, não parece descabido perguntar: por que os momentos decisivos da história brasileira parecem atravessados por uma espécie de amnésia constitutiva, como se avançássemos como nação apenas pela rasura do passado?

A alusão a uma espécie de esquecimento próprio da Terra Brasilis já aparece no "Sermão do Espírito Santo" do Padre Antônio Vieira, que se converteu contemporaneamente em um capítulo de análise antropológica cujo alcance vai muito além do Brasil. Em "O mármore e a murta", Eduardo Viveiros de Castro mapeia o tema da inconstância na narrativa dos séculos XVI e XVII em Anchieta, Gandavo, Lévy e culmina em uma leitura da formulação do "Sermão do Espírito Santo" segundo a qual as estátuas de mármore se contraporiam às de murta como operações difíceis de realizar, mas sólidas ao longo do tempo, enquanto estas seriam de fácil moldagem à tesoura do escultor, mas eminentemente fugazes, já que a mata logo cresce e dissolve a escultura no estado de natureza anterior. Vieira associa a possibilidade de catequese dos tupinambás a uma estátua de murta, já que eles não parecem resistentes aos ensinamentos; pelo contrário, absorvem-nos com grande maleabilidade. Mas, com a mesma maleabilidade, no dia seguinte, parecem *esquecer-se* do aprendido e voltam a ser selva como antes, passam a outro deus. A teoria da inconstância da alma selvagem de Viveiros seria, então, também uma teoria do papel do esquecimento no encontro colonial ou, para ser exato, uma teoria do esquecimento como expressão da desleitura do colonizador.[36] Para Vieira e o colonizador português que só podia ver a outra cultura aristotelicamente, sob o princípio da não contradição, a mutabilidade dos tupinambás aparecia, com efeito, como falha de memória. Não se tratava de que divindades concorrentes competissem com a cristã por espaço social, como no México ou no Peru. Era algo mais desconcertante, a saber, a ausência completa de divindades, o que permitia um passeio por cada uma delas que o português mal interpretava como amnésia. Poderíamos dizer que o momento fundacional da desmemória no Brasil foi uma desleitura do português, equipado para enfrentar as divindades incas ou astecas, mas não a pluralidade babélica dos tupinambás.

O fato é que desde o século XVI o esquecimento tem sido um espectro na literatura acerca de como o país vem a ser. Para o bem e para o mal, o esquecimento parece nos constituir enquanto nação, seja porque abraçamos a amnésia em momentos-chave de nossa história, seja porque narramos para nós mesmos ficções fundadas nela. O próprio referente historiográfico da independência do Brasil tem sido entendido como saída conservadora para a turbulência advinda da presença da família real no Brasil, de seu retorno às pressas a Portugal com a revolução liberal de 1820 no país ibérico e da consequente nomeação (e posterior decisão de permanência) de Pedro I como príncipe regente. Esse arranjo é tradicionalmente ensinado nos bancos escolares como repactuação conservadora que manteve a monarquia e a escravidão, e que contrastaria com as independências hispano-americanas por sua natureza de processo pacificado a partir da ação das elites imperiais.[37] A história dominante da própria independência relega a uma posição ancilar os sangrentos processos de combates que tiveram lugar em Pernambuco, com a Revolução Pernambucana (1817) e a Convenção de Beberibe (1821), e em seguida as expulsões de portugueses que se seguiram na Bahia, no Piauí, no Maranhão e no Grão-Pará. Apesar da atenção que a historiografia brasileira tem dedicado a essas insurreições, a narrativa dominante que herdamos da independência é ainda tributária do esquecimento da luta anticolonial e da pactuação dos interesses que ali se impuseram como dominantes. Emblemática dessa amnésia é a própria praça Tiradentes no Rio de Janeiro, na qual curiosamente não há uma estátua de Tiradentes, e sim de D. Pedro I, neto da mesma dona Maria que ordenara a morte do alferes.[38] Nada exprime melhor o apagamento das insurreições republicanas que a praça nomeada a partir do líder da Inconfidência Mineira trazer uma estátua do regente português cuja avó havia sido responsável pela morte desse mesmo líder. Chama a atenção essa imagem como emblema da pactuação amnésica que se conforma em torno às nossas imagens da Independência.

No Brasil Moderno, talvez o mais trágico componente amnésico de um pacto político tenha sido o esquecimento que possibilita o apoio de Luis Carlos Prestes ao mesmo Getúlio Vargas que havia enviado sua companheira, Olga Benário, aos fornos crematórios nazistas. É verdade que a rendição ocorre em um momento de negociação para a saída da prisão, mas ela tem lugar já depois da ampla circulação (julho de 1945) da notícia da morte de Olga (1942), em um momento em que o ditador já está na descendente e a transição se encaminha. Esse esquecimento dos esquecimentos na história moderna, que chegou ao ponto de levar Prestes a apoiar o próprio Queremismo (movimento pela continuação de Vargas), é também uma metonímia perfeita da amnésia com que costuma viver a esquerda brasileira acerca das câmaras de torturas, perseguições e violenta repressão do Estado Novo. A aliança PCB-PTB, cujas consequências iriam muito além do período democrático inaugurado em 1946 e que teria, por negação e antagonismo, um papel na própria fundação do PT (1980), se fundamenta então em um ato de esquecimento deliberado dos mais inimagináveis, no qual não é trivial que a sacrificada tenha sido uma mulher, estrangeira e militante comunista exemplar, conhecida pela galhardia com que enfrentou as piores ignomínias do Estado Novo e do nazismo. Talvez tampouco seja uma coincidência que o desvelamento da operação da desmemória no interior do discurso varguista-estado-novista tenha sido obra de outra mulher, a Profª Maria Emilia A. T. Lima, que escreveu um livro notável (como não poderia deixar de ser, esquecido) sobre como os discursos de primeiro de maio de Vargas construíram uma memória nacional comum — que, como toda memória nacional, dependia de operações específicas de exclusão e esquecimento.[39]

Há uma linha de continuidade entre a amnésia de Prestes, que encaminha a restauração democrática pactuada de 1946, e a amnésia da Lei da Anistia de 1979, que encaminha a restauração democrática posterior aos generais de 1964-85. Segundo muitos, contraditório com o próprio direito internacional ao não garantir a imprescritibilidade dos crimes contra a humanidade, como a tortura, o pacto amnésico de 1979 fez com que o Brasil fosse a única nação pós-ditatorial latino-americana a não julgar criminalmente um único ditador ou torturador. Nos países irmãos e muito especialmente na Argentina, as décadas de 1980 e 1990 foram de intenso trabalho mnemônico: retirada de todas as menções a torturadores em obras públicas, julgamento televisionado de ditadores, construção de museus, memoriais e exposições, parceria estatal com associações de mães e avós dedicadas a encontrar filhos e netos sequestrados e uma caudalosa bibliografia no terreno dos estudos da memória. No caso brasileiro, os estudos literários e culturais também trabalharam bastante, mas sempre a partir das dificuldades próprias da validação do trabalho da memória na pólis. No Brasil, nossos estudos seriam muito mais dedicados às gretas, às ausências e ao não dito na pactuação pós-ditatorial.[40] A própria sessão da Suprema Corte que optou por chancelar o pacto amnésico de 1979 foi recheada de algumas ironias. Derrotada por sete votos a dois em abril de 2010 (vencidos Lewandowski e Ayres Britto), a Arguição de Descumprimento de Preceito Fundamental (ADPF) que questionava a Lei da Anistia foi apresentada pela mesma Ordem dos Advogados do Brasil (OAB) que cumprira papel reitorial na sua negociação trinta anos antes. Temos aqui o curioso eterno retorno do esquecimento na história brasileira: o questionamento, ante a Suprema Corte, do pacto amnésico que funda nossa jovem democracia se realiza por meio da amnésia de uma entidade da sociedade civil do próprio papel que ela cumprira naquele pacto, fato que não passou despercebido no voto vitorioso com que o então presidente Cezar Peluso acompanhou o relator Eros Grau.

O outro grande momento de pactuação político-econômica no Brasil pós-ditatorial, o Plano Real que lhe estabiliza a moeda, se introduz com uma explícita louvação ao esquecimento. O "esqueçam o que escrevi", que Fernando Henrique Cardoso talvez disse ou talvez não disse em um almoço com empresários no Rubaiyat em junho de 1993, apareceu pela primeira vez citado em uma reportagem publicada por João Carlos de Oliveira e Antonio Carlos Seidl na *Folha de S.Paulo* e já entrou, de qualquer forma, para o folclore político do país. A negação de FHC de que tenha dito a frase é aqui de pouca monta. "Esqueçam o que escrevemos no passado, porque o mundo mudou e a realidade hoje é outra", que é a citação tal como atribuída pelos jornalistas, é plausível como mote de todo o governo Fernando Henrique, atravessado pelo seu distanciamento de teorias desenvolvidas anteriormente por ele próprio, como a dependência. Por mais que se possa argumentar que há uma linha de coerência entre a teoria do autoritarismo de FHC (que via na ditadura um estamento burocrático, não um representante de um projeto de classe particular) e seu giro liberal-conservador como presidente nos anos 1990,[41] não há como negar que a articulação da governabilidade tucana com frequência teve que recorrer a chamadas explícitas a que episódios da história brasileira contemporânea fossem esquecidos.

O lulismo foi um período de muitos esquecimentos, claro, e a própria constituição do fenômeno em si — que segundo o autor que funda o conceito, André Singer,[42] se deu em 2005, com o Mensalão e a ida do PMDB ao governo — não ocorreu sem que se esquecessem trejeitos, termos, vestimentas e projetos do Lula dos anos 1980-90. Mais graves talvez tenham sido os esquecimentos da blitzkrieg difamatória de Fernando Collor de Mello em 1989 e do quanto ele próprio, Lula, havia vaticinado contra José Sarney na segunda metade dos anos 1980. Não se esquecem infâmias assim impunemente, mesmo que a punição seja autoinfligida. Collor e Sarney converter-se-iam em aliados tão próximos de Lula que ele terminou indo ao Amapá salvar o velho oligarca maranhense em uma eleição para o Senado na qual, sem a ajuda de Lula, Sarney muito provavelmente teria sido derrotado por Cristina Almeida, líder popular negra de impecável trajetória no PSB (que mantém no Amapá uma das seções estaduais mais decentes de qualquer partido político brasileiro). Algumas dessas operações de Lula sobre o passado foram devastadoras para aqueles que lhes emprestaram credibilidade em algum momento. O jornalista Juca Kfouri não se cansa de relatar sua estupefação ao constatar que Lula havia abandonado o compromisso assumido com ele, de democratização do futebol, para abraçar Ricardo Teixeira — em um momento em que Lula, não Teixeira, era o único com algo a perder na associação. O esquecimento lulista da reforma agrária, pauta histórica do partido, consolida um processo já visível no português brasileiro desde a Constituição de 1988, a progressiva substituição da palavra "latifundiário" pela palavra "ruralista", hoje já consolidada no jornalismo e em todas as variações dialetais do português falado no Brasil. Esse é um processo que o capítulo 4 analisará com o conceito de *lexicocídio*, o assassinato de palavras pelo abandono ou sobreuso. Antes disso, o capítulo 3 descreve o pacto lulista, período no qual várias escolhas estiveram abertas à sociedade brasileira, com a categoria que me parece ser a que melhor captura o seu edifício retórico, o *oximoro*.

3.

O oximoro lulista: o gerenciamento do antagonismo via paradoxos

O lulismo como gerenciador de antagonismos

O capítulo 2 analisou como o sistema político brasileiro dependeu da contenção e do mascaramento de antagonismos em um nível inaudito para os outros países da América Latina. Usando como trampolim o conceito de pemedebismo do filósofo Marcos Nobre para a descrição de um arranjo político que permaneceu firme desde Fernando Henrique Cardoso e que só entrou em crise com o bolsonarismo, vimos como uma coalizão de vampiros políticos aguarda cada coligação presidencial vencer a eleição para depois extorqui-la com o oferecimento de uma supermaioria legislativa em troca de recompensas políticas e econômicas.

O pemedebismo não é, então, apenas um bloco parlamentar. Trata-se de uma metonímia de todo o edifício político. Apesar de Nobre não usar o termo, sua teoria sobre o sistema político brasileiro é essencialmente metonímica: a parte, o PMDB, é tomada como modelo para o todo, a estrutura política como tal. O pemedebismo funciona por meio de uma eterna proximidade com o poder; por estar, de fato, *no* poder o tempo todo, apesar de nunca vencer eleições presidenciais. O sistema se apoia em vetos e chantagens constantes, de tal forma que os antagonismos desaparecem em salas secretas, onde são resolvidos pela política do toma lá dá cá. Esse arranjo permaneceu em operação durante os anos Lula e só desmoronou quando o lulismo não pôde mais gerenciar antagonismos de forma eficaz dentro do arcabouço pemedebista. Uma boa forma de descrever o lulismo seria, então: o lulismo é uma ocupação de centro-esquerda do pemedebismo. Este, e não aquele, é a categoria constitutiva, fundamental, da estrutura política. O sistema brasileiro funciona de acordo com o pemedebismo. O lulismo foi um capítulo dele, que hoje sobrevive apenas como corrente política, não como pacto que organiza toda a pólis, como chegou a ser entre 2005 e 2013.

Apesar de o arranjo pemedebista ter se mantido firme e ativo durante os anos Lula, o lulismo não o deixou intocado. O lulismo transformou o pemedebismo principalmente em termos retóricos, já que seu funcionamento institucional permaneceu sem grandes modificações. No entanto, a linguagem em que a democracia brasileira se expressava mudou após a subida de Lula ao poder. Uma miríade de itens lexicais começou a desaparecer do vocabulário político (*latifundiário*, *reforma agrária* e muitos outros), palavras até então não utilizadas vieram para o primeiro plano (*governabilidade*, *concessões*) e outras bem conhecidas passaram a ser usadas em contextos nos quais não eram tradicionalmente aplicadas (casos de *golpe* e *fascismo*). Essas operações discursivas não são acontecimentos apenas e estritamente linguísticos. Elas produzem um impacto no próprio funcionamento do sistema político, é claro. Basta dizer que o arranjo pemedebista de vetos, chantagem e acordos de bastidores manteve-se relativamente estável nos anos Lula (2003-10), continuou estável dois anos e meio sob Dilma (2011-13), mas já entrou em profunda crise quando Dilma precisou *conversar* com a sociedade civil sublevada em 2013. Essa crise arrastou-se durante o estelionato eleitoral de 2014-15 e o impeachment de 2015-16 e chegou a seu ponto limite quando a extrema direita venceu as eleições presidenciais de 2018, e a precária coligação de Bolsonaro passou a ter que aprender a lidar com o Congresso ao longo de 2019.

Uma análise do jogo retórico sob Lula é uma porta de entrada privilegiada à invenção do lulismo, portanto, já que a retórica foi uma parte importante de como o pacto lulista veio a ser constituído. O lulismo não foi o resultado de um programa criado de antemão ou de planejamentos rigorosos de qualquer tipo. Não foi o zênite de uma tendência gerada por acumulação histórica. Não foi um caminho épico, heroico e laborioso de autolibertação trilhado pelos oprimidos, apesar de muitos, compreensivelmente, o enxergarem sob essa luz. A invenção do lulismo teve lugar em um contexto cheio de acidentes, improvisos, correlações de forças diversas, obstáculos inesperados e coalizões improváveis. O lulismo deriva sua forma discursiva maleável de uma espécie de plasticidade macunaímica,[1] posto que um de seus traços essenciais sempre foi a constante readaptação a vários contextos. O emblema do lulismo é o discurso inflamado contra a Globo para a base de manhã, seguido pela nomeação de Hélio Costa para o Ministério das Comunicações à tarde. No sentido em que o termo é usado na bibliografia — que descreve um pacto nacional que funcionou bem por cerca de uma década —, o lulismo não surgiu com a ascensão de Lula, o líder metalúrgico do final dos anos 1970, nem com sua primeira campanha presidencial, em 1989, ou mesmo depois de sua posse como presidente em 2003. Durante esses anos, havia o petismo, o forte e crescente movimento de esquerda reunido em torno do PT, e havia Lula como o líder incontestado partido. Mas o lulismo no sentido pelo qual a palavra veio a ser conhecida na bibliografia, ou seja, como um pacto que organizou o sistema político e o relacionamento entre o Estado e a sociedade civil, não existia como tal. Há, então, o PT, o Partido dos Trabalhadores, fundado em 1980; há o petismo, o movimento associado à inovadora militância petista que surgiu nos anos 1980; há Lula, o reconhecido e indiscutível líder daquele movimento, que se consolidou como alternativa presidencial nos anos 1990; há Lula, o presidente, que tomou posse em 2003; e há o lulismo como pacto e filtro que permitiu que o sistema político funcionasse sem ruptura com o pemedebismo, um arranjo que apenas se estabeleceu em 2005. Guarde essas datas: elas são uma parte importante do debate.

O lulismo tomou sua forma de pacto em 2005, quando Lula passou por seu primeiro escândalo de corrupção, a revelação de propinas mensais pagas pelo Executivo aos membros do Congresso, o Mensalão. Esse capítulo da história brasileira inicia-se em junho de 2005, com a entrevista da jornalista Renata Lo Prete, da *Folha de S.Paulo*, com o presidente do Partido Trabalhista Brasileiro (PTB), sigla histórica que àquela altura já havia se tornado apenas mais uma na vasta coleção brasileira de associações políticas de aluguel ou à venda.[2] Justamente porque não havia dúvida quanto à venalidade da gangue de Roberto Jefferson, a entrevista reveladora de corrupção provocou um terremoto político. Quando o escândalo estourou e seu impeachment começou a ser seriamente discutido entre setores da oposição, Lula foi às ruas com sua base social, em um gesto que moldou seu discurso pelos anos seguintes.

Boa parte dos tradicionais apoiadores do PT, de classe média, abandonou o partido, e um setor que representava o funcionalismo público saiu para formar o PSOL; enquanto isso, os muito pobres decididamente apoiaram Lula, já que estavam começando a sentir o impacto dos programas de transferência de renda, do aumento no poder aquisitivo do salário mínimo e da abertura de crédito público. A mudança na base eleitoral do PT se fez sentir em 2006, quando Lula foi reeleito não mais pelos seus tradicionais votos da classe média, mas pelo apoio das classes mais pobres. Essa reorganização nas alianças de classe sinaliza o nascimento do lulismo.

O cientista político e ex-porta-voz do governo Lula, André Singer, foi o primeiro a definir o conceito do lulismo, e não há como discuti-lo sem levar em conta sua contribuição à bibliografia. O termo consolidou seu significado no livro de Singer, *Os sentidos do lulismo* (2012),[3] que defendia a arguta tese de que o lulismo chegou a ser o arranjo hegemônico porque compreendia que os muito pobres demonstram uma clara aversão ao risco e não querem sacudir o barco demais, apesar de desejarem maior inclusão social. Singer também foi responsável, anos mais tarde, pela tese bem mais dúbia de que os maciços protestos populares de 2013 foram liderados pela "coalizão rentista"[4] e de que a queda do lulismo tinha algo a ver com a ingratidão ou a inexplicável indiferença das classes empresariais ante tantas "concessões" feitas por Dilma.[5] Pode-se dizer, grosso modo, que Singer produziu uma teoria do lulismo em 2012 e uma apologia dele em 2018, no seu segundo livro sobre o tema, publicado quando o lulismo havia deixado de ser um pacto dominante e passado a ser apenas um dos polos de um antagonismo político. Tanto Singer quanto Perry Anderson, o mais ilustre dos ensaístas de esquerda a escrever sobre o Brasil em língua inglesa — e que não por acaso tem Singer como seu guia para o Brasil, ignorando o restante da bibliografia —, dão a Dilma, a Lula e ao PT um passe livre como agentes políticos que, na pior das hipóteses, cometem "erros" ou fazem "concessões",[6] e que de algum modo são sempre vítimas das circunstâncias. Tanto a tese de Singer quanto sua validação por Anderson desconsideram a bibliografia econômica mais relevante sobre os anos Dilma, que demonstra para além de qualquer dúvida que o colapso da economia brasileira está diretamente relacionado à gestão errática, autoritária e de mão pesada desta por parte de Dilma, e teve relativamente pouco a ver com causas externas.[7] Sou de modo geral simpático à tese defendida por Singer em 2012, mas muito crítico de sua leitura mais recente da crise política brasileira.

A partir de 2005, Lula alternava entre a até então onipresente imagem do conciliador habilidoso e presidente de todos os cidadãos, que havia assinado uma "Carta ao Povo Brasileiro"[8] para acalmar os mercados e assegurar responsabilidade fiscal, e um personagem bem diferente, o líder inflamado dos pobres, em permanente necessidade de um antagonista em seu discurso, disposição bélica que parecia ter sido enterrada com a barba farta dos anos 1980. Esse lado de Lula parecia ter desaparecido na primeira metade da década de 2000, antes e depois das eleições, mas com o escândalo do Mensalão em 2005 seus discursos ressuscitaram o antagonista, que podia variar, definido alternadamente como imprensa golpista, oposição de direita, ambientalistas obcecados por salvar pererecas[9] ou classe média desprovida de orgulho nacional e vulnerável ao complexo de inferioridade conhecido como complexo de vira-latas (um clássico do repertório retórico brasileiro, cunhado pelo jornalista e dramaturgo Nelson Rodrigues e metáfora que o lulismo usou com frequência para difamar seus alvos). O antagonista do lulismo podia ser uma combinação de mais de um desses tipos: por exemplo, o progressista de classe média que só era ambientalmente consciente para seguir um modismo que, no fundo, era de interesse do imperialismo americano. O lulismo fazia abundantes misturas de inimigos do país dessa forma, não somente nos discursos de Lula e nas resoluções do PT, mas também na imprensa oficialista que o lulismo desenvolveu na internet. Mulheres críticas ao lulismo, como as políticas Marta Suplicy e Marina Silva, e a jornalista Miriam Leitão, passaram por campanhas de difamação especialmente virulentas.[10] De forma decisiva para o lulismo, a seleção desses antagonistas coexistia com um discurso no qual todo antagonismo tendia a ser dissolvido. No mesmo dia em que atacava seus críticos ambientalistas ou social-democratas pela manhã com um discurso bolchevique, Lula cortejava oligarcas políticos brasileiros à tarde, de forma a desarmar qualquer antagonismo entre eles e sua administração. O lulismo foi uma sinfonia orquestrada para a simultânea produção e dissolução de antagonismos, uma espécie de complexa linha de montagem criada para gerenciá-los. Por cerca de uma década, essa máquina azeitada funcionou com grande eficiência, adaptando-se com desenvoltura ao jogo pemedebista de negócios de bastidores.

A invenção do lulismo reinstaurou, de forma diferente, o registro retórico no qual Lula havia operado do final dos anos 1970 até sua primeira tentativa de ser eleito presidente em 1989 e de forma atenuada nas duas eleições que perdeu para FHC nos anos 1990. Antes de passar pela suavização que lhe permitiu vencer as eleições de 2002, sua imagem por mais de duas décadas havia sido a de um inflamado e destemido líder e orador. Essa foi a personagem, de certa forma épica, que o cinema brasileiro canonizou bem cedo, em documentários como *Linha de montagem* (1982), de Renato Tapajós, e *ABC da greve* (1990), de Leon Hirszman, que incluem, ambos, antológicos *close-ups* de Lula como presidente do sindicato dos metalúrgicos em comícios com as impressionantes multidões de 1979-80 ao fundo. Cabelo abundante, uma barba mais cheia e escura e um cigarro entre os dedos compunham uma imagem de Lula que contrastava com a do candidato vitorioso de 2002, com seus cabelos e barba bem aparados e vestido com ternos Armani. Nos dois filmes, a estética "câmera na mão e ideia na cabeça", herdada do Cinema Novo, encontrou o par ideal em seu tema, o líder da classe trabalhadora verdadeiramente popular e inflexível em seus princípios. Na segunda onda de documentários sobre Lula, pode-se perceber uma pegada diferente, muito menos inflamada e mais reflexiva. Bons exemplos são *Entreatos* (2004), de João Moreira Salles, uma visão por trás dos bastidores (porém autorizada) da vitoriosa campanha de 2002, e *Peões* (2004), de Eduardo Coutinho, uma volta às raízes de Lula nos sindicatos por meio de entrevistas então recentes com antigos líderes metalúrgicos, alguns dos quais haviam migrado do Nordeste para São Paulo, como Lula. O cinema foi apenas um dos muitos meios por intermédio dos quais se registrou a transição entre os dois Lulas.

Considerando que o lulismo envolvia uma dimensão teatral e performática, era de esperar que a bibliografia também o citasse como um fenômeno da sociedade do espetáculo. Nessa escola, o livro representativo é *Lulismo, carisma pop e cultura anticrítica* (2011), de Tales Ab'Sáber, que depois realinhou-se com o lulismo em 2014-18, como fizeram várias outras figuras antes críticas. *Lulismo, carisma pop e cultura anticrítica* argumenta que "a cultura do governo Lula foi a da universalização do consumo".[11] Relembrando a ilustre imagem de Chico de Oliveira, do ornitorrinco[12] — o estranho mamífero que se move e vive como um réptil e que Chico propôs como símbolo das diferentes temporalidades do capitalismo brasileiro e da adaptação a elas por parte do lulismo —, Ab'Sáber escreveu uma crítica cáustica dos dois mandatos de Lula de um ponto de vista de esquerda, crítico tanto da adoção lulista do financiamento corrupto de campanha quanto de seu abraço a princípios econômicos liberais. Ab'Sáber interpreta o carisma de Lula como um desmantelamento da tradição crítica e autorreflexiva do pensamento da esquerda, defendendo que

> para os pobres, Lula era uma espécie de igual, deslocado na direção do poder social. Seu corpo simbólico deveria ser contínuo ao deles, ele representava os seus interesses no governo, e em algum momento ele chegou a dar sinais disso com a metáfora do pai, muito arcaica, de ecos getulistas.[13]

Há várias ideias valiosas no livro de Ab'Sáber, como sua distinção metafórica entre Paul McCartney como o "inventor da relação superficial encantada e apaixonada da massa com seus ídolos"[14] e Lou Reed como o *enfant terrible* marginal e irrecuperável. Essa é uma distinção que Ab'Sáber desenvolve para associar Lula, o ídolo pop, a McCartney, por oposição ao radical e revolucionário Reed. Mas retratar Lula como o ídolo pop que serve às massas baladas adocicadas é enxergar apenas uma metade do oximoro lulista. A outra metade se compõe exatamente de seus momentos Lou Reed, ou seja, guitarras distorcidas, alto volume e estética radical. Ab'Sáber não parece notar que muito do que é mccartneiano em Lula vem de sua habilidade em fazer parecer que ele é Lou Reed, e que portanto a dicotomia não seria tão clara assim. O livro de Ab'Sáber é uma crítica inspirada do lulismo feito do ponto de vista da Escola de Frankfurt, e retrata Lula como um astro pop e o lulismo como um encantamento massivo. Seus méritos e limitações vêm dessa estrutura, em todo caso mais lúcida que aquela que Ab'Sáber abraçou após o impeachment de Dilma, bem mais acrítica do lulismo e dada a ver as derrotas posteriores do lulismo como resultado de ações malignas por parte de outros atores sociais. Nesse realinhamento com o lulismo, Ab'Sáber não está sozinho. Juntaram-se a ele um grande número de cientistas sociais brasileiros.

Foi mesmo espantoso observar a quantidade de figuras previamente críticas ao lulismo que se realinharam a ele logo depois do processo de impeachment de Dilma em 2015-16. Como medida do realinhamento de

Ab'Sáber, basta folhear seu livro *Dilma Rousseff e o ódio político* (2016), no qual, contra todas as evidências, ele defende que uma oposição sistemática e organizada a Dilma emergiu no setor financeiro em 2012 (um ano em que suas taxas de aprovação não apresentaram alterações significativas), supostamente porque a presidente havia sido corajosa o suficiente para reduzir as taxas de juros e confrontar o setor. Quando chegamos a seu *Michel Temer e o fascismo comum* (2018) e a sua entrevista com o jornalista Mario Sergio Conti (da Globo) no programa de TV *Diálogos*,[15] Dilma e o PT já haviam se tornado vítimas da própria coragem ao enfrentar o setor financeiro, em análises que não oferecem qualquer evidência empírica para tal conspiração nem mencionam as consequências caóticas das intervenções de Dilma na economia. O fato de Ab'Sáber escolher enquadrar um velho oligarca da democracia brasileira como Michel Temer no conceito de fascismo se torna, obviamente, ainda mais irônico e revelador à luz da posterior ascensão de Jair Bolsonaro. Os intelectuais acríticos do lulismo tanto xingaram todos os outros sujeitos políticos de fascistas que o fascismo de verdade acabou aparecendo um dia. As várias formas pelas quais os intelectuais progressistas brasileiros deram ao PT e ao lulismo um passe livre como vítimas das circunstâncias ou de atores malévolos voltarão a ser analisadas neste livro. Elas são um capítulo importante da história intelectual brasileira contemporânea.

A invenção do oximoro lulista

O lulismo nasceu quando a necessidade de um antagonista se estabeleceu no governo de Lula, em junho de 2005, logo depois da entrevista que pôs em movimento o escândalo do Mensalão. A entrevista foi conduzida pela jornalista Renata Lo Prete com o cacique político de segundo escalão Roberto Jefferson. Na época, Jefferson era o presidente do PTB, sigla varguista histórica e crucial no período democrático entre 1946 e 1964 mas que, na democracia pós-ditadura, havia se tornado apenas mais um na vasta lista de partidos de aluguel nos negócios políticos de bastidores no Brasil. Jefferson havia sido pego de surpresa por um vídeo amador de um agente do PTB recebendo um suborno minúsculo (US$ 500) por baixo da mesa em uma sede dos Correios. A manobra foi uma tentativa de acabar com o controle do PTB sobre os Correios, em uma daquelas punhaladas pelas costas típicas de coalizões instáveis de governo, construídas por meio de propinas. Jefferson contra-atacou concedendo uma entrevista de primeira página ao principal jornal brasileiro, detalhando um arranjo mensal de subornos em dinheiro pagos pelo Executivo a membros do Congresso. A entrevista foi meticulosa e rica em detalhes, com nomes, lugares e datas. Jefferson encerrou desafiando Dirceu com um pedido ousado: "*Sai daí, Zé. Sai daí* logo, antes que você faça réu um homem inocente, o presidente Lula." Apesar de Jefferson ter escolhido destacar e omitir o que lhe interessava no momento, as acusações eram essencialmente verdadeiras, e Dirceu teve que encarar as consequências. O todo-poderoso Chefe da Casa Civil do governo Lula — apelidado pelo escritor e deputado Fernando Gabeira de "o Tio Patinhas dos grupos de estudo", devido à quantidade destes que ele controlava — não existia mais, voltando a ser um mero "soldado", como ele gosta de se chamar, na Câmara dos Deputados. A entrevista mudou os rumos do primeiro mandato de Lula e foi parte do contexto que deu origem ao lulismo como tal.

Em 2 de julho de 2005, apenas um mês após a eclosão do escândalo e ainda cambaleante após os primeiros ataques por parte do Congresso e da imprensa, Lula discursou no 15º aniversário do Foro de São Paulo, uma coalizão de partidos de esquerda da América Latina. Como não havia possibilidade de omitir o tema da corrupção, Lula tocou no assunto, mas fez questão de deixar claro que não seria derrubado pelo escândalo e que seu tempo remanescente no mandato equivalia à "consolidação do processo democrático brasileiro".

> É por isso que tenho afirmado [...] que seremos implacáveis com adversários e com aliados que acharem que podem continuar utilizando o dinheiro público para ficarem ricos, mas da mesma forma seremos também implacáveis no trabalho de consolidar o processo democrático brasileiro. Não permitiremos retrocesso.

O discurso feito no Foro de São Paulo marca a consolidação de um pronome essencial para compreender o lulismo: "eles". O populismo normalmente se apoia nesse pronome para designar algo que é externo ou inimigo do povo, mas o lulismo elevou essa operação retórica a uma forma de arte. No lulismo, "eles" designa uma coalizão, em geral imaginária e amorfa, de adversários, inimigos e antagonistas. Pode designar também atores políticos que o lulismo até acredita que estejam do lado certo da história, mas que ele retratará como sujeitos políticos que têm preconceitos contra o trabalhador, ou tendem a ser ingênuos quanto à possibilidade de governar sem coalizões, ou são propícios a se distrair com assuntos "menos urgentes", como o meio ambiente, frequentemente reduzido por Lula à metonímia do salvamento de pererecas. A história de como o lulismo construiu o seu "eles" é um capítulo essencial da catástrofe brasileira recente, e essa história começa aqui, em 2005. Depois de advertir aqueles que consideravam desestabilizar sua presidência, o exemplo de "eles" que oferecia Lula naquele momento vinha do comércio internacional:

> E foi assim que nós ganhamos a questão do açúcar, foi assim que nós ganhamos a questão do algodão, foi assim que nós ganhamos a questão do frango congelado. Parece pouco, mas era muito difícil ganhar uma coisa na Organização Mundial do Comércio. E por conta do G-20 já ganhamos três e poderemos ganhar muito mais, adotando o princípio que nós aprendemos desde que começamos a nossa militância política, de que, se todos nós nos juntarmos, nós derrotaremos os outros.

O "eles" a ser derrotado então eram as nações capitalistas e a arena da luta eram os conflitos arbitrados pela OMC. Mas o princípio permaneceria o mesmo, enquanto os antagonistas iam mudando ao longo da história do lulismo. Note-se que a estratégia para "derrotar os outros" ecoa o que havia sido aprendido no ativismo dentro do movimento: criar uma identidade tribal e sectária baseada na pertença ao grupo. O período de militância permanecia um legado que unia seus sujeitos em oposição aos outros. Lula sempre fez esse apelo à memória na produção de antagonismos, em um gesto que persistiu durante todo o lulismo e mobilizou uma nostalgia poderosa para muitos ativistas. No entanto, ao contrário de outros movimentos latino-americanos como o chavismo, o lulismo modulava a produção de antagonismo com a constante negação ou apagamento daquele mesmo antagonismo. Isso funcionava bem dentro da institucionalidade política, mas também submetia os ativistas do PT a repetidas humilhações, dada a constante necessidade de justificar movimentos da liderança que eram contraditórios entre si. Durante um bom tempo, a vida da militância petista foi esta: justificar acordos com José Sarney enquanto ataca a "neoliberal" e "fundamentalista" Marina Silva com um discurso bolchevique.

Um exemplo interessante de como o lulismo produzia e gerenciava antagonismos são as vozes "da elite" que ele mais comumente identificou como seu principal antagonista. Por mais que fossem chamados de mercenários ou antinacionais em geral, esses sujeitos representavam o tipo de figura a quem Lula sempre se negava a antagonizar individualmente. Um bom episódio para ilustrar essa metade do oximoro lulista ocorreu, veja-se que curioso, em Astana, capital do Cazaquistão, em julho de 2009. O oligarca mais longevo no sistema político brasileiro, José Sarney, então presidente do Senado, havia sido convincentemente acusado de nomear parentes para posições com altos salários no Senado, por meio de decretos sigilosos. As matérias da *Folha de S.Paulo*, *O Estado de S. Paulo* e *O Globo* estavam documentadas em minúcias e continham gravações que apontavam para a participação de Sarney no esquema fraudulento. Àquela altura, Sarney presidia o Senado, mas não era mais que um dos membros da imensa e sólida maioria governista no Congresso. Lula tinha taxas de aprovação de 80%, estava entre os mais populares políticos do planeta, e teria sobrevivido à decapitação de um aliado oligarca. Na verdade, se Lula tivesse simplesmente ficado calado, sem fazer nada, o mais provável é que as investigações teriam seguido seu curso, a situação de Sarney no Senado teria se tornado insustentável e ele teria sido forçado a renunciar ao cargo. Lula já havia socorrido Sarney ao fazer campanha para ele três anos antes, no estado do Amapá, contra Cristina Almeida, uma líder socialista de base, negra, que chegou perto de vencer o velho oligarca nas eleições de 2006 (e provavelmente o teria feito, não fosse a decisiva visita de Lula ao Amapá dias antes da eleição). Em 2009, quando as acusações contra Sarney estouraram, Lula não apenas orientou os senadores do PT a bloquear as investigações contra ele, mas também interrompeu a visita ao Cazaquistão para declarar: "Não li a reportagem do presidente Sarney, mas penso que ele tem história no Brasil suficiente para que não seja tratado como se fosse uma pessoa comum."[16]

A afirmação de que Sarney, um nome imediatamente associado à capangagem política mais corriqueira, não poderia "ser tratado como uma pessoa comum" se tornou uma das mais famosas de Lula, e talvez a mais simbólica do que ele seria capaz de fazer para proteger o arranjo oligárquico do sistema político brasileiro. Uma das estratégias retóricas mais frequentes de Lula para cumprir esse objetivo era igualar a ameaça a algum membro da estrutura oligárquica da democracia brasileira com uma ameaça à própria democracia: uma estratégia metonímica, sinedóquica, de tomar a parte pelo todo. Essa foi sua linha de defesa ao falar de Sarney, justo no Cazaquistão: "Essa história tem que ser mais bem explicada. Não sei a quem interessa enfraquecer o Poder Legislativo no Brasil. Mas penso o seguinte: quando tivemos o Congresso Nacional desmoralizado e fechado foi muito pior para o Brasil, portanto é importante pensar na preservação das instituições e separar o joio do trigo." Salvar o pescoço do mais notório líder civil da ditadura militar de prestar contas pela corrupção praticada havia se tornado o mesmo que preservar as "instituições democráticas". Isso era o lulismo em sua potência máxima, no ápice de seu poder, no auge de sua popularidade, fazendo coisas que são raramente lembradas nos relatos hagiográficos do período, encontrados na bibliografia acrítica ao lulismo, como as escritas por André Singer, Jessé Souza, Perry Anderson ou Noam Chomsky. Esses ensaístas permitem-se criticar o lulismo, é verdade. Mas, em sua versão dos fatos, as responsabilidades do lulismo nunca são por nada pior que um escorregão ou um "erro" (aliás, é impressionante o poder da palavra "erro" como operador mistificatório: observa-se no sujeito um mesmo funcionamento durante quinze anos, mas explicam-se os componentes incômodos com a categoria de "erro", como se eles fossem acidentais a esse funcionamento). A possibilidade de que proteger um sistema político oligárquico de ameaças externas fosse não um erro ocasional, mas um componente básico do lulismo enquanto tal, ou seja, a hipótese de que não existiria lulismo sem essa imbricação com a institucionalidade oligárquica nunca parece passar por suas cabeças.

Em seu relacionamento com a imprensa, o lulismo forneceu exemplos abundantes de como ele operava com a construção e o gerenciamento de antagonismos. Vejamos a resposta de Lula à imprensa na óbvia e previsível questão dos fins eleitoreiros de suas inaugurações do Programa de Aceleração do Crescimento (PAC), feitas com Dilma a seu lado, em 2009. A resposta de Lula demonstrou um grau de beligerância raramente visto em democracias e só alcançado pela virulência de direita de Trump e Bolsonaro, alguns anos mais tarde. Em 2009, Lula gozava de mais de 80% de aprovação, o Brasil estava no auge de sua popularidade mundial e decolando como um foguete na capa da *The Economist*, o país havia acabado de obter o direito de sediar a Copa do Mundo e os Jogos Olímpicos, e o presidente estava começando sua tranquila jornada para eleger sua sucessora. Ainda assim, ele replicou as observações dos jornalistas sobre o componente eleitoral de suas cerimônias de inauguração da seguinte forma:

> Tem gente que pensa que o povo é marionete, é vaca de presépio. Disseram que neste ato eu ia fazer o pacote da bondade e que o presidente vai dar dinheiro para prefeito bandido. Como é fácil julgar as pessoas. Não deram nem sequer a oportunidade para vocês [prefeitos] mostrarem que não são os ladrões que escrevem que vocês são [...]. Não é possível que a gente possa se calar diante de tamanha ofensa. Disseram que é um ato para promover dona Dilma Rousseff. São pessoas pequenas. Eu, graças a Deus na minha vida, nunca tive favor de ser eleito porque a imprensa me ajudou.[17]

Não consegui localizar nenhum artigo de opinião (deve ter havido algum) que defendesse a ideia de que Lula estava inaugurando obras de infraestrutura para "dar dinheiro a prefeitos ladrões". É pouco provável que qualquer peça de jornalismo na imprensa convencional tenha retratado essas inaugurações de forma tão simplista, apesar de a atenção para seu componente eleitoral ser constante à época, como seria de esperar em uma democracia com imprensa livre. Ainda assim, o abuso retórico individualizado contra jornalistas em comícios presidenciais continuou constante ao longo do final do segundo mandato de Lula. Àquela altura o jornalismo brasileiro, com poucas exceções, era entusiasta do caminho que o país trilhava, e se juntava ao espírito otimista que se seguiu ao anúncio da Copa do Mundo, das Olimpíadas e das obras grandiosas de infraestrutura, tais como a barragem hidrelétrica de Belo Monte. Ao pronunciar seus discursos mais raivosos contra jornalistas individuais, Lula estava indubitavelmente em uma posição de poder considerável, dadas suas elevadas taxas de aprovação e do grau de intimidação que a militância petista é capaz de atingir.

De início, o jornalismo foi bastante tímido na investigação das imensas avenidas de corrupção abertas pelos grandiosos eventos internacionais. O alinhamento com o estado de espírito eufórico do governo prevalecia, principalmente nos últimos anos de Lula e na primeira metade do primeiro mandato de Dilma. Se examinarmos com atenção as notícias da mídia e da TV no segundo mandato de Lula, dificilmente seremos levados a concordar com a visão extremamente parcial de Perry Anderson sobre o conflito:

> Qualquer pessoa cuja impressão do governo Lula tenha sido formada pela imprensa de negócios estrangeira ficaria chocada ao ser exposta à imprensa local. Virtualmente desde o início a *Economist* e o *Financial Times* ronronaram de admiração pelas políticas amigáveis ao mercado e a aparência construtiva da presidência Lula, regularmente contrastada com a demagogia e a irresponsabilidade do regime de Chávez na Venezuela: nenhum elogio era demais para o estadista que colocou o Brasil no firme caminho da estabilidade e prosperidade capitalistas. O leitor da *Folha* ou do *Estadão*, sem falar da *Veja*, estava vivendo em um mundo diferente. Tipicamente, em suas colunas, o Brasil estava sendo desgovernado por um grosseiro candidato a caudilho sem o menor entendimento dos princípios econômicos ou respeito pelas liberdades civis, uma ameaça real tanto à democracia quanto à propriedade.[18]

Aqui Anderson ecoa um clamor costumeiro entre intelectuais, ativistas e políticos acríticos do lulismo: o de que a imprensa travava guerra contra Lula devido a preconceitos de classe. Anderson não cita um único dos múltiplos e virulentos ataques de Lula à imprensa, ao jornalismo como classe ou a jornalistas específicos, como Miriam Leitão — frequentemente escolhida por Lula como alvo de ofensas em seus comícios e retratada como pessimista ou antipatriota (por causa das críticas de Miriam à sua política econômica, que aliás, é bom que se diga, se provaram corretas a longo prazo). Ainda desconsiderando a longa história de intensos ataques à imprensa por parte de um governo que tinha mais de 80% de aprovação, Anderson sugere um contraste gritante entre a suposta guerra travada por todos os grandes veículos da imprensa brasileira, e, mais uma vez, o suposto otimismo do *establishment* liberal estrangeiro. Ele não oferece qualquer evidência para sustentar sua afirmação — e minha experiência com a imprensa brasileira não apoia sua conclusão —, mas é verdade que o assunto é altamente polarizador no Brasil, envolve muitas camadas e merece tratamento à parte.

Os apoiadores de Anderson e Lula têm razão em um ponto nessa perspectiva geral: a imprensa brasileira tem sido historicamente concentrada nas mãos de algumas poucas famílias, e em várias ocasiões se aliou aos interesses dos mais poderosos. No entanto, essa não é uma afirmação que se possa fazer sem qualquer ressalva. É verdade que houve um histórico de colaboração entre a Rede Globo e a ditadura militar brasileira e é fato que uma edição distorcida do debate entre Lula e Fernando Collor de Mello no *Jornal Nacional* teve um papel na derrota de Lula em 1989. Por outro lado, também é verdade — e os apoiadores do PT quase nunca mencionam ou levam isso em conta — que a cobertura das eleições de 1994, 1998, 2002 e 2006 na imprensa é tratada, na própria bibliografia petista, como razoavelmente equânime. Nenhum observador sério defende que Lula tenha perdido as duas primeiras eleições devido a desequilíbrios na cobertura ou que ele tenha tido que superar qualquer grande distorção da imprensa para vencer em 2002 ou 2006. Em 2005, quando estourou o Mensalão, a imprensa naturalmente investigou a história e atacou o governo, como seria de esperar em uma democracia, mas as eleições de 2006 aconteceram sem grande interferência de peso da cobertura. Durante o segundo mandato de Lula, a imprensa tradicional foi bastante reverente aos sucessos do governo, e na maioria das vezes se juntava ao estado de espírito otimista então predominante no país. Nos primeiros anos de Dilma (2011-12), também não era raro ver na imprensa brasileira a nova presidente ser elogiada como gestora íntegra, rigorosa e intolerante com a corrupção, até mesmo em revistas de direita, como a *Veja*, que dedicou pelo menos duas capas positivas e entusiasmadas a Rousseff. Essa foi a época em que a tão malvista Rede Globo exibiu no *Mais Você*, seu programa de entrevistas mais bem-sucedido da TV matutina, a presidente Dilma fazendo omeletes com Ana Maria Braga e falando com os espectadores sem ser desafiada por uma única pergunta de cunho jornalístico. O relato de Anderson sobre o relacionamento entre o lulismo e a mídia brasileira desconsidera o final do segundo mandato de Lula (2008-10) e os primeiros dois anos de Dilma (2011-12), quando era impossível abrir um jornal ou ligar a TV em um noticiário sem se expor a enorme euforia, tanto por parte da imprensa quanto do sistema político.[19]

Na verdade, o retrato da mídia brasileira traçado por Anderson é tão distorcido que ele sequer se dá ao trabalho de diferenciar *O Estado de S. Paulo* da *Folha de S.Paulo*, jornais que cobriram as eras Lula e Dilma de formas gritantemente diferentes. O *Estadão* pode, com razão, ser chamado de conservador e de centro-direita, e de fato publicou matérias de jornalismo oposicionista de direita, principalmente em economia. Ele também, e isso deve ser dito, se juntou ao governo Dilma quando este mais precisava, ou seja, na repressão contra os manifestantes de junho de 2013, uma convergência convenientemente esquecida por estudiosos acríticos do lulismo. Quanto à *Folha*, ela tem sido um jornal mais pluralista desde os anos 1980, e políticos ou simpatizantes do PT como André Singer, Celso Rocha de Barros, Eduardo Suplicy, Maria Rita Kehl e dúzias de outros têm sido vozes frequentes em suas colunas. Tanto o *Estadão* quanto a *Folha*, e até *O Globo*, a tríade de jornais nacionais, fizeram coberturas positivas do grandioso calendário de eventos do lulismo (Copa das Confederações, Copa do Mundo e Jogos Olímpicos), das obras megalômanas como as hidrelétricas de Belo Monte, Jirau e Santo Antônio e do nunca concretizado "trem-bala" entre Rio e São Paulo. Na maioria das vezes, a imprensa se uniu ao governo em seu entendimento do suposto benefício desses investimentos e os saudou como oportunidades de desenvolvimento nacional. A imprensa levou alguns anos para entender o quanto havia que se investigar nessas empreitadas. Quando isso aconteceu, apoiadores do PT e seus epígonos internacionais, como Anderson e Chomsky, de novo reclamaram e acusaram a imprensa de perseguir seu partido do coração, mais uma vez contra todas as evidências empíricas que apontavam o contrário.[20]

Mas nenhuma história sobre a interação do lulismo com a imprensa estaria completa sem uma dimensão que comentaristas internacionais como Anderson e Chomsky ignoram completamente: a ofensiva lulista na imprensa alternativa, também conhecida como "blogosfera progressista"; uma legião de blogueiros jornalistas, muitos dos quais demitidos da imprensa tradicional e mantidos por subsídios do governo sob a forma de banners de propaganda comprados por valores muito mais altos que os do mercado. Mais uma vez, é preciso se resguardar de retratos do assunto que não levam em consideração as nuances. A imprensa alternativa criada pelo lulismo cresceu dentro de uma explosão da criatividade na internet, por meio da qual blogueiros, vlogueiros, jornalistas e militantes ofereciam versões de acontecimentos diferentes das veiculadas na imprensa tradicional. Houve uma onda de democratização digital dentro da qual era razoável nutrir esperanças na política de comunicação do lulismo. Em vez de uma genuína democratização, o lulismo preferiu investir no cultivo de uma dúzia de blogs publicados por jornalistas aliados para que fizessem o trabalho de defesa do petismo, assim com o outro, mais sujo, de desacreditar e atacar jornalistas, ativistas e políticos críticos do governo. A mídia alternativa travou muitas guerras ideológicas, principalmente contra o jornalismo crítico do pacto lulista. Ao mesmo tempo, produzia-se muito pouca informação real, já que os brasileiros, incluindo a própria mídia alternativa, continuavam a recorrer à mídia tradicional para notícias relevantes.

Curiosamente, a política de comunicação era a única área na qual essa imprensa governista se permitia criticar Lula. De acordo com a versão fantasiosa da história brasileira por meio da qual esses blogueiros e ex--jornalistas subsidiados procuravam defender os próprios interesses, Lula estava "ingenuamente" fazendo "concessões demais" e permitindo que os "inimigos" na "mídia" conspirassem para dar golpes de Estado. A partir de 2005, com o nascimento do lulismo, visitar blogs como *GGN*, *Conversa Afiada* e outros tocados por apoiadores de Lula significava ser exposto a uma litania de ataques à imprensa, na qual qualquer desafio sério à versão governista dos acontecimentos tendia a ser rotulada como golpista e submetida a uma intensa bateria de ataques difamatórios. Poucos se lembram disso, mas a palavra *golpe* não entrou na história brasileira recente com Michel Temer; ela ganhara abundante circulação na imprensa lulista a partir de 2005 e nunca deixou de ser protagonista. Enquanto a polarização brasileira se tornava cada vez mais arraigada, o exército de apoiadores de Lula na internet acompanhou a onda e se tornou notório por chegar ao ponto de usar Photoshop para incluir suásticas nas bandeiras anarquistas de manifestantes de 2013 ou defender barragens hidrelétricas na Amazônia escrevendo que "o Tapajós é uma região não habitada por seres humanos".[21] É desnecessário dizer que, dentro da ascensão de direita que marca o declínio do lulismo como um pacto, o mesmo antagonismo obsessivo contra a imprensa — e a construção de uma "alternativa" de qualidade atroz — também aconteceu. Aqui, como em outras esferas, o bolsonarismo herdou seu funcionamento retórico do lulismo e levou-o ao paradoxismo.

Se alguém ler apenas o relato de Anderson sobre o lulismo e se esquecer de tudo o que se publicou na imprensa, será levado a pensar que Lula e Dilma sofreram uma constante guerra. Essa é uma versão parcial e ideológica dos fatos que só pode ser remediada com boas práticas de análise, ou seja: visitando fontes primárias e tabulando-as com um mínimo de rigor e método coerente e claro. Evidências empíricas obtidas nos próprios noticiários de TV, jornais e revistas semanais, bem como nos atos do Executivo que envolveram a imprensa, não sustentam a noção distorcida de uma guerra constante e declarada. Não foi isso que aconteceu no Brasil. Na verdade, em todos os principais antagonismos que tiveram lugar durante o período do lulismo como pacto estável (2005-13), as retóricas dos governos do PT e da imprensa foram bastante coincidentes. Em assuntos como a construção das hidrelétricas de Belo Monte, Jirau e Santo Antônio, na Amazônia, a repressão e criminalização de manifestantes como "vândalos" em 2013 e o espírito eufórico com que as candidaturas à Copa do Mundo e aos Jogos Olímpicos foram retratadas, os governos do PT e o grosso da imprensa brasileira formaram um coro bastante afinado. Isso também é convenientemente esquecido pelos estudiosos acríticos do lulismo.

Na verdade, enquanto tudo isso acontecia (2005-10), o ministro das Comunicações de Lula era Hélio Costa, não meramente figura simpática à Rede Globo, mas um representante direto da empresa, o nome político mais associado a ela. Costa só deixou o gabinete de Lula para se tornar seu candidato a um dos mais importantes governos estaduais do Brasil, o de Minas Gerais, onde o PT e aliados de esquerda haviam comandado a capital com sucesso por dezesseis anos, mas foram forçados a ceder o lugar para Costa em 2010 por ordem de Lula. Essa cogestão das políticas de comunicação pelo governo Lula e a Rede Globo não é mencionada uma vez sequer nos comentários de Anderson ou Chomsky a respeito da mídia brasileira, omitindo do leitor qualquer evidência empírica que destruísse sua versão de guerra total. Jamais é apresentada qualquer citação da cobertura de 2002 ou 2006, por exemplo, e a sucessão de noticiários noturnos simpáticos a Lula em seus últimos anos de governo (2009-10) é ignorada. Os retratos de uma mídia brasileira oposicionista e maligna, anti-Lula, são exagerados e bastante ideológicos: eles amplificam o antagonismo entre o lulismo e a imprensa justamente para fornecer às recentes narrativas do lulismo a única estrutura de justificação na qual elas possam funcionar, a de que o lulismo tombou vítima de uma conspiração, ou um golpe, com participação da imprensa.

O relacionamento do lulismo com a imprensa é apenas um exemplo, apesar de talvez o mais dramático, de como a categoria retórica apropriada para descrever sua estratégia discursiva é o *oximoro*, a afirmação simultânea dos dois polos de um antagonismo. Sempre na ofensiva contra a imprensa, Lula sempre foi amigável e generoso ao tratar dos interesses das empresas de comunicação, principalmente com o Grupo Globo e a TV Record. Fosse por meio da distribuição de verbas publicitárias ou do exercício de poder na nomeação de ministros, a principal empresa de comunicação do país foi parte importante do pacto lulista, enquanto a segunda maior rede de TV era estimulada como parte de um pacto com as lideranças mais teocráticas do meio evangélico. Ao mesmo tempo que mantinha esse canal azeitado com o Grupo Globo, o lulismo se justificava para uma base hidrófoba que ele próprio fomentava, tentando explicar por que nunca se moveu para tentar regulamentar o artigo constitucional que exige quebra de oligopólios ou por que nunca se mobilizou para aprovar sequer uma lei que limitasse a propriedade cruzada (ou seja, a posse de TV, rádio, jornais e portal de internet no mesmo mercado). Enquanto acontecia a colaboração amigável entre o lulismo e a Globo, não nos esqueçamos, a "blogosfera progressista" do lulismo fazia pesados ataques a jornalistas que ousassem criticar o governo, alguns deles advindos de jornalistas contratados pela própria TV Record, depois ponta de lança da política de comunicações do bolsonarismo. Sem compreender esse movimento duplo, não se pode compreender o lulismo. Não é um discurso "falso" para a militância e "verdadeiro" para a Globo nem vice-versa, evidentemente. Esses enunciados não são verdadeiros nem falsos; eles são performativos, efetivos, eles produzem a realidade ao falar sobre ela. Não se trata, então, de fazer a pergunta ingênua acerca de quando é que Lula mentia e quando falava a verdade sobre as comunicações, se no trato com a Globo ou se no trato com a militância. Trata-se de entender que a afirmação oximorônica, de dois polos incompatíveis, era a política escolhida pelo lulismo, e nenhum campo o exemplifica tão bem como as comunicações.

De qualquer forma, na relação com a imprensa fica evidente o quanto o lulismo fez da contradição entre diferentes momentos de sua prática o instrumento que lhe permitiu modular e regular seu sistema de antagonismos.

Para que o edifício discursivo lulista possa se manter de pé, então, é preciso: 1) um *antagonista*, ainda que — ou especialmente se — esse antagonista muda o tempo todo; 2) uma *contradição* entre dois momentos diferentes do discurso lulista, seja ele pronunciado pelo próprio Lula ou por meio de um porta-voz; 3) um *sistema* para gerenciar esses antagonistas externos e as contradições internas. Esse gerenciamento ocorre por recurso ao oximoro, à afirmação simultânea de extremos opostos. Alguma discrepância entre conciliação e vociferação é esperada de todos os políticos, mas o lulismo modulou essa contradição a um grau sem precedentes. Produziu uma sinfonia de discursos que parcialmente contrariavam uns aos outros, em um arranjo simbolizado pela oscilação entre conversas conciliatórias com líderes empresariais pela manhã e a retórica inflamada sobre luta de classes entre os pobres sindicalizados à tarde. Não era incomum que o discurso denunciado no ardente comício vespertino como sendo hostil fosse uma réplica do mesmo discurso usado por Lula durante a reunião matinal com o *establishment* político ou econômico. À diferença de outros populismos, o lulismo com frequência usa, como modelo de antagonista, dois momentos de seu próprio discurso.

Outro exemplo de como o lulismo gerenciava e modulava antagonismos era sua defesa discursiva quando atacado por lados diferentes do espectro político. Quando criticado por uma direita algo paranoica, que o via como um primo perigoso do chavismo socialista, o lulismo reagia em termos moderados, corretamente apontando o fato de que a comunidade empresarial nunca havia ganho tanto dinheiro quanto sob Lula, e que os governos do PT eram sólidos na macroeconomia e amigáveis ao mercado. Quando criticado por ambientalistas, como Marina Silva, ou por políticos de centro-esquerda como Cristovam Buarque ou Fernando Gabeira,[22] o lulismo adotava um discurso quase bolchevique, que retratava seus adversários de centro-esquerda como direitistas que lançariam os pobres aos leões. Na verdade, bem poucas forças políticas do espectro entre centro-esquerda e centro-direita escaparam de ser retratadas em algum momento como "fascistas" pelo discurso petista.[23] Essa jogada acompanhava o autorretrato que se fazia do PT como sujeito de um poder popular. Durante as campanhas eleitorais, a linha de ataque do lulismo contra ambientalistas e moderados foi uma visível radicalização à esquerda, em clara contradição com a própria natureza de seus governos, que foram bem amigáveis aos oligopólios, conciliatórios com uma série de forças conservadoras e não exatamente ousados em termos comportamentais ou ambientais. É importante não desentender essa contradição como se ela fosse uma simples "mentira" contada pela direção petista para sua base. É verdade que a base petista foi feita de gato e sapato pela liderança lulista. Mas isso não altera o fato de que cada distorção discursiva da realidade levada a cabo por/para milhões de sujeitos políticos evidentemente também alterará, transformará aquela realidade. A radicalização petista no discurso, mesmo quando não se traduzia, por exemplo, em legislação, produzia efeitos visíveis sobre a acumulação de intimidação, medo e ressentimento, cujos efeitos se veriam poucos anos depois.

A constante necessidade de um antagonista, junto com contradições como as que demonstramos anteriormente, fez do oximoro o *modus operandi* na retórica lulista. Diferentemente do antagonismo, um embate no qual os opostos ocupam polos diferentes de uma dicotomia, e da contradição, na qual essa tensão é potencialmente resolúvel ou sintetizável em uma síntese, no oximoro os dois opostos ocupam o mesmo espaço e tempo de forma incongruente e irresolúvel. Daí a natureza agonística do oximoro: uma expressão como "círculo quadrado" leva a linguagem ao ponto do colapso, um lugar inimaginável, marcado por uma coabitação de impossíveis que perturba a ordem discursiva. No antagonismo e na contradição, nós temos a sensação de que o sujeito está recorrendo a uma figura retórica; no oximoro, sentimos que o sujeito foi acometido por uma figura retórica. O lulismo manteve sua vocação oximorônica ao longo de sua história: ao mesmo tempo antagonizava e reconciliava, denunciava e buscava o consenso, inflamava e arrefecia. Essas foram práticas reiteradas do lulismo ao longo da década passada; eram simultâneas e moduladas em conjunto, encontráveis nos discursos, entrevistas e atos públicos de Lula. A tensão acumulada por essa estrutura retórica desmoronou, naturalmente, quando a repressão policial e a cooptação dos movimentos sociais pelo lulismo se provaram insuficientes para deter a fúria, a criatividade e a insubordinação dos manifestantes de junho de 2013. O lulismo tornou-se possível a partir de uma conjuntura econômica, o boom das commodities, de um arcabouço monetário herdado de FHC e do talento político de Lula, mas ele dependia fundamentalmente de um acordo retórico. O lulismo se apoiava em um pacto em que era normal, aceitável e cotidiano fulminar a Globo de manhã e nomear Hélio Costa ministro à tarde, detonar Marina Silva como "fundamentalista neoliberal" de manhã e fechar um acordo com Eduardo Cunha à tarde. Esse pacto tinha a forma de um oximoro, o tropo caracterizado pela manutenção agônica de duas afirmações coimpossíveis. Esse tenso equilíbrio de afirmações coimpossíveis durou, no Brasil, oito anos: da rearticulação pemedebista do lulismo pós-Mensalão até o colapso de Junho, na catatônica resposta de Rousseff às multidões. A queda do lulismo é a história da exaustão de um oximoro.

A exaustão do oximoro e o colapso do pacto lulista

Não há debate quanto à data que marca o declínio do lulismo como um pacto consensual reformista-conservador. Isso ocorreu nas três semanas que vão de 13 de junho ao começo de julho de 2013, quando milhões de brasileiros foram às ruas e as taxas de aprovação do governo Dilma despencaram de 65% para 30%. As massivas e imprevisíveis revoltas de junho de 2013 serão tema do capítulo 5, mas por ora basta apontar que o lulismo nunca recuperou sua condição de pacto, e pode-se dizer que, no sentido em que é entendido na bibliografia, ele deixou de existir naquele ponto.

Esse declínio do lulismo como pacto não significa que não tenha continuado existindo como corrente política dos seguidores de Lula, claro (enquanto escrevo, em 2020, ele comanda apoio de 25% do eleitorado e a desaprovação de 50%). Significa que a partir de 2013 o lulismo não era mais o nome do sistema por meio do qual o Estado e a sociedade civil brasileiros gerenciavam antagonismos no campo político. O lulismo estava agora reduzido a uma corrente política e nada mais — na verdade, ele havia se tornado o sujeito político mais antagonizado de todos. O que é surpreendente na bibliografia acrítica do lulismo, de Singer a Anderson e de Chomsky a Jessé Souza, é como nenhum sequer cogita o fato de que explicar a derrocada do lulismo como pacto não exigia mais que aplicar a mesma lógica que haviam usado para explicar sua ascensão. Em outras palavras, também ali as populações agiam segundo seus interesses, incluindo os mais pobres, entre os quais o impeachment também era majoritário. A bibliografia acrítica ao lulismo quer colocá-lo acima do bem e do mal, explicando sua ascensão como um movimento real da sociedade, mas sua queda como um truque empregado por algum agente maligno, que pode ser a imprensa, os EUA, o Judiciário ou congressistas corruptos. Conhecemos esse jogo. Sua lógica é que, "quando a candidatura que eu apoio vence, é como resultado da expressão de uma verdade social que encontrou sua voz; quando ela perde, é porque alguém burlou as regras". Os apoiadores de Hillary Clinton se refestelaram nesse jogo como única explicação possível para a catástrofe de 2016. Ensaiaram-se em algumas comarcas explicações semelhantes para a vitória de Bolsonaro em 2018.

Singer estava correto ao apontar que os brasileiros pobres tendem ao conservadorismo político de rejeitar experiências radicais, que poderiam interromper a ordem estabelecida. Os muito pobres sabem que, em qualquer situação de grande instabilidade, são eles que tendem a perder mais. A força do lulismo residia em compreender esse conservadorismo, oferecendo aos pobres garantias de estabilidade e cumprindo promessas de melhoria progressiva por intermédio de meios institucionais e democráticos. Essas premissas do primeiro livro de Singer sobre o lulismo permanecem essencialmente corretas. Quando o escândalo do Mensalão estourou em 2005, a reação decidida de Lula de levar suas bases às ruas deu certo porque os pobres estavam começando a sentir os primeiros efeitos dos programas de transferência de renda, abertura de crédito e aumento do poder aquisitivo do salário mínimo. Enquanto o radar da maioria dos analistas estava apontado para a desilusão da classe média com Lula, devido ao escândalo de corrupção, aconteciam movimentos silenciosos das placas tectônicas de um Brasil mais profundo. Pequenas cidades corroídas pela pobreza tiveram suas vidas revolucionadas pelas injeções relativamente modestas de dinheiro, e o resultado eleitoral foi visível em 2006. Lula venceu o pleito com o voto dos muito pobres. Ele não chegou aos 50% no primeiro turno, e teve que disputar o segundo contra Geraldo Alckmin, do PSDB, mas o resultado final foi ainda mais humilhante para seu adversário do que teria sido uma vitória petista no primeiro turno. Alckmin conseguiu ter menos votos no segundo turno contra Lula do que tivera no primeiro, competindo contra todos os outros candidatos. Por uma margem de 61% a 39%, os brasileiros enviaram Lula para seu segundo mandato em Brasília.

Enquanto o *petismo* — o movimento crescente em torno do inovador Partido dos Trabalhadores fundado por Lula e seus camaradas em 1980 — havia tradicionalmente defendido o *éthos* de um socialismo democrático, as eleições de 2006 consolidaram o *lulismo* como um pacto reformista, porém conservador, que oferecia alguns ganhos para as camadas mais baixas da pirâmide social por meio de uma aliança entre o carismático Lula, os muito ricos e os muito pobres. A base econômica para esse arranjo — por meio do qual os muito ricos ganhavam como nunca, os muito pobres recebiam uma parcela ligeiramente maior do que jamais haviam recebido e a classe média não perdia nada — foi o extraordinário *boom* nos preços de *commodities* que acompanhou o crescimento explosivo da China durante a primeira década do século. Essa afortunada coincidência não recebe o reconhecimento que merece no livro de Singer (nem na bibliografia acrítica ao lulismo em geral), mas até mesmo um olhar superficial nos números mostra que foi o talão de cheques da China que permitiu esse peculiar arranjo em que alguns setores da sociedade ganhavam mais do que nunca enquanto outros não perdiam coisa alguma.[24] O bolo estava ficando cada vez maior. Muitos analistas indicaram que aquele era o momento certo para que o Brasil fizesse as necessárias reformas: tributária, política, do Estado e da previdência. Exceto por uma pequena mudança nas regras de previdência em 2003-04, nenhuma dessas reformas foi sequer tentada durante o lulismo.

O lulismo reverteu uma tendência que datava das eleições presidenciais de 1989, a da aversão eleitoral dos muito pobres à esquerda. Os excluídos haviam escolhido Fernando Collor de Mello em 1989, Fernando Henrique Cardoso em 1994 e 1998, e não haviam votado em Lula em grandes números em 2002, ainda que ele tenha vencido aquela eleição. Esse eleitorado só migrou maciçamente para o PT em 2006. Singer acerta quando explica esse deslocamento sugerindo que "os eleitores mais pobres buscavam a redução da desigualdade por meio da intervenção direta do Estado, *evitando movimentos sociais que pudessem desestabilizar a ordem*".[25] Singer chamou esse pacto conservador de "reformismo fraco", que incluía um empurrão rumo à redução da desigualdade sem a liderança de um movimento de classe auto-organizado ou uma ruptura na ordem capitalista, dependendo, em vez disso, de políticas de Estado para inclusão econômica e social destinadas a proteger os mais vulneráveis. Com a conciliação de classes própria do reformismo fraco, o lulismo criou melhorias reais na vida dos pobres ao compartilhar timidamente os dividendos do ciclo de exportações favorável, baseado no *boom* chinês. Singer situa entre as medidas mais fundamentais aquelas chamadas pelo economista Marcelo Neri de "O Real de Lula", um jogo de palavras com o nome da moeda cuja estabilidade deu a FHC a eleição e a reeleição à presidência em 1994 e 1998. No caso de FHC, o tripé havia sido formado por taxa de câmbio flutuante, metas de inflação e superávit primário. No caso de Lula, o tripé principal consistia em Bolsa Família, fortalecimento do salário mínimo e expansão do crédito. Os apoiadores de Lula estão corretos quando dizem que as políticas de Lula foram mais intensamente dirigidas a ajudar os pobres do que as de FHC. Mas estão incorretos quando diminuem a importância da estabilidade monetária e da baixa inflação, obtidas sob FHC, como condições necessárias de tais políticas.

Em *Os sentidos do lulismo*, Singer contesta os críticos de esquerda que destacavam a lentidão do processo de melhoria do lulismo, os muitos compromissos "neoliberais" do governo e os critérios distorcidos para a concessão de crédito rural. A resposta de Singer enfatiza que o projeto lulista de redução da pobreza se apoiava em quatro pilares: "transferência de renda para os mais pobres, ampliação do crédito, valorização do salário mínimo, tudo isso resultando em aumento do emprego formal". Para Singer, esse reformismo fraco emprestava algo do reformismo forte, "porém em versão homeopática, diluída em alta dose do excipiente, para não causar confronto".[26] Esse é um resumo basicamente correto da era Lula, apesar de desatento às condições internacionais e às medidas que no final do segundo mandato de Lula (2009-10) já antecipavam o caos que viria sob Dilma. Esse ponto, destacado por economistas liberais como Marcos Lisboa e Samuel Pessoa, é ignorado no relato de Singer acerca da queda do lulismo, mesmo tendo seus proponentes estado durante anos em primeiro plano no debate econômico, e tendo Lisboa na verdade chegado a trabalhar no governo Lula durante dois anos (2003-05).[27] É curioso notar como relatos feitos por ensaístas inspirados por Marx, como Singer e Anderson, ao contar a história da recente crise política no Brasil, escolhem atribuir tanto protagonismo à vontade individual de certos atores nos corredores do Legislativo, Judiciário ou Executivo e tão pouca atenção aos reais movimentos da economia brasileira e de seus grandes atores entre 2010 e 2016. Quando chegam a falar sobre a economia nesta década, eles mencionam a queda no preço das *commodities*, mas tendem a omitir as intervenções de Dilma na economia, de subsídios bilionários a empresas escolhidas a dedo ao uso de bancos públicos para gerir taxas de juros e às tentativas lunáticas de conter a inflação via congelamento do preço da gasolina e das passagens de ônibus. Em particular, Singer e Anderson tendem a não notar a caótica *sequência* em que essas medidas tiveram lugar — uma sequência em que decretos publicados hoje estavam em franca contradição com decretos igualmente federais de poucas semanas ou meses antes, todos testemunhos de tentativas voluntaristas de crescer tanto quanto possível ao mesmo tempo que se reduziam taxas de juros por meio da intervenção do governo, em um movimento que não poderia levar a outro rumo que à leniência com a inflação.

Quando Singer publicou seu segundo livro sobre o assunto, *O lulismo em crise: Um quebra-cabeça do período Dilma 2011-2016* (2018), uma mudança fundamental havia acontecido no Brasil. O lulismo não era mais o alicerce que sustentava todo o edifício político. Ele havia agora desmoronado como pacto de gerenciamento de antagonismos e se tornado um polo particular e minoritário dentro do antagonismo principal. Entre o primeiro (2012) e o segundo (2018) livros de Singer sobre o lulismo, este havia deixado de ser um pacto reformista-conservador de estabilidade envolvendo toda a sociedade brasileira e se tornado um mero polo no antagonismo principal. Essa mudança na política institucional real se expressa como uma mudança também na bibliografia. Enquanto *Os sentidos do lulismo* pode legitimamente alegar ser a teoria de uma situação política, quaisquer que sejam as discordâncias que se possa ter com ela, seu *O lulismo em crise* só pode ser lido como um sintoma da crise do lulismo, um intento desesperado de produzir uma apologia dele como corrente política no momento de sua derrota mais humilhante. No segundo livro de Singer sobre o tema, já não há teoria do lulismo. Para isso lhe faltam não apenas distância geográfica e histórica, mas, principalmente, distância intelectual e conceitual de seu objeto.

A hipótese de Singer é que Dilma tentou criar uma coalizão de empresários e trabalhadores para manter um impulso desenvolvimentista e as classes do capital produtivo misteriosamente deram uma guinada perversa para longe do caminho do bem, não toparam, sabotaram. Singer é um escritor erudito, mas, se você ler esse livro, verá que a tese se resume a isso. Ou os empresários estranhamente agiram contra seus próprios interesses, lançando-se por ideologia a uma luta de classes contra os trabalhadores, quando seu verdadeiro inimigo deveria ter sido o capital financeiro, ou Dilma foi cega e ingênua ao ponto de acreditar que uma sequência de estímulos dados em ordem caótica, em meio a uma série de medidas que as contradiziam, produziriam automática e necessariamente uma reação pavloviana de sujeitos econômicos que estão no mercado tentando prever retorno de investimento. Como o próprio Singer ainda não se descolou dessa ideia meio mecânica de funcionamento dos sujeitos econômicos, ele precisa traduzir o primarismo rudimentar de Dilma na velha dicotomia marxista entre capital produtivo e capital financeiro, em um país onde valia mais a pena gerar mais dinheiro via juros do que investir o mesmo dinheiro em, digamos, uma padaria. Em todo caso, o modelo de Singer nesse segundo livro, sobre a crise do lulismo, pressupõe um *erro* de alguém — seja dos empresários por agir contra seus próprios interesses, seja do petismo ao imaginar que esse empresariado faria algo que era contrário a seus interesses. A explicação de Singer da queda de Dilma apenas para em pé se pressupomos a burrice de alguém, seja do petismo que esperou algo impossível, seja dos empresários que deveriam ter reconhecido os estímulos oferecidos por Dilma e investido. Isso no Brasil já altamente incerto de 2012-13.

Desenvolvimentismo é um termo que tem uma história ilustre na América Latina a partir dos anos 1950, e Singer apresenta a seu leitor as discussões mais recentes a esse respeito[28] enquanto defende o poder heurístico e a validade presente da categoria. Afinal, em 2007 o então recém-nomeado ministro da Economia, Guido Mantega, que permaneceria no gabinete durante o primeiro mandato de Dilma, declarou que o país havia entrado em um "ciclo social-desenvolvimentista".[29] Mantega ficou famoso mais tarde por anunciar bombasticamente, já em 2014, que não havia crise, quando sinais óbvios do derretimento da economia brasileira se faziam sentir. Mas em 2007 Mantega era o porta-voz otimista dos novos tempos "social-desenvolvimentistas", que duraram, ainda que de forma caótica, a maior parte do primeiro mandato de Dilma. Singer cita o resumo do desenvolvimentismo em quatro pontos, do economista Ricardo Bielschowsky: 1) A industrialização completa é o caminho para superar a pobreza e o subdesenvolvimento; 2) Nenhuma industrialização eficiente e racional terá lugar no Brasil se deixada aos caprichos do mercado. O Estado deve planejá-la; 3) O planejamento do Estado deve programar o crescimento de setores estratégicos da economia; 4) O Estado também deve ordenar a execução dessa expansão emprestando dinheiro e direcionando recursos a setores não cobertos por empresas privadas. É interessante notar que, ao longo do livro, Singer dá minuciosa atenção ao argumento de que o desenvolvimentismo ainda é uma palavra aplicável e à defesa do ponto de vista de que as políticas de Dilma pudessem ser assim chamadas. Mas a discussão mais importante, ou seja, se as quatro premissas desenvolvimentistas são corretas ou não, se já funcionaram alguma vez no Brasil ou se seria possível esperar que funcionassem no século XXI, permanece ausente do livro de Singer. Ele chega ao ponto de notar que "desenvolvimentismo aqui não denota antiliberalismo" e daí conclui que Dilma "fez escolhas antiliberais, que lhe custaram muito politicamente".[30] A suposição implícita é de que as medidas econômicas de Dilma faziam sentido coerente por si sós, e foram sabotadas politicamente porque o setor produtivo não foi grato, ou republicano, ou preocupado com o bem comum, ou seja lá qual for a qualidade cívica que devesse ser invocada a completar a equação de Singer do porquê de os empresários misteriosamente não fazerem o que se esperava. A hipótese bem mais razoável, de que as ações de Dilma sobre a economia produziram efeitos na economia, não parece passar pela cabeça de Singer. Sempre deve haver uma conspiração política em algum lugar, com o lulismo sempre no mesmo papel: o de vítima.

O livro de Singer compartilha tão profundamente das suposições da escola de economia de Dilma e Mantega que ele não vê problema em afirmar:

> A exemplo do que havia feito em 2008 o Brasil procurou sustentar o ritmo local, apesar da retração generalizada. Cálculos mostravam que, para continuar o reformismo fraco vigente desde 2003, era preciso que o PIB crescesse cerca de 5% ao ano. Foi aí que se abriu a oportunidade para a nova matriz, que vinha sendo preparada desde a substituição de Henrique Meirelles por Alexandre Tombini à frente do Banco Central (BC) em novembro de 2010. Na conduta anticíclica então adotada por Dilma, destacaram-se as [nove] seguintes ações.[31]

Nesse trecho é interessante tentar separar o que é simplesmente falso do que são premissas assumidas em silêncio, sem debate no interior do texto. Lembremo-nos de que 2008 marcou a pior crise do capitalismo moderno, logo após o colapso das *subprimes* nos Estados Unidos. Àquela altura, o governo Lula foi à TV e encorajou as classes média e trabalhadora do Brasil a consumir, procurar linhas de crédito e impulsionar o mercado interno. Pode-se discutir se essa resposta foi correta ou exagerada em intensidade ou duração. É uma discussão legítima. O que é um fato indiscutível é que em meados de 2011, quando Dilma começou a sequência errática de ações intervencionistas na economia, o mundo estava em um momento diferente, e não havia um ciclo global de contração contra o qual ser anticíclico. Pelo contrário: sinais de gastos descontrolados por parte do Estado, em subsídios e reduções de impostos, estavam começando a se fazer bastante visíveis para muitos economistas; na verdade para quase todos, com exceção daqueles alinhados de maneira incondicional com o lulismo. Em setembro de 2012 havia economistas como Samuel Pessoa advertindo, em revistas nacionais como *Época*, que o microgerenciamento com mão pesada na economia estava criando distorções fiscais. No entanto, em 2018, ignorando essa bibliografia, Singer apresenta a lista anticíclica de medidas desenvolvimentistas de Dilma como o aproveitamento de uma "oportunidade", já que "cálculos" apontavam que a manutenção do arranjo até então dominante requeria um crescimento do PIB de 5% ao ano. Singer não explica como o Brasil poderia operar o milagre de crescer 5% ao ano sem reformar o Estado, mantendo a inflação sob controle e reduzindo as taxas de juros, tudo ao mesmo tempo, como Dilma queria. Mas ele apresenta a Nova Matriz Econômica de Dilma como resultado de uma "oportunidade", como se tal matriz não tivesse nada a ver com o fato de que quatro anos mais tarde o Brasil teria entrado na pior recessão de sua história, jogado um recorde de 13 milhões de cidadãos no desemprego, perdido quase 10% de seu PIB per capita e chegado a uma situação de quase colapso fiscal. Singer não disfarça o fato de que para ele o conteúdo do termo "oportunidade" é eleitoral.

Singer resume os nove pontos principais da Nova Matriz Econômica de Dilma da seguinte forma: redução das taxas de juros, uso intensivo do BNDES para abrir linhas de crédito para empresas, política industrial que incluía 287 decretos que iam da redução de impostos a atos de investimento do Estado, redução de impostos para empresas, planejamento de infraestrutura, desvalorização da moeda, proteção de produtos nacionais por meio de tarifas, medidas de controle de capital e uma intervenção no setor elétrico que Singer chama de "reforma", mas que muitos de nós chamaríamos de "colapso", já de fato conhecida como o 11 de Setembro do setor elétrico brasileiro. De qualquer forma, mesmo apresentada como uma lista aleatória, sem qualquer consideração de como algumas dessas iniciativas contrariavam outras, nesse conjunto de medidas impostas em 2011 já se notavam as apostas com enorme potencial de ir para o vinagre, como de fato foram. Ainda assim, Singer consegue apresentar cada uma delas isolada das demais, como se fossem fundamentalmente justificáveis. Vejamos como ele relata, por exemplo, o espantoso anúncio de uma intervenção federal no setor elétrico no final de 2012:

> O bom desempenho petista nos pleitos municipais fazia crer que a travessia dirigida por Dilma ia de vento em popa. O Planalto preparou-se, então, para encerrar 2012 com chave de ouro: atender à indústria reduzindo o preço da eletricidade e, ao mesmo tempo, fazer um gesto aos setores populares, ao baixar a conta de luz. Parecia o fecho adequado para um ano de vitória da coalizão industrial-trabalhista.[32]

Pode ser que até hoje não esteja totalmente claro para Singer o quanto trechos como esse se deixam ler como racionalização escrita do ponto de vista de caciques políticos, para quem o estudioso parece contente de trabalhar como defensor e ventríloquo. A quebra do setor elétrico brasileiro decorrente das medidas intervencionistas de Dilma é componente decisivo do colapso que mandou milhões de brasileiros de volta à pobreza. No entanto, para Singer, "parecia um desfecho adequado", porque afinal, para o governo Dilma e a coalizão "industrial-trabalhista" que só existia em sua cabeça, era preciso um troféu de popularidade para encerrar o ano. As consequências não foram pequenas e muita gente vulnerável sofreu.

A escola Dilma-Mantega e o 11 de Setembro do setor elétrico

A incapacidade da bibliografia lulista de dar conta dos movimentos reais da economia brasileira durante os anos 2011-14 fica mais patente quando observamos as simples crônicas que vinham sendo feitas semanalmente por economistas como Monica de Bolle. Vejamos o relato da mesma opção de política econômica para o setor elétrico que ofereceu De Bolle, uma economista que acompanhou a era Dilma e não tentou racionalizar suas escolhas:

> Tratava-se de uma medida que alteraria por completo o funcionamento do sistema elétrico brasileiro, a ponto de concessionárias e distribuidoras referirem-se a ela como "o 11 de setembro do setor elétrico brasileiro". Seu objetivo era reduzir as tarifas de energia, porém de forma unilateral, sem levar em conta os efeitos que isso poderia ter sobre a rentabilidade das empresas do setor, seus fluxos de caixa e sua capacidade de investir. Feita de forma atabalhoada, a MP 579 acabaria por enfraquecer de forma avassaladora o caixa das distribuidoras de energia, além de gerar imensos custos para os cofres públicos, obrigados a ressarcir as distribuidoras, que, caso contrário, não teriam como sustentar o suprimento de energia no país. A redução na marra das tarifas de energia cobraria seu preço ao Tesouro e também aos consumidores alguns anos depois. Acrescentando ofensa à injúria, as medidas tomadas no setor elétrico introduziram uma incerteza regulatória nefasta. A mudança repentina e de forte traço autoritário das regras do jogo acabaria por azedar o ambiente empresarial, contaminando os investimentos, que, pouco a pouco, minguariam.[33]

A economista liberal, De Bolle, nos deu um relato materialista dos reais movimentos da economia ao olhar a interação entre o decreto, seu contexto e os interesses de reais atores econômicos. Enquanto isso, o sociólogo de inspiração marxista, Singer, nos deu um conjunto de razões ideais pelas quais fazia sentido para o governo Dilma pensar como pensou, ao ponto de escrever que "a remodelação do setor elétrico, concluída no final de 2012, demonstrou a capacidade de o Estado intervir sobre setores privados",[34] uma frase espantosa aos olhos de qualquer pessoa familiarizada com a devastação do setor elétrico que se seguiu ao decreto de Dilma, baixado no final de 2012. Para cumprir a apologia retrospectiva ao governo Dilma, Singer desconsidera o funcionamento de forças econômicas reais e termina com uma pergunta falsa que ele vê como o principal quebra-cabeça: entender por que "os empresários mudaram de posição".[35]

Os empresários brasileiros, claro, nunca mudaram de posição em nenhum assunto econômico — eles agiram, como sempre fazem, de acordo com seus interesses. Suas respostas a cada ato do governo foram a normal mistura de suas próprias experiências e das expectativas inevitavelmente geradas por subvenções, reduções de impostos, empréstimos subsidiados e congelamento de preços, todos na sequência caótica em que ocorreram e que Singer não leva em consideração. Não é surpresa, então, que Singer não compreenda por que "os empresários mudaram de posição". A pergunta em si é mal formulada, já que para Singer a história da economia brasileira sob Dilma tem a forma de um conflito entre uma vontade virtuosa do governo contra atores econômicos que impediram tal desejo de se tornar realidade devido a ideologia, erro de orientação ou simples má vontade. Trata-se de uma leitura idealista. Uma vez que um problema falso é colocado — "por que os empresários sabotaram, abandonaram ou não acompanharam a virtuosa aliança desenvolvimentista entre o capital produtivo e o trabalho proposta pelo governo Dilma?" —, é fácil prever que as respostas serão ainda piores. Singer não é exceção, e as quatro razões que ele oferece vão de afirmações tautológicas (a "luta de classes" que supostamente jogou os industriais contra os trabalhadores) ou observações que, se verdadeiras, invalidam a própria base do argumento, ou seja, a "imbricação entre produção e rentismo".[36] Afinal, não faz sentido defender a tentativa de Dilma de erguer um muro entre o capital produtivo e a classe rentista se eles estiverem mutuamente imbricados. Se formos nos aprofundar nessa frase, veremos que o próprio conceito "classe rentista" faz pouco sentido em um país onde os fundos de pensão de trabalhadores estão entre os principais investidores do mercado financeiro, e portanto uma separação fácil entre atores econômicos bonzinhos (capital produtivo, trabalhadores) e malvados (a "classe rentista") é impossível, já que a própria realidade a contradiz. Mas o modelo de Singer precisa dessa pergunta estupefata: "por que os industriais não se uniram a Dilma e aos trabalhadores em uma aliança feliz contra os rentistas?" E dá-lhe circunlóquios e voltas e voltas em torno de um falso problema para mascarar um fato demonstrável: a intensificação de um modelo dirigista de gastos descontrolados e concessão arbitrária e politizada de incentivos fiscais produziu um colapso na economia brasileira.

A Medida Provisória (MP) 579, o 11 de Setembro do setor elétrico brasileiro, é um bom exemplo com o qual contrastar essa visão altamente ideológica da era Dilma que encontramos em Singer e o relato bem mais pragmático que Monica de Bolle faz sobre o mesmo período. Em *Como matar a borboleta azul*, temos um relato passo a passo das escolhas feitas pelo governo Dilma em sua interação com a realidade econômica brasileira. Em *O lulismo em crise*, não temos um olhar muito claro sobre a realidade das forças econômicas que interagem no mundo real; temos tentativas de reconstruir a motivação do governo e perguntas acerca de quem o terá impedido de ser bem-sucedido. Naturalmente, o resultado é que em De Bolle temos um retrato muito mais complexo e maduro do que aconteceu na economia brasileira.

Publicada em 2012, na agourenta data de 11 de setembro, a MP 579 mudou as regras para o complexo setor elétrico ao oferecer a todas as geradoras e transmissoras de energia com concessões a serem renovadas em 2015 uma renovação imediata caso aceitassem se submeter aos preços fixados pela Aneel, a agência reguladora estatal. As empresas também poderiam escolher permanecer com seus contratos como estavam até 2015, e nesse caso praticar os mesmos preços, perdendo assim os subsídios do governo federal. O anúncio de Dilma foi feito com grande alarde, já que as contas de energia residenciais seriam reduzidas em 16,2%, em média, e as industriais cairiam ainda mais, em média 28%. O Tesouro Nacional pagaria a conta dos preços artificialmente mais baixos cobrados de geradoras e transmissoras. A intervenção era típica da escola de economia Dilma-Mantega: o anúncio intempestivo de um pacote de subsídios-surpresa tanto para consumidores quanto para investidores, amarrando os últimos, caso decidissem aceitar, a cálculos otimistas feitos pelo governo e garantindo aos primeiros uma redução temporária de suas contas às custas do contribuinte, o que no caso da energia converte-se em um verdadeiro, explícito estímulo ao desperdício. Essa espécie de cavalo de pau voluntarista com que Dilma e Mantega tentavam fazer a economia pegar no tranco repousava sobre a noção supostamente desenvolvimentista, mas no fundo idealista, de que a intensificação do papel do Estado como direcionador de investimentos sempre e necessariamente criará estímulos benéficos à economia.

Dada a complexidade do setor elétrico, a chance de o governo não prever o comportamento de pelo menos uma das variáveis era alta. Logo após o pronunciamento de Dilma, as ações das companhias geradoras e transmissoras de energia caíram mais de 20%. Até abril de 2015, as ações da estatal Eletrobras haviam acumulado uma perda de 63,5%. Os cálculos variam de uma fonte para outra, mas o Centro Brasileiro de Infraestrutura (CBIE) estimou que até 2015 o Tesouro Nacional havia perdido R$ 111 bilhões (cerca de US$ 30 bilhões) como consequência de subsídios, sem falar de diversos outros efeitos-dominó do decreto. Ao contrário do que o governo federal havia previsto, as empresas estaduais Cesp (São Paulo), Cemig (Minas Gerais) e Copel (Paraná) — primeira, terceira e quinta maiores economias do Brasil — decidiram não entrar no acordo e deixaram o governo federal com um déficit bem maior do que o antecipado. Para piorar, o Brasil passou por uma seca em 2013, o que obrigou o governo a recorrer às termelétricas, mais caras e ambientalmente destrutivas, ajudando a aprofundar ainda mais o buraco financeiro. Isso estava acontecendo no final de 2012, enquanto o governo Dilma também estava dedicado a uma gigantesca contabilidade criativa, em um grau até então jamais atingido, para poder fechar as contas com o devido superávit primário. Algumas dessas práticas contábeis eram produto do colapso do setor elétrico (o déficit da Petrobras com a Eletrobras, por exemplo) e, desnecessário dizer, também impactavam de volta aquela realidade. Quando o governo Dilma acabou de tentar consertar a espiral de perdas econômicas que havia causado com o 11 de Setembro do setor elétrico, *mais de quarenta decretos haviam sido publicados*, muitos deles tentando corrigir movimentos na economia real que decretos anteriores haviam provocado. Em 2014, os consumidores já estavam pagando o que pagavam antes do grandioso anúncio da redução, e o setor elétrico brasileiro estava em total desordem, mesmo depois de o Tesouro ter arcado com o considerável prejuízo. Esta é a sequência completamente ignorada no livro de Singer sobre a crise do lulismo, em que ele pergunta por que raios os "empresários mudaram de posição". É bom lembrar que o colapso do setor elétrico foi apenas uma entre as muitas maneiras pelas quais o governo Dilma decidiu intervir na economia.

Rastrear as origens da volta da escola Dilma-Mantega ao leme do navio nos leva de volta ao escândalo do Mensalão de 2005. Já falamos desse escândalo do ponto de vista político, mas a linguagem com a qual a economia passou a ser descrita também é parte importante da história. Quando caiu José Dirceu, decepava-se nada menos que a cabeça política do governo Lula. Os meses seguintes também veriam a desgraça de Antonio Palocci, médico que ganhou destaque como um ministro da Economia ortodoxo, garantidor de responsabilidade fiscal em 2003-05. Em 2006 Palocci também caiu, derrubado por um escândalo envolvendo a violação de informação bancária privada de um caseiro que havia denunciado o ministro por algo que não era, por si só, exatamente um crime — orgias com prostitutas e líderes empresariais em Brasília. Ao tentar destruir a credibilidade do denunciante revelando a existência de uma quantia estranhamente alta em sua conta (e falhar, pois havia uma explicação legítima e verdadeira para o dinheiro), ele foi pego na própria armadilha e teve que renunciar. Quando Palocci se afastou, uma batalha discursiva determinante para o futuro imediato do Brasil teve lugar dentro do governo Lula. Foi nessa ocasião que a recém-empossada chefe da Casa Civil, Dilma Rousseff, chamou de "rudimentar" um plano minucioso de responsabilidade fiscal a longo prazo, elaborado por alguns dos melhores economistas do time de Palocci, que havia guiado a economia brasileira para longe da crise.

Como os jornalistas econômicos Claudia Safatle, Ribamar Oliveira e João Borges relatam em seu indispensável *Anatomia de um desastre: os bastidores da crise econômica que mergulhou o país na pior recessão de sua história* (2016), um importante capítulo de como a economia do Brasil foi para o brejo é o abandono daquele plano de 2006 para prosseguir com a responsabilidade fiscal dos primeiros anos Lula e equilibrar o orçamento até chegar ao déficit zero em uma década. Enquanto se derretia o equilíbrio de forças que havia se mantido estável até 2005, a ascensão de Guido Mantega ao Ministério da Economia e de Dilma a chefe da Casa Civil consolidava o entendimento de que, nas palavras de Dilma, "gasto é vida".[37] Guido Mantega permaneceu como o mais longevo ministro da Economia da história do Brasil, cobrindo todo o segundo mandato de Lula e todo o primeiro de Dilma (2006-2014).

A exemplo do que economistas liberais como Samuel Pessoa e Marcos Lisboa destacam, políticas implementadas sob Dilma continuaram uma tendência que estava começando a se estabelecer nos dois últimos anos do segundo mandato de Lula (2009-10). Com a crise das *subprimes* varrendo o planeta e o Brasil robusto o suficiente para aguentar o tranco no curto prazo, Mantega viu uma oportunidade para implantar sua agenda de microgerenciamento da economia pelo Estado. Bem antes que Dilma fosse eleita presidente, já estavam em andamento medidas fiscalmente questionáveis, como cortes de impostos para a indústria automobilística, materiais de construção e máquinas pesadas, ou a política do BNDES para campeãs nacionais, por meio da qual o banco estatal de desenvolvimento escolhia algumas poucas e bem-aventuradas empresas para representar áreas estratégicas e lhes garantia empréstimos pesadamente subsidiados. Cada vez mais, isenções fiscais eram dadas a companhias escolhidas como campeãs nacionais, as agências regulatórias eram enfraquecidas e seu poder era transferido para o terreno mais politizado dos gabinetes. Enquanto isso, o BNDES se envolvia em operações imprudentes por meio das quais captava dinheiro no mercado pagando 13% ou 14% de juros e o emprestava a seletas empresas com juros de 3% ou 4%, com o contribuinte pagando a diferença. Há uma linha direta entre essas políticas do final do governo Lula e as dos anos Dilma, nas quais a gestão da economia foi famosamente resumida da seguinte forma: não deu certo, seguro o preço da gasolina; não deu certo, corto o preço da energia; não deu certo, reduzo os impostos com as desonerações; não deu certo, aumento o gasto público. Há um debate legítimo acerca do quanto o governo Dilma aumentou as distorções ao vitaminar as medidas desenvolvimentistas do final do segundo mandato de Lula, mas não há como negar que houve também algum grau de continuidade. O que é indiscutível é que o Brasil já estava em colapso quando Dilma foi deposta em maio de 2016. Ainda assim, apesar de ser robusta a bibliografia disponível sobre como o governo Dilma afundou a economia, nenhum desses itens é citado por qualquer dos acadêmicos que advogam a tese de um "golpe" contra Dilma, seja Perry Anderson, Noam Chomsky ou Jessé Souza. A questão aqui não é implicar com a palavra golpe de maneira gratuita, evidentemente, e sim o contrário: observar como a palavra entra para mascarar aquilo que se está ignorando sobre a história brasileira recente.

Além da confusão que essas políticas criaram na frente econômica, elas também abalaram o sistema discursivo de antagonismos que até então havia permanecido estável. Dilma foi o produto de um cálculo egoísta e desastroso de Lula, segundo o qual ele deveria ser sucedido por uma tecnocrata supostamente competente, sem nenhuma experiência eleitoral ou talento político de qualquer tipo. Das três mulheres que se qualificavam como potenciais candidatas à sucessão de Lula depois que Dirceu e Palocci caíram em desgraça — Dilma, Marina Silva e Marta Suplicy —, Dilma era a única que jamais havia concorrido a cargos públicos, nunca havia sido política em qualquer sentido da palavra e nem mesmo membro do PT por muito tempo, já que vinha do PDT. A escolha de Lula teve a ver justamente com a falta de experiência ou mesmo interesse político como tal por parte de Dilma. O cálculo era que a eficiente tecnocrata que não se interessa por política gerenciaria bem a técnica e deixaria o caminho livre para que Lula fizesse política. Dilma não fez política de qualquer tipo, claro, mas também não deixou o caminho livre para que Lula a fizesse em seu nome. E, claro, passou longe de gerenciar bem a parte técnica, que Lula ingenuamente achou que poderia separar da política. A escolha infeliz foi um capítulo importante de como o pacto lulista desmoronou, e o Brasil entrou em uma de suas piores crises de todos os tempos.

O fato de o nome da candidata do PT para as eleições de 2010 não ter emergido de qualquer processo democrático primário de debates, mas da escolha pessoal de um indivíduo, de forma autocrática, deveria ter sido motivo de espanto e ultraje. Nos últimos anos da década de 2000, o lulismo havia se tornado tão maior que o petismo que não foi sequer debatido se o candidato do PT à sucessão de Lula deveria ou não ser alguém não escolhido a dedo por ele. Foi pressuposto que era assim que as coisas deveriam ser, apesar de o PT ter se apresentado por quase trinta anos como um partido com o compromisso de tomar todas as decisões de eleições majoritárias por intermédio da assembleia democrática de delegados ou de uma eleição direta com os votos de todos os membros. O próprio Lula teve que concorrer em primárias contra o senador Eduardo Suplicy para ser o candidato do PT em 2002. Já em 2007-08, no entanto, esses últimos vestígios de democracia interna haviam desaparecido, enquanto as escolhas eleitorais do PT passavam a ser totalmente submissas ao lulismo e aos caprichos de Lula como indivíduo. Sua opção por Dilma tinha um lado técnico, econômico, e um lado civil e político. Ele errou de forma colossal em ambos os aspectos.

Lula foi apresentado a Dilma quando ela era secretária de Energia do Rio Grande do Sul no governo petista de Olívio Dutra, enquanto Lula montava seu time de transição para as eleições presidenciais de 2002. A política energética no PT sempre havia sido tocada pelo professor Luiz Pinguelli Rosa, da UFRJ, um dos principais físicos nucleares do Brasil. Ele foi substituído por Dilma, em um processo que incluiu um momento pitoresco do encontro Lula-Dilma. O país estava sentindo o impacto do apagão de 2001, no final da era FHC. O estado do Rio Grande do Sul atravessou incólume essa crise, graças menos à expertise técnica de Dutra e Dilma e mais ao fato de que o estado não fazia parte da principal rede elétrica nacional. Naturalmente, isso não impediu que o PT capitalizasse o fato, aumentando a cotação de Dilma no partido. Quando ela se juntou às reuniões da equipe de transição, foram impressionantes aos olhos de Lula seu laptop, à época uma mercadoria relativamente rara no Brasil, e suas apresentações de PowerPoint com gráficos e números. Estes viriam a ser bastante questionados mais tarde, e Dilma certamente não sobreviveu a seus mandatos com a reputação de ser rigorosa com números. Mas, àquela altura, a autoridade de uma secretária de governo que havia aparentemente levado seu estado a passar por uma crise energética sem sofrer apagões, combinada com a personalidade assertiva de Dilma e seu laptop cheio de gráficos em PowerPoint, fez o milagre. Como Ab'Sáber observa, Lula deve ter sido a única pessoa que Dilma já seduziu algum dia; sem dúvida uma sedução que dependia do próprio narcisismo e autofascinação do então presidente. O mito de Dilma como a gerente dura e rigorosa, que Lula tanto construiu ao longo dos anos, ganhou bastante ímpeto naquelas reuniões de 2002, enquanto ela apresentava seus gráficos. É tentador especular que, caso Dilma não tivesse comprado um laptop em 2001-02, o destino do Brasil no século XXI teria sido diferente.

Na frente técnica, Lula nunca deixou de elogiar o caráter direto e pragmático de Dilma. Enquanto ela desenvolvia a imagem de gerente rígida e intransigente, Lula passava a associá-la ao tipo de tecnocrata que poderia fazer a máquina funcionar sem problemas e levar adiante seu legado. Na realidade, as enormes lacunas no conhecimento econômico de Dilma já eram bem visíveis durante o segundo mandato de Lula, mas a euforia daqueles anos ajudou a escondê-las de muita gente. Essas lacunas não seriam problema, claro, se Dilma aceitasse ouvir especialistas, mas esta foi a dimensão suplementar do erro de Lula. Segundo seus cálculos, a proverbial e bem conhecida indisposição de Dilma para lidar com conversas políticas deixaria o terreno livre para que ele coordenasse os assuntos políticos. Entre as muitas promessas não cumpridas de Lula, a que ele mais anunciou durante o final de seu segundo mandato — de deixar que sua sucessora governasse em paz e sem interferência — se tornou uma das mais notoriamente traídas. Lula não somente nunca ficou em segundo plano durante a presidência de Dilma como também manteve um controle ferrenho sobre as decisões do partido, incluindo aquelas que afetavam o governo. Enquanto isso, Dilma iniciava sua rotina de interlocução zero com senadores ou deputados e de tensas e ruidosas reuniões de gabinete que deixavam ministros de Estado apavorados e pouco inclinados a iniciar qualquer diálogo com ela. Enquanto o isolamento de Dilma no Palácio crescia, tornava-se claro o quanto o erro de Lula havia sido individualista e irrefletido. Tendo escolhido Dilma porque ele suspeitava que não poderia controlar Marta Suplicy ou Marina Silva, Lula testemunhou a aversão à política de sua protegida dificultar suas próprias chances de continuar a conduzir a política vitoriosamente, como havia conseguido durante uma década. No Palácio de Dilma, o lulismo teria muito mais trabalho para se manter como um pacto de gerenciamento de antagonismos.

Sob Dilma começaram, por exemplo, conversas sobre uma aliança industrial-trabalhista contra o capital financeiro, de uma forma que teria sido impensável mesmo no auge da gastança que ocorreu no final do segundo mandato de Lula. Essa era uma clara alteração no funcionamento do sistema de antagonismos. Como já vimos, a miragem da tal aliança foi uma das premissas necessárias para que o segundo livro de André Singer funcionasse sem fios soltos. Economistas como Pessoa, Lisboa e De Bolle estão corretos ao expor que muito do que saiu de controle na política econômica sob Dilma, em 2011-14, havia começado sob Lula, em 2008-10. Mas o campo discursivo, retórico, mudou significativamente com a posse de Dilma em 2011, já que o contraste não poderia ser mais gritante entre Lula, o orador capaz de inflamar uma multidão ou acalmar um pequeno grupo de caciques políticos, e Dilma, a desajeitada e reservada autocrata sem talento ou desejo para conversas políticas, de personalidade autoritária e uma obsessão patológica com vazamentos.

Não há exagero em dizer que muito da desastrosa transição política que foi dos protestos de junho ao impeachment de Dilma e à eleição de Bolsonaro tem a ver com a deterioração das condições para encontrar soluções mediadas pelo discurso, pelo uso de palavras. Nem Lula nem Dilma são figuras trágicas, mas, se houve um componente trágico nessa transição do Brasil triunfante na capa da *Economist* de 2009 para o Brasil como o maior exemplo do colapso de um país em 2019, ele deve ser buscado nas maneiras pelas quais a linguagem e o discurso operaram nela. Um vocabulário novo foi introduzido pelas revoltas de junho de 2013, e não era inevitável que o equilíbrio oximorônico no qual repousara o pacto lulista até então tivesse que ruir. As ruas de Junho podem até ter sido uma revolta contra o pemedebismo, como quer Marcos Nobre, mas elas não tinham o pacto lulista ou o governo de Dilma como alvos preferenciais. Tanto por ser o mediador histórico de demandas populares de rua como pelo fato de que cumpria seu quarto mandato presidencial, com aprovação naquele momento superior a 60%, o petismo era a única força política em condições de capitanear uma resposta às demandas incendiárias das ruas. O fracasso, como se sabe, foi estrepitoso. O colapso do oximoro lulista foi um elemento importante desse processo que se seguiu a Junho e desembocou na Lava Jato. Antes de tratar desses dois fenômenos, no capítulo 5, preparo o terreno oferecendo uma análise da dimensão *lexicocida* da política brasileira no século XXI: o assassinato de palavras por abandono ou sobreuso, tema que passo a tratar agora à luz das políticas para a Amazônia e para o meio ambiente, no contexto do Antropoceno e da intensificação do genocídio indígena. Se a categoria retórica central para estudar os discursos estatais sobre o Brasil Grande foi a hipérbole, aqui o discurso será regido por outro tropo, o *eufemismo*.

4.

Lexicocídio e eufemismo:
a Amazônia como colônia energética

Introdução ao Antropoceno

Em um artigo perspicaz intitulado "O Brasil é uma dádiva da Amazônia", o ensaísta Diego Viana fez uma aproximação inusitada entre o Brasil e o Egito. Observando uma foto noturna do Egito, Viana notou que 83 milhões de egípcios formam uma linha curva que serpenteia por imensos territórios de deserto despovoado. De longe, o Egito não parece um país viável, apontava Viana, mas ele será viável enquanto existir o Nilo. A distribuição da população brasileira é menos obviamente tributária de uma bacia hidrográfica que a do Egito, pelo menos à primeira vista, mas o país também existe como dádiva de um bioma em particular, e portanto opera em uma lógica não muito diferente da que une o Egito ao Nilo. O Brasil é um país viável enquanto a Amazônia existir, enquanto os rios voadores da Amazônia tornarem possíveis a totalidade dos biomas sul-americanos:

> O caso dos rios voadores da Amazônia, e também do Nilo, é bem outro. A natureza, ao seguir impávida em sua existência, entrega fertilidade e umidade, cheias e rios voadores. Mas não quer nada em troca, senão ser deixada em paz. A vegetação amazônica concentra vapor, mas não o acumula. Ele se espalha e cria rios, ecossistemas, faunas. Voa como uma enorme bacia

hidrográfica flutuante e se transforma na neve dos Andes, na bacia do Paraná, nas tantas formas de vida da América do Sul.[1]

Em contraste com teorias antropológicas do dom (a mais ilustre das quais é a de Marcel Mauss),[2] a relação entre a Amazônia e o Brasil é caracterizada por uma dádiva completamente desprovida de reciprocidade. A Amazônia confere ao continente a sua própria possibilidade de existência, em termos físicos e econômicos, mas ela não inicia um ciclo no qual o continente tenha que doar algo de volta. A dádiva que a Amazônia exige de volta é ser deixada em paz. Portanto, todos os discursos que enfatizam a necessidade de "incorporar" a Amazônia à nação são, em um sentido bem material e direto, inimigos da própria possibilidade da vida no continente. Esses discursos não podem senão perturbar e, no limite, assassinar a lógica não econômica da dádiva que torna a vida possível na América do Sul, ao impedir que os rios fluam e que a floresta nos retribua oxigênio.

O ensaio de Diego Viana passa a tratar de política pública quando aponta que até mesmo a cidade do Rio de Janeiro deve sua existência contemporânea a uma operação de proteção de um ecossistema natural. Viana recorda o plantio de aproximadamente 100 mil sementes na floresta da Tijuca nos anos 1860, em trabalho coordenado pelo major Archer a pedido do imperador Pedro II. O resultado do trabalho do major Archer foi a renovação da possibilidade de vida no Rio, na medida em que a floresta da Tijuca hoje dá à cidade boa parte do oxigênio e da água de que ela precisa. Escrito em 2014, o ensaio continua a ser relevante como balanço sombrio da política ambiental brasileira, mas lido em 2020 ele parece resquício de um mundo anterior, no qual era inimaginável que uma coalizão de extrema direita governasse o país. A aliança entre o ruralismo e o desenvolvimentismo ecocida de Rousseff aparecia como o pior inimigo possível da Amazônia. Nos seis anos que separam o texto de Viana deste livro, os níveis de desmatamento na Amazônia só aumentaram, as queimadas se tornaram mais frequentes, as invasões de terras indígenas por garimpeiros e madeireiros só se disseminaram, e intensificou-se o genocídio guarani no Mato Grosso do Sul, agora com apoio e incentivo explícito de Brasília. O argumento de Diego Viana acerca do débito do Brasil com a Amazônia — como ele aponta, um tipo bem particular de débito, em que tudo o que se pede é ser deixado em paz — e seu lembrete do replantio dos anos 1860 na floresta da Tijuca como modelo para uma possível política ambiental no século XXI nos parecem hoje, seis anos depois, intempestivos e urgentes, ao mesmo tempo otimistas em excesso, quando olhados de forma retrospectiva, e pessimistas, quando lidos à luz do quão piores as políticas ambientais se tornaram nos últimos anos, e de quão mais dramático tudo nesta seara se tornou depois do bolsonarismo.

O artigo de Viana foi publicado na época em que o Brasil encampava de vez o debate em torno ao conceito de Antropoceno e as redes sociais se movimentavam com campanhas como *Índio e Nós* e *Somos Todos Guarani-Kaiowá*. O conceito de Antropoceno, cunhado pelo ecologista Eugene Stoermer e depois disseminado pelo químico atmosférico e prêmio Nobel Paul Crutzen, designa a nova era geológica para a qual o planeta estaria, neste momento, em transição. O advento da era anterior, o Holoceno — que substituiu a última era do gelo, o Pleistoceno, mais ou menos 10 mil anos atrás —, coincidiu com a emergência das instituições que viemos a associar com a civilização enquanto tal: o florescimento das cidades, da agricultura, da escrita e das religiões tais como as conhecemos. O Holoceno foi o período em que vivemos até recentemente, mas, desde a Revolução Industrial, "a possibilidade de mudança climática antropogênica colocou a questão de seu término", como aponta o historiador indiano Dipesh Chakrabarty:

> Agora que os humanos — graças à nossa numerosa população, à queima de combustíveis fósseis e a outras atividades afins — nos tornamos agentes geológicos no planeta, alguns cientistas propuseram que reconheçamos o início de uma nova era geológica, na qual os humanos agem como o principal determinante do ambiente do planeta. O nome cunhado para essa nova era geológica é Antropoceno.[3]

Chakrabarty sugere que a distinção à qual nos acostumamos, entre o tempo geológico e o tempo humano, poderia estar chegando à sua crise definitiva. Seria agora necessário repensar nossa tradicional compreensão do tempo da Terra como um processo mais longo e estendido, que inclui um tempo humano que empalidece em cotejo com ele. Esse ajuste no pensamento precisa agora levar em consideração um contexto de atividades humanas que adquiriram o poder de causar dano permanente e significativo ao planeta.

Em outras palavras, antanho era possível pensar os fatos geológicos como tão grandiosos que nada que os humanos fizessem poderia alterá-los, mas chegamos hoje a outro cenário, no qual o desmatamento, a desertificação, a queima de combustíveis fósseis, a acidificação dos oceanos e uma série de outras atividades destrutivas alteram os processos físicos mais básicos da Terra. Em outras palavras, o tempo antropológico alcançou o tempo geológico em formas que até então eram, para nós, impensáveis.

O advento do Antropoceno implica também, então, uma nova impossibilidade, a de se escrever as histórias da globalização, do capital e da cultura sem levar em conta a história da espécie, das outras espécies, do planeta. Há tantos de nós cortando tantas árvores e queimando tantos fósseis que a história da cultura já não pode ser separada da história da natureza, tal como alguma vez se imaginou possível. Enquanto durante o Holoceno se podia argumentar em favor de uma separação clara entre natureza e cultura, ou seja, uma distinção razoavelmente estável entre a temporalidade do planeta e a temporalidade da história humana, agora já nos tornamos agentes geológicos ao ponto em que a própria dicotomia entre ecologia e cultura precisa ser recolocada. Enquanto "por séculos, os cientistas pensaram que os processos da Terra eram tão grandes e poderosos que nada que fizéssemos poderia mudá-los"[4] e "as cronologias humanas eram insignificantes comparadas com a vastidão do tempo geológico",[5] nossa era é marcada por uma convergência sem precedentes entre ecologia e cultura, em que já não é possível separar a história humana da história natural. Foi recentemente que os humanos se transformaram em agentes geológicos ao ponto em que a história humana passou a afetar e transformar a dinâmica da história natural, mas essa transformação é irreversível. Por isso precisaríamos agora, segundo Chakrabarty, "colocar as histórias globais do capital em diálogo com a história da espécie humana".[6] É o que faz este capítulo com uma pequena seção das "histórias globais" a que se refere Chakrabarty, a história da linguagem com que se falou do meio ambiente e da Amazônia no interior da luta política brasileira das últimas duas décadas, em particular no que se refere à morte de certas palavras e à consolidação de alguns eufemismos. É um trabalho, como todo o deste livro, informado pela análise retórica, mas que se nutre da leitura de uma série de colegas, em particular antropólogos, e de uma outra série de ativistas e ensaístas, em especial pensadores indígenas como Davi Kopenawa e Ailton Krenak.[7]

O meio ambiente e o cemitério das palavras

A Amazônia foi o principal laboratório das políticas desenvolvimentistas do Brasil neste século e tem sido o bioma a partir do qual se colocam com mais frequência os debates sobre o Antropoceno no país. Este capítulo parte desses dois fatos para inseri-los no interior do debate sobre a linguagem travado até aqui. O campo interdisciplinar dos estudos do meio ambiente — nos enormes tentáculos que ele inclui em biologia, geologia, paleontologia até a antropologia e a economia — foi dos de maior transformação linguística dos últimos tempos, do léxico à sintaxe e à prosódia. Por um lado, uma série de substituições lexicais (como "latifundiário" por "ruralista") fizeram do português brasileiro sobre o tema em 2020 algo substancialmente diferente do que ele era em 2000. No mundo do agronegócio, a emergência da cultura musical em torno do sertanejo agora reprocessado pela indústria pop instalou outra linguagem, junto com um vestuário e uma sensibilidade particulares. Esse mundo do agronegócio e da cultura interiorana modelada em Barretos desenvolveria, inclusive, canais de comunicação com o evangelismo neopentecostal, como ficou visível na campanha bolsonarista de 2018. A entrada em cena da conversa sobre o Antropoceno e a crise climática no Brasil, portanto, tem lugar em um contexto de enorme ofensiva de uma coalizão que não seria exagerado chamar de negacionista. Essa coalizão se conforma sob o lulismo, se nutre de inúmeros laços de aliança e cumplicidade com ele, e depois expele-o no momento em que isso passa a ser de seu interesse. Não se entende o Brasil dos últimos anos sem entender esse processo por meio do qual um setor do Brasil profundo, muito especialmente do Brasil Central, jogou o jogo de chantagens com que o lulismo se adaptou ao pemedebismo, fortaleceu-se no interior desse jogo, e depois encontrou no antipetismo a vocalização de suas demandas, já como partícipe da coalizão bolsonarista.

Neste capítulo apresento alguns dos resultados de um projeto que desenvolvi nos últimos anos em torno da metáfora do *cemitério das palavras*. O trabalho consiste em fazer a crônica periódica da morte de certas palavras, que pode ocorrer pelo abandono, mas, também, em outro sentido da palavra morte, pelo sobreuso. O material da análise são os usos mais recorrentes desses vocábulos no sistema partidário, no jornalismo, nas redes sociais, nos discursos políticos e em outras esferas da vida pública brasileira.

Seu primeiro objeto é a progressiva desaparição das palavras *latifúndio* e *latifundiário*, substituídas por *ruralistas* ou *produtores rurais*, para designar as grandes propriedades do campo, em geral familiares (processo que também implica um impacto no espectro de sentidos das palavras "fazendeiro" e "fazenda"). Pesquisa empírica com análise do discurso mostra que esse processo teve lugar principalmente nos últimos vinte anos, ou seja, ele foi basicamente contemporâneo do lulismo. Os anos 1990 foram a última década em que se encontrou uma coexistência significativa entre esses dois vocábulos no português brasileiro, com "ruralista" tomando a dianteira no novo século, à medida que "latifundiário" ia caindo em desuso e "fazendeiro" passava a ser o termo de preferência para o tratamento diário do proprietário rural, não importa se grande ou pequeno. Ao contrário de "latifundiário", "ruralista" não designa necessariamente uma classe social específica e tende a homogeneizar a totalidade das populações rurais em uma cultura, na medida em que qualquer pequeno fazendeiro ou mesmo trabalhador rural supostamente pode se identificar com o rótulo. As identificações das populações rurais que não são necessariamente de grandes proprietários acabaram sendo decisivas, como se viu, na eleição da coalizão extremista de Bolsonaro em 2018.

Em pesquisas quantitativas com jornais, é boa ideia resguardar-se contra a premissa de que a imprensa simplesmente "reflete" as principais variações dialetais faladas no país. Os acadêmicos da área de análise do discurso argumentam contra esse tipo de ingenuidade com certa insistência. Já em seus primeiros trabalhos, Michel Pêcheux apontava que a análise do discurso não era um procedimento de medição do quão fielmente o discurso reproduziria a realidade social. Em vez de estudar as manifestações da linguagem para supostamente detectar como ela retrata a realidade, a análise do discurso opera com a premissa de que a linguagem e o mundo estão em relação de mão dupla sempre, e o discurso tanto recolhe sua matéria do mundo como o transforma no processo.[8] A análise que se apresenta aqui da trajetória dos termos "latifundiário" e "ruralista" nos três principais jornais brasileiros, portanto, os toma tanto como termômetros quanto como agentes sociais dessa mudança. Trata-se de um fenômeno que é contemporâneo à articulação bem-sucedida das classes proprietárias rurais na Assembleia Constituinte de 1986-88. Como se sabe, o texto da Constituição Federal ali escrito não registra as palavras "latifundiário" e "latifúndio" nenhuma vez, enquanto "proprietários rurais" e "empregadores rurais" aparecem abundantemente. Essa não foi uma vitória menor, na medida em que o texto constitucional pôs a funcionar uma semântica e uma pragmática muito particulares para esses termos, começando nos meios jurídico e político. O Brasil não realizara a sua reforma agrária, mas o nome da realidade que a reforma aspirava a abolir, latifúndio, passava a desaparecer.

Na análise dos jornais, depois que se excluem as ocorrências que não são de relevância temática para a pesquisa (como o uso dos termos para designar realidades não brasileiras), ficamos com um quadro que mostra uma evolução bem curiosa no uso e frequência desses dois vocábulos. Nas páginas de *O Globo*, *Folha de S.Paulo* e *O Estado de S. Paulo*, o termo "latifundiário" torna-se mais comum em um ritmo paulatino dos anos 1920 até os anos 1980. Nos anos 1990, ele ainda aparece em quantidade considerável nas páginas de *O Globo*, mas suas ocorrências caem vertiginosamente na *Folha de S.Paulo*. Nos anos 2000, as ocorrências do termo "latifundiário" se tornam bem raras em todos os principais jornais brasileiros, declínio que prossegue na década de 2010. Por outro lado, o termo "ruralista" mantém um número negligenciável de ocorrências dos anos 1930 aos anos 1950, tem alguma presença nos anos 1960 e vai transformando-se em termo preferencial na virada do século. Dos anos 1930 aos anos 1960 a palavra "ruralista" aparece principalmente em expressões como "bloco ruralista", designando uma coalizão parlamentar alinhada com a defesa dos interesses das classes proprietárias rurais. Essa é, aliás, a provável razão para que as ocorrências do termo diminuam acentuadamente nos anos 1970, já que blocos parlamentares não andavam tendo a oportunidade de fazer muito na Câmara ou no Senado durante a ditadura.

As ocorrências do termo "ruralista" no jornalismo dos anos 1980 têm lugar, praticamente em sua totalidade, na segunda metade da década, na medida em que o país voltava à democracia e escrevia uma constituição. Como mencionado anteriormente, no caudaloso texto constitucional de 1988, as palavras "latifundiário" e "latifúndio" não aparecem, e designa-se a classe alternadamente como "produtores rurais" ou "empregadores rurais". Este último termo é de particular ironia, porque se há uma coisa que se sabe sobre o latifúndio é que ele emprega pouquíssima gente — esse fato é da natureza mesma do termo. O progressivo desaparecimento do termo "latifúndio" também é curioso na medida em que o Brasil jamais realizou a reforma agrária que supostamente faria desaparecer o latifúndio, tal como de alguma forma o fez o México depois da sua Revolução de início do século XX. A progressiva mecanização do agronegócio brasileiro não altera substancialmente as relações de propriedade sobre a terra. Temos, então, o intrigante fenômeno do referente que jamais desapareceu da realidade, mas cujo signo linguístico vai caindo em desuso. E não se trata aqui de um signo entre outros para a cultura e a história brasileiras, naturalmente. Se tomamos uma coleção tão paradigmática para o pensamento nacional como os três volumes de *Intérpretes do Brasil*, coordenada por Silviano Santiago, vemos que o termo latifúndio atravessa obras essenciais do ensaísmo de identidade nacional. Euclides da Cunha, Sérgio Buarque de Holanda, Oliveira Viana, Manuel Bonfim, Gilberto Freyre, Caio Prado Júnior, Florestan Fernandes: em todos eles, há abundante, ou pelo menos decisivo, uso do conceito de latifúndio. Na obra literária escolhida para representar a reflexão sobre o Brasil naquela coleção, a de Graciliano Ramos, a palavra "latifúndio" não aparece pela mesma razão pela qual a palavra "tempo" não aparece na obra de Ts'ui Pen desvendada por Stephen Albert no conto de Borges "O jardim dos caminhos que se bifurcam": da mesma forma como naquela obra a palavra "tempo" não aparece porque se trata de um enigma sobre o tempo, "latifúndio" não aparece em *Vidas secas* porque se trata de uma obra *sobre* o latifúndio. *Vidas secas* não é apenas um romance que tem lugar no latifúndio; é um romance que o focaliza como o centro da temática, é um livro que tem na dissecção do latifúndio a sua própria razão de ser.

Ainda em 1996, era comum ver um jornal como *O Globo*, por boas razões identificado por muita gente com a direita do espectro político, usando o termo "latifundiário" descritiva e naturalmente em manchetes e entrevistas. Em 2 de fevereiro, uma matéria sobre invasões de terras indígenas era anunciada com a manchete "Funai nega que decreto possibilite a retomada de áreas indígenas por latifundiários e mineradoras". Em 15 de setembro do mesmo ano, a entrevista com o ministro extraordinário de Política Fundiária (e também presidente do Incra) Raul Jungmann incluía a pergunta "quem atrapalha mais: o Tesouro, que atrasa os recursos, os latifundiários, os sem-terra ou o Congresso que não vota?" Em sua resposta, Jungmann também fez uso do termo para argumentar que o poder dos latifundiários na sociedade brasileira tinha declinado. Esses usos são significativos porque indicam que no final da década de 1990 era normal, mesmo em um jornal à direita, encontrar "latifundiário" usado como vocábulo neutro, descritivo, não entendido como termo ideológico associado a um lado do espectro político. Ainda em 2000, encontram-se matérias jornalísticas em que "latifundiário" é usado descritivamente como designação de uma classe particular, como na primeira linha de matéria d'*O Globo* de 18 de julho: "o Ministério do Desenvolvimento Agrário informou ontem que vai cancelar o cadastro de 1.899 propriedades rurais que tinham sido griladas por grandes latifundiários". Quando entramos na década seguinte, dos 2000, os usos presumidos neutros e descritivos de "latifundiário" vão desaparecendo e dando lugar à consolidação de "ruralista" como termo preferencial, e "latifúndio" vai se tornando de uso exclusivo da esquerda no espectro político, muito particularmente da esquerda associada ao MST. Na medida em que a década avançava, ocorrências do termo em contexto descritivo, sem aspas explícitas ou presumidas, tornar-se-iam cada vez mais raras no jornalismo. Isso acontece em meio a uma combinação de fatores discursivos e extradiscursivos que alteraram a forma como se descreve o espaço rural no português brasileiro. O jornalismo foi, ao mesmo tempo, testemunha e agente desse processo.

As poucas ocorrências de "latifundiário" na imprensa dos anos 2000 tendem a se dar em artigos de opinião de colunistas de esquerda ou em contextos nos quais as aspas eram explícitas ou presumidas. É o caso, por exemplo, do dia 30 de novembro de 2003, em que *O Globo* manchetava "Em cena, os sem-terrinha e os sem-tetinho", em uma matéria relativamente simpática à causa dos sem-terra e dos sem-teto e dedicada às escolas mantidas por MST e MTST. Nessa matéria o uso do termo já é entre aspas, no contexto em que se descreve uma brincadeira entre as crianças, de enfrentamento entre mocinhos ("camponeses sem terra") e bandidos ("latifundiários"). Na medida em que o governo Lula solidificava sua parceria com o agronegócio, "ruralista" foi adquirindo a respeitabilidade de um aliado estimado e valorizado pelo governo federal e "latifundiário" passou a sugerir um mundo pré-moderno, branco e preto e enrugado. A semântica dos termos se mantinha, mas sua pragmática se alterava quase a olho nu.

Em que pese a indiscutível modernização do agronegócio, não mudou substancialmente o sistema de posse da terra que predomina em vastas extensões do campo, e o Brasil continua sem realizar a reforma agrária do tipo feito pela Revolução Mexicana. Mas, de alguma forma, os termos que designam essa realidade passaram a ser mais limpos, modernos e assépticos. Esse processo acontecia enquanto o mais importante movimento de camponeses e trabalhadores rurais do país, o MST, diminuía significativamente sua combatividade e disposição de ocupar terras. O governo Lula foi, sem dúvida, hábil no trato com o movimento, exerceu um notável poder de acolchoamento de conflitos e administração de antagonismos, e cooptou esses movimentos para a colaboração com o Estado — ou, melhor dito, com o governo, já que até mesmo a ser instrumento de intimidação eleitoral eles se prestaram, ou pelo menos sua liderança se prestou. Basta lembrar o anúncio de Stédile em 2014, de que o MST "pararia o país" caso Marina Silva fosse eleita, ameaça que, como seria de esperar, não se cumpriu quando *Jair Bolsonaro* se elegeu em 2018. Em todo caso, o MST realizou 361 ocupações durante o primeiro mandato do tucano Fernando Henrique Cardoso (1995-98), mas, quando chegamos ao segundo mandato de Lula (2007-10), as ocupações haviam se reduzido para 233.[9] Esse setor da sociedade brasileira talvez hoje seja o sujeito da única variação dialetal do português brasileiro em que "latifúndio" e "latifundiário" permanecem como termos descritivos de uso cotidiano. Esse isolamento linguístico não foi de importância menor na vitória da coalizão extremista de Bolsonaro em 2018.

O fim do ambientalismo lulista

A administração lulista dos antagonismos que envolviam os interesses do agronegócio contra os interesses do meio ambiente e das populações originárias da Amazônia vai se tornando mais desfavorável a estes últimos em um crescendo até 2008. Lula exerça a administração oximorônica de antagonismos descrita no capítulo anterior, mantendo Guilherme Cassel, da trotskista Democracia Socialista (DS), no Ministério do Desenvolvimento Agrário, enquanto Reinhold Stephanes, ex-membro da ditadura militar durante o governo Geisel (1974-79), comandava o Ministério da Agricultura.

Até 2008, Stephanes liderava os interesses do agronegócio no governo em aliança com a ministra-chefe da Casa Civil, Dilma Rousseff, o pilar decisivo na coalizão agrodesenvolvimentista. Por outro lado, Marina Silva, a mais reconhecida liderança afro-amazônida a emergir no Brasil, articulava outro precário polo de resistência a esse bloco no Ministério do Meio Ambiente. A coalizão de camponeses, trabalhadores sem-terra, indígenas, populações ribeirinhas, quilombolas e ambientalistas que ali se articulava poderia ter sido mais forte, sem dúvida, caso a esquerda que comandava o Ministério do Desenvolvimento Agrário, por exemplo, não tivesse optado pelo desenvolvimentismo arrasa-quarteirão representado por Rousseff, ela própria um ex-quadro da esquerda organizada. Mas as correntes de esquerda petista que se reivindica(va)m como "ecossocialistas" não foram capazes sequer de se aproveitar da caudalosa bibliografia e movimentação de resistência ao ecoetnocídio de Belo Monte e protestar contra a usina. Manter os cargos no governo era a prioridade.

Mesmo sem grande respaldo com a esquerda petista ou com o próprio presidente Lula, a coalizão ambientalista liderada por Marina no interior do governo conseguiu significativos resultados: reduziu em muito o desmatamento, criou áreas de conservação e tornou as licenças ambientais mais rigorosas. Marina permaneceria como a ministra do Meio Ambiente de Lula de 2003 até 2008, apesar de várias batalhas perdidas para o Ministério das Minas e Energia do feudo Sarney, para o Ministério da Agricultura do feudo do agronegócio e para a Casa Civil desenvolvimentista de Rousseff. Apertada pelos limites da tensa pluralidade negociada do ministério de Lula, Marina liderou o Ministério do Meio Ambiente tanto na redução do desmatamento como no estabelecimento de limites razoáveis à mineração, às construtoras e aos madeireiros na Amazônia. Reiteradamente derrotada no tema das hidrelétricas por Rousseff, que tinha nelas a menina de seus olhos, Marina conseguiu manter um módico de respeitabilidade durante cinco anos e meio, até a saída definitiva em 2008.

A saída de Marina Silva do governo Lula é um evento de enorme importância simbólica e não pode passar sem análise em um livro sobre as transformações da retórica política no Brasil deste século. O estopim representou, por si só, um emblema do começo da crise na administração lulista dos antagonismos. Como naquele momento a popularidade de Lula era altíssima, o episódio não teve o impacto que poderia haver tido, mas ele sem dúvida prenuncia boa parte das crises posteriores do lulismo, especialmente sob Rousseff. Em 2008, em meio aos embates entre a visão mais ambiental e a visão mais desenvolvimentista que coexistiam no governo, e também à escolha de Dilma como a candidata da coalizão petista para 2010, Lula decidiu criar um novo ministério. Essa nova pasta, chamada de Assuntos Estratégicos, foi inaugurada sob a liderança de Roberto Mangabeira Unger, o sociólogo e jurista brasileiro de Harvard. A ele Lula decidiu entregar a coordenação do Plano Amazônia Sustentável, que havia sido construído a partir do ministério de Marina. Sem prejuízo dos muitos méritos que tem em sua disciplina, Mangabeira Unger é um acadêmico de pouquíssima familiaridade com a Amazônia. A raiz de sua nomeação, na verdade, nada tinha a ver com a região e se remontava a um artigo publicado por ele na *Folha de S.Paulo*, durante o escândalo do Mensalão, em 2005, no qual ele se referia à administração Lula como "a mais corrupta de todos os tempos". Três curtos anos depois, com a popularidade nas alturas, Lula decidira provar que qualquer intelectual tem um preço e passou à demonstração de sua tese tendo Unger como vítima, cobaia e cúmplice.

O curioso desse cálculo é que ele foi concebido como plano para humilhar e submeter Unger, mas Lula sequer levou em conta a dimensão do insulto a Marina Silva. O presidente dos 84% de aprovação já havia naturalizado as derrotas de Marina no governo a tal ponto que sequer a tomou como elemento no cálculo. Simplesmente supunha-se que Marina engoliria mais uma, como engolira tantas outras nos embates com a Casa Civil de Rousseff e as Minas e Energia dos Sarney. Mas a entrega do Plano Amazônia Sustentável a um ministério recém-criado, para ser dirigido por um acadêmico que fala português com sotaque anglófono, e que certamente não diferencia o Madeira do Xingu, foi demais para a disposição de Marina a engolir sapos. Para piorar a insultante situação, Marina tomou ciência desse traslado do Plano Amazônia Sustentável para o ministério de Unger *na própria reunião ministerial* em que todos os outros ministros se inteiravam disso, sem aviso prévio: um tapa na maior liderança política do século na Amazônia, e estopim de sua saída do governo Lula.

As referências de Mangabeira Unger à Amazônia eram atravessadas por equívocos, desde os chamados ao "desenvolvimento" e à "integração" até as curiosas ressalvas de que a floresta amazônica não era "apenas uma coleção de árvores", uma daquelas famosas refutações de um absurdo que ninguém disse. Este último dislate suscitou uma resposta do antropólogo Eduardo Viveiros de Castro que já começava com o lembrete de que "a Amazônia não é uma 'coleção de árvores'. Estas existem nos hortos botânicos ou nos jardins de palácios. A Amazônia é um ecossistema, uma floresta composta de árvores e uma infinidade de outras espécies vivas — inclusive seres humanos, que lá estão há pelo menos 15 mil anos".[10] A resposta de Viveiros de Castro a Mangabeira Unger é uma das demolições mais metódicas de toda a era lulista, e desnuda não apenas a premissa etnocêntrica da expressão como todo o fundamento das convocações de Unger a que a Amazônia se transformasse em "grande laboratório nacional" para um "novo modelo de desenvolvimento". A insistência de Unger de que "o destino do homem" seria "transcender" rumo ao "divino" e não ficar, como supostamente estão os indígenas, "aprisionados como crianças num paraíso verde", trazia uma inconfundível mescla de catequismo católico, integracionismo verde-amarelo à la Geisel e gigantesca ignorância sobre as cosmogonias e modos de vida ameríndios.[11] A referência a que a Amazônia não seria "apenas uma coleção de árvores", demolida por Viveiros, trazia uma das marcas registradas dos giros retóricos de Unger, o postulado de um *nem isso nem aquilo*, no qual tanto isso como aquilo são opções que uma pessoa razoável ou especializada dificilmente defenderia. Ao *nem isso nem aquilo* raramente se segue uma alternativa e, quando ela aparece, trata-se de algo provido de uma vagueza celestial da qual ninguém discordaria. Essa é a estrutura do livro de Unger de 2005, *O que a esquerda deve propor?*, uma das bases de sua intervenção no debate público brasileiro.

Ao falar do sistema político que defende, Unger propõe que "o princípio guia não é nem a imposição burocrática nem a escolha do consumidor em um mercado. É a diversificação experimental com base a um conjunto livre de associações entre iniciativas governamentais e não governamentais".[12] O leitor continua acompanhando, mas em nenhum momento sai da escuridão quanto ao que exatamente poderia significar esse "conjunto livre de associações" para além das formas já conhecidas da sociedade brasileira. O volume inteiro procede assim, apresentando dois polos inaceitáveis para depois oferecer uma "alternativa" vaga o suficiente para ser, ao mesmo tempo, incontestável e de implementação totalmente misteriosa. Tomemos o modelo de sociedade civil que Mangabeira Unger sugere à esquerda.

> É necessário reorganizá-lo [o mercado] da melhor forma, para torná-lo real, de mais modos, para mais gente. Para este fim, não parecem adequados nem o modelo regulatório norte-americano nem o modelo asiático de formulação centralizada, por um aparato burocrático, da política de indústria e comércio. A tarefa será usar o poder do Estado não para suprimir ou contrabalançar o mercado, mas para criar as condições para a organização de mais mercados, em modos diversos.[13]

Ao longo do livro, permanece-se nas trevas acerca do que exatamente pode significar essa "organização de mais mercados organizados de mais formas", já que Unger não ofereceu qualquer explicação concreta ao escrever nem avançou qualquer agenda legislativa ou executiva no governo que pudesse dar algum exemplo ou instância do que seria essa "organização". Não fazia a Unger muito favor o fato de que ele intervinha no debate público nesses termos, como quem se digna a apontar uma receita, ainda por cima falada em um português com forte sotaque anglófono. Para piorar, Unger chegava da Meca do pensamento universitário norte-americano, Harvard, com reduzida disposição de fazer perguntas e pouco interesse em aprender com os povos originários. Sua passagem pela Secretaria de Assuntos Estratégicos não teve grande destaque e não incluiu participação sequer nos debates que se travavam na Amazônia naquele momento, como a construção da usina de Belo Monte no rio Xingu. A marca de Unger no Ministério foi, portanto, sua própria criação, levada a cabo por Lula com o único intuito de humilhá-lo e demonstrar que intelectuais — mesmo aqueles que o haviam chamado de pior corrupto da história — também têm, todos eles, um preço.

A entrega do Plano Amazônia Sustentável a Mangabeira Unger, depois que o ministério de Marina Silva havia reunido durante cinco anos e meio todo o conhecimento que informava o plano, foi um dos atos mais insultantes de todo o governo Lula, que não foi escasso em insultos de vários tipos. Por causa de seu timing (primeiros meses de 2008, o começo do grande auge de popularidade do lulismo) e de suas consequências nefastas, a escolha de Lula por criar um Ministério de "Assuntos Estratégicos" foi uma das mais poderosamente simbólicas de seu governo. Tratava-se ali de uma Brasília loteada entre partidos políticos venais de todo tipo, em um Executivo que já mantinha, naquele momento, não menos que 29 ministérios. E aqui você tinha um líder político democraticamente reeleito, de origem popular, com resultados não negligenciáveis na redução da pobreza, surfando na direção de uma inaudita marca de 80% de aprovação na segunda metade de seu segundo mandato, *criando um Ministério inteiro com o único intuito de submeter e humilhar um intelectual* e, pior ainda, humilhando sem sequer prever a principal liderança negra e amazônida de seu governo. No ministério lulista de 2008, "Assuntos Estratégicos" era, e todos ali o sabiam, apenas a morada escolhida para forçar o intelectual a aceitar o emprego e demonstrar que todos têm um preço, até acadêmicos de Harvard que brandem, sem cuidados, epítetos como "presidente do governo mais corrupto da história". Por certo, é necessário um alto grau de mesquinharia e maquiavelismo para se conceber um projeto assim, mas Lula foi capaz disso. Lula não previu, no entanto, que a dimensão simbólica desse ato não se esgotaria ali. O ministério foi criado para humilhar Unger, mas duplamente humilhada foi a pessoa que perdia o comando do Plano Amazônia Sustentável e *na qual Lula nem sequer pensou*, já que simplesmente pressupôs que ela engoliria mais essa derrota. Lula certamente não contava com o "basta!" de Marina Silva naquele momento, inebriado como estava com a alta popularidade.

O ministério criado para humilhar o intelectual branco de Harvard terminava por humilhar duplamente, então, a seringueira negra da Amazônia. A acumulação catastrófica de simbologia do ato de Lula, no entanto, *ainda não terminava aí*. Não bastava isso, mas era também preciso que a ministra negra escolhesse *um 13 de maio para anunciar sua saída*, quase como se fosse uma carta de alforria alegórica. A mensagem não poderia ser mais clara: as populações originárias do Brasil, ameríndias e negras, aqueles povos que Bruno Latour chamaria de terrenos (*earth-bound*), anunciavam a sua partida do governo Lula, em um gesto digno de ruptura com um arranjo, um bloco político e uma compreensão de desenvolvimento que lhes havia imposto várias derrotas. A renúncia de Marina Silva não foi o escândalo internacional que poderia ter sido, na medida em que o governo Lula gozava de índices de aprovação muito altos e considerável sucesso em política externa. Mas ela reverberaria durante anos no futuro no país e pode ser considerado um momento emblemático do começo da ruína do lulismo, bem no auge de sua popularidade.

Em termos lexicais, o emblema das investidas de Lula contra a coalizão indígena-científico-ambiental foi, sem dúvida, *perereca*, palavra de cuja assonância e bissemia (como anfíbio e órgão sexual) Lula aproveitou-se com frequência para ridicularizar ambientalistas. Estão abundantemente documentados no YouTube os casos sobre *a perereca que não pode se extinguir*, sobre *ter que salvar a perereca*, sobre *vamos todos procurar a perereca*, invariavelmente contados a plateias que gargalhavam às mãos e no ritmo do orador. Lula também se utilizou de variações com "bagre", menos efetivas que "perereca" para efeito cômico. Em todo caso, as piadas mostram que Lula esteve bem longe de ser um administrador republicano e equidistante dos conflitos entre os ministérios de seu governo. Invariavelmente, o trabalho fiscalizador do Ministério do Meio Ambiente de Marina Silva era apresentado como gerador de obstáculos e travas ao crescimento. De 2005 a 2008, há uma sequência de derrotas de Marina em mãos da coalizão desenvolvimentista liderada por Dilma Rousseff e Guido Mantega, que se sucedem paralelamente ao triunfo de uma concepção econômica distinta da que presidiu os primeiros anos Lula. Por oposição à responsabilidade fiscal daqueles primeiros anos, a coalizão desenvolvimentista agora impunha uma compreensão de economia que se resumia na imortal expressão de Dilma: "gasto é vida". A pouca consciência dos recursos escassos na economia não poderia senão vir acompanhada pela pouca consciência dos recursos escassos na natureza, e a cegueira ambiental sempre foi característica da escola Rousseff-Mantega. Nesse embate, Lula foi o impulsionador direto da coalizão desenvolvimentista e condição de possibilidade de suas vitórias. Quando se anunciou a descoberta do pré-sal, o Brasil estava de volta à situação de acreditar que aboliria o princípio da escassez com a descoberta de um recurso fóssil finito, agora com a desgraça extra de que o governante acumulava mais de 80% de aprovação e crescente cegueira causada pelo ego inebriado.

Que fique como emblema do início da crise retórica do lulismo, portanto, a tremenda combinação de mesquinharia e esquecimento de Lula na reunião em que, sem aviso prévio, Marina Silva descobriu, com outros ministros, que 1) seria criada uma Secretaria de Assuntos Estratégicos; 2) essa pasta seria entregue a Mangabeira Unger; 3) ele se encarregaria de coordenar e implementar o Plano Amazônia Sustentável que fora subsidiado por conhecimento de acumulação e sistematização feitas pelo seu Ministério do Meio Ambiente. A mesquinharia estava na raiz da criação mesma do ministério, como aparato burocrático inventado com o intuito de submeter e humilhar um acadêmico (que se prestou a isso, claro). O esquecimento estava na raiz da ausência de um gesto sequer a Marina Silva, já dada como derrotada silenciosa e conformada.

Apesar de tudo, o legado do Ministério do Meio Ambiente de Marina Silva já era considerável, e incluía uma paulatina e consistente redução nos níveis de desmatamento, que perdurou inercialmente até os dois primeiros anos do governo Dilma, antes de começar a ser revertida por políticas implementadas pela sucessora de Lula já em seu primeiro ano de mandato. O Ministério do Meio Ambiente de Marina também colocou em prática métodos mais rigorosos de licenciamento ambiental, criou o Instituto Chico Mendes para a Conservação da Biodiversidade (ICMBio) para administrar as áreas de conservação e fundou o Serviço Brasileiro de Florestas, órgão estatal encarregado da proteção de áreas preservadas. A própria atuação de Marina não foi, evidentemente, desprovida de ambiguidades e concessões a projetos impostos pelo desenvolvimentismo arrasa-quarteirão. Junto com Ciro Gomes, Marina esteve à frente das criticadas e problemáticas obras de transposição do rio São Francisco, não se empenhou como poderia na luta contra as usinas do rio Madeira (Jirau e Santo Antônio) e foi pelo menos cúmplice (uma cúmplice que insistiu nas condicionantes, mas cúmplice de toda forma) na monstruosidade ecoetnocida de Belo Monte, no rio Xingu. Mas saiu intocada pela corrupção do financiamento de campanhas eleitorais, distanciou-se a tempo da guinada ecocida do governo a que servira e se consolidou como liderança alternativa nas eleições de 2010 e 2014, até sua queda notável de representatividade nas eleições de 2018. No momento em que escrevo, Marina Silva ainda não parece ter resolvido para si um dilema que foi bem formulado pelo ensaísta e economista Eduardo Giannetti, que foi seu consultor e apoiador em campanha eleitoral à Presidência: Marina não parece conseguir decidir se será a liderança de um movimento da sociedade civil ou se será uma liderança político-partidária.[14] Sua saída do governo Lula em 2008, no entanto, permanece como chave de compreensão do declínio do lulismo, bem ali no momento de auge de sua popularidade.

Energia limpa e limpeza étnica: o caso Belo Monte

A usina hidrelétrica de Belo Monte é, ao mesmo tempo, a obra exclusivamente nacional mais cara da história do Brasil, a epítome e o emblema da versão desenvolvimentista da Amazônia, uma categórica confirmação da incapacidade ou do desinteresse do Poder Judiciário de tutelar os direitos dos povos indígenas e ribeirinhos, e um projeto aparentemente paradoxal, concebido pela ditadura militar, mas realizado apenas nos governos petistas de Lula e Dilma Rousseff.[15] Formulado pela ditadura em 1975, durante o governo Ernesto Geisel, o projeto da usina no rio Xingu foi repetidamente derrotado pelas populações locais em várias tentativas de implantação. Nos anos 2000, o Partido dos Trabalhadores, antigo aliado daquelas populações nas lutas contra a usina, conseguiu finalmente levar a cabo sua construção em versão recauchutada. Belo Monte foi o grande cavalo de batalha de Rousseff, seu grande exemplo de "energia limpa" e distopia em nome da qual ela estava disposta a contrariar especialistas e atropelar populações originárias — uma espécie de nome próprio que opera como linha de continuidade que ata Rousseff à ditadura que a torturara. Ela já havia retirado Belo Monte das gavetas em 2005, quando assumiu a Casa Civil depois da vacância aberta pela queda de José Dirceu, e desde então passou a ser a ponta de lança de sua execução, como ministra e como presidente. O que era inusitado no caso de Belo Monte, e que até certo ponto a diferenciava de outras iniciativas ecocidas do governo Lula, como a transposição do rio São Francisco, é que praticamente todos os que estavam de alguma forma equipados para falar sobre o tema em termos ecológicos, humanos, econômicos, jurídicos, energéticos e até em termos de engenharia se prontificaram a protestar contra a obra. Mesmo assim, com base no uso de um instrumento jurídico da ditadura, a suspensão de segurança, e de uma bateria de liminares ancoradas em uma retórica triunfante, o ecocídio foi perpetrado e a obra foi inaugurada. Este capítulo recupera e sintetiza as principais vozes de questionamento a Belo Monte, entre elas: os líderes indígenas Raoni Metuktire, caiapó, e Davi Kopenawa, yanomami; o procurador da República no Pará Felício Pontes Jr., ligado a causas ambientais e respeitado pelos povos indígenas; Dona Antonia Melo, principal liderança popular do Médio Xingu e fundadora do Movimento Xingu Vivo; Célio Bermann e Oswaldo Sevá, doutores e especialistas em energia, professores respectivamente da Universidade de São Paulo e da Universidade de Campinas; e D. Erwin Kräutler, bispo emérito do Xingu. Todas essas figuras, ao longo de anos, em alguns casos décadas, advertiram sobre as catastróficas consequências da usina.[16]

O processo jurídico por meio do qual se construiu Belo Monte importa porque foi extremamente singular. É comum que as oitivas organizadas por governos para a consulta de populações afetadas antes da construção de uma hidrelétrica sejam as mais restritas possíveis, e assim foi com Belo Monte. Mas Belo Monte foi uma hidrelétrica construída do começo ao fim à base de liminares. Ao longo de todo o calvário legal das populações afetadas, os governos Lula e Rousseff jamais ofereceram argumentos jurídicos sérios, exceto vagas declarações de necessidade de energia criada pelo que o petismo imaginava que seria outro ciclo de crescimento. O procurador paraense Felício Pontes Jr. e várias associações da sociedade civil lutaram passo a passo nos tribunais, mas os governos Lula e Rousseff seguidamente conseguiam liminares que atrasavam a discussão do mérito enquanto o governo transformava a usina em fato consumado. Este é um dado tão singular como pouco lembrado deste caso. A construção mais cara da história do Brasil foi realizada com praticamente todos os atores afetados e/ou equipados para entendê-la contestando sua legalidade, mas o Judiciário, incluído aqui o Supremo Tribunal Federal, cedeu ao governo todas as liminares necessárias para que o julgamento de mérito se tornasse inútil. Na liminar decisiva concedida pelo ministro Ayres Britto, a fundamentação prendeu-se a aspectos formais e, tomando a situação como se estivesse ainda em fase de consulta pública, desconsiderou o fato de que a usina já estava construída. Consolida-se, com isso, uma permanente atitude do Supremo Tribunal Federal de deixar o fato consumar para driblar as questões jurídicas levantadas.

Quando a ditadura concebeu Belo Monte, em 1975, a usina tinha uma estrutura diferente do projeto que foi ressuscitado trinta anos depois. Em 1980, quando o relatório final sobre a bacia do rio Xingu foi entregue ao governo militar, o projeto de Belo Monte incluía sete usinas e previa-se que ela geraria 19 mil megawatts, metade de toda a energia hidroelétrica então produzida no Brasil. Naquele momento, projetava-se que Belo Monte alagaria 18 mil quilômetros quadrados e afetaria diretamente 7 mil indígenas, de doze etnias diferentes, além dos eventuais grupos isolados. Em 1988 as lideranças caiapós, com apoio de antropólogos e etnobiólogos, já haviam conseguido criar consternação internacional suficiente contra a usina de Belo Monte, em uma luta em que despontava a liderança de Raoni Metuktire. Em 1989, na cidade de Altamira, 3 mil indígenas de uma dúzia de etnias diferentes se reuniram no 1º Encontro dos Povos Indígenas da Bacia do Xingu e a luta contra Belo Monte ganhou novo impulso. Naquele evento, uma imagem correria o mundo e tornar-se-ia emblemática. A líder indígena Tuíra cuidadosa e metodicamente desliza seu facão ao longo do rosto do presidente da Eletrobras José Antonio Muniz Lopes, gerando e administrando longos momentos de tensão entre a multidão presente. A imagem tornar-se-ia um cartaz da luta anti-Belo Monte e esse 1º Encontro permaneceria como um marco da luta indígena no Brasil. Na segunda metade da década de 1990, durante o governo de Fernando Henrique Cardoso, as populações do Xingu voltariam a derrotar o projeto de Belo Monte, e até então elas contavam com o apoio do Partido dos Trabalhadores nessa luta.

Ainda em 2002, às vésperas de ser eleito presidente, Lula publicava plataformas de governo bastante céticas do modelo hidrelétrico do qual depende a maior parte da energia brasileira e que traz impactos devastadores, inegáveis às bacias dos rios amazônicos e de outras regiões. O documento da campanha presidencial de 2002 intitulado "O lugar da Amazônia no desenvolvimento do Brasil" afirmava: "Considerando as especificidades da Amazônia, o conhecimento fragmentado e insuficiente que se acumulou sobre as diversas formas de reação da natureza em relação ao represamento em suas bacias, não é recomendável a reprodução cega da receita de barragens que vem sendo colocada em prática pela Eletronorte." Naquele mesmo ano, ainda durante o governo FHC, o Supremo Tribunal Federal determinou a suspensão dos estudos de impacto para Belo Monte até que as oitivas das populações indígenas fossem realizadas, como determina a Constituição. Em 2003, o presidente da Eletrobras, o físico nuclear Luiz Pinguelli Rosa, anunciava que o governo Lula rediscutiria o projeto de Belo Monte com capacidade reduzida e área de alagamento menor. Mas foi somente em 2005, na esteira do escândalo do Mensalão e da ascensão de Dilma Rousseff à Casa Civil, que a empreitada recebeu seu impulso decisivo. Esse impulso dependia de uma aliança de supostos antagonismos que se deu muito bem sob a égide de Lula: o desenvolvimentismo arrasa-quarteirão "gasto é vida" de Dilma

Rousseff, na Casa Civil, e a oligarquia sarneyzista que sempre controlara o Ministério das Minas e Energia e voltou a controlá-lo com a ascensão de Rousseff à Casa Civil. De certa forma, essa é a aliança-chave que possibilita a administração oximorônica dos antagonismos que é própria do lulismo e foi descrita no capítulo anterior.

Tanto as lideranças do Movimento Xingu Vivo como o procurador Felício Pontes Jr. relatam a surpresa que tiveram quando se deram conta de que seria sob liderança petista que o projeto da usina seria desengavetado. Em julho de 2005, a Câmara dos Deputados aprovou decreto que autorizava a construção de Belo Monte e foi logo seguida pelo Senado. O equilíbrio de forças dentro do governo Lula se alterava significativamente com a crise do Mensalão, e a partir daí o bloco ambientalista, os interesses das populações originárias e, em geral, a sensatez no entendimento dos recursos escassos da natureza sofreriam sucessivas derrotas. O rearranjo coincidiu com a chegada da ala representada por Rousseff na Casa Civil e Guido Mantega na Fazenda, que mantinham uma concepção de desenvolvimento caracterizada por seu precário entendimento da escassez, tanto na economia como na ecologia. Esse precário entendimento da finitude dos recursos ficaria representado pela defesa do modelo hidrelétrico feita por Rousseff com base no argumento de que "a água é grátis" — uma patente incompreensão da então presidente do princípio de que, se um bem finito lhe chega grátis, alguém o está subsidiando, sejam as gerações futuras para quem essa água faltará, sejam as atuais populações para quem a água do rio já não fornecerá o oxigênio, a irrigação, a proteína e o transporte que fornecia.[17] Para piorar as coisas, a ascensão de Rousseff à Casa Civil, vinda das Minas e Energia, liberava esta última para ser um dos pilares da incorporação do PMDB ao governo, com a reabertura do ministério para a pilhagem tradicional do clã Sarney, que já o controlava havia décadas. A estas alturas, figuras como Pinguelli Rosa, que representavam a reflexão sobre energia tradicional no Partido dos Trabalhadores, já haviam sido retiradas da equação e alijadas dos centros decisórios de política energética. Com o dinheiro fácil que vinha do boom das commodities impulsionado pela China, a escola Rousseff-Mantega do "gasto é vida" pôde florescer sem que a conta que ela legava às gerações futuras ficasse clara. Belo Monte é a epítome, o emblema e a metonímia dessa cegueira.

Os apoiadores de Belo Monte estavam corretos ao apontar que o projeto ressuscitado em 2005 era diferente daquele que foi concebido pela ditadura. Sim, tratava-se de "outra" Belo Monte. Em vez dos 18 mil quilômetros quadrados, a área a ser alagada havia sido reduzida a 640 quilômetros quadrados. Em vez dos originais 19 mil megawatts de energia, Belo Monte agora produziria 11 mil megawatts. Essa redução na área de alagamento permitiu aos governos Lula e Dilma apresentar Belo Monte como uma empreitada de energia "limpa" que não afetaria — leia-se aqui "não alagaria" — nenhuma terra indígena. A confusão deliberada entre "afetar" e "alagar" torna-se particularmente absurda no caso da Volta Grande do Xingu, já que populações indígenas da região (como os araras e os jurunas, para não falar das populações ribeirinhas) perdiam o rio não apenas como fonte de proteínas, mas também como meio de transporte. Mas, segundo os governos petistas e o consórcio Norte Energia, não alagar era sinônimo de não afetar, quando o efeito da usina era justamente o oposto, o de *secar* a possibilidade de vida em torno da Volta Grande do Xingu e para além dela. Em todo caso, a alardeada redução na área de alagamento era produto da escolha por abandonar o modelo do reservatório em represa em favor da hidrelétrica a fio d'água. Essa redução implicava também a redução da energia a ser produzida, levando especialistas a apontar o que depois se comprovou: o interesse na usina estava muito menos na produção de energia e muito mais na própria construção, que é o processo pelo qual as empreiteiras se enriquecem.[18] Em outras palavras, não se constrói Belo Monte para gerar energia. Constrói-se Belo Monte para construir-se Belo Monte. O ecoetnocídio repousa sobre uma tautologia, uma redundância deliberada.

Em uma bibliografia comentada que publiquei sob o título de "Cinquenta leituras sobre o ecocídio de Belo Monte" na internet ainda em 2011, já era possível entrever uma caudalosa coleção de argumentos ambientais, humanos, biológicos, energéticos, jurídicos e econômicos do porquê de a usina de Belo Monte ser um ecocídio e um desperdício inaceitáveis. Poucas vezes em um debate sobre política pública no Brasil teve lugar um massacre argumentativo tão contundente como no caso de Belo Monte. As defesas do projeto não chegavam realmente a cumprir os requisitos para constituir-se enquanto tais, já que não havia muito além de anúncios de que produzir mais energia seria necessário para um novo ciclo de crescimento, terrorismos sobre a possibilidade de apagão, lembretes de que a área de alagamento do projeto original da ditadura era dezenas de vezes maior e vagos elogios às vantagens das hidrelétricas a fio d'água por oposição às de reservatório. Para além disso, a defesa da obra mais cara da história do Brasil, levada a cabo sem concorrência e com oitenta por cento de financiamento público, não conseguiu se justificar em pé com um mísero argumento jurídico nos tribunais. Enquanto a preparação para a construção da usina se realizava a mata-cavalos, o governo conquistava liminares monocraticamente concedidas para ir tornando a usina um fato consumado e o eventual julgamento do mérito inútil. Todos os envolvidos sabiam que esse era o jogo, e até a Suprema Corte ele foi jogado com a hipocrisia necessária para seu bom funcionamento. A usina foi construída.

Já antes da revelação da extensão das propinas pagas em Belo Monte, especialistas e mesmo ativistas comuns notávamos o tremendo inchaço do custo da usina, orçado inicialmente em R$ 4,5 bilhões e poucos anos depois já elevado a R$ 30 bilhões. O aumento de 700% no custo de construção de uma obra já bilionária não era um simples detalhe de corrupção que poderia ser evitado, uma espécie de "erro" que se acoplou a um projeto que de outra maneira, sem esse impulso corrupto, seria meritório. Compreendê-lo assim é não entender, em definitivo, o modelo de capitalismo predatório e ecocida que a usina representa. A ausência de interesse do capital privado na usina já revelava o que importa na relação custo-benefício de Belo Monte. A iniciativa privada não confiava na possibilidade de ter lucro produzindo energia com uma usina a fio d'água, já que a própria sazonalidade do rio Xingu não comportava aquele empreendimento. A conta não fechava para qualquer investimento não subsidiado, o que levava ativistas e lideranças da região a perguntar, com boas razões: se Belo Monte é tão bom como diz o governo, por que nenhuma empresa quer assumir? No caso de Belo Monte, *a corrupção é a própria essência do projeto*, é impossível concebê-lo sem ela. Como apontou o professor da USP Célio Bermann em uma entrevista à jornalista Eliane Brum, o custo do megawatt/hora, de aproximadamente R$ 78, *era um preço fictício*, no sentido de que não remunerava o capital investido.

As credenciais de Bermann para dizê-lo não eram poucas. Além de professor da USP e ex-assessor do próprio ministério lulista das Minas e Energia, Bermann se ocupara precisamente de planejamento de sistemas energéticos em seu doutorado e escrevera livros que são referência na área. Além de ser parte do próprio governo lulista nos anos de 2003 e 2004, Bermann foi um dos quarenta cientistas a se debruçarem sobre o projeto e oferecer ao governo um painel de especialistas que foi ignorado. Na entrevista a Eliane Brum, já no governo Dilma, Bermann desvendava o mecanismo pelo qual Belo Monte se construiu e explicava o beabá do projeto. O preço do megawatt-hora era fictício porque não importava vender energia, importava fazer a obra:

> Fictício porque esse custo não remunera o capital investido. É por isso que várias empresas caíram fora do empreendimento, sob o ponto de vista da geração da energia elétrica. Mas as grandes empreiteiras estão presentes, porque não é na venda da energia elétrica, mas sim na obra que se dá uma parte significativa da apropriação da renda. Com o consórcio constituído com 50% entre Eletrobras e Eletronorte, as empreiteiras voltaram para fazer a obra. A elas interessa a obra — e não ficar vendendo energia elétrica. Essa situação é entendida pelos dirigentes, pelo governo, como normal. Para o governo federal, é uma parceria público-privada que está dando certo. Em que termos? A obra hoje está oficialmente orçada em R$ 26 bilhões. Imagine, de R$ 4,5 bilhões para R$ 26 bilhões.[19]

Belo Monte continuou encarecendo até ultrapassar os R$ 30 bilhões, com 80% do orçamento vindos dos cofres públicos. Alguns poucos anos depois da entrevista de Bermann, a abertura da caixa-preta do financiamento do sistema político por empreiteiras revelaria que seu diagnóstico estava correto. A usina estava sendo construída porque, na construção, faturava-se muito.

O artigo 231 da Constituição Federal e a Convenção 169 da Organização Internacional do Trabalho, da qual o Brasil é signatário, não poderiam ser mais claros na necessidade das oitivas indígenas em um caso como o de Belo Monte.[20] Mas o negócio barrageiro no Brasil se estabeleceu sob a curiosa premissa das *oitivas em que é impossível dizer não*. O sentido essencial do termo "escuta" se desvirtua, evidentemente, com a tácita pressuposição de que os afetados podem falar, apresentar suas objeções, e logo depois o processo de construção de usina seguirá como antes, sem ser interrompido ou afetado pelas oitivas. No campo legal, o grande adversário de Belo Monte foi o procurador da República no Pará Felício Pontes Jr., membro do Ministério Público ligado a lutas ambientais na Amazônia e respeitado por lideranças populares e indígenas da região. Felício Pontes Jr. publicou em seu blog um minucioso histórico jurídico do caso enquanto ele ia se desenrolando. Já com destaque na luta, concedeu entrevista a Eliane Brum na qual dizia com todas as letras que a mentira e a fuga aos debates haviam sido o instrumento do governo na batalha jurídica. Em particular, a operação que, se realizada sobre o termo "limpa" na expressão "energia limpa", particularmente nos discursos de Dilma Rousseff, não escapou à atenção de Pontes Jr.:

> O MPF (Ministério Público Federal) cobra na Justiça o custo de 100 quilômetros do Xingu morto; o custo pelo desaparecimento de 270 espécies de peixes na Volta Grande, alguns que só existem lá; o custo do desmatamento para a formação dos reservatórios; o custo do desmatamento associado; o custo pela perda do lençol freático. Do ponto de vista social, temos o custo causado pelo impacto sobre indígenas e ribeirinhos, como o fim a navegação, a proliferação de mosquitos e de doenças como malária e dengue, que deverão levar à necessidade de remoção, o que é proibido pela Constituição, no caso dos indígenas. Não há nada de limpo nisso, a não ser que estejam falando de limpeza étnica.[21]

"Limpa" é o atributo que o barragismo brasileiro se acostumou a atribuir à energia hidrelétrica, mas quatro anos depois da inauguração da usina de Belo Monte, é o processo de limpeza étnica descrito por Felício Pontes Jr. que teve lugar. Desprovidos da navegabilidade e da irrigação do rio, populações indígenas e ribeirinhas agora se acotovelam em moradias precárias na periferia de Altamira, no limite da insegurança alimentar. Sem qualquer das condicionantes de serviços públicos minimamente cumpridas, a cidade passou a ter alguns dos índices mais altos de violência do Brasil, incluída a violência sexual contra crianças e adolescentes (uma constante na indústria barragista, que mobiliza uma mão de obra masculina que costuma viajar sozinha).

Além de Célio Bermann e Felício Pontes Jr., o engenheiro Oswaldo Sevá, da Unicamp, já em 2009 demolia o projeto de Belo Monte em uma sequência de textos publicados no *Correio da Cidadania* e jamais refutados.[22] Com explícitas acusações de má-fé dirigidas aos formuladores do projeto e aos políticos que o tornaram possível, Sevá, um dos maiores especialistas brasileiros no tema, demonstrava que a área de alagamento era subestimada; que o custo real do projeto era discrepante segundo a fonte e, no limite, desconhecido; que o número de atingidos era muito maior que o previsto e que nenhum plano havia para eles; que a conta não fechava, tornando a construção mais que suspeita; que os licenciamentos ambientais para barragens na Amazônia haviam se convertido em uma farsa de resultado já conhecido de antemão. Com uma escrita intensa e inflamada, Sevá publica uma série de seis textos cujos títulos são longos, declaratórios, e vão deixando a indignação cada vez mais visível. Tomem-se como exemplos estes três títulos da série: "A safadeza do licenciamento obrigatório, com data marcada para ser concedido, com base nas audiências policiadas, e na 'ausência de questionamentos'" ou "A mentira energética, o embrulho dos dados econômico-financeiros, e a ficha suja de quem inventou e promoveu o projeto" ou "Um grande negócio escuso é o único projeto para todos na região? A sociedade adoece quando infernizada? Todo mundo é comprável? É enganável?".

Nota-se aqui uma das formas com que o projeto de Belo Monte foi defendido quando se esgotaram os argumentos que minimamente se atinham ao tema em pauta. Dizia-se que os opositores da usina eram "agressivos" e "sectários" e que essa postura não estava "ajudando a causa" — a linha de defesa do projeto adotada preferencialmente por petistas envergonhados. Os argumentos, fatos, números e dados da escrita de Sevá apresentavam com mais intensidade o que era sabido por conhecedores dos processos de licenciamento ambiental na Amazônia, como a Professora Andréa Zhouri, que em várias aulas magistrais demonstrou qual é a concepção que rege a relação do desenvolvimentismo com as populações afetadas. O trabalho de Zhouri destaca como as audiências são processos unilaterais, em que a população não tem respostas a suas queixas e para as quais nunca há continuação. Zhouri também demonstra como os EIA-RIMA (Estudos de Impacto Ambiental — Relatórios de Impacto sobre o Meio Ambiente) são, hoje em dia, *templates* comprados prontos, que às vezes se repetem *ipsis literis* de um projeto para outro, com os mesmos chavões e descaso com a vida humana. Fica claro que, para o barragismo, o licenciamento ambiental é um mero obstáculo, que foi simplesmente removido sem cumprimento no caso de Belo Monte.

Confirmaram-se as previsões do líder caiapó Raoni Metuktire, feitas à Organização das Nações Unidas, de que a construção de Belo Monte implicaria a extinção de muitas espécies de peixes e devastação irreversível no rio Xingu. Em várias gravações contundentes e emocionadas, o cacique Raoni contrapôs o saber indígena das catástrofes produzidas pelos brancos na floresta à versão edulcorada dos impactos ambientais de Belo Monte apresentada pelo governo e pela Norte Energia. Ele previu a devastação que viria e ela se confirmou. Não surpreendeu aos líderes indígenas, portanto, que a Relatoria Nacional do Direito Humano ao Meio Ambiente, em sua Missão Xingu, em 2010, seis anos antes da inauguração da usina, já notasse a perda irreversível de biodiversidade, a proliferação de doenças endêmicas, o subdimensionamento das emissões de metano, a ameaça de extinção de espécies no Trecho de Vazão Reduzida e impactos duradouros sobre uma população consideravelmente maior que a prevista.

No ecocídio de Belo Monte, a linguagem não foi um instrumento entre outros. Desde a concepção do projeto até sua imposição goela abaixo das populações do Xingu e posterior implementação, alguns vocábulos foram esvaziados, desmoralizados mesmo, dir-se-ia: "oitiva" ou "licenciamento", por exemplo. O governo e a Norte Energia patrocinaram operações maliciosas de sinonímia, por meio das quais "afetados" passou a ser sinônimo de, e redutível a, "alagado". Essa operação de sinonímia era essencialmente sinedóquica, ou seja, ela tomava uma parte pelo todo: é claro que todos os alagados seriam afetados, mas incontáveis seres humanos seriam afetados sem ser alagados. A descarada sinédoque por intermédio da qual a operação de propaganda de Belo Monte reduzia "afetados" a "alagados" não foi uma parte menor da vitória empreiteiro-petista sobre os povos do Xingu. Também foi decisivo o jogo entre os eufemismos e as hipérboles, nossos velhos conhecidos em todos os ecoetnocídios: subdimensionamento do número de afetados, da emissão de metano e do efeito social devastador, inclusive sobre a violência, por um lado, e o superdimensionamento da energia gerada e de sua necessidade para o país, por outro. Não seria incorreto, inclusive, dizer que as forças políticas que sustentaram a construção de Belo Monte não falaram a não ser por hipérboles e eufemismos. Nenhuma dimensão do discurso da coalizão barrageira mantinha, por assim dizer, uma relação de isomorfia com alguma dimensão da realidade que supostamente descrevia. Toda a formulação do discurso operava ou no terreno da hipérbole ou no do eufemismo.

O oximoro, objeto do capítulo anterior, se fez presente em uma jabuticaba jurídica inventada especialmente para Belo Monte: *a licença de instalação parcial*. Sendo a licença o documento que permite que o empreendimento seja construído, claro que "instalação parcial" se oferece à leitura como um incompreensível oximoro, até que você estuda o modo de funcionamento do capitalismo de empreiteiras sob o lulismo. O oximoro da instalação parcial foi a forma encontrada pelo barragismo para esconder/revelar o jogo, deixando claro para quem soubesse ler, em todo caso, que a estratégia era mesmo tornar a usina um fato consumado antes de qualquer discussão, tutela ou controle jurídico. E foi essa, justamente, a lógica que fundamentou a liminar final (valha outro oximoro) que derrotou os povos do Xingu, concedida monocraticamente por Ayres Britto no Supremo Tribunal Federal. O monstruoso oximoro da "licença de instalação parcial" não foi, portanto, de importância menor na concretização do ecocídio. Em tabelinha com a licença de instalação parcial, funcionou outro oximoro, esse herdado da ditadura militar e utilizado pelos governos petistas também especialmente para Belo Monte, a *suspensão de segurança*. Esta última fórmula, que permite a presidentes de tribunais suspender unilateralmente as decisões de instâncias inferiores diante de um suposto risco de "ocorrência de grave lesão à ordem, à saúde, à segurança e à economia públicas", também foi decisiva na vitória da coalizão empreiteiro-petista sobre os povos do Xingu. A análise retórica nos leva, então, a uma conclusão que já parece meio inescapável: Belo Monte é, também, a história de um colossal fracasso do sistema judiciário brasileiro ou, talvez melhor dito, um colossal sucesso na execução do que sempre foi sua vocação, formular a linguagem em que os vitoriosos contam sua história.

Mas não foi apenas na Amazônia que o campo semântico de "limpo" e "limpeza" — o curioso deslizamento entre o eufemismo da "energia limpa" e a realidade da limpeza étnica — se fez notar na conversa sobre os impactos das políticas do Estado brasileiro em áreas indígenas ou que afetam os indígenas. Não é raro, no português falado no centro-oeste brasileiro, que "limpar" seja usado não ironicamente para designar não apenas a derrubada da mata para a operação da agroindústria, mas também o processo de caça e escorraçamento de guaranis e kaiowás que, como herança de desapossamentos anteriores, reinventavam seus modos de existência em fundos de fazenda. Nesse campo semântico do limpo, então, encontram-se dois conceitos essenciais para se falar dos debates sobre o meio ambiente e o Antropoceno no Brasil, muito especialmente da experiência guarani e kaiowá, as noções de eufemismo e de genocídio.

Eufemismo e genocídio: os guaranis e kaiowás

As duas primeiras décadas deste século também foram marcadas pela intensificação do genocídio guarani, a paulatina limpeza étnica e remoção forçada da mais numerosa etnia de indígenas do Brasil, ao mesmo tempo que se intensificava também um movimento guarani de resistência e retomada dos *tekoha*, as terras sagradas. Aqui, o conceito de lexicocídio e a metáfora do cemitério das palavras se aplicam integralmente. Ao longo destas décadas, o Brasil tem se recusado a chamar de genocídio o que é, com efeito, em qualquer definição razoável do termo, um genocídio. Para a vasta maioria dos falantes do português brasileiro, "genocídio" é um conceito que se aplica a outras comarcas e, quando aplicado ao Brasil, refere-se exclusivamente ao passado. A bem-sucedida operação de apagamento do conceito está, sem dúvida, relacionada com os pactos de amnésia nacional analisados anteriormente. O Brasil rasura, apaga, esquece o genocídio, e poucas vezes esse apagamento foi tão efetivo como durante o lulismo. Este livro não pretende conceder ao discurso jurídico uma posição reitorial, final ou decisória sobre nada, mas para entender a situação dos guaranis no Brasil cabe recorrer ao direito internacional com a definição de genocídio nele universalmente utilizada. Segundo a convenção para a prevenção e a repressão do crime de genocídio, de 1948, este se define como:

> qualquer dos seguintes atos, cometidos com a intenção de destruir, no todo ou em parte, um grupo nacional, étnico, racial ou religioso, tal como: A) assassinato de membros do grupo; B) dano grave à integridade física ou mental de membros do grupo; C) submissão intencional do grupo a con-

dições de existência que lhe ocasionem a destruição física total ou parcial; D) medidas destinadas a impedir os nascimentos no seio do grupo; E) transferência forçada de menores do grupo para outro grupo.

Já desde o século XVI, os guaranis foram submetidos a processos de captura, extermínio, escravização e confinamento pela importância estratégica de suas terras no período colonial (nos atuais norte da Argentina, sul do Brasil, leste do Paraguai). São abundantes na bibliografia os relatos de fuga e traslados forçados de guaranis em face dos avanços bandeirantes. Tanto Taunay como Meliá calculam, apenas no Guairá, mais de 200.000 guaranis escravizados. Neste último autor propõe-se uma história dos guaranis no período colonial em três ciclos: "*encomenderos*", quando teriam sido apresados de 200 mil a um milhão de indivíduos guaranis; "jesuítico", perto de 50 mil almas; "bandeirante", perto de 60 mil. Já no século XX, o estabelecimento de empresas agropecuárias ocasiona um desmatamento e um avanço de colonos brancos que são letais para os guaranis. A perda de floresta vai acentuando o deslocamento forçado, o desapossamento das terras e o crescente confinamento a espaços limitados e com fronteira fixa. Compreender toda a dimensão dessa violência exige uma compreensão prévia das relações que os guaranis estabelecem com a terra. Havia em 2008, por números de Funasa e Funai, 51 mil guaranis no Brasil (31 mil kaiowás, 13 mil ñandevas e 7 mil mbyas). No caso dos guaranis, em particular, há uma imprecisão que necessariamente acompanha os números, já que há muitos incorporados às cidades e não captados pelas estimativas.

Segundo o monumental trabalho de pesquisa e compilação do Instituto Socioambiental, informado pela melhor antropologia, geografia, linguística e historiografia sobre os povos indígenas no Brasil, a relação que mantêm os guaranis com a terra não se entende sem o conceito de *tekoha*:

> Os guaranis hoje em dia denominam os lugares que ocupam de *tekoha*. O *tekoha* é, assim, o lugar físico — terra, mato, campo, águas, animais, plantas, remédios etc. — onde se realiza o *teko*, o "modo de ser", o estado de vida guarani. Engloba a efetivação de relações sociais de grupos macrofamiliares que vivem e se relacionam em um espaço físico determinado. Idealmente este

espaço deve incluir, necessariamente, o *ka'aguy* (mato), elemento apreciado e de grande importância na vida desses indígenas como fonte para coleta de alimentos, matéria-prima para construção de casas, produção de utensílios, lenha para fogo, remédios etc. O *ka'aguy* é também importante elemento na construção da cosmologia, sendo palco de narrações mitológicas e morada de inúmeros espíritos. Indispensáveis no espaço guarani são as áreas para plantio da roça familiar ou coletiva e a construção de suas habitações e lugares para atividades religiosas.[23]

Mais que um "resquício pré-colombiano", o conceito de *tekoha* já é uma elaboração guarani de uma situação de desapossamento. Como explica o trabalho do Instituto Socioambiental, os guaranis nunca se estruturaram segundo o imaginário mais comum do homem ocidental acerca da morada indígena, a "aldeia" circular, semicircular ou em fileiras de casas. Nos *tekoha*, ao contrário, maneja-se uma concepção mais fluida de espaço: "Entre estes *tekoha* e por todo o território guarani, processam-se as mais variadas formas de efervescente movimento de traslados orientados por relações familiares. Esse constante caminhar (*oguata*) pode representar visitas, mudanças, passagem, casamentos, etc. [...] Esta movimentação, contudo, não deve ser confundida com migração ou 'nomadismo'."[24] Essa relação multidimensional, intensa e de limites fluidos com a terra sofre em especial com a limpeza étnica própria das colonizações portuguesa e espanhola, bastante dependente da demarcação de espaços e do confinamento e/ou escravização de ameríndios nas regiões guaranis.

As colonizações portuguesa e espanhola executaram uma política de extermínio que reduziu brutalmente as populações ameríndias, mas, para além disso, no caso guarani, o genocídio tomou a forma de uma sucessão escalonada de matanças, epidemias, escravização, torturas em mãos bandeirantes e, no século XX, os "aldeamentos" que eram nada mais que diminutos espaços confinados. A política territorial do genocídio ameríndio se choca de forma especialmente destrutiva, portanto, contra a concepção guarani de um espaço vital em que caça, pesca, coleta e plantio são concebidos de forma interligada e no qual é de cabal importância a relação com a terra em que estão os corpos dos ancestrais. Nos dias atuais, boa parte da população guarani do Mato Grosso do Sul vive nas oito áreas demarcadas pelo Serviço de Proteção ao Índio entre 1915 e 1928, nas quais os índices de densidade demográfica são altíssimos — "caracterizam ostensivamente situações de superpopulação com consequências nefastas para os índios".[25] Empurrados para tendas à beira de estrada ou confinados em fundos de fazendas, em espaços descaracterizados ecologicamente, com mata derrubada, sem árvores e tomados por monoculturas de soja ou cana, os guaranis enfrentam enormes obstáculos para reinventar sua existência no Brasil do agronegócio. Na antropologia brasileira, pelo menos desde a tese de Antonio Brand (1997),[26] a noção de confinamento tem sido essencial para definir esses processos de territorialização a que eles foram submetidos. Para o antropólogo Levi Marques Pereira, trata-se de um confinamento duplo, "espacial e principalmente cultural", que desestabiliza as estruturas sociais guaranis.[27] A política do confinamento faz, inclusive, de muitos guaranis mão de obra para a agroindústria, com frequência contratados como assalariados para trabalhar no que eram as suas próprias terras.

O genocídio não tem lugar sem resistência, claro. Segundo o ISA, desde a década de 1970 os kaiowás e os ñandevas têm se mobilizado não apenas para resistir às expulsões como também para recuperar terras compulsoriamente abandonadas no passado. Até 2003, dezesseis *tekoha* haviam sido recuperados, totalizando, junto às oito reservas demarcadas pelo Serviço de Proteção ao Índio entre 1915 e 1928, 24 áreas ocupadas pelos guaranis, em vários estágios de formalização — nem todas elas homologadas e demarcadas, algumas com pendências judiciais que se arrastam há anos ou até décadas. A descaracterização ecológica do ambiente, com a derrubada da mata para a abertura de espaços para a monocultura da soja ou da cana, é um componente essencial do genocídio, dadas as múltiplas formas em que as matas (*ka'aguy*) são condição de possibilidade da existência para os guaranis: "animais para caça, águas piscosas, matéria-prima para casas e artefatos, frutos para coleta, plantas medicinais etc." Na medida em que a mata vai sendo derrubada, portanto, impõem-se mais obstáculos à reinvenção dos modos de existência guarani.

Nesse processo de luta, não é raro que lideranças guaranis sejam caçadas a bala ou assassinadas à queima-roupa por jagunços contratados por fazendeiros. É no contexto do terror que todo esse quadro produz que deve ser lido o fato de que as taxas de suicídio entre os guaranis sejam três vezes superiores às da população brasileira e estejam entre as mais altas do mundo. Evidentemente, o fenômeno nada expressa de "tendência" do índio ao suicídio. Como apontou Eduardo Viveiros de Castro em uma entrevista, esse fenômeno não se nota entre os yanomamis, povo forte e saudável da Amazônia que, por sua luta e por condições políticas particulares do Brasil do começo dos anos 1990, conseguiu — apesar das invasões de garimpeiros e madeireiros, que persistem — um território adequado às suas necessidades e ao seu modo de existência. É um mundo de diferença, evidentemente, em relação ao que se observa na periferia de Dourados (MS).

No genocídio guarani, a mútua retroalimentação entre eufemismo e hipérbole opera de forma perversa. Por um lado, aponta-se falsamente uma hipérbole ali onde ela não existe, no uso do termo "genocídio". Qualquer um que tenha sido minimamente crítico à *pax* lulista e tenha tido alguma presença nas redes sociais brasileiras durante os mandatos de Lula e Dilma conhece as acusações de "banalização" do conceito de genocídio, dirigida com fúria contra os que chamávamos a atenção para a situação no Mato Grosso do Sul. O próprio pensador maior da antropologia brasileira, Eduardo Viveiros de Castro, lembrar-se-á de um episódio público em que, na década passada, eu e ele traçávamos alguns paralelos no Twitter entre o confinamento aos guaranis e a situação dos palestinos de Gaza, o que foi suficiente para provocar um miniescândalo naquele ambiente, principalmente entre usuários de esquerda simpáticos ao governo Dilma. Depois, com a disseminação maior de notícias e a mudança dos ventos políticos, vários dos que então se horrorizaram descobriram que, em certos aspectos e sentidos, a situação de muitos guaranis é *pior* que a dos palestinos de Gaza. Em todo caso, nesse segundo momento, a prioridade desses setores já não era combater a palavra "genocídio" aplicada aos guaranis, mas reivindicar a palavra "golpe" aplicada ao impeachment de Dilma e à ruptura da coalizão entre PT e PMDB. Em todo caso, a inexistente hipérbole que supostamente estaria contida na expressão "genocídio guarani" foi um capítulo das lutas linguístico-políticas brasileiras das últimas duas décadas.[28]

Os eufemismos, esses sim, pululam, proliferam e constituem a espinha dorsal do léxico com o qual se conversa sobre o assunto, já naturalizado em instituições, Judiciário, imprensa e sistema político. A referência aos barões da agroindústria como "empregadores rurais" vai se tornando cada vez mais eufêmica com a mecanização da agricultura do centro-oeste brasileiro, que exacerba a vocação do agronegócio de empregar pouca gente. "Seguranças privados" é o eufemismo preferencial para designar jagunços e capangas, contratados com a específica tarefa que se espera de jagunços e capangas, ou seja, impor terror, violência, perseguição a bala e, não raro, assassinato — funções bem diferentes das associadas ao campo semântico de "segurança privada", por mais críticas que sejam a suas percepções da profissão de segurança. Para além dos eufemismos naturalizados, contra os quais talvez já seja fútil lutar, mas que sempre merecem análise, o léxico com que se fala do genocídio guarani é atravessado por outras sensações de inadequação ou de distorção na linguagem. "Reservas" não parecem nomes adequados para os espaços confinados nos quais, com densidade populacional altíssima e muitas vezes total ausência de mata, os guaranis tentam reinventar seus modos de existência. "Acampamento", em parte por sua associação semântica com o fenômeno internacional dos refugiados, acabou impondo-se como designação menos inadequada para certos espaços de confinamento dos guaranis — eles são, de certa forma, refugiados em sua própria terra. Em todo caso, na história do desapossamento guarani, "aldeamento" é o termo-chave e eufemismo-mor que aparece desde o século XVI e que se torna, no século XX, nome de política oficial de orientação e coação dos ameríndios ao trabalho. "Entre 1910 e 2000 a intervenção do Estado brasileiro voltou-se para a criação de 'aldeamentos' (à imagem e semelhança dos aldeamentos missionários dos séculos XVII e XVIII) ou diminutas áreas reservadas para a população guarani considerada 'dispersa', com o que se desconsiderou por completo os padrões étnicos de ocupação territorial."[29] Aldeamento é, portanto, o eufemismo constitutivo da conversa sobre a história do desapossamento guarani. Ao ler "aldeamento", não deixe de pensar em caça a seres humanos, captura, escravização, confinamento e trabalho forçado, e não seria hiperbólico associar também o campo semântico da tortura ao vocábulo. É isso o que "aldeamento" significa mas não evoca, deveria designar mas não designa, na cabeça dos falantes, quando se conversa sobre os guaranis e kaiowás em português brasileiro. Esta é, aliás, uma das definições possíveis do que é um eufemismo: eufêmico é aquele vocábulo que, na cabeça do ouvinte ou leitor, não tem a potência que deveria ter, recusa a potência que é sua vocação semântica.

5.

Nome próprio e tautologia: sobre Junho e a Lava Jato

Sobre o nome próprio durante o lulismo

Em retórica, "nome próprio" é aquele que nomeia individualmente os seres (Aurélio) ou, na formulação de Houaiss, o substantivo que designa um indivíduo de uma classe ou uma categoria. O funcionamento do nome próprio tem sido tema recorrente não apenas na linguística, mas também em outras disciplinas como a antropologia e a filosofia. Nesta última, Jacques Derrida, em alguns textos célebres, explorou os paradoxos que atravessam o nome próprio, insistindo que há nele sempre algo da ordem do *acontecimento*. Além de seus traços formais distintivos, como a presença das letras maiúsculas, o nome próprio tem como requisitos essenciais sua singularidade, ou seja, seu caráter único e, ao mesmo tempo, sua possibilidade de ser repetido. Derrida resume essa natureza paradoxal do nome próprio no conceito de *iterabilidade*, a condição que tem o nome próprio de ser sempre repetível e rigorosamente único em cada uma de suas ocorrências. A iterabilidade se expressa, por excelência, na assinatura, que não é senão a atualização de um nome próprio na linguagem escrita, a expressão mesma do paradoxo do nome próprio. A assinatura é um acontecimento singular, único e ao mesmo tempo passível de se reiterar ao infinito. Cada uma das instâncias futuras desse acontecimento, claro, deve manter uma relação de semelhança, de memória com cada uma das suas ocorrências anteriores, do contrário não poderíamos falar de uma assinatura. Na obra de Derrida o problema se entroncou com a política quando ele argumentou pela condição de nome próprio do termo *Apartheid*, enquanto designação singular da ignomínia do racismo. Daqui em diante dever-se-ia, sugere Derrida, escrever Apartheid sempre com maiúscula, para que não fiquem dúvidas de seu caráter de nome próprio.

Na política, a conversão do substantivo comum em nome próprio é sempre um fenômeno contestado no interior da própria luta política. Não raro, o objeto da luta em si é o problema de quem terá o direito de nomear. No Brasil do século XXI, a política foi pródiga em nomes próprios que se consolidaram por nomeação de um bloco do espectro político e depois foram pacificamente aceitos em toda a pólis, ainda que as compreensões do fenômeno se diferenciem bastante de uma corrente a outra. *Mensalão* é um exemplo relevante aqui, já que o fenômeno foi inicialmente nomeado como tal apenas pelos meios de comunicação de massas e pela oposição de centro-direita ao lulismo. Este último resistia ao nome "Mensalão," seja porque o via como designação de um fenômeno inexistente, seja porque o concebia como existente, mas não redutível àquele termo (na imortal formulação de Delúbio Soares, eram os "recursos não contabilizados", uma mera questão contábil; na defesa principal montada pelo petismo, tratava-se de "pagamento de dívidas de campanha"). No mundo jurídico em geral, e no STF em particular, a origem partidarizada e algo satírica da expressão viria a ser edulcorada como Ação Penal 470, expressão que apenas durante certo tempo e, limitada a certos meios, consolidar-se-ia como uma designação alternativa. Naquele momento, Mensalão já se transformava praticamente em um termo neutro, não valorativo e não escandaloso, que designava um acontecimento já incorporado à política brasileira. O termo análogo que designou o escândalo de corrupção seguinte, *Petrolão*, estabeleceu-se como nome próprio, sim, mas tende a ser usado com menos frequência e é restrito a comarcas específicas. Afinal de contas, ao contrário do Mensalão, o Petrolão designa um fenômeno que abarcou todo o sistema político, esquerda e direita, governo e oposição, excetuando-se não mais que uns poucos pequenos partidos de esquerda. Nele permanece um inegável componente valorativo, já diluído pela dicionarização no caso de Mensalão.

Não se deduza, pelos escândalos de corrupção, que os nomes próprios da política brasileira do século XXI tenham todos sido inventados no campo antipetista. De *Bolsa Família* a *Pré-Sal*, o lulismo construiu uma coleção de nomes próprios que foi uma das espinhas dorsais de como ele redefiniu a política. O processo de normalização de "Bolsa Família" seguiu um caminho simetricamente oposto, mas análogo, ao de "Mensalão". Enquanto o sentido pejorativo de Mensalão vai se diluindo com o tempo até que o termo se torna quase que puramente descritivo, Bolsa Família deixa de ser um significante que o governo Lula precise defender (ante, por exemplo, acusações de "Bolsa Esmola") e vai adquirindo o caráter de nome de uma política social do Estado brasileiro, normalizado mesmo nas franjas mais direitistas do espectro. Essa normalização chega ao ponto em que o candidato de oposição de centro-direita em 2014, Aécio Neves, do PSDB, propôs a constitucionalização do Bolsa Família — o que naquele ponto era de interesse de todas as forças políticas de oposição ao petismo. Inscrito na Constituição e já normalizado como um direito, o Bolsa Família passaria por um processo de desvinculação do lulismo. Este, em todo caso, já não poderia fazer chantagem eleitoral brandindo o medo de sua suspensão em caso de vitória da oposição de direita, embora a unificação de programas sociais que recebe esse nome seja um mérito inegável do governo Lula. Em todo caso, na emergência do bolsonarismo como poderoso movimento antilulista em 2017-18, a retórica anti-Bolsa Família cumpriu papel nulo ou quase nulo.

"Pré-sal" é um caso curioso, já que no momento em que ele foi nomeado, não se tratava de mais que uma *possibilidade* de extração *futura*, de *altos custos e riscos*, retorno *nada assegurado* e alta chance de *acidentes, contratempos, catástrofes e falhas*, mas que mesmo assim imediatamente inaugura-se como nome próprio no Brasil lulista como se designasse um objeto com existência positiva, tangível, de custos e recompensas conhecidos e que se oferecia à posse sem ambiguidades ou limitações. Essa conversão de "pré--sal" em nome próprio de maneira imediata e retumbante foi uma vitória discursiva considerável do lulismo, acontecida em um momento em que o saque à Petrobras já ocorria, mas não havia sido revelado em detalhes para a população. Claro, a expressão "camada pré-sal" já era conhecida na geologia como designação das rochas localizadas sob uma camada de sal, em profundidades de até 8 mil metros abaixo da superfície do mar. Algo distinto ocorre com o anúncio da existência de petróleo nessa camada e o seu batismo. *Pré-sal* destaca-se da expressão na qual era um modificador, um adjetivo, e passa a funcionar não apenas como substantivo, mas como nome próprio de um *manancial futuro* e às vezes, por extensão, como uma espécie de metonímia da libertação mesma do Brasil. Em nenhum outro momento o massacre discursivo do lulismo sobre seus críticos ambientalistas foi tão demolidor como no processo de conversão de "pré-sal" em nome próprio. O anúncio dos indícios de petróleo na camada pré-sal foi feito em 2006, mas a partir de setembro de 2008, com o início da prospecção pela Petrobras, o tema realmente dominou espaços discursivos, com intensa atividade retórica de Lula. Já com a principal voz ambientalista, Marina Silva, fora do governo e os cifrões dos grandes eventos (Copa do Mundo e Olimpíadas) brilhando nos olhos da direção lulista e de boa parte da população brasileira, a consolidação de *Pré-Sal* como nome próprio veio acompanhada de sua quase imediata conversão em sinédoque do progresso futuro do Brasil, da sua entrada mesma ao Primeiro Mundo.

Mesmo considerando-se os substantivos comuns que se trocaram (por exemplo, como visto no capítulo 4, "latifundiário" por "ruralista") e os nomes próprios que se consolidaram no período que vai do tucanato ao lulismo, como Bolsa Família ou Mensalão, o léxico com que se falava de política no Brasil em 2013 ainda era substancialmente o mesmo do fim do século anterior. Um hipotético leitor bem informado de 1995 que viajasse no tempo não teria grandes dificuldades de compreensão dos cadernos de política dos jornais brasileiros dos treze primeiros anos do século XX. Caso ele acordasse em 2009, talvez se surpreendesse com os avanços dos indicadores sociais, com a popularidade de Lula ao final de seu segundo mandato e com a notícia de que o Brasil sediaria tanto a Copa do Mundo como as Olimpíadas em período tão curto, mas esse leitor não teria grande estranheza com o léxico político padrão dos jornais. A coleção de nomes próprios que surgiu no período, de Bolsa Família a Pré-Sal, não estava fora dos campos semânticos esperados e já consolidados na política brasileira. Estes só foram perfurados por um novo léxico em 2013-14, expresso em dois acontecimentos que rapidamente se converteram em nomes próprios, *Junho* e *Lava Jato*. A progressiva conversão de um mês do ano em nome próprio não era desconhecida das línguas ocidentais, claro. Pense-se na imediata ressonância do vocábulo *Mai* [maio] ao ser escrito em letra maiúscula em francês. No português brasileiro, salvo engano, essa conversão aconteceu pela primeira vez em junho de 2013. Jamais se consolidaram expressões como "o Agosto de Vargas" (tanto é assim que essa maiúscula nos causa nítida estranheza), e os golpes políticos só substantivaram como nomes próprios os anos em que ocorreram, não os meses. Entendemos 1930 e 1964 como nomes próprios e "legado de 30" ou "tragédia de 64" são sintagmas possíveis no português brasileiro, mas não as substantivações dos meses em que esses acontecimentos ocorreram. No segundo caso, há inclusive uma conhecida trapaça da liderança militar golpista, que datou como 31 de março algo efetivamente ocorrido em 1º de abril, o dia da mentira. Em todo caso, *Junho* seria o primeiro mês a ter a honraria do nome próprio em língua política brasileira.

Já o nome *Lava Jato* pode ser lido como epítome do que Oswald de Andrade chamou a contribuição milionária de todos os erros. A rigor, ela está incorreta, já que a designação desse método de lavagem de automóveis em postos de gasolina é "lava a jato", no qual a locução adverbial enfatiza a intensidade e a velocidade do processo. Sabendo do erro, a delegada que nomeia o caso, Erika Marena, opta pela forma sem preposição, que nos obriga a ler "jato" como objeto direto e não locução adverbial, com seu sentido passando a ser sinônimo de "avião", "aeronave". O "erro" da delegada é deliberado e alude à dimensão que iam tomando as operações jurídico-policiais deflagradas pela prisão do doleiro Alberto Youssef.[1] A ironia embutida no erro deliberado é que naqueles postos de gasolina não se lavavam carros, mas jatos. Enquanto a conversão de Pré-Sal em nome próprio foi acompanhada de um processo sinedóquico (no qual o nome passa a designar a parte de um todo futuro, que seria a redenção e a independência totais do Brasil), enquanto Junho transformou-se em nome próprio em um processo metonímico (em que o mês adquiriu um caráter de designação de uma temporalidade que vai muito além dele próprio, e que mantém com ele uma relação de contiguidade), "Lava Jato" tem uma história eminentemente metafórica. A operação comporia sua imagem a partir da semelhança entre a limpeza dos automóveis (ou dos aviões, no caso) e a suposta limpeza da política por meio das operações político-judiciais. Essa metáfora foi o fundamento da conversão de Lava Jato em nome próprio e seria um componente nada desprezível da legitimidade que ela adquiriu.

Parte da explicação do Brasil contemporâneo passa, então, pela compreensão dos processos por meio dos quais esses dois termos, Junho e Lava Jato, se converteram em nomes. Também o é a compreensão da *relação* que há entre esses dois grandes e principais nomes próprios da política brasileira da década de 2010. A natureza da relação que esses dois acontecimentos / processos mantêm entre si é um dos grandes contenciosos da história brasileira recente, mas é indiscutível que há uma relação a se mapear. A própria lei de organizações criminosas que oficializa a delação premiada foi proposta e aprovada no Congresso como uma resposta explícita aos levantes que se iniciaram em junho de 2013. Antes de tentar formular essa relação em termos um pouco menos simplistas e ideológicos que os utilizados até agora no interior do ensaísmo e do colunismo políticos, examinemos os dois processos separadamente.

Junho: história e condições de possibilidade de um nome

Boa parte dos problemas gerados na interpretação das revoltas de Junho decorre da pressa com que, dado seu ineditismo e sua posição como o primeiro de vários processos até então inimagináveis na história brasileira, elas tendem a ser lidas como iniciadoras de uma corrente causal. Segundo esse raciocínio, que pode aparecer em versões mais ou menos sofisticadas, Junho seria a causa da Lava Jato, que seria a causa do impeachment, que seria a causa da ascensão da extrema direita. Em uma cadeia linear de equivalências e culpas, reenvia-se a Junho uma espécie de fardo histórico, uma "responsabilidade" que o acontecimento não tinha como calcular e que ele jamais assumiu ante os fatos posteriores — inclusive porque a resposta do Congresso, que inclui a Lei de Organizações Criminosas na qual tem protagonismo a delação premiada depois tão chave para a Lava Jato, jamais foi negociada com as vozes que gritavam em Junho. Nesse sentido, a série de medidas jurídicas e judicializantes que se seguem a Junho devem ser entendidas muito mais como uma *captura* do espírito de Junho do que uma consequência dele. Nessa captura do aparato jurídico-estatal, que canaliza os anseios das ruas de Junho para as operações "anticorrupção" da Lava Jato, cumpre papel decisivo uma outra intervenção, anterior, do estado penal, a brutal criminalização de manifestantes de Junho, pouco tratada na bibliografia. Na grande maioria dos casos, o raciocínio que faz o encadeamento causal Junho-Lava Jato-impeachment-bolsonarismo pressupõe o que ele se propunha a explicar, ou seja, que Junho teria se constituído em causa ou agente culpado pelos acontecimentos que se seguiram a ele. Este livro discorda desse enlaçamento causal e propõe outra forma de se pensar a relação entre esses quatro processos. Dos quatro, dois se converteram em nomes próprios (Junho e Lava Jato), mas apenas um me parece fundante, inédito e cheio de potencial para a posteridade, Junho. A Lava Jato também foi, em vários sentidos, inédita, mas prenhe de sentidos para o porvir este livro propõe que não. Vamos ao argumento, por partes.

Por que Junho logo se consolidou como nome próprio, ou seja, como designação de uma entidade singular, única, mas ao mesmo tempo repetível, tão repetível que muito se discutiu a possibilidade de "um novo Junho"? Pode-se responder essa pergunta de várias formas, mas talvez a mais simples seja: porque Junho não se parecia com nada que tivesse ocorrido na história do Brasil. Seus traços principais foram o caráter multitudinário e disperso, a natureza surpreendente para todos os agentes políticos, incluídos os que nele participavam, o papel central das redes sociais e das mídias independentes não apenas na divulgação e documentação dos eventos, mas em sua própria produção, a ausência de controle ou inclusive de adesão das maiores centrais sindicais e partidos políticos, a brutal repressão policial, as reivindicações múltiplas e em alguns casos contraditórias entre si, a ocasional depredação de patrimônio material e o intenso ineditismo em seus métodos, bandeiras e formas de mobilização. Apesar de uma mitologia que a retrata como uma sucessão de pactos pacíficos, a história brasileira está repleta de revoltas e insurreições, já o sabemos. Mas elas, em geral, tiveram lugar em situações de nítidas opressão e penúria, bem diferentes, pensar-se-ia, do Brasil próspero e otimista do lulismo. O Brasil de 2013 já não era tão próspero, reconheça-se, mas os sinais ainda não se deixavam ver pela maioria, pelo menos não na superfície da opinião política. O governo Dilma tinha aprovação superior a 60% e era favoravelmente retratado na imprensa como uma gestão preocupada com a "faxina" contra a corrupção. A principal reação do sistema político, da imprensa e dos próprios manifestantes à explosão de Junho foi a estupefação. Em meio a ela, uma frase do poeta carioca Carlito Azevedo tornou-se emblemática: "quem não está confuso está mal informado".

Mais que as turcas, gregas, espanholas, egípcias ou chilenas, as manifestações brasileiras produziram estupefação porque, aos olhos de quase todo o exterior e mesmo de parte significativa de seu establishmment político, o Brasil desfrutava de um pacto social estável. Até que uma parcela significativa de seu povo decidiu que não. Produto de uma história recente de crescimento econômico acompanhado de ascensão nos padrões de consumo de algumas camadas dos mais pobres, essa estabilidade foi destroçada em menos de duas semanas pela sublevação popular. Por baixo do espetáculo de crescimento com inclusão social, gestava-se uma revolta invisível para os que se ocupavam de celebrar os resultados do lulismo. Apesar do governo de esquerda, a estabilidade rompida pelos protestos de Junho era, em sua essência, conservadora, já que a ascensão social de uma parcela dos mais pobres durante o lulismo jamais ameaçou de maneira substantiva os privilégios dos mais ricos. O boom das commodities durante os anos 2000 tornou possível o que se consagraria como a fórmula lulista por excelência: fazer crescer o bolo para que os pobres e os miseráveis acedessem a algo a que nunca haviam acedido, enquanto as elites continuavam ganhando como sempre (e, em alguns casos, como do sistema bancário, mais que nunca). É axiomático que a fórmula lulista de garantir algo aos mais pobres sem tirar nada dos ricos era econômica e ambientalmente insustentável por muito tempo, já que não havia redistribuição significativa da porcentagem abarcada por cada classe social, apenas um crescimento constante que permitia melhora continuada para os pobres em relação ao seu próprio estado anterior (mas nunca em relação ao setor mais enriquecido da sociedade). Evidentemente, em um mundo de recursos escassos e ciclos econômicos externos que o país não controla (como o preço e a demanda por commodities), a fórmula iria se exaurir. Junho foi o começo dessa exaustão e ao mesmo tempo seu mais acabado emblema. Junho também ofereceu vislumbres de *soluções* para essa exaustão e esse impasse, mas o sistema político não pôde, não conseguiu ou não quis ouvi-los.

Pelo menos na superfície medida por essa variável volátil que é a "opinião pública", o Brasil de 2013 respirava uma confiança no próprio presente, um otimismo, que fazia de Junho algo incomparável a movimentos como a Passeata dos Cem Mil, em 1968, ou a Revolta da Chibata, em 1910, quando havia um claro inimigo a se derrotar, um verdugo direto contra quem se lutava, e uma situação imediatamente reconhecível como intolerável. Junho não teve lugar contra governos federal, estaduais ou municipais, o que não quer dizer que o movimento não tenha tido seus antagonistas na classe política — especialmente entre aqueles que decidiram reprimi-lo ou desqualificá-lo. Junho tampouco era unificadamente a favor de uma causa, embora algumas delas tenham sido protagonistas em muitos momentos: a qualidade dos serviços públicos, a corrupção, os gastos com obras faraônicas, a saúde e a educação, o próprio direito de se manifestar. Mas Junho é, nesse sentido, também incomparável à massiva Diretas Já de 1984-85, quando toda a multidão se unia em torno a uma única causa. A dispersão e a volatilidade das pautas foi uma de suas marcas.

O ponto de partida de quem tenta interpretar Junho não parece muito encorajador. Junho não era contra ninguém em particular e não era unificadamente a favor de uma causa. O que era, então? A história foi contada várias vezes em já abundante bibliografia, portanto recapitulemos apenas o básico. Era, inicialmente, contra um aumento de 20 centavos nas passagens de ônibus da cidade de São Paulo. Naquele estágio, não se podia dizer ainda que se tratava de um movimento massivo; ele só passou a sê-lo a partir de um banho de sangue promovido pela Polícia Militar de São Paulo na noite de 13 de junho. Com a prisão de vários líderes do MPL antes sequer que o protesto começasse, a polícia impediu de antemão qualquer possibilidade de negociação e controle sobre o movimento. Com carta branca para agir como quisesse, a PM enjaulou manifestantes dos dois lados da avenida Paulista sem fornecer nenhum canal de escoamento para o protesto. Os manifestantes eram caçados como perdizes pelas ruas perpendiculares à Paulista, abatidos a tiros de borracha e bombas de gás lacrimogêneo mesmo quando se refugiavam em bares e restaurantes. Cenas de espancamento de mulheres e crianças pelas forças policiais foram comuns na noite de 13 de junho nas imediações da avenida Paulista, e quem presenciou não se esqueceu do horror. O autor deste livro esteve na manifestação na Paulista naquela noite. É difícil descrever a brutalidade do que fez a PM de São Paulo na noite de 13 de junho.

A partir daquele momento, as manifestações convocadas para os dias 17 e seguintes também passaram a ter um mote universal, o próprio direito de se manifestar. O Movimento Passe Livre, força propulsora dos protestos, não era um movimento estudantil no sentido tradicional. Trata-se de uma rede, uma articulação da sociedade civil que permaneceu gestando-se sem grande barulho durante uma década, com foco no direito ao transporte público gratuito, bandeira "utópica", mas de um poder de mobilização impressionante. Em 2003, Salvador ficou paralisada durante dez dias em protesto por essa causa, na célebre Revolta do Buzu. Em 2005, uma assembleia no Foro Social Mundial conferiu estatuto formal ao movimento. No período que vai de 2005 a 2012 produziram-se poucos protestos de peso, mas em Natal, em 2012, as manifestações chegaram a ser significativas e foram sufocadas pela repressão policial. Em São Paulo, o MPL acumulava forças com manifestações na M'Boi Mirim, na periferia sul. Quando explodiu o movimento de 2013, poucos brasileiros, mesmo entre os mais politizados, sabiam o que era o Movimento Passe Livre e só uma pequena parcela da esquerda partidária participava ou tinha notícia dele. A esquerda governista, capitaneada pelo PT, respondeu de forma confusa e contraditória. Os pequenos partidos de oposição de esquerda ao governo petista aderiram às manifestações e alguns deles, em certos contextos, tiveram participação na gestão do movimento em sua época de refluxo. Mas ninguém o controlava, e entre aqueles que falavam em nome do MPL havia uma notável percepção da novidade política que se produzia ali, uma inteligência flexível que os levava a não se alinhar com nenhuma força partidária e continuar na luta por suas bandeiras e pela legitimidade da ida às ruas. Quando se concluiu a explosão de revolta da primeira semana, os protestos já contavam com o apoio de quase 80% dos brasileiros. Em uma única semana, o país ficou estatelado.

Usando linguagem aristotélica, poderíamos dizer que a *causa formal* de Junho foi o massacre policial contra manifestantes na noite de 13 de junho.

Nessa noite, Junho transformou-se em acontecimento contínuo (valha o aparente oximoro), nacional e irreversível. Mas, para prosseguir com a linguagem aristotélica, a repressão policial de 13 de junho, causa formal de Junho, nada nos diz sobre sua causa *material* (ou seja, a matéria da qual surge Junho, o caldo social, por assim dizer, que o torna possível), nem sobre sua causa *final* (aquilo pelo qual se lutou ao longo de meses das manifestações que se abrigaram sob o nome "Junho", o que se poderia definir como o horizonte de Junho), nem sobre sua causa *eficiente* (o sujeito do acontecimento, as subjetividades que se expressavam ali, as assinaturas responsáveis por Junho). A causa formal, no entanto, foi esta e sobre isso há acordo na bibliografia. A Polícia Militar de São Paulo e, com certeza os dois grandes jornais da cidade, que pediram mão dura em editorial, antecipavam que a repressão violenta amainaria os protestos e restauraria a *pax* petucanista. Aconteceu o contrário: a violência policial em 13 de junho encheu a cidadania de revolta e pôs fogo em multidões em todo o Brasil.

Se a causa formal está clara, sobre a causa material de Junho este livro disse bastante no capítulo 3, ao tratar dos desarranjos na economia que o governo Dilma provocava. Ali já não faltavam economistas que apontassem a proliferação sem critérios de subsídios e subvenções a indústrias mal escolhidas, a administração errática do setor elétrico, a enorme diferença entre as taxas de juros a que o governo captava dinheiro no mercado e as baixíssimas taxas cobradas pelo BNDES das empresas campeãs nacionais e outras distorções que inclusive antecederam, sejamos justos, a posse de Rousseff como presidente em 2011. Mas também é fato que em meados de 2013 a economia brasileira rodava com taxas baixas de desemprego e sem grandes sustos para a população mais pobre que vinha ascendendo com o lulismo, apesar de que uma incipiente inflação se anunciava e se fazia sentir em produtos emblemáticos como o tomate. Da gestação dessa pressão inflacionária quem tem família pobre se lembra. Em maio de 2013, um mês antes das revoltas, o IPCA (Índice de Preços ao Consumidor Amplo) registrava que o tomate havia acumulado em doze meses uma inflação mais alta (150%) que o total dos *catorze anos* anteriores no Brasil.[2] O dado é relevante porque ele foi imediatamente anterior à explosão e havia sido intensamente ironizado pelos ideólogos da *pax* lulista, nas redes sociais e na imprensa oficialista "alternativa" (valham as aspas: a imprensa financiada para ser leal ao lulismo foi tudo, menos alternativa ao que fosse). Em todo caso, esse pequeno vínculo entre a causa material e a causa formal de Junho ainda não foi, creio eu, suficientemente apontado na bibliografia econômica ou política brasileira dos últimos anos. A inflação do tomate, ridicularizada por ativistas, intelectuais e até economistas próximos ao lulismo naquele momento, foi talvez o suspiro último dos indícios de Junho, o último signo ainda passível de ser ridicularizado. Depois de Junho, nenhum sinal de descontentamento e revolta no Brasil voltaria a ser ironizado ou ridicularizado com a sólida certeza com que os ideólogos da *pax* lulista ironizavam a inflação do tomate em maio de 2013.

No campo da causa material, naquilo que Aristóteles chama de matéria a partir da qual surge a coisa (e que escolhemos chamar aqui de caldo social de Junho), já havia, então, uma incipiente inflação sentida pelos mais pobres. Lembremos que a sinédoque não é casual. Junto com a alface, a mandioca ou a batata, o tomate é dos legumes ou verduras mais presentes ou desejados na dieta típica das classes trabalhadoras e médias do Brasil. Como vimos, também já vinham se impondo havia algum tempo medidas que desarranjavam a economia brasileira e a levavam a um beco sem saída, ainda que seu potencial destrutivo não estivesse completamente visível. Mesmo considerando esses fatores, a causa material de Junho não deixa de ter um caráter enigmático. Sabemos que Junho é parte de uma onda mundial de movimentos autonomistas de protesto, mas mantém uma singularidade notável em relação a eles. Nascido na esteira de movimentos de 2011-12 como a Primavera Árabe, o Occupy Wall Street ou as acampadas espanholas, Junho foi diferente de todos eles. Ao contrário da Primavera Árabe, Junho não se dedicou a derrubar um ditador. Em sua institucionalidade política, o Brasil que se levantou em 2013 tinha muito pouco a ver com as sociedades civis que se alçavam em Tunísia, Líbia, Egito, Iêmen e Síria. Reconhecidamente, o Brasil de 2013 não era uma ditadura, gozava de liberdades democráticas tão amplas como jamais teve em sua história e as multidões que se levantavam não aspiravam a derrubar o governo (outras multidões, em 2015, viriam a desejar isso, mas não as de 2013). Ao contrário dos indignados do 15-M espanhol, os revoltosos de Junho não expressavam um grito de desespero pelo desemprego, a repentina carestia e a queda abrupta do padrão de vida. Pelo contrário, no Brasil de 2013 o ciclo de expansão do consumo ainda não se fechara, mesmo que ele estivesse funcionando precariamente — e foram poucos os que tiveram coragem de dizê-lo no momento —, por intermédio de aparelhos respiratórios, via crédito, subsídio e subvenção insustentáveis. Ao contrário do surpreendente Occupy Wall Street, Junho jamais foi encurralado em praças e pontes, nunca foi realmente circunscrito e esmagado de forma tão efetiva como o movimento americano. Ainda que o Occupy Wall Street tenha sido parcialmente responsável pela ascensão definitiva da figura de Bernie Sanders (que já tinha, no entanto, uma trajetória de décadas na política americana), é visível que o terremoto produzido *a partir de* Junho na política brasileira, incluindo-se o impeachment e a Lava Jato — e enfatizo *a partir de* para que ele não se confunda com um *por culpa de* —, não tem paralelo na política dos EUA, mesmo considerando que em 2020 ambos os países estejam sendo governados por alianças de extrema direita bem semelhantes.

Se a causa material se mantém relativamente enigmática, tampouco possuímos uma resposta clara e sem ambiguidade sobre qual era *a causa eficiente* de Junho. Quem eram os insurgentes? Quais vozes se expressavam ali? Qual era o sujeito das revoltas? Quando "Junho" se converteu em nome próprio, quais sujeitos sociais se fizeram representar nesse nome? Quem assina Junho? Sobre a causa eficiente, muita mistificação foi dita e escrita pelas lideranças da *pax* lulista, mas também pelo establishment político e por vozes acadêmicas. Em todo caso, os ideólogos do regime inicialmente se referiram à rebelião da juventude pró-passe livre como um movimento de privilegiados. A própria presidente Dilma, depois de um longo silêncio, tentou explicar a irrupção dos protestos com o raciocínio de que a população brasileira havia conquistado muito durante os anos petistas, e o ganho acumulado, como se sabe, naturalmente aguça o apetite. A explicação era pedestre, mas foi o que o governo conseguiu balbuciar, mais de uma semana depois de que também as periferias já haviam saído às ruas em peso. O fato de que não era fácil identificar a causa eficiente de Junho não impediu que as teorias conspiracionistas mais estapafúrdias proliferassem no campo lulista. O deputado Sibá Machado (PT-AC), por exemplo, responsabilizou a

CIA pelo fato de que milhões de compatriotas seus saíram às ruas de Boa Vista a Porto Alegre. Só depois de já universalizados os protestos em todo o Brasil, as lideranças petistas foram forçadas a ver que não se tratava de uma revolta circunscrita a uma única classe social e que não era boa política tentar desqualificá-la remetendo-a a uma suposta origem privilegiada. No Brasil todo, em cidades pequenas, médias e grandes, e com visível participação dos pobres, multidões saíram às ruas.

A causa eficiente de Junho é difícil de se identificar porque o sujeito dos protestos mudava consideravelmente de cidade a cidade e de uma etapa a outra das revoltas. Em certas ocasiões, *a mesma passeata* apresentava múltiplos rostos, como em 22 de junho em Belo Horizonte, quando acontecia na cidade uma partida entre Japão e México pela Copa das Confederações de futebol. Em seu começo, a concentração ao redor da praça Sete de Setembro, na avenida Afonso Pena (a principal artéria comercial que leva da parte norte do centro até a Zona Sul), era composta por cidadãos de classe média, e ali prevalecia o tema da corrupção. Viam-se muitas camisas amarelas, da seleção brasileira. Na medida em que a passeata se movia na direção do Mineirão ao longo da avenida Antônio Carlos, o influxo advindo dos bairros de classe trabalhadora, como o Aparecida e a Lagoinha, mudava a cara da manifestação. Daí em diante, ela desdobrar-se-ia em pautas pela desmilitarização da polícia, por transporte público e contra os gastos e as remoções da Copa do Mundo. No caminho do Mineirão, a passeata ia ficando visivelmente mais negra e popular. Esse é um entre muitos exemplos possíveis de como as manifestações assumiram formas intensas, com subjetividades antagônicas coexistindo dentro do mesmo espaço. Não foi sempre amigável e incluiu desdobramentos amargos, mas essa combinação anárquica de sujeitos antagônicos também protagonizou movimentos inesquecíveis e inéditos na história do Brasil. Quem viveu Junho sabe: sejam quais forem as percepções de cada um sobre os acontecimentos posteriores no Brasil, Junho nos ensinou a todos, jovens, adultos e velhos, o poder da experiência cívica, cidadã e emancipatória das ruas.

Em parte por essa multiplicidade de causas eficientes, também é difícil localizar uma causa final de Junho. Por que se marchava? O que queria Junho? Qual era seu horizonte último? As respostas a essas perguntas são bem menos claras do que se pode imaginar, por mais que a bibliografia saiba algumas coisas consensualmente — até 13 de junho, as manifestações eram contra um aumento de 20 centavos no preço das passagens de ônibus de São Paulo. A partir do dia 17, no Brasil todo, passaram a ser também pelo direito de se manifestar e por outras bandeiras que iam se afirmando na medida em que aluviões de gente saíam de suas casas para as ruas. Incluindo demandas bem à esquerda do petismo que governava o país, como a desmilitarização da polícia, o transporte gratuito e as experiências com a democracia direta, mas ao mesmo tempo hospedando também discursos associados à direita, como o nacionalismo e a retórica anticorrupção em sua forma genérica, as manifestações deixaram analistas atônitos. Em todo caso, na medida em que os protestos se desenrolavam, ficava mais claro que nenhuma causa nos unia a todos, com a exceção talvez de uma profunda rejeição aos mecanismos de funcionamento e reprodução do sistema político, que parecia ser universal entre nós.

Em 17 de junho, no Rio, nas palavras de Bruno Cava, "palácios foram pixados, vidraças estilhaçadas, um carro revirado e incendiado, muita propaganda avacalhada, agências bancárias reduzidas a pó. Uma ciranda se organizou ao redor do fogo. Ria-se em meio ao caos. E não havia como estancar o movimento".[3] Em Brasília, a multidão ocupou o Congresso Nacional, tomando com fúria e rebeldia a construção modernista e imponente de Oscar Niemeyer, como que dizendo ao sistema político que ele seria invadido por uma força externa a ele. No Rio, 17 de junho também marcou o momento em que as multidões superaram todos os medos diante da polícia. A multidão era tão grande e feroz em frente à Assembleia Legislativa do Rio que os policiais foram obrigados a recuar para o interior do palácio, enquanto eram alvejados por pedras, pedaços de madeira e rojões lançados da rua. No que Camila Jourdan chamou a "batalha da Alerj", o cenário é de "pedras incessantes em direção à Alerj. Os guardas lá dentro reféns de uma multidão da qual não se via o fim. O choque cerca a área, mas não avança. Parados, apenas assistem aos morteiros que estouram na porta da Assembleia".[4] Em 20 de junho, os mesmos prefeitos de São Paulo e Rio que haviam falado da impossibilidade de congelar o preço das passagens voltaram atrás. As manchetes anunciaram que as revoltas tinham derrotado o aumento da passagem, mas já era tarde: "Não é por 20 centavos", gritavam as multidões, que permaneciam nas ruas. Antes que Dilma pudesse balbuciar a resposta do governo na noite de 21 de junho, Junho já era um nome próprio. As "profanações cometidas por pessoas sem nome que não estão nem pedindo pra sair nem aceitando as porradas da vida"[5] passaram a ser diferentes, singulares, únicas demais, e ao mesmo tempo múltiplas demais para que não merecessem um nome. Ficou Junho, antes mesmo que o mês terminasse. Aliás, em certo sentido, esse mês não acabaria nunca.

Junho como ato de fala singular e múltiplo

Na noite de 20 de junho, 24 horas antes que o governo conseguisse responder, já estava claro que as revoltas de junho de 2013 no Brasil mereciam a alcunha de verdadeiro *acontecimento*, no sentido forte que esse conceito adquiriu em parte da filosofia francesa pós-1968. Junho foi uma irrupção do imprevisível, uma afirmação de potência e de criatividade que era, ao mesmo tempo, singular (ou seja, completamente única com relação a qualquer outro processo político) e múltipla (ou seja, não circunscrita a uma voz unificada, não redutível a uma unicidade). Esse caráter ao mesmo tempo único, no sentido de singular, e múltiplo, no sentido de não unívoco, é dimensão essencial dos protestos que se estenderam pelo Brasil a partir de 13 de junho de 2013. Reconhecer essa duplicidade passa a ser, então, um dos desafios para compreendê-la. A tensão entre a vontade, a potência e a pulsão extrainstitucionais de Junho e suas várias cooptações e domesticações passariam a ser um componente da própria identidade do movimento. É impossível falar do fenômeno sem falar dessa duplicidade, ambiguidade ou oscilação, como se prefira.

Como notou Alexandre Mendes em seu estudo, Junho se desdobra em dois movimentos ambivalentes. O primeiro "gerou uma inédita e democrática mistura de enfrentamentos de rua, proliferação de assembleias, autoconstituição de redes de comunicação, manifestações nas favelas e periferias, agenciamentos entre diferentes sujeitos em luta (bombeiros, professores, usuários de transporte público, moradores ameaçados de remoção, jovens estudantes, garis)".⁶ Essa é a vertente que poderíamos chamar de libertária, cidadã, democrática e assembleísta de Junho. Foi sua origem, potência inicial e impulso que permaneceriam nele vivo durante toda a extensão do fenômeno, que no Rio de Janeiro se prolongou pelo menos até fevereiro de 2014. Mas já na segunda semana começava a se fazer presente a segunda vertente de Junho, de "tom unicamente reivindicatório", que "depositou suas fichas nas instituições que seriam responsáveis pela organização de punição: Ministério Público, juízes, legisladores e demais agentes da ordem (ex.: a campanha contra a PEC 37)". Coincido com Mendes em que "de 2014 em diante, o governo federal e boa parte da esquerda brasileira trabalharam para aniquilar a primeira vertente de junho". Essa vertente emancipatória de Junho é a que Paulo Arantes resume em uma bela fórmula: "Junho foi, antes de tudo, sobre isto: como somos governados, como nos governamos e como agora não queremos mais saber disso."⁷ Em um país onde "ingovernável mesmo só índio, sobre o qual o neodesenvolvimentismo de agora [2014] está passando o rodo da solução final",⁸ Junho não podia ser satisfeito, respondido ou sequer entretido com o automatismo pavloviano da reforma política via Constituinte parcial. Enquanto fracassava a tentativa do governo de cooptar o fenômeno para a linguagem que ele, governo, era capaz de manejar, a única resposta a Junho vinda dos sistemas político e judiciário foi a borduna e a criminalização. A blitzkrieg repressiva dos governos federal e estaduais foi implacável e caminhou de mãos dadas com uma série de operações retóricas. Por exemplo, a presidente da República usou de forma exclusiva o termo "violência" para designar ações de manifestantes, jamais da polícia. Nisso, ironicamente, o petismo coincidiu com o tom dominante da cobertura que se observou no tão odiado Grupo Globo, que seus ideólogos e satélites chamavam de "PIG" ou "imprensa golpista". Em sua conta de Twitter, a presidente prestou solidariedade pública a um militar vítima da violência de manifestantes e condenou em termos enérgicos o homicídio culposo do cinegrafista Santiago, da TV Band, mas jamais se pronunciou sobre um único dos episódios de violência policial, que foram abundantes, cruéis e em grande parte dos casos arbitrários e desprovidos sequer de um gatilho minimamente justificável. O fato é irônico e amargo para ambos os lados, mas ele está amplamente documentado nos anais da história brasileira recente: o petismo e o jornalismo do Grupo Globo fizeram *exatamente a mesma leitura* de Junho.

A ONG internacional Artigo 19 produziu um site documentadíssimo sobre Junho, no qual detalha alguns impressionantes números coletados a partir da imprensa: ao longo dos 696 protestos que ocorreram no Brasil, morreram oito pessoas e os feridos chegaram a *837*. Mais de 2.600 pessoas foram detidas, e entre os feridos há mais de cem jornalistas. Entre as oito vítimas fatais, há uma mescla de razões, como (a) atropelamentos que podem ou não ter sido acidentais, (b) resultados diretos da ação da polícia, como uma gari morta por inalação de gás lacrimogêneo em Belém e um jovem belo-horizontino morto ao cair de um viaduto onde fugia de violência policial e (c) resultados culposos da ação de manifestantes, como o caminhoneiro atingido por pedra lançada contra seu veículo depois de ele furar um bloqueio em Pelotas. No caso dos feridos, no entanto, há uma gigantesca predominância da violência policial como causa determinante. O Artigo 19 detalhou um amplo espectro de violações da lei pela polícia, incluindo-se detenções arbitrárias, uso de armas de fogo, vigilância e monitoramento de manifestantes, agressões e espancamentos, infiltração e espionagem, sequestros e ameaças, e o impedimento de acompanhamento das ações policiais. Essas violações ocorreram de forma invariável, independentemente de o governo estadual ser petista, tucano, pemedebista ou pessebista. Em uma única cidade, São Paulo, em único dia, 13 de junho, foram 235 detidos e mais de cem feridos. Nada menos que dois dos detidos e *22* dos feridos eram jornalistas. Até leitores casuais da *Folha* e do *Estadão* não puderam senão imaginar a corrente fria que terá percorrido as espinhas das redações ao se perceber o monstro que seus editoriais haviam ajudado a desatar.

Quando se nota a ubiquidade da violência policial como resposta a Junho, fica clara outra coisa. Os protestos revelaram muito sobre a natureza bélica e liberticida das polícias militares brasileiras. Estas antecedem o regime militar de 1964-85, claro, mas a forma específica em que se reprimiram os protestos de 2013 nos diz bastante acerca do que sobrevive da ditadura entre nós. Supostamente concluída a transição democrática, o que não transitou no Brasil, o que permaneceu como uma espécie de condição de possibilidade da política? O que, na gramática política brasileira, continua sendo informado e determinado por uma sintaxe e um léxico oriundos da ditadura militar? Na esfera do direito, há várias heranças não eliminadas da ditadura: o Código Penal Militar (que permite que civis sejam julgados por tribunais militares), o Código Tributário (dos mais regressivos do mundo), o mecanismo da suspensão de segurança (que permite que decisões favoráveis a comunidades afetadas por grandes obras sejam revertidas em nome da segurança nacional), o segredo sobre as vendas de armas ao exterior (regidas por um documento secreto, a Política Nacional de Exportação de Material de Emprego Militar) e os onipresentes — nas comunidades mais pobres — autos policiais de resistência, verdadeiras licenças para matar. Entre os grandes legados das manifestações, encontra-se a tematização permanente, na esfera pública brasileira, do problema da violência policial.

Em Junho, essa herança da ditadura militar se manifestou em todo o Brasil, com a repressão chegando a níveis assustadores de brutalidade. Foram vistos, em uma única cidade, o Rio de Janeiro, onde os protestos foram logo engrossados por uma greve de professores: polícia parando um ônibus para surrar um motorista; armas letais disparadas na direção de manifestantes desarmados; abundante uso de bombas de gás lacrimogêneo, até mesmo contra uma ONG que atendia crianças soropositivas; mais de uma centena de pessoas presas numa só noite e enquadradas na Lei de Organização Criminosa por se encontrarem em um lugar público; cidadãos detidos por usarem máscaras de carnaval, por portar vinagre ou mesmo Pinho Sol; manifestantes espancados enquanto estavam de joelhos contra um muro; casas invadidas para que se realizassem prisões arbitrárias; fotógrafos e repórteres espancados porque gravavam um acontecimento público; gente que nunca se havia visto na vida indiciada por formação de quadrilha; advogados tendo suas carteiras da OAB confiscadas ao fazer seu trabalho; manifestantes indiciados como membros de "quadrilha armada" por ter uma faca em casa; oficiais dizendo em frente a uma câmera que batiam porque queriam e que desafiavam qualquer um a denunciá-los. Nenhum razoável conhecedor da história brasileira jamais teve ilusões com as polícias militares do país, mas, se Junho surpreendeu pela dimensão dos protestos, é preciso dizer que, do ponto de vista dos que neles estavam presentes, também a sanha e a brutalidade da repressão policial superaram qualquer expectativa, mesmo as mais sombrias. A impermeabilidade e a surdez do sistema político aos gritos de socorro que vinham das ruas foram notáveis.

O caso mais infame da sanha da violência policial em Junho ocorreu quando Amarildo de Souza, trabalhador, foi levado para a sede da Unidade de Polícia Pacificadora (UPP) da Rocinha na noite de 14 de julho e desapareceu, sendo depois confirmado, a partir de vários indícios, que ele havia sido torturado até a morte pela polícia. A campanha pelo esclarecimento do sumiço de Amarildo mobilizou multidões nas ruas e nas redes e deu a muitos, que porventura ainda não a possuíam, a consciência do poder letal de uma polícia que matou mais de 10 mil pessoas em uma década. Desde então, a pauta da desmilitarização das polícias passou a ser constantemente lembrada e o tema da violência, talvez mais que em qualquer outro momento da história brasileira, foi debatido abertamente na esfera pública. Para além das conquistas materiais das manifestações — por exemplo, a implantação do programa Mais Médicos —, talvez seja esta a grande contribuição das revoltas de Junho: desmontar o mito nacional da cordialidade, abalar os alicerces da república do conchavo, deixar visível a brutalidade e a barbárie constitutivas de nossa história. Como sabemos, a reação do Partido da Polícia e da Milícia viria alguns anos depois, mas ali, em junho de 2013, o sistema político teve a oportunidade de ouvir as ruas.

Enquanto isso, na imprensa, o dia 21 marcava a passagem ao superdimensionamento da "violência" e do "caos" entendidos como depredação de patrimônio material por manifestantes. Apesar de que naquele momento a depredação de patrimônio representava uma parcela pequena da totalidade do que acontecera nas ruas na noite de 20 de junho, a manchete escolhida pela *Folha de S.Paulo* foi "Protestos violentos se espalham e 140 confrontos chegam a 13 capitais". Na primeira página de *O Globo*, líamos um garrafal "Sem controle". Privilegiaram-se fotografias de fogueiras nas ruas sobre as imagens das multidões pacíficas que se aglomeraram e marcharam durante horas antes que ocorressem as depredações de patrimônio. Estas últimas, em muitos casos, configuravam uma estratégia de fuga defensiva de manifestantes *depois* do desate da violência policial. A imprensa focalizou o "vandalismo" sem suficiente atenção ao fato de que a polícia era quase invariavelmente o primeiro e maior agente de violência contra seres humanos. Os black blocs, a juventude mascarada que assumia posições de frente na defesa da multidão, foram retratados como vândalos perigosos, violentos e responsáveis pelo caos que as reportagens identificavam no final dos protestos. Na realidade vivida nas ruas, a tática black bloc tornou-se um mecanismo importante na defesa dos manifestantes, que em sua maioria conseguiam se dispersar enquanto a polícia era distraída com fogueiras e ataques contra vitrines de agências bancárias. Mas, no noticiário televisivo, radiofônico e impresso, os black blocs foram pintados como perigosos vândalos que tinham "se infiltrado" nas manifestações. A noção de infiltração é curiosa quando se tem o conhecimento etnográfico de que, por exemplo, durante a greve dos professores no Rio de Janeiro, a passeata não saía sem que os jovens adeptos da tática black bloc ocupassem suas posições na linha de frente de defesa dos manifestantes. Era exigência de vários professores, para sua autoproteção. Em todo caso, muita mistificação já foi dita sobre os jovens que carregaram essa tática de enfrentamento e autodefesa dos movimentos antiglobalização de Seattle no fim da década de 1990 aos protestos autonomistas da década de 2010, boa parte já contextualizada e corrigida na bibliografia sobre a tática black bloc. Evidentemente, é possível ter restrições legítimas à tática, mas sua utilização em Junho respondia a uma dinâmica bem distinta do retrato que o jornalismo de então conseguiu oferecer. No superdimensionamento da depredação de patrimônio que presenciamos na cobertura televisiva de Junho, moralizou-se muito sobre vandalismo sem atenção ao fato de que em muitos casos as queimas de pneus, as fogueiras e as quebras de vidraças representaram a própria possibilidade de que manifestantes "pacíficos" escapassem da perseguição policial que o jornalismo televisivo, em sua grande maioria, não retratava. Trabalhando com uma dicotomia estanque e moralizante entre os bons cidadãos manifestantes e os "vândalos" ou "infiltrados" que depredavam o patrimônio, o jornalismo brasileiro — especialmente o televisivo — ajudou a obscurecer a responsabilidade das forças policiais na esmagadora maioria dos episódios de violência contra seres humanos em Junho.

Em sua etnografia de Junho e de sua recepção na imprensa, Tiana Maciel Ellwanger mostrou um descompasso entre as representações dos protestos no *Jornal Nacional*, o paradigmático programa jornalístico da imprensa brasileira, e a multiplicidade de vozes que se ouviam nas ruas: "diferentemente do padrão do *Jornal Nacional* de construção das matérias consolidado há anos, *o JN praticamente abriu mão de entrevistar pessoas* — tanto manifestantes quanto especialistas — na cobertura das manifestações de 2013".[9] Com uma leitura crítica, mas nada dogmática de um corpus do *JN* — e apoiada também em dissertação de mestrado de Daiane Pires, que tratou do tema —, Ellwanger demonstrou uma "insistente defesa da postura da polícia por parte dos repórteres e âncora"[10] e uma estatística bastante desproporcional: "os manifestantes foram mencionados 374 vezes no *Jornal Nacional* no período analisado por Pires, mas tiveram voz em menos de 5% delas, 15 no total".[11] A própria autora nota também que a vida não andava fácil para os jornalistas da grande imprensa no interior dos protestos. A hostilidade, particularmente ao Grupo Globo, criava cenas paradoxais. O autor deste livro estava entre os manifestantes que, no dia 17 de junho, no Largo da Batata, em São Paulo, tentavam impedir que um grupo agredisse Caco Barcellos — ironicamente, um dos jornalistas mais em sintonia com as pautas que se expressavam nas ruas. Em fevereiro de 2014, quando um rojão lançado por manifestantes acidentalmente matou o cinegrafista Santiago Andrade, da TV Band, no Rio de Janeiro, a relação do grosso da grande imprensa brasileira com Junho já havia azedado de vez.

Não é absurdo supor que o visível susto da imprensa ante Junho foi um complexo que reagia a alguns fatores: (a) a surpresa comum a todos os brasileiros, incluídos os que estávamos nas ruas; (b) a hostilidade à imprensa por parte de manifestantes que nem sempre conseguiram separar a legítima crítica à linha de atuação de um veículo da violência verbal ou física contra profissionais empregados por aquele veículo; (c) a estupefação que atravessou as redações com o monstro que os editoriais dos dois grandes diários paulistanos haviam ajudado a desatar e legitimar em 13 de junho. Na medida em que a imprensa se recompunha do susto, houve boas reportagens sobre as passeatas seguintes, especialmente na imprensa escrita, incluindo pesquisas sobre quais eram os anseios dos revoltosos. Não custa lembrar que foi também pela imprensa que soubemos que 80% dos brasileiros nos apoiavam. Na cobertura televisiva, permaneceria a ênfase em um entendimento da violência que a reduzia à depredação de bancos e vidraças até o momento em que os protestos foram crescendo o suficiente para que se impusesse outra leitura. E é nessa leitura, que se realiza simultaneamente nas ruas, na imprensa e no sistema político, que ocorre a transição entre os dois principais nomes próprios da política brasileira da década de 2010, Junho e a Lava Jato. Afinal de contas, o povo estava na rua para protestar contra a corrupção — ou assim passaram a se entender as manifestações, em um processo complexo que inclui muitos daqueles que nelas participavam. Em outras palavras, o marco anticorrupção ao qual Junho foi progressivamente sendo reduzido não é o resultado de uma "manipulação" da imprensa. A consolidação de hegemonias discursivas em uma sociedade não funciona assim. O marco anticorrupção se instalou em um contexto marcado por uma série de outros fatores que incluem a incapacidade do próprio governo federal de imaginar uma resposta a Junho que escapasse do automatismo da reforma política, da tagarelice anticorrupção e do punitivismo mais exacerbado.

Portanto, ao se criticar a linha editorial com que o jornalismo — especialmente o televisivo — escolheu retratar Junho, há que se ter em conta que a incompreensão do sistema político foi ainda mais espetacular. Em 21 de junho, fazia já nove dias que manifestações multitudinárias aconteciam, com milhões de brasileiros tomando as ruas, e a presidente Dilma permanecia em silêncio. De acordo com a *Folha*, fontes em Brasília descreviam o clima no governo como "atônito". Pela primeira vez em trinta anos, multidões estavam nas ruas sem qualquer presença do PT na organização dos atos. Desde a campanha das Diretas Já (1984), passando pela mobilização popular que levou ao impeachment de Collor (1992), até as várias ocupações de terra conduzidas pelo Movimento dos Trabalhadores Sem Terra (MST) nos anos 1990, o PT sempre foi parte da espinha dorsal da mobilização popular no Brasil. Entre os dirigentes, a reação inicial aos protestos de Junho pode ser resumida com uma pergunta que ficava implícita em algumas intervenções: "Como ousam ir às ruas sem a nossa permissão?"

Da série de respostas de parlamentares, lideranças e bases organizadas do PT, podem se discernir pelo menos três reações diferentes que se contradiziam entre si e se sucederam uma à outra ao longo do tempo, com períodos breves de sobreposição: a) enquanto os precursores de Junho travavam uma luta limitada e localizada contra o aumento da passagem, a posição do PT era considerá-la impossível de ser atendida — uma vez que a reivindicação era dirigida a uma prefeitura do partido, encabeçada por Fernando Haddad, em São Paulo — e ao mesmo tempo condenar a repressão protagonizada pela polícia, já que esta podia ser creditada ao governo estadual, do PSDB; b) quando a luta assumiu a forma de multidão contra o sistema político representativo, a reação de pânico dos líderes do partido e de boa parte da base os levou a desqualificá-la como composta por "coxinhas" e infiltrada por "vândalos" — ainda na esperança de que as multidões viessem a acalmar--se para que o pacto político lulista pudesse ser restabelecido; c) quando ficou claro que a multidão não recuaria, o partido deu uma guinada de 180 graus em sua posição inicial e decidiu "juntar-se" às passeatas e "apoiá-las", fazendo chamadas explícitas — algumas das quais depois seriam retiradas, em um verdadeiro show de confusão — para que os filiados do PT levassem as suas bandeiras e se vestissem de vermelho.

A partir desse momento, a tensão aumentou consideravelmente e episódios de violência física contra militantes partidários de vermelho aconteceram nos protestos, em meio à insistência de manifestantes apartidários para que as bandeiras de partidos fossem abaixadas, à intervenção de autodefesa de ativistas de outros partidos de esquerda, solidários aos petistas agredidos, e a muita confusão e revolta. Nesse momento, o divórcio radical entre o PT e as ruas se consolidou de tal maneira que ele não seria revertido. O partido perdeu o pulso das ruas em meio à tempestade desencadeada por Junho e não voltaria a recuperá-lo. Regressou às ruas desde Junho, é verdade, em campanhas contra o impeachment de Dilma e em defesa de seus candidatos nas eleições de 2016 e 2018. Mas essas aglomerações já traziam a marca inconfundível do aparelhismo de sindicato, da militância paga e dos cabos eleitorais de ocasião. A perda de legitimidade do sistema político nas ruas de Junho foi definitiva, inclusive porque a feroz repressão das Polícias Militares estaduais não diferiu muito, independente de os estados serem então governados pelo PT (Rio Grande do Sul, Distrito Federal, Bahia), pelo PSDB (São Paulo, Paraná, Minas Gerais), pelo PSB (Pernambuco, Piauí, Paraíba) ou pelo PMDB em coalizão com o PT (Rio de Janeiro). Em todos os estados, a repressão foi feroz, repleta de tiros aleatórios de balas de borracha, bombas de gás lacrimogêneo, gás de pimenta, espancamentos de manifestantes e prisões arbitrárias. No Rio Grande do Sul, a Polícia Civil então submetida ao petista Tarso Genro chegou a fazer operações de confisco de livros na Federação Anarquista Gaúcha, com estímulo público do governador, que os atacava como "fascistas". A participação do petismo no massacre a manifestantes incluiu posição reitorial do então ministro da Justiça, José Eduardo Cardozo, na coordenação das operações policiais de responsabilidade dos secretários de Segurança dos estados.

Na bibliografia das ciências sociais parapetistas sobre Junho e tudo o que se seguiu no Brasil, chama a atenção a ausência de qualquer referência a livros como *2013: memórias e resistências*, de Camila Jourdan, ou *A pequena prisão*, de Igor Mendes,[12] que além de análises oferecem depoimentos de dois dos 23 ativistas criminalizados pelo aparato policial carioca, cogerenciado naquele momento pelo petismo e pelo pemedebismo. Jourdan, professora de filosofia da UERJ, descreve a invasão de sua casa, o kafkiano processo acusatório e a tortura psicológica em Bangu, que incluía a audição de sessões de tortura física às outras presas, as clientes diárias do aparato penal, quase todas negras. Mendes relata uma jornada de sete meses nos porões do sistema carcerário brasileiro, também em Bangu, no que é descrito por Vera Malaguti, uma das principais referências brasileiras em criminologia crítica, como "talvez o mais importante livro brasileiro de criminologia dos últimos tempos".[13] A ausência de qualquer consideração dessas vozes na bibliografia que tende a sugerir que "Junho levou à Lava Jato" é curiosa, porque a canalização dos anseios de Junho pelo aparato penal da Lava Jato foi justamente o grande esvaziador das ruas de 2013. A captura estava completa no momento em que a rebelião e a rebeldia se traduziam no slogan de "corruptos na cadeia!", mas a condição de possibilidade dessa captura haviam sido outras prisões, contra ativistas acusados de crimes que não cometeram e sem qualquer sombra de devido processo legal. Em entrevista recente, Camila Jourdan notou a particular perversidade do argumento parapetista sobre a "culpa" dos manifestantes de Junho no estado de coisas atual do Brasil. A lógica formal do raciocínio é impecável e rigorosamente fiel ao que se fez em junho e o que se disse sobre Junho:

Houve reação? Claro que houve reação, e quando é que não haveria?! E houve rechaço dos setores institucionais que incentivaram a criminalização da revolta com medo de perderem seu espaço, que pediram para que os vândalos saíssem das ruas e ficassem só os verdadeiros manifestantes, que entregaram pessoas pra polícia e pediram as nossas cabeças. E houve prisão, perseguição, aprovação da lei antiterrorismo pelo governo do PT... e, depois de dois anos, e de vários processos, quando os "verdadeiros manifestantes" voltaram para as ruas vazias, vestidos de verde e amarelo, pedindo o impeachment da Dilma, aqueles setores que ajudaram a criminalizar os "vândalos" radicais acharam legal dizer que a culpa foi nossa. Percebe o nível da perversão: é ajudar a prender alguém, abrir caminho para a fascistização social e, depois disso, dizer que a culpa é daqueles mesmos que você perseguiu, em vez de encarar o tamanho da desgraça que você ajudou a construir.[14]

Em 2013 o petismo já acumulava alguns anos de protagonismo na execução do plano de ocupação militar de espaços que teve no Haiti e no Rio de Janeiro os seus laboratórios. Em um ensaio de fôlego com um belo título, "Depois de junho a paz será total", Paulo Arantes notou a linha de continuidade entre a Minustah e as UPPs, elogiadas por nove entre dez lideranças políticas e intelectuais na virada da década de 2010. A observação arguta de Arantes é que *a ocupação do espaço segundo a lógica da contrainsurgência precedeu a chegada dos próprios insurgentes de Junho*, ela já os estava esperando, por assim dizer. Para Arantes, Junho teve "sua mais remota e funda razão de ser" no Programa de Pacificação das Favelas, deflagrado pelas UPPs quase oito anos antes. Esse *paradoxo da contrainsurgência preventiva*, nota Arantes, também se observava em Porto Príncipe, onde a força militar contrainsurgência não gerenciava insurgentes, mas apenas cidadãos pobres e desamparados. A ocupação militar de territórios do Rio de Janeiro pelas UPPs se configurou, então, ao mesmo tempo, como uma condição de possibilidade (causa material, para falar com Aristóteles) e uma antecipação preventiva de Junho. Ela é o feixe que amarra, além do mais, a ocupação militar do território com a grandiosidade da Copa do Mundo e das Olimpíadas, que pressupunha, como se sabe, uma concepção bem particular de colaboração entre as empreiteiras e o Estado. Portanto, apesar de que o primeiro pavio se acendeu em São Paulo, o Rio de Janeiro foi o epicentro das revoltas, tendo sido o grande laboratório da estratégia da contrainsurgência preventiva que antecipou os bárbaros de Junho. Seria a partir do Rio de Janeiro que se estabeleceria, como sustentáculo das UPPs, a tese de que "a pressão policial é preferível à opressão do tráfico ou àquela mais organizada, das milícias", tese "abraçada com a força proverbial dos afogados pela esquerda legalista e punitiva, desde 2003 de passagem pelo governo".[15] Não é casualidade que a maioria dos estudos de fôlego de Junho se baseiem no Rio de Janeiro (Tiana Maciel Ellwanger, Alexandre Mendes, Bruno Cava), que ele ofereça o mote para a leitura de Junho que faz (o mui paulista intelectualmente) Paulo Arantes e que nele o movimento tenha se estendido por vários meses, pelo menos até fevereiro de 2014, com uma histórica greve de garis. É por isso que podemos dizer que Junho transforma-se em nome próprio por meio de uma operação sinedóquica: no Rio de Janeiro, "Junho" com maiúsculas designa, entre outras coisas, "todo o período compreendido entre junho de 2013 e fevereiro de 2014".

Considerando-se o histórico mapeado por Arantes, não surpreende que a resposta que o governo federal conseguiu balbuciar a Junho nove dias depois de sua irrupção tenha interpretado os protestos em chave punitivista, oferecendo aos manifestantes a elevação da corrupção a crime hediondo e o enterro da PEC 37, que regulamentava os poderes investigativos do Ministério Público. Em um pronunciamento robótico e assustado, lido fantasmagoricamente com os olhos fixos na câmera, Dilma Rousseff alternava a louvação aos protestos pacíficos com a condenação da "minoria violenta", sem jamais mencionar a violência policial. Ao vivo, sem articular com seu próprio partido, com seu vice-presidente — então ponte com o Congresso —, ou com quaisquer outros parlamentares ou lideranças (que não vinham exatamente sendo recebidos para diálogo com regularidade no Palácio do Planalto), Dilma lançou a proposta de uma *Constituinte Parcial,* um espetacular oximoro (na medida em que a última coisa que uma constituinte pode ser é "parcial") sobre cuja viabilidade e mera possibilidade há considerável debate jurídico. A Constituinte Parcial supostamente dedicar-se-ia a "fazer a reforma política" e desatravancar o sistema por meio da limitação ao financiamento empresarial de campanhas e outras medidas que tradicionalmente fizeram parte do programa do PT. Vale uma palavra acerca do papel que essa miragem da reforma política passou a ter no discurso lulista do século XXI, e que explica a atabalhoada tentativa de resposta de Rousseff a Junho.

Enquanto ia se aprofundando o que poderíamos chamar a empreiteirização das campanhas eleitorais do PT, da ascensão de José Dirceu à presidência do partido, em 1994, até os sofisticados arranjos com Odebrecht e cia., nos anos 2000, consolidava-se também um discurso segundo o qual a corrupção seria um dado sistêmico das campanhas eleitorais brasileiras e assim permaneceria enquanto não se fizesse uma reforma política que estabelecesse o financiamento público de campanhas. O significante "financiamento público de campanha" passou a funcionar como a vara de condão que representaria a única possibilidade de se evitar a corrupção. Como a dita cuja só poderia ser feita quando o petismo e seus aliados de esquerda tivessem maioria absoluta no parlamento, tocavam-se a vida e os negócios enquanto esse dia não chegava. Para qualquer manifestação de insatisfação das bases, tinha-se o discurso preparado: "Companheiro, esse problema não se resolverá sem uma reforma política." Ao topar-se com multidões insurretas, então, a lente através da qual Dilma enxergou a revolta que emanava das ruas a levava a revisitar a fantasia preferida do petismo para acalmar suas bases ao longo da década de 2000: "daí soar como um escárnio grotesco o reflexo pavloviano da Reforma Política, toda vez que parece tocar a campainha salivadora do 'vocês não me representam'".[16] Naquele momento, claro, o que havia servido para acalmar as bases petistas já não apaziguava os revoltosos, as multidões já não acreditavam na autorreforma do sistema político, e a proposta da Constituinte Parcial morreria poucos dias depois, por falta de reverberação tanto entre os manifestantes como no interior do sistema partidário. Resta saber o quanto a resposta protocolar, burocrática e punitivista do governo federal teria de responsabilidade na posterior captura dos anseios incendiários de Junho pela operação jurídico-policial que viria a ser conhecida como Lava Jato, e que vitimaria uma série de correligionários da própria presidente. Essa é uma discussão que nem sempre — ou quase nunca — é feita com as necessárias cabeça fria e clareza conceitual no Brasil.[17]

Acostumados a reduzir a política a seu sentido meramente eleitoral e parlamentar, redução naturalizada por uma década de cooptação lulista dos movimentos sociais, os analistas reagiam com estupefação à emergência da política maiúscula, a política como estalar incalculável do acontecimento. Para os que tentávamos teorizar as manifestações estando em seu interior, tampouco estavam tão claras as coisas, mas pelo menos era nítida a convicção de que o caráter contraditório e vago das demandas expressas nos protestos não os invalidava. A multidão podia até não saber o que queria, mas sabia que se lançava às ruas exatamente para descobri-lo. Como apontou Diego Viana,[18] também em revoluções anteriores, retrospectivamente apresentadas como mais coesas do que foram, a experiência da rua foi contraditória e múltipla. Em 1848, *eram monarquistas constitucionais ao lado de republicanos, reacionários bourbonistas contra socialistas de primeira hora, nacionalistas, regionalistas, operários, camponeses, intelectuais, funcionários públicos, cada um com suas reivindicações. Mas, acima de tudo, todos atuavam um tanto quanto no escuro. O mais importante de tudo: não havia muitos modelos disponíveis.* Nesse aspecto, na abertura radical das possibilidades, 2013 é comparável a 1848 ou 1968. Em grandes sublevações, em genuínos acontecimentos multitudinários, há sempre um momento em que a multidão sente que *qualquer coisa é possível* e nessa janela abre-se a disputa do que significa o acontecimento. Em Junho, esse momento foi aberto no dia 17, que marcou a nacionalização dos protestos, e logo depois no dia 20, quando as maiores multidões já vistas na história do Brasil saíram às ruas.

Quando, na noite do dia 21, Dilma tirou da cartola o automatismo do oximoro "Constituinte parcial", para supostamente "fazer a reforma política", esses vocábulos já estavam esvaziados, não significavam nada para os manifestantes. Tratou-se, afinal de contas, da reciclagem de um automatismo, ensaiada durante nove dias em uma situação de genuína emergência. Ou seja, a demora da presidente em balbuciar o clichê da "reforma política" foi um elemento constitutivo do próprio balbucio. Produziu-se entre governo e manifestantes um impasse retórico que ilustra um conceito desenvolvido pelo pensador francês Jean-François Lyotard, o *diferendo*. Um diferendo não é apenas uma diferença de posições políticas, de pontos de vista ou de "ideologia" que poderia ser explicada em uma linguagem equânime e equidistante. Um diferendo é uma diferença *que não pode ser nomeada sem que se tome partido por um dos lados*, uma situação de intradutibilidade absoluta entre linguagens que operam segundo regras de jogos irredutíveis uns aos outros. Em outras palavras, não há sequer uma linguagem comum na qual a diferença possa ser nomeada. Um diferendo não é a afasia de um falante particular da língua, trata-se da própria língua em situação afásica e atravancada. De um lado, havia multidões que gritavam "Vamos derrubar os muros! Vocês não nos representam!" Do outro, havia um governo que respondia "Financiamento público de campanha e reforma política para deter a corrupção!" O pronunciamento catatônico de Dilma na noite de 21 de junho permaneceria como emblema da perda do pulso das ruas por parte do PT e expressão definitiva do diferendo entre a língua que falavam as multidões e o espectro de línguas que o nacional-desenvolvimentismo petista-empreiteiro estava equipado para entender. Como consequência direta de sua ausência de resposta a Junho, o nacional-desenvolvimentismo perderia em breve as rédeas do processo político que até então conduzira. O nome dessa perda é Lava Jato.

A retórica tautológica da Lava Jato

Junho nem havia terminado e já era Lava Jato. O processo pelo qual um conjunto de rebeliões, levantes, passeatas, aulas públicas, performances, depredações, rituais, gritos, cânticos e pichações foi traduzido e capturado em uma operação policial para prender políticos é ainda um processo pouco explicado no Brasil. Não se trata de que se haja escrito pouco sobre o tema, muito pelo contrário. Escreveu-se bastante sobre Junho e a Lava Jato, mas curiosamente pergunta-se pouco pela relação entre eles. Costuma-se pressupor essa relação como dada antes de o argumento começar. Via de regra, a premissa é de uma identificação entre os dois fenômenos, mas é raro que se faça a pergunta pela relação entre eles de forma consciente. Na grande maioria da bibliografia que trata dos dois temas, Junhc e a Lava Jato estão identificados de forma explícita e direta em uma espécie de linha de continuidade ininterrupta, de fusão entre as duas coisas. Ou seja, a identidade de princípios e de anseios entre Junho e a Lava Jato costuma ser dada sem argumentação, tanto na bibliografia das ciências sociais e humanas próximas ao petismo (e, portanto, hostis à Lava Jato) como nas obras escritas por jornalistas e procuradores, que têm até agora tendido a ser hagiografias de Sergio Moro ou, na melhor das hipóteses, relatos dos inquéritos baseados exclusivamente nas versões da força-tarefa da Lava Jato. Em ambos os blocos bibliográficos que dominam os estudos sobre a Lava Jato e Junho, há uma continuidade, como se aquela tivesse sido uma tradução fiel deste, uma atualização dos seus anseios, um desdobramento natural da identidade de Junho, por assim dizer. Mas foram assim mesmo que as coisas aconteceram?

Na bibliografia mais simpática ao petismo, dominante nas ciências humanas e sociais brasileiras, quando aparecem os dois temas, em geral não se coloca de forma aberta a pergunta por sua relação e pressupõe-se entre eles uma identidade, como se a Lava Jato fosse uma consequência inevitável de Junho. Se assim não fosse, não veríamos, nessa bibliografia, tantos dedos apontados para os manifestantes de Junho como culpados por tudo o que aconteceu ao Brasil a partir de agosto de 2013, como se o fato de Junho ter sido singular e inédito também significasse que todo o desenrolar posterior da história se remetesse a ele como causa. Da mesma forma, as hagiografias de Sergio Moro pressupõem também uma identidade entre a operação Lava Jato e os manifestantes de 2013, só que agora marcada com sinal positivo. Na bibliografia acrítica ao petismo poderiam ser citados uma série de acadêmicos, ex-jornalistas e *apparatchiks* partidários, mas o nome mais canônico sem dúvida é o de Jessé Souza — o mais exitoso sociólogo de esquerda do Brasil, best-seller das ciências sociais parapetistas e signatário da interpretação dominante da Lava Jato entre o progressismo acadêmico.[19] Para Jessé, o "embuste", a "falácia" do conceito de patrimonialismo tal como pensado por Sérgio Buarque de Holanda, por Raymundo Faoro e pela USP, teria representado a legitimação que permitiu à Lava Jato fazer um conluio com a Rede Globo e os interesses norte-americanos para inviabilizar o sonho dos BRICS, derrubar o PT e restaurar o poder das elites. Caso minha paráfrase pareça fantasiosa, convido o leitor a uma passada de olhos em *A elite do atraso: da escravidão à Lava Jato*, livro de Jessé que defende a tese de que "o início da Lava Jato foi a perspectiva de se acabar com o sonho dos BRICS e dos brasileiros que aspiram a um país próspero para a maioria", porque "o Brasil deveria e deve subsistir, para os americanos, como quintal empobrecido e mercado interno colonizado".[20] A origem da Lava Jato, para Jessé, seria o fato de que "o pré-sal e a Petrobras eram a carta na manga do país para uma inserção internacional menos dependente" e portanto os interesses das elites e "dos norte-americanos" exigiam destruí-los. Como "os norte-americanos" determinaram o rumo da Lava Jato, Jessé Souza não nos diz. Imaginar-se-ia que pressupor controle "dos norte-americanos" sobre uma operação jurídico-policial brasileira que já dura seis anos e atingiu centenas de políticos, em um contexto em que os EUA tiveram dois governos radicalmente diferentes, exigiria algum tipo de demonstração empírica, com alguma pesquisa e apresentação de indícios, que fundamentasse a afirmação. Jessé não nos diz como exatamente Donald Trump, Barack Obama, a Rede Globo, as elites escravocratas e a operação Lava Jato conspiraram para derrubar o PT, e não nos apresenta, por exemplo, nenhum indício de comunicação ou presença do governo americano na operação. Mas demonstrar o que se afirma segundo os critérios usuais de rigor não é o forte dos livros recentes de Jessé.

Sejamos justos, no entanto, com o autor. *A elite do atraso*, sim, nos propõe como se deve ver a relação entre Junho e a Lava Jato. Para Jessé, trata-se de uma não relação, já que para ele há uma identificação total e completa entre uma coisa e outra, que coloca os manifestantes de Junho ao lado do bloco escravocrata-global que queria saquear o petróleo brasileiro em favor dos americanos. Inacreditavelmente, Jessé explica as revoltas de Junho como expressão do "ódio ao pobre":

> O ódio ao pobre hoje em dia é a continuação do ódio devotado ao escravo de antes. Quando as classes médias indignadas saíram às ruas a partir de junho de 2013, não foi, certamente, pela corrupção do PT, já que os revoltados ficaram em casa quando a corrupção dos outros partidos veio à tona. Por que a corrupção do PT provocou tanto ódio e a corrupção de outros partidos é encarada com tanta naturalidade? "É que o ódio ao PT, na realidade, foi o ódio devotado ao único partido que diminuiu as distâncias sociais entre as classes no Brasil. A corrupção foi mero pretexto."[21]

O texto de Jessé não faz nenhuma distinção entre as multidões que saíram às ruas em 2013, no amplo e diversificado espectro de manifestações conhecido como Junho — que não se limita ao mês de junho de 2013 —, e as multidões que saíram às ruas em 2015 para clamar pelo impeachment de Dilma Rousseff. Trata-se de um erro grave para um sociólogo. Ignoro se Jessé conhece algo da bibliografia sobre Junho (ele não a cita), ou se estava nas ruas em 2013, mas eu estava, e por casualidade as vivi em sequência nas três principais capitais do Sudeste. Vi muita indignação em Junho, por certo, mas pouquíssimo "ódio". Pelo contrário, junto com indignação, as outras palavras que me viriam à mente para descrever as ruas de Junho seriam criatividade, invenção, bom humor, intensidade e, sim, também revolta e depredação patrimonial, mas raramente "ódio" — inclusive porque o ódio, pelo menos em nossa tradicional compreensão do vocábulo, pressupõe a existência de um objeto claro ao que ele se direcione. É sabido que o "inimigo" contra o qual se lutava em Junho era difuso e multifacetado. Não se tratava de manifestações "contra" o governo federal ou contra nenhum líder político em particular (as de 2015, sim, foram isso, não as de 2013). Se havia um antagonista que unia a todos em 2013, era o sistema político e seus mecanismos de representação, entidade por demais difusa para ser objeto de ódio. Se alguma instituição chegou a ser objeto de ódio das multidões de Junho, foi a polícia, não o petismo. O fato de que tenha existido algo razoavelmente identificável como ódio antipetista nas ruas pró-impeachment de 2015 não prova que esse elemento tenha sua origem em Junho ou que Junho seja responsável por ele. Apenas mostra que Jessé junta tudo em uma maçaroca na qual a Lava Jato, o governo americano, a Globo, as elites escravocratas, as ruas de Junho de 2013 e a campanha pró-impeachment de 2015 são, todos eles, parte de uma conspiração para derrubar o PT e tirar de cena Lula e Dilma, os únicos sujeitos políticos que Jessé vê como exteriores e antagonistas ao pacto escravocrata. Trata-se evidentemente de uma versão fantasiosa escrita no gênero do conto de fadas, mas você se surpreenderia com o tamanho e representatividade do naco da universidade brasileira que, sem qualquer reparo crítico, tem traficado essa versão, que está em patente contradição com boa parte da pesquisa empírica sobre o Brasil dos últimos anos. Imagine o grau de delírio que é necessário para se dizer que as criativas e múltiplas multidões de junho de 2013 saíram às ruas por "ódio ao único partido que diminuiu a distância social entre as classes no Brasil". Você imaginaria que se trata de alguém que escreveu sobre Junho de Marte ou da Tailândia, sem nunca haver posto os pés no Brasil. Certamente não foi esse o Junho que vivi, e vivemos tantos, nas cidades de São Paulo, Belo Horizonte e Rio de Janeiro. Junho converteu-se no fácil bode expiatório do conformismo, que aponta a sequência de catástrofes políticas, sanitárias e ambientais do Brasil contemporâneo como se elas fossem obra dos jovens (e velhos rejuvenescidos) que gritavam "não é só por 20 centavos" e "não acabou/ tem que acabar/ eu quero o fim da Polícia Militar", e a quem o sistema político não soube ou não quis responder com um mínimo de decência.

O fato de que a versão de Jessé seja fantasiosa não quer dizer que não se possam fazer sérios reparos à cobertura da Lava Jato na imprensa brasileira. Também não exclui o fato de que tenha havido intencionalidade antipetista em vários momentos e em vários agentes da Lava Jato. Apenas quer dizer que as ciências sociais e humanas do campo petista e parapetista abusaram do direito de empilhar fatos seletivamente escolhidos, enquanto outros, contraditórios com a tese desejada, eram omitidos: veja-se como Jessé ignora, por exemplo, o fato de que a Lava Jato voltou suas baterias contra o PMDB depois de instalado o governo Temer. Uma vez escolhidos a dedo quais acontecimentos serão parte do relato explicativo, estabelece-se entre eles uma relação causal simples, mecânica, que consiste na distribuição seletiva de culpas e na criação de uma cadeia de equivalências entre sujeitos malignos, lista da qual apenas alguns sujeitos políticos, sempre dos campos petista e parapetista, parecem estar de antemão excluídos.

O fato de que a bibliografia parapetista sobre a operação seja fantasiosa tampouco anula o fato paralelo de que no outro polo bibliográfico, das hagiografias de Sergio Moro e dos relatos jornalísticos baseados exclusivamente nas narrativas de procuradores, a situação não esteve muito melhor. Essa bibliografia conta a história do "desenrolar-se de um novelo", que é a metáfora escolhida pelos procuradores e pelo então juiz Moro. Trata-se de um novelo curioso, porque a ponta final já parece estar dada no começo. O novelo teria sido desenrolado a partir da prisão de um doleiro, Alberto Youssef, que daí levou a um dirigente da Petrobras, Paulo Roberto Costa, que então levou ao desvendamento de um dos maiores esquemas de corrupção do mundo — em uma sequência de acontecimentos que já foi imortalizada até mesmo em uma série da Netflix por Fernando Meirelles. A sequência dos acontecimentos, portanto, é conhecida. Para se entender a Lava Jato, no entanto, há que se perguntar: 1) pelo processo de seleção e omissão de acontecimentos, por procuradores, juiz e imprensa, que no caso da Lava Jato falavam, todos os três campos, com uma só voz; 2) pelo processo de organização narrativa desses fatos a partir de um conjunto de tropos, estratégias narrativas e ponto de vista. No caso deste último, sublinhe-se a não flexão de número: no geral, o ponto de vista da narrativa da Lava Jato foi um único. A pluralidade de perspectivas não tem sido parte de como a história é narrada, nem na imprensa nem no aparato judiciário. Mais grave: essas duas instâncias usaram, no fundamental, a mesma voz narrativa, produzida em relação de retroalimentação.

Enquanto escrevo, em setembro de 2020, já se iniciou na imprensa brasileira, em pelo menos um de seus principais jornais, a *Folha*, uma reflexão sobre o que foi a relação entre a imprensa e a Lava Jato entre 2014 e 2019. Essa relação mudou recentemente a partir de um furo jornalístico do site The Intercept Brasil, a Vaza Jato, que revelou mensagens vazadas de conversas entre procuradores e entre estes e o então juiz Sergio Moro, nas quais se viola o princípio elementar de separação entre a instância acusadora e a instância julgadora. No que se refere à cobertura da imprensa, é preciso de antemão dissipar confusões que reduzem o problema a uma mera questão de conteúdo. Específica e particularmente inédito na Lava Jato não foi, claro, o alinhamento da imprensa com as teses acusatórias ou policiais. Qualquer um que acompanhe programas policiais na imprensa radiofônica e televisiva sabe que essa é a regra. Também não é inédita na imprensa a sequência de reportagens em que os princípios da equanimidade e do desejável multiperspectivismo no relato jornalístico são abandonados em prol de um conteúdo panfletário, comprometido com um dos agentes do fato relatado na notícia, aqui neste caso o órgão acusador, o Ministério Público. Tudo isso estamos acostumados a ver, mesmo na imprensa de melhor qualidade.

Singular na Lava Jato foi a confusão entre a fonte da notícia, o protagonista da notícia, o interlocutor da notícia, o ponto de vista a partir do qual se conta a notícia e a sociedade possivelmente beneficiada pelo fato relatado na notícia. Essas cinco instâncias distintas do processo jornalístico podem até coincidir, digamos duas ou três delas, de forma temporária e em uma dada configuração. Mas são instâncias separadas, que em uma sociedade democrática tenderão a permanecer independentes. Essa separação entrou em colapso durante a Lava Jato, não pelas razões conspiratórias que apresenta Jessé, mas por uma configuração particular em que se combinavam a legitimidade popular herdada de Junho, o ineditismo da operação político-jurídico-policial vinda de Curitiba, o efetivo fato de que bilhões do erário foram realmente desviados (desse fato, Jessé se esquece) e a convicção com que a imprensa entendeu o seu próprio papel como aliada no combate à corrupção (o que o bom jornalismo *pode* ser, claro, mas *não necessariamente tem que ser* — e essa distinção básica foi uma das que se perdeu). Em outras palavras, a narrativa jornalística sobre a Lava Jato transformou em protagonistas da notícia procuradores e juiz que eram, eles mesmos, em muitos casos, a *única* fonte da matéria. Além disso, o conteúdo era vazado sempre segundo a conveniência acusatória dos procuradores e do próprio juiz, convertido, ele mesmo, em instância acusadora. Não haveria nenhum inconveniente em que as fontes vazassem segundo sua conveniência (aliás, essa é a regra) se os personagens protagonistas que a matéria apresentava, a saber procuradores e juiz da Lava Jato, não fornecessem também *o ponto de vista* a partir do qual se narra o relato, sempre tendo como leitor ideal e interlocutor um sujeito de quem se pressupunha *ter os mesmos valores da instância acusatória* que fornecia o ponto de vista do relato. Trata-se de um empilhamento impressionante de redundâncias. Já veremos como essas redundâncias funcionavam discursivamente em uma leitura da principal peça de retórica lavajatista disponível no mercado editorial, o livro de Vladimir Netto sobre Sergio Moro e a Lava Jato.

Há que se espanar o assunto já de antemão para que se entenda, portanto, que o problema da relação entre imprensa e a Lava Jato não se resume ao conteúdo. Não se trata de que a imprensa tenha apresentado matérias "parciais" a favor da operação, embora isso seja verdadeiro. A questão é mais profunda e tem a ver com a indissociabilidade, no caso da Lava Jato, entre reportar a notícia e ser parte da produção do fato a ser reportado pela notícia, uma separação que, quando se perde, tende a produzir uma retroalimentação em forma de círculo vicioso entre as reportagens e os fatos que essas reportagens relatam. Para deixar claro: a Operação Lava Jato não eram "as prisões dos políticos". A Operação Lava Jato eram *as notícias das prisões dos políticos*. Essa distinção é chave, mas ela ainda não é tudo. No caso da Lava Jato, muitas vezes as próprias prisões eram conseguidas tendo matérias da imprensa como material probatório — matérias que por sua vez eram baseadas exclusivamente em evidências apresentadas pela força-tarefa acusatória etc., em um círculo vicioso de tautologia gritantemente evidente, mas que a sociedade brasileira comprou de maneira entusiasmada. A própria operação político-jurídico-policial era baseada em um jogo de iscas e recompensas entre a força-tarefa acusatória e a imprensa, mas era a segunda metade da dialética que a tornava especialmente perversa: parte das recompensas eram prisões para as quais a própria imprensa havia contribuído como material probatório. Essa operação retórica, podemos chamar de *a tautologia da Lava Jato*.

Essa tautologia funcionou, claro, porque repousava sobre um valor de verdade: bilhões foram efetivamente desviados do erário público e não só da Petrobras, seja para pessoas físicas sob a forma de propinas, seja para pessoas jurídicas sob a forma de contratos superfaturados, empréstimos subsidiados, subvenções e contribuições legais ou paralegais a campanhas eleitorais. É indiscutível que a Operação Lava Jato expôs algo, e que esse algo exposto é parte de um universo mais amplo que já era imaginado e/ou conhecido, a saber, a corrupção no gerenciamento do Estado e no financiamento das campanhas eleitorais. No entanto, você se surpreenderia com a completa ausência desta pergunta em toda a bibliografia, tanto a pró como a anti-Lava Jato: o que a Operação Lava Jato revelou, uma vez que se leva em consideração o já sabido sobre o funcionamento do Estado brasileiro? Ou seja, o que exatamente separa esse universo da corrupção até então desconhecida, supostamente inédita na bibliografia e revelada pela operação de Curitiba, do universo da corrupção até então já desvendada e conhecida de quem lia, se informava ou operava no interior do sistema político brasileiro? É uma pergunta simples: o que a mais espalhafatosa operação jurídico-político-policial contra a corrupção na história da América Latina revelou que não sabíamos? Experientes jornalistas gaguejariam para responder essa pergunta.

Uma resposta óbvia à qual se poderia recorrer é o volume. Sabíamos que contratos de parceria público-privada eram corrompidos e que o financiamento de campanhas eleitorais se dava por meio de adiantamento de lucro depois obtido com esses contratos superfaturados — qualquer pessoa que tenha lido jornais no Brasil nas últimas três décadas sabia disso. Conhecia-se o esquema de financiar campanhas eleitorais e ser reembolsado com lucro por meio de contratos superfaturados que se sustentavam via propinas, mas o *volume do roubo* nos atordoou a todos. Essa é uma boa resposta, até que você começa a submetê-la ao escrutínio da pesquisa empírica e da interrogação crítica. Sem dúvida sempre se roubou muito do Estado, de várias formas diferentes, desde a subtração de patrimônio público sob a forma de propina para pessoas físicas até a corrupção passiva que engorda a conta bancária de pessoas jurídicas (partidos políticos, por exemplo). Isso era sabido, mas, na medida em que as operações da Lava Jato se desenrolavam, a população brasileira sentia *que algo de novo se estava revelando*, uma sensação reforçada pela imagem — essa sim, genuinamente nova — de políticos de alto escalão presos por operações que criminalizavam transações das quais qualquer bom leitor de jornais brasileiros *tinha alguma notícia* havia décadas.

Esta é, portanto, a resposta mais óbvia e não por acaso a mais votada na bibliografia: a Lava Jato é nova porque pela primeira vez prenderam-se políticos do alto escalão. Certo, mas isso nada nos diz sobre o que ela *revelou*. O que ela revelou, pelo que vemos até agora na bibliografia, é que o montante era grande, maior que o imaginado. Essa informação confere, até o ponto em que você constata que: 1) isso nada diz sobre o funcionamento do dispositivo; 2) o próprio montante ninguém sabe qual é, e a própria bibliografia é, em boa parte, uma salada de números lançados ao léu. Se saímos da esfera do direito penal, da efetivamente inédita prisão de políticos, qual a novidade da Lava Jato? A pergunta é de nebulosa resposta.

Na esfera do direito penal, por certo, a novidade foi aguda. No aniversário de cinco anos da operação, em março de 2019, os números eram impressionantes. Foram 426 indivíduos denunciados, 269 mandados de prisão expedidos, 183 delações feitas e 159 políticos e empresários condenados em primeira instância, em um total de 2.294 anos de prisão estipulados. Para um discurso que localiza os males do Brasil na "impunidade", a Lava Jato foi uma resposta e tanto. Para algumas forças políticas menos capazes de autodefesa no bruto jogo jurídico-policial do Brasil pós-Junho, a "impunidade" havia, com efeito, acabado. Esse foi um efeito retórico notável da operação, o da percepção de um ineditismo baseado no fim da impunidade. Ignoravam-se com entusiasmo décadas de trabalho em criminologia crítica acerca dos limites do direito penal como indutor de soluções para problemas políticos ou sociais, mas isso não importava, contanto que agora "político ladrão vai preso". Como o saqueio de patrimônio público que havia ocorrido era real e o grau de revolta com ele mais tangível ainda, a sociedade brasileira hipotecou autonomia total aos procuradores e juízes da Lava Jato para o periódico espetáculo matinal de conduções coercitivas, buscas e apreensões, prisões preventivas e execuções penais. Regozijaram-se quase todos com a operação, seus nomes greco-romanos, suas cenas combinadas de antemão com a imprensa e suas hipóteses rocambolescas mas verossímeis, na medida em que o caminho do propinoduto do financiamento de campanhas no Brasil é efetivamente labiríntico, repleto de peripécias, com um formato narrativo que lembra o romance bizantino.

Da mesma forma em que *A elite do atraso* de Jessé representa a instância mais acabada das ciências sociais parapetistas, a bibliografia simpática à Lava Jato tem um marco e emblema no livro de Vladimir Netto, *Lava Jato: o juiz Sergio Moro e os bastidores da operação que abalou o Brasil*. Assim como estão condensados em Jessé todos os tiques das ciências sociais parapetistas, o livro de Netto exemplifica os recursos retóricos que viriam a ser típicos do jornalismo que operou em parceria com a Lava Jato, misturando os conceitos de objeto, de fonte e de interlocutor da notícia. O livro de Vladimir Netto é meritório e tem vantagens sobre o de Jessé Souza, já que cada afirmação contida nele está rigorosamente fundamentada em materiais da imprensa, entrevistas feitas pelo autor e documentos da Lava Jato. Nesse sentido, Netto cumpre os requisitos de uma boa pesquisa até o momento em que o leitor percebe que as fontes vêm de um lugar só, que coincide com o protagonista da história, que por sua vez coincide com o ponto de vista narrativo. O que o juiz fonte passa é tomado como verdadeiro sem checagem e a partir daí se constrói o personagem do juiz herói para deixar claro, no processo, que a história também será narrada do ponto de vista do juiz, ou pelo menos de um cidadão virtual que compartilha com ele valores e postura.

O livro de Netto é bem representativo da operação tautológica que foi o discurso da Lava Jato. Tomemos, por exemplo, os dispositivos de construção do personagem.

> Quando foi promovido de juiz substituto a juiz titular, em 1999, a primeira cidade onde atuou foi Cascavel, no interior do Paraná. Foi lá que ele teve a primeira experiência com processos criminais. Conheceu bons procuradores, mergulhou nos casos, tomou gosto por essa área. Depois foi designado para atuar em Joinville, interior de Santa Catarina. E passou a se dedicar mais a esse tipo de caso. Estava se formando o juiz meticuloso que o Brasil conheceria depois. Em 2002, surgiu uma oportunidade de morar em Curitiba, cidade da família da esposa, e ele não teve dúvidas: escolheu trabalhar em uma vara criminal. Hoje, não pensa em fazer outra coisa. Para ele, julgar um crime, analisar cada uma das provas, é muito mais atraente. Não há rotina: cada caso é um caso.[22]

"Hoje, não pensa em fazer outra coisa", escreveu Netto sobre Moro em 2016 a partir do que o próprio Moro, evidentemente, lhe havia dito. Não ocorreu ao autor duvidar. Dois anos depois, Moro era o ministro da Justiça de Jair Bolsonaro. Não se trata aqui de marcar pontos fáceis em cima da ingenuidade com que o autor comprou a versão de Moro sobre si mesmo, mas algo um pouco mais complexo: notar como o próprio envelhecimento do livro exemplifica o funcionamento da retórica da Lava Jato, de confluência entre fonte, protagonista, ponto de vista e interlocutor da notícia. Netto garantiu que Moro não pensava em fazer outra coisa porque sua única fonte sobre Moro é o próprio Moro: seus despachos, decisões, entrevistas, e matérias de imprensa dedicadas a ele, que no Brasil durante muito tempo tiveram como fonte apenas ele próprio. Essa circularidade entre a fonte da notícia e o protagonista da notícia, que vemos exemplificada no livro de Netto, foi a regra nas matérias sobre a Lava Jato, contrariando o mais elementar princípio jornalístico de que é desejável que um fenômeno seja apresentado a partir de uma pluralidade de perspectivas.

A hagiografia do "juiz meticuloso que o Brasil conheceria" continua com um relato curioso da inspiração divina do juiz herói, em que se pressupõe uma escandalosa confusão de funções que o autor tampouco percebe:

Moro sabe que nem sempre é possível alcançar bons resultados. Sobre o incomum sucesso da Lava Jato, ele acredita que muitas vezes foi empurrado por golpes de sorte, o que outros chamam de ajuda divina. "Eu tive bons casos criminais que chegaram à prisão e condenação. Nada nesse nível atual. Mas incrivelmente as coisas deram certo", disse Moro.[23]

Passa despercebido ao autor o quão bizarra é a noção de que um juiz — ou seja, um julgador, um magistrado, não um procurador, de quem se poderia dizer que a função é condenar mesmo — associe as coisas "darem certo" com a existência de decisão condenatória resultante em prisão. Evidentemente, do ponto de vista da magistratura, o único "dar certo" a que um juiz aspira é a boa interpretação e aplicação das leis do país a cada caso específico. Essa é a idealidade sobre a qual repousa a ficção (necessária, mas ficção) do julgamento equânime e imparcial. A Lava Jato se nutriu da velha tradição inquisitorial brasileira e a expandiu para um terreno em que a confusão entre juiz e órgão acusatório tornou-se ainda mais aceitável. Não só as coisas "deram certo" por levar a prisões, mas elas deram certo por vontade divina, nos diz o autor, ou por sorte, nos diz o modesto protagonista. Uma mínima análise do Brasil dos últimos anos mostra que delações e condenações "deram certo" por uma miríade de fatores, entre os quais, como já apontamos, está a resposta punitivista que uma confusa Rousseff ofereceu a Junho, em um balbucio centrado no tema da corrupção e emitido com dez dias de atraso. Logo depois o Congresso, assustado com as multidões, promulgava a lei das organizações criminosas que formalizaria a delação premiada, abrindo o caminho para a Lava Jato. Paralelamente, tanto a assustada imprensa como um setor dos próprios manifestantes passaram a enfatizar com exclusividade o tema da corrupção, e a vislumbrar também como resposta exclusiva a ele uma ação do Estado penal. Isso é o beabá do Brasil dos últimos anos, mas Netto e Moro apresentam o resultado "positivo" da Lava Jato como uma espécie de milagre. A inverossimilhança de que o resultado seja produto da "vontade divina" vem apenas reforçar o caráter heroico do protagonista que, ó tão modesto, reconhece que teve apenas sorte. A monofonia das fontes de Netto acaba significando que, quando o próprio Moro não lhe oferece a resposta, por falsa modéstia ou por estratégia de autoconstrução do personagem, a única alternativa do autor acaba sendo apelar a Deus.

Outros itens da bibliografia poderiam ser citados, não só trabalhos jornalísticos como o de Netto, mas também libelos parajornalísticos escritos por procuradores, como *Mãos Limpas e Lava Jato: a corrupção se olha no espelho*, de Rodrigo Chemim. Esta é uma obra um pouco diferente, na medida em que compara Brasil e Itália, mas é idêntica à de Netto na confusão, ou confluência, entre fonte, protagonista, ponto de vista, interlocutor e suposto beneficiário do relato.[24] Da mesma forma que o livro de Netto ficou involuntariamente datado ao afirmar que "Sergio Moro não pensa em fazer outra coisa" [que ser juiz], o subtítulo do livro de Chemim tornou-se involuntariamente cômico à luz da sequência de reportagens conhecida como Vaza Jato, que revelou um corrompimento, no sentido mais estrito do termo corrupção, tanto de procuradores da força-tarefa como do magistrado-emblema da Lava Jato. Para a retroalimentação dessa tautologia entre órgão julgador e órgão acusador, já havia contribuído o artigo de Sergio Moro sobre a Mani Pulite italiana, publicado dez anos antes das primeiras operações jornalísticas da Lava Jato. No caso da bibliografia inaugurada por esse artigo de Moro e obcecada com a experiência italiana, o paralelo é sempre curioso porque, como diz Chemim em seu livro, "é quase consenso entre os analistas italianos e procuradores do Ministério Público que atuaram na Mãos Limpas que pouca coisa mudou na forma dos italianos lidarem com a corrupção. Os índices de corrupção continuam os mesmos, e os índices de desconfiança da população nos políticos também".

Quando se depara com essa conclusão assaz óbvia — a Itália hoje é tão ou mais corrupta que antes —, a bibliografia hagiográfica de Sergio Moro e do Partido dos Procuradores toma um giro curioso, que não creio que seus autores tenham percebido em toda a sua autoironia involuntária. Quanto mais constatam que fracassou a experiência da Mãos Limpas, seja lá quais tenham sido os seus méritos, mais os autores mergulham na dita cuja em busca de alguma "lição" que não conseguem extrair nunca. Esse colapso se deve ao fato de que, como diz o próprio título de Chemim, o Partido dos Procuradores só consegue pensar na lógica especular, do espelho, que na retórica é representada pela figura que chamamos de analogia. Uma analogia não é senão um espelho construído com palavras. Toda a bibliografia dos procuradores sobre a Lava Jato opera no modo da analogia com a Mani Pulite. O Partido dos Procuradores fundamenta seu relato em uma analogia que leva necessariamente à conclusão de que a Lava Jato, pelos seus próprios termos, fracassou e fracassará, assim como sua matriz, ainda que — como tem sido o caso — os autores continuem insistindo na analogia em busca de alguma "lição" que impeça a conclusão inexorável. O círculo vicioso da analogia é tão tautológico que o procurador Chemim termina *Mãos Limpas e Lava Jato* propondo que a solução para o imbróglio seria... mais investimento em educação! Puxa, se o leitor soubesse que a saída era essa, não teria se preocupado em ler trezentas páginas da épica batalha dos Procuradores Contra a Corrupção.

Não se trata aqui de implicar gratuitamente com o livro, mas de sugerir que a condição de possibilidade do funcionamento de sua analogia é também a condição de possibilidade de seu fracasso: se o raciocínio é analógico, resta concluir que se trata de uma analogia com um fracasso. Em outras palavras, a bibliografia do Partido dos Procuradores teria que se decidir: ou fala em nome do (vislumbre de) sucesso do combate à corrupção ou opera em um raciocínio analógico com a Mani Pulite italiana. As duas coisas não dá, porque tudo o que se possa extrair de "lição" para que a Lava Jato não tenha a mesma sorte já havia, como reconhecem os próprios procuradores, sido pensado na Mani Pulite. E fracassado. A saída acaba sendo tirar da cartola, como solução, um chamado a "mais investimento em educação", final involuntariamente cômico para um livro sobre a Lava Jato — cômico porque é tão descolado de todo o relato da épica do Estado penal que daria na mesma que o autor terminasse dizendo "mais investimentos em saúde", "mais saneamento básico", "mais transparência democrática" ou qualquer outro clichê.[25]

Mas o melhor modelo da construção do personagem para os milhares de matérias com que se estabeleceu a tabelinha entre imprensa e Lava Jato é mesmo a obra jornalística de Vladimir Netto. Ela condensa os giros retóricos da imprensa que operou como colaboradora do Partido dos Procuradores. Veja-se o trecho:

Em outubro de 2015, em um seminário em São Paulo realizado pela revista inglesa *The Economist*, Moro admitiu que estava cansado. Com razão. Foi um tempo intenso, de muito trabalho e muita pressão...

Não há por que duvidar do relato de Netto, de que o juiz Moro trabalhava muito. Não se trata de analisar o valor de verdade do texto, mas ver como ele constrói um personagem. É dito ao leitor que Moro "admitiu" que estava cansado — escolha curiosa de verbo, na medida em que *admitir* algo sobre si próprio em geral implica o reconhecimento de um defeito, limitação ou até falta grave. Menos o herói construído pelo jornalismo morista, em cujo caso até o que Moro admite sobre si próprio é uma qualidade, a de estar cansado porque trabalhou muito pela justiça.

Ao relatar uma palestra de Moro para "empresários, jornalistas estrangeiros e economistas" — sem em nenhum momento se perguntar se não há algo questionável em um juiz oferecer palestras públicas sobre casos pendentes que ele próprio julga —, Netto nos diz como Moro respondeu a um pedido de balanço:

> Pediram no evento que Moro falasse do caso mais famoso dos últimos tempos. No tom sereno de sempre, ele fez um rápido balanço: "Esse caso começou, como todo caso, com uma menor dimensão. Estávamos investigando, na verdade a Polícia Federal e o Ministério Público estavam investigando, quatro supostos doleiros e um deles em especial, o Alberto Youssef...."

O narrador não perde a chance de etiquetar o tom do herói como sereno, mas ele sequer percebe o ato falho: Moro diz "estávamos investigando, na verdade a Polícia Federal e o Ministério Público estavam investigando". Mas Moro, obviamente, jamais pertenceu nem ao Ministério Público nem à Polícia Federal, que são órgãos de atribuições investigativas. Moro era juiz, *figura que é justamente paga para não investigar nada*, e decidir com base no que o acusador conseguiu investigar e no que a defesa respondeu. Mas, incrivelmente, Netto consegue narrar como se fosse uma qualidade, *e sem perceber,* um ato falho no qual o juiz confundia magistratura com acusação. Esse ato falho de Moro, claro, seria depois escancarado pelo terremoto jornalístico da Vaza Jato, que demonstrou que o juiz Moro operava como chefe da acusação.

Para efeitos da retórica da Lava Jato, uma ruptura ocorre em meados de 2019, quando o Intercept Brasil revela trocas de mensagens vazadas entre Moro e os procuradores. Nessas mensagens, fica claro que o diálogo entre eles ultrapassou qualquer limite do eticamente aceitável para um juiz. Comprovadamente, Moro chegou a (a) dirigir o time acusatório, sugerindo inclusive a substituição de uma procuradora; (b) oferecer leituras de rascunho e testes de hipóteses para a acusação; (c) referir-se jocosamente ao trabalho da defesa, em conversas secretas com a acusação (secretas no sentido de não republicanas, fora do despacho), como "showzinho"; (d) ocultar temporariamente provas do STF para impedir a subida de um processo; (e) manter um diálogo permanente com a acusação sobre estratégias em um veículo informal como o Telegram; (f) intervir no trabalho da força-tarefa para impedir que os celulares de um dos principais indiciados da Lava Jato, Eduardo Cunha, fossem apreendidos, entre várias outras violações da Lei Orgânica da Magistratura. A pancada retórica foi violenta e Moro defendeu-se mal — sem confirmar a veracidade de mensagens reconhecidas como verdadeiras por todos os atores relevantes e, ao mesmo tempo, sem negá-la, afirmando que, ainda que fossem verdadeiras, nada demais havia nelas. Forçado a usar o discurso da defesa pela primeira vez na sua história de homem público, Moro o fez com uma salada de modos e tempos verbais confusa e incongruente. Mencione-se aqui a estratégia do *Intercept*, que tornou mais difícil a identificação de seu trabalho com um simples antimorismo ou parapetismo ao trazer, para colaboração nos furos, veículos como *Veja* e *Folha de S.Paulo* e jornalistas como Reinaldo Azevedo.

Verificada pelo material publicado pela Vaza Jato, a evidente parcialidade de Moro contra os réus empresta credibilidade à tese petista e parapetista de que o juiz operou com intencionalidade contra Lula ao julgá-lo. Essa tese foi reforçada sobremaneira no momento em que Moro aceitou um convite para integrar o ministério de Bolsonaro: é inédito em democracias que um juiz que condenou ao cárcere o líder das pesquisas presidenciais de uma nação depois aceite ser ministro do eleito que foi o principal beneficiário de sua sentença. O que as teses petistas e parapetistas não conseguem explicar é por que a Lava Jato continuou funcionando intensamente depois da queda de Dilma, agora encurralando a oligarquia pemedebista que havia ocupado o poder. É verdade que essa oligarquia se defendeu de forma mais eficiente que a cacicagem petista, mas também é verdade que a Lava Jato não lhes deu trégua: da armadilha lançada a Temer por Joesley Batista ao indiciamento de Moreira Franco, da prisão preventiva de Geddel Vieira Lima às investigações sobre Romero Jucá, a Lava Jato não foi menos agressiva contra o pemedebismo do que havia sido contra o petismo. Se a Lava Jato não é, como quer Jessé, um simples instrumento antipetista e se ela tampouco é uma simples tradução dos anseios de justiça, como quer o jornalismo que aceitou ser porta-voz da operação, qual o estatuto da Lava Jato? Quem era o sujeito da retórica da tautologia?

Perde-se alguma dimensão da Lava Jato, creio eu, ao não se atentar para o fato de que ela é uma *operação político-jurídico-policial.* Insisto nos três modificadores ao me referir à operação porque isso é essencial para a análise retórica. A Lava Jato fala com três vozes: 1) a voz da justiça, do aparato jurídico enquanto tal; 2) a voz de um bloco político particular que interveio na política brasileira em uma determinada direção, mesmo que essa direcionalidade não tenha sido, como querem alguns, contra um único partido; 3) a voz da polícia, da investigação e da repressão policiais ao crime enquanto tal. A história da configuração de cada uma dessas vozes e da relação entre elas requer a compreensão de alguns fatos da história brasileira recente. Uma das condições de possibilidade para que a Lava Jato se consolidasse como bloco político foi a maior autonomia e a melhoria das condições de trabalho concedidas ao Ministério Público e à Polícia Federal durante o lulismo — que depois, valha a ironia (e nisso petistas e parapetistas têm razão), viria a ser a sua maior vítima. Esse ganho de musculatura política do MP e da PF sob o lulismo coincidiu com um processo descrito por Christian Lynch como *neoconstitucionalismo,* uma releitura voluntarista do direito que contribuiu para que o bloco judiciarista se tornasse uma força política com voz própria, com premissas fundamentadas pelo trabalho de Luís Roberto Barroso. A consolidação da voz policial da Lava Jato vai se dando na medida em que desvios efetivamente bilionários se revelam a conta-gotas, com prisões espalhafatosas e compreensível indignação da maior parte da população. Nesse processo, os três componentes retóricos da operação político-jurídico--policial se consolidaram e se fortaleceram mutuamente. A Lava Jato havia passado a ser um *ator,* não só jurídico e policial, mas também político.

Daí o acerto de Christian Lynch ao definir a Lava Jato como expressão de uma *revolução judiciarista* que é produto de um *tenentismo togado*.[26] Para Lynch, este seria "uma vanguarda que, em nome da sociedade civil, se investiu do objetivo de regeneração da atividade política", mais ou menos como o tenentismo clássico. O tenentismo togado se sustenta a partir do pensamento político da revolução judiciarista, representado no trabalho de Luís Roberto Barroso e sua aposta em uma "hermenêutica neoconstitucional como instrumento de superação do atraso nacional". Em suma, o pensamento de Barroso seria progressista nos costumes, liberal na economia, punitivista em matéria criminal e extremamente crente nas saídas penais para o problema do patrimonialismo nacional. Esse fundamento para a revolução judiciarista não vem apenas de Barroso, claro, e encontra expressão também em uma nova geração de livros de direito constitucional que giram "em torno da fundamentação doutrinária dos direitos fundamentais e na descrição das atribuições do Ministério Público, do Judiciário e da Defensoria Pública", com o quase desaparecimento das seções dedicadas aos outros poderes, especialmente ao Legislativo. A partir daí, Lynch segue a trajetória da revolução judiciarista até sua fase termidoriana, durante o governo Temer, de reacasalamento conservador de autodefesa da classe política. O movimento de autodefesa da classe política contra a Lava Jato, que tem no governo Temer o seu símbolo, é uma articulação conservadora. Mas a operação político-jurídico-policial que vai se consolidando ao redor da Lava Jato também é uma articulação conservadora. Chocam-se nesse momento duas coalizões conservadoras, uma patrimonialista e uma magistocrata.

O modelo apresentado aqui da Lava Jato como operação político-jurídico--policial ancorada na figura retórica da tautologia, e o modelo de Lynch, da Lava Jato como revolução judiciarista que expressaria um tenentismo togado, não são incompatíveis, mas complementares. Creio que ambos têm uma vantagem em relação aos modelos das ciências sociais parapetistas e do jornalismo pró-Lava Jato. Ao contrário deles, não vemos a Lava Jato como um véu que encobre algum interesse situado alhures, seja a derrubada do governo nacional popular, como quer Jessé Souza, seja a limpeza da corrupção, como acredita Vladimir Netto e acreditou boa parte do jornalismo. Em outras palavras, *a Lava Jato não é um epifenômeno*, uma mera máscara que encobriria um interesse de classe ou um mero instrumento a serviço da moralização da política. Ela não é a origem nem a expressão definitiva do antipetismo, embora tenha se servido do sentimento antipetista (e o reforçado) quando lhe conveio, da mesma forma como qualquer coalizão política tenderá a fazer uso de sentimentos sociais já existentes que possam lhe servir. A incapacidade de se entender que, ao longo dos anos, o Partido dos Procuradores foi se articulando como um sujeito com interesses próprios explica o fracasso dos proponentes da teoria parapetista do golpe, que unanimemente previam o arrefecimento das operações contra o PMDB no momento em que o governo petista caísse ("agora que caiu a Dilma ninguém mais vai preso" — quantas vezes você, que tem interlocutores de esquerda, ouviu isso?). Aconteceu o contrário. O pemedebismo defendeu-se melhor que o petismo, sem dúvida, mas a Lava Jato voltou suas baterias contra ele com toda a fúria. A sua própria sobrevivência dependia disso — e ali se confirmava que a Lava Jato se transformara em um sujeito político com capacidade de reação em defesa de interesses próprios. Seu grande instrumento retórico foi a tautologia, e com ela se instalou outro regime narrativo na política brasileira.

O grande ciclo que se exauriu em Junho era narrável com os gêneros que descrevem uma trajetória ascendente ou descendente, ou seja, alguma forma de linearidade narrativa: a épica das conquistas do tucanato e do lulismo (a estabilidade monetária, os programas sociais), a tragédia das mazelas brasileiras (o encarceramento, os homicídios), a comédia ou a farsa de seus personagens bufões (digamos, Collor de Mello). A narração da trajetória de Lula, o personagem, sempre foi feita com a linguagem épica, evidentemente — não apenas pelo lulismo, mas também, por exemplo, pelo próprio cinema brasileiro, como visto no capítulo 3. Esse arranjo não foi alterado pela chegada de personagens como Dilma Rousseff, que transita da grandiosidade trágica em seu enfrentamento corajoso ao regime militar (a inesquecível foto em que ela, altiva, encara seus torturadores é a síntese trágica da ditadura) à comicidade farsesca de sua paulatina e autoinfligida queda ou de suas gafes linguísticas. Até ali se mantinham suficientes como gêneros narrativos essenciais da política brasileira o triângulo clássico tragédia–épica–comédia (ou farsa), base a partir da qual nasce o romance moderno, com sua complexa sinfonia de subidas e descidas.

Nem tanto a partir de 2014, ano no qual se prenderam apenas doleiros, executivos de empreiteiras e um diretor da Petrobras, mas a partir de 2015, quando a operação avança diretamente sobre o sistema político, a combinação entre Lava Jato, o estelionato eleitoral do governo Dilma e o processo de impeachment lançam o Brasil em um outro regime narrativo. Já não se tratava de uma paulatina subida épica, de uma inexorável queda trágica ou de um tombo cômico ou farsesco, previsivelmente desenrolando-se ao longo do tempo. O Brasil de 2015-16 viveu no regime da *novela bizantina*: aquela forma narrativa caracterizada pela peregrinação em zigue-zagues, com acontecimentos espetaculosos, encadeados de forma episódica, de tal maneira que é sempre possível retirar ou acrescentar mais um episódio (coisa impensável, claro, em uma tragédia ou mesmo em um romance moderno). Acordávamos diariamente na expectativa de mais uma operação da PF. Não havia uma progressão ou "subida" a nenhum lugar: os acontecimentos pareciam se suceder em sequência caótica, com idas e vindas, mas em todo caso produzindo o efeito de crescente estupefação. Como na novela bizantina, os acontecimentos valiam como episódios, ou seja, esgotavam-se em si sós, de tal forma que entre quaisquer dois episódios você pode enfiar outro: "José Dirceu foi preso", "Lula foi levado em condução coercitiva", "Moro vazou um áudio de Dilma e Lula". As narrativas que tentavam alinhavá-los em uma progressão tradicional, seja ascendente (épica ou romanesca moderna), seja descendente (trágica ou cômica), fracassavam e não antecipavam seus movimentos, porque a Lava Jato se movia em outra lógica narrativa, que era episódica, ziguezagueante, própria da novela bizantina de peregrinação. A cada momento, um personagem novo pode aparecer e um acontecimento novo, independente, pode se produzir. Foi com esse efeito narrativo que a Lava Jato nos manteve ligados, em expectativa, *on the edge of our seats*, por um bom tempo, mas de forma particularmente intensa em 2015 e 2016. A esta altura do livro, já estará claro para o leitor que esse formato narrativo não era uma consequência acidental da operação. Era sua própria condição de possibilidade. A operação só poderia existir assim.

No período que vai das primeiras grandes manifestações pró-impeachment, em março de 2015, até a saída definitiva de Rousseff, em agosto de 2016, os antagonismos reprimidos da pólis brasileira afloravam de forma distorcida no antagonismo entre o Partido dos Procuradores e o sistema político. Sustentando-se sobre uma operação tautológica, mas com a forma narrativa de uma novela bizantina de peripécias, a Lava Jato havia conseguido rearticular o campo político de forma que todos os antagonismos agora passavam por ela, eram atravessados por ela. Não se tratava de um antagonismo político como outro qualquer, claro, já que o que se nomeava do outro lado era "a corrupção", um ente para quem só se pode desejar a extinção, o desaparecimento. O antagonismo, sempre mascarado no sistema político brasileiro, escondido atrás das cortinas das negociatas pemedebistas, agora aflorava à flor da pele, à luz do dia, como *antinomia*, ou seja, como tira-teima irreconciliável, no qual só pode estar em jogo a eliminação de um dos termos, já que não há conciliação ou síntese possível entre eles. De um sistema político em que todos os antagonismos estão mascarados, passamos a um sistema político em que todos os antagonismos se manifestam como antinomias, ou seja, como polaridades irreconciliáveis que pressupõem eliminação mútua. É uma tolice supor que a Lava Jato foi um instrumento do bolsonarismo, como se existisse bolsonarismo em 2014. Mas é visível que, em termos formais, retóricos, o bolsonarismo herda da Lava Jato uma concepção de antagonismo que só consegue formulá-lo como antinomia, ou seja, como polaridade na qual o único horizonte possível é a eliminação do outro. O jogo começava a ficar perigoso.

6.

O bolsonarismo e a rebelião do eles

O bolsonarismo como erro: teorias do "ódio" e da "fraude"

A Lava Jato ainda estava prendendo políticos e, de repente, já era bolsonarismo. De todas as transições vividas pelos brasileiros nos últimos anos, a que leva da Lava Jato à eleição de Jair Bolsonaro como presidente é das que mais provoca estupefação e é a menos compreendida. Em parte, isso se deve ao fato de que o acontecimento culminante foi inesperado para toda a ciência política, jornalismo e analistas profissionais e amadores, incluindo o autor deste livro, que apesar de ter previsto a eleição de Donald Trump, para surpresa de interlocutores, não esperava que Bolsonaro repetisse a dose. Ainda bem avançada a campanha, a minha expectativa era de que ele ficasse no patamar dos 20% dos votos, em terceiro lugar e fora do segundo turno. Em parte, a sensação que nos acometeu a todos se deve também à temporalidade inusitada em que ocorreu a ascensão do bolsonarismo. Até o dia 6 de setembro de 2018, quando Adélio Bispo executou um ataque a faca a Jair Bolsonaro em Juiz de Fora, ainda era dominante entre analistas a percepção de que o segundo turno ocorreria sem a presença da extrema direita, apesar da já visível robustez de Bolsonaro nas pesquisas. Mas, também é fato que bem antes dessa abrupta clivagem que tem lugar com a facada de Adélio, já em março de 2016, em manifestações pró-impeachment, caciques tucanos como Geraldo Alckmin e Aécio Neves foram expulsos a vaias, e o único político abraçado foi um até então inexpressivo deputado extremista, misógino, militarista e homofóbico do Rio de Janeiro.

Trinta meses separam os dois eventos. O bolsonarismo acontece nessa estranha temporalidade: ele vai se gestando, cozinhando ao longo de anos, em uma espécie de subterrâneo da sociedade brasileira, mas para todos nós há um ponto nessa emergência que lhe confere um caráter de irrupção irreversível. No primeiro livro escrito sobre a eleição de Bolsonaro, Maurício Moura e Juliano Corbellini tiveram que se confrontar com a pergunta contrafactual inevitável: "Bolsonaro teria sido eleito sem a facada de Adélio que lhe deu a aura de vítima e a desculpa para ausentar-se dos debates?" Os autores saem-se bem e apontam algo com que coincido. Evidentemente, a certeza contrafactual é impossível, mas, à luz da leitura das curvas das pesquisas, do sentimento antipetista e da conjunção de fatores que se reuniram ali, os autores sugerem que, "bem antes desse episódio, as condições que apontavam para a vitória de Bolsonaro já estavam se constituindo".[1] Em todo caso, o bolsonarismo se desenvolve em uma temporalidade singular. Em algum momento, todos nós, internos a ele ou antagônicos a ele (e poucas famílias brasileiras se furtaram a essa cisão), nos demos conta: *é real, está acontecendo*. A esse choque tem se seguido uma pergunta que toma a forma retrospectiva: *em que momento começou a acontecer?* Já há uma bibliografia considerável sobre isso, em várias disciplinas, e, depois de lê-la completa ou quase, sugiro que não valeria muito a pena começar com uma tediosa revisão do que já foi escrito, inclusive porque boa parte é mero sintoma do mesmo solo que deu origem ao bolsonarismo. Melhor começar dizendo aquilo que *não nos interessa* em cada conjunto bibliográfico que tem tentado entender o Brasil pós-Bolsonaro. Faço isso para desbastar um pouco o terreno, que é sobrepovoado. Isso ainda é preferível a não ler a bibliografia, o que é o que boa parte da bibliografia faz.

A primeira proposta deste livro, neste tema, é que não nos adianta de muita coisa começar por um alinhavo causal historiográfico, por mais sofisticado que possa ser esse arranjo cronológico. Isso é assim porque é relativamente simples contar a história de como um irrelevante deputado extremista do Rio de Janeiro foi conquistando projeção, imiscuindo-se em mais espaços a partir de visibilidade adquirida em um programa de TV, ganhando destaque a partir de bate-bocas com Jean Wyllys, o único deputado abertamente gay da Câmara dos Deputados, cacifando-se por meio da consolidação de uma agenda de reação a conquistas de minorias de gênero e orientação sexual (o antagonismo dele às cotas raciais já é eleitoreiro e tardio), capitalizando a partir de contatos com os mundos evangélico e miliciano do Rio de Janeiro, surfando em uma onda crescentemente punitivista no país dos 60 mil homicídios anuais, até que uma candidatura presidencial se tornou viável, e em seguida perigosa, para logo depois da facada de Adélio Prado, em 6 de setembro de 2018, tornar-se uma fatalidade inexorável. Não é complicado fazer esse relato e há suficiente material no jornalismo e na historiografia para que ele seja bem-feito. Mas esse trabalho não responderia à pergunta que tantos brasileiros, especialistas ou não, têm se feito: *como isso nos aconteceu?* Quais são as condições de possibilidade *disso*? Para responder a essa pergunta, portanto, vamos pedir aos historiadores que, por um momento, tomem o assento secundário.

A ascensão de Bolsonaro representa, sobretudo, a quebra completa do modelo com que uma disciplina, a ciência política, tentava entender a realidade brasileira a partir de um conceito, o presidencialismo de coalizão. É coerente com sua história que a ciência política brasileira tenha previsto e esperado que o campo político se recompusesse em 2018 e o segundo turno fosse disputado de novo por duas coalizões lideradas por PT e PSDB, ou pelo menos por duas coalizões situadas entre a centro-esquerda e a centro-direita. A eleição brasileira de 2018 é a história do espetacular fracasso dessa expectativa. Tendo dirigido sua atenção durante duas décadas ao jogo parlamentar-executivo das negociações e formações de blocos, cristalizado no conceito de presidencialismo de coalizão, a ciência política se viu pouco equipada para entender o terremoto bolsonarista. É claro que são relevantes as perguntas acerca do que muda no jogo parlamentar do presidencialismo de coalizão depois de Bolsonaro, ou se "pemedebismo" (que é um conceito da ciência política, apesar de ter sido cunhado por um filósofo, Marcos Nobre) ainda é uma categoria útil para descrever a realidade política brasileira no pós-2019, ou se o arranjo eleitoral descrito pela disciplina foi alterado. Todas essas perguntas são válidas e é positivo que pesquisadores se dediquem a elas. Mas, ante o terremoto experiencial que representou o bolsonarismo, os dilemas que o vocabulário da ciência política nos permite formular parecem pouco relevantes para auxiliar na pergunta: *como nos aconteceu isso?*

A compreensão das ações de sujeitos sociais coletivos, segmentados por classe, etnia, gênero, localização geográfica, faixa etária ou orientação sexual, tem sido o pão com manteiga da sociologia há décadas. No estudo dessas segmentações, a sociologia nos oferece elementos para a análise do que nos aconteceu: é sabido, por exemplo, que Bolsonaro venceu as eleições de 2018 de forma mais contundente entre homens que entre mulheres, entre ricos que entre pobres (apenas perdeu-a, por pouco, entre os muito pobres, em famílias de até dois salários mínimos), entre graduados mais que entre eleitores de nível educacional médio. Mas o dado fundamental é frequentemente esquecido: Bolsonaro venceu em todos esses segmentos e, um ano e meio depois, já havia revertido as tendências manifestas na eleição e conquistado apoio inédito entre os pobres. Com a exceção da clivagem geográfica, na qual, sim, será possível encontrar um bloco em que Bolsonaro perde as eleições (o Nordeste, o Tocantins e o Pará), todas as outras segmentações nos oferecem apenas diferenças de matizes entre vários níveis da vitória bolsonarista. O manejo pouco cuidadoso das categorias sociológicas com os dados dos mapas eleitorais de 2018 pode nos levar a quadros reificados, pouco condizentes com a realidade, como a imagem de um "Nordeste petista", resistente ao bolsonarismo, distorção que não sobrevive a um exame mais detalhado. Afinal de contas, Bolsonaro venceu as eleições em Natal, João Pessoa, Maceió, Campina Grande e Imperatriz, entre muitas outras, e, mesmo na outrora vermelha Recife, o candidato petista, Fernando Haddad, apenas bateu Bolsonaro por mínima diferença (52,5% a 47,5%). Não sobreviveu dezoito meses a "ilusão Bacurau" de um Nordeste ontologicamente progressista e antibolsonarista. Essa miragem foi auxiliada pelo compartilhamento de mapas que separam "estados vermelhos" de "estados azuis" (como se as eleições brasileiras fossem americanas), perdendo as nuances por município e por zona eleitoral. As maiores diferenças a favor de Bolsonaro segundo classe (mais ricos), gênero (homens), etnia (brancos) e escolaridade (mais alta) operam, todas elas, no interior de totalidades nas quais *Bolsonaro vence em todos os segmentos.* Por mais importante que seja a percepção das nuances de segmentação sociológica na composição do eleitorado bolsonarista, também aos sociólogos devemos pedir que tomem assento secundário na conversa acerca de *como foi possível que nos acontecesse isso.*

O problema aqui não é, claro, a origem disciplinar do indivíduo. Se assim fosse, este livro nem deveria estar sendo escrito — seu autor não é senão um especialista em literatura que gosta de falar de política e ler mapas eleitorais. Sem qualquer sombra de animosidade contra qualquer disciplina, portanto, sugiro que algumas das perguntas preferenciais das ciências sociais sobre a política do país chegaram a um estado de esgotamento, e o bolsonarismo não deixa de ser um sintoma desse estado. Os conceitos de classe ou segmento social, os aparatos e protocolos do presidencialismo de coalizão e as vicissitudes do sistema partidário brasileiro são péssimos pontos de partida para se entender o bolsonarismo. Às vésperas da data limite para a inscrição de chapas, Bolsonaro sequer tinha partido! Começar por aí não é uma boa ideia. Isso não quer dizer que a segmentação social do eleitorado do bolsonarismo ou o seu impacto sobre o sistema político não sejam relevantes. Apenas sugere que o privilégio dessas questões como portas de entrada para a compreensão da retórica bolsonarista incorre em um círculo vicioso, já que esse privilégio é parte da ordem discursiva que o bolsonarismo vem implodir da forma mais violenta possível. Por isso, não surpreende que a situação nos estudos de bolsonarismo tenha melhorado a partir da chegada de olhares antropológicos ao tema. Que a antropologia tenha feito diferença significa que o bolsonarismo é um movimento *real* da sociedade brasileira, uma cultura com um discurso próprio, uma experiência específica de estar no mundo. Trata-se de uma trivialidade para quem sabe algo sobre como — com quão profundas raízes — elegeu-se a coalizão extremista de 2018, mas a afirmação é necessária: o bolsonarismo é um objeto de estudo legítimo para a antropologia. Em outras palavras, há uma verdade antropológica no bolsonarismo.

Dizer essa obviedade pode parecer inútil até que se nota o quão forte foi a tese que reduzia o bolsonarismo a um golpe judicial ou uma fraude eleitoral por disparos maciços de WhatsApp. Seja qual for a importância que se confira às operações da Lava Jato contra Lula (e, claramente, a presença/ausência de Lula é um capítulo-chave das eleições de 2018, que haveria de tratar com categorias políticas, e não éticas ou morais), seja qual for o peso que se dê às violações da lei eleitoral no WhatsApp, deveria ser pacífico na bibliografia mais séria que o triunfo bolsonarista não se reduz a uma violação de regras eleitorais ou a um golpe jurídico. *O bolsonarismo não é a história de um erro, não é o relato de uma alucinação nem a experiência de uma miragem coletiva.* Ele não é a expressão do emburrecimento de 57 milhões de pessoas e não é compreensível com as categorias derivadas da falsa consciência.

Isso quer dizer que o bolsonarismo é um objeto legítimo para a antropologia, e que essa obviedade ainda não está suficientemente incorporada a muitos raciocínios sobre o fenômeno: se o bolsonarismo fosse, como alguns quiseram, apenas a expressão de uma fraude eleitoral e de uma manipulação das elites, não haveria o que investigar antropologicamente. Ao longo do meu argumento, que vem de outro lugar — da análise do discurso —, refiro o leitor a pesquisadoras que vêm trazendo um olhar antropológico ao bolsonarismo. Por enquanto, o que quero dizer com "olhar antropológico" é apenas um marco metodológico mínimo. Não se falará aqui do bolsonarismo como "expressão do ódio", como se o fato de que Bolsonaro é uma pessoa odiosa validasse sociologicamente, forma automática, a categoria de "ódio" para entender o bolsonarismo, ou garantisse que existe mais ódio nele que em outros movimentos políticos. Não se falará do bolsonarismo como "crise da democracia", porque não se pode confundir o fato de que Bolsonaro é, sim, uma ameaça à democracia com um suposto caráter menos democrático da eleição dele. As eleições de 1989, 1994, 1998, 2002, 2006, 2010 e 2014 não foram "mais democráticas" que a de 2018. A diferença é que nesta última foi eleita uma força política que pode tornar a de 2022 menos livre, mais agônica, menos democrática, mais terrorífica — ou até mesmo atentar contra sua própria existência. Mas falar *da emergência do bolsonarismo* como expressão de uma suposta "crise da democracia" é um erro metodológico crasso, que corresponderia, em lógica, a confundir causa com consequência. Não me parecem produtivos os resultados das tentativas de se entender o bolsonarismo com as categorias de ódio, fraude, engano, delírio ou miragem coletiva; enfim, com as categorias do erro ou da falsa consciência. Nem muito menos com as categorias da psicopatologia. Em toda a bibliografia, esses eixos me pareceram os menos úteis, inclusive porque boa parte dessa retórica vinha derivada de leituras petistas ou parapetistas já problemáticas da crise econômico-política de 2014-16.

O bolsonarismo como coalizão e mosaico

Desbastando esse feixe de falsos problemas, entramos no terreno mais pantanoso, que é entender como o bolsonarismo se constituiu. Na bibliografia mais bem equipada, mesmo naquela que não usa esses termos, fica claro que o bolsonarismo é uma *coalizão*, um *bloco*, um *mosaico* que se constituiu a partir de elementos heterogêneos e que veio a expressar algo que se gestava como demanda para uma parcela da população brasileira. Esse caráter de mosaico tem sido estudado pela antropóloga Letícia Cesarino, que recorreu à teoria das identidades fractais para descrever o bolsonarismo como uma "fractalização do mecanismo populista: ou seja, sua proliferação por múltiplas escalas no caso, a escala mais capilar dos próprios usuários — praticamente sem alteração estrutural".[2] Pode-se fazer o recorte e o catálogo desses componentes do mosaico de diferentes maneiras, chegando a níveis bem detalhados de descrição de tipos ideais, como os que vemos na pesquisa etnográfica conduzida pela antropóloga Isabela Kalil, que identificou dezesseis tipos: as pessoas de bem, a masculinidade viril, os nerds, gamers, hackers e haters, os militares e ex-militares, as "femininas" e "bolsogatas", as mães de direita, os homossexuais conservadores, os membros de minorias étnicas pró-Bolsonaro, os estudantes pela liberdade, os periféricos de direita, os meritocratas, os influenciadores digitais, os líderes religiosos, os fiéis religiosos, os monarquistas e os isentos.[3] Claro que mais de um desses tipos ideais podem se combinar no mesmo sujeito, e a própria pesquisadora ressalta o fato de que se trata de trabalho em andamento, a cujo catálogo de tipos poderíamos, supõe-se, acrescentar outros perfis — o acionista de mercado e o procurador lava-jatista, por exemplo, me parecem tipos igualmente presentes na coalizão bolsonarista e não redutíveis a nenhum dos dezesseis citados. Em todo caso, a tipologia oferecida por Kalil tem o mérito de nos confrontar com o caráter de lista alucinada, impossível, com que frequentemente se nos apresenta o bolsonarismo, em um mosaico que nos lembra a célebre tipologia relatada por Jorge Luis Borges em "O idioma analítico de John Wilkins", que alude a um livro segundo o qual "os animais se dividem em a) pertencentes ao Imperador; b) embalsamados; c) amestrados; d) leitões; e) sereias; f) fabulosos; g) cachorros soltos; h) incluídos nesta classificação; i) que se agitam como loucos etc."[4] O bolsonarismo, com efeito, frequentemente nos aparece como uma espécie de catálogo alucinado de tipos, que desafia qualquer tipologia.

A coalizão, estudada assim, microscópica e etnograficamente, nos apresenta figuras que os pesquisadores de humanas e sociais sequer nos lembrávamos que existiam (monarquistas), habitantes de um universo forâneo aos nossos objetos de pesquisa habitual (os incels misóginos do submundo da internet), enormes populações urbanas brasileiras pouco conhecidas da reflexão de esquerda (os periféricos de direita, religiosos ou não) e figuras quase folclóricas em sua natureza caricatural (terraplanistas ou olavistas). Como apontou Cesarino, também a antropologia tem que se reequipar para entender o bolsonarismo, na medida em que a afinidade histórica da disciplina tem sido com as populações que, ao longo do século XX, reclamaram de políticas baseadas na diferença. Mas o que acontece quando os aliados "naturais" da disciplina começam a se comportar como o "outro repugnante"?[5] Do ponto de vista do radar das ciências sociais, o bolsonarismo produz uma inevitável sensação, expressa na pergunta estupefata: *de onde saíram todos esses malucos?*

Mas "malucos" não é, sabemos bem, uma boa categoria de análise de fenômenos sociais. Inclusive porque, para qualquer um que tenha tido extensa experiência em grupos bolsonaristas de WhatsApp, a categoria é contraintuitiva e de pouca rentabilidade. Apesar do papel dos disparos em massa, sabe-se que incontáveis desses grupos de WhatsApp foram constituídos por pessoas bastante comuns, em redes que são fundamentalmente de família, de igreja e de bairro, formadas a partir de laços de confiança entre os membros. A própria pesquisa levada a cabo pela CPI das Fake News revelou que a efetividade dos disparos em massa foi menor e menos decisiva do que muitos supunham. Analisando os resultados da investigação, o pesquisador Pablo Ortellado, da USP, concluiu que "se quisermos saber não sobre ilegalidades que podem levar à cassação de alguma chapa, mas sobre estratégias de comunicação que levaram ao êxito das campanhas, temos que olhar para os grupos espontâneos e para os grupos artificiais segmentados que os marqueteiros construíram, o que foi ainda muito pouco investigado".[6] Em outras palavras: sem prejuízo a qualquer luta jurídica que se possa impetrar contra o governo Bolsonaro por violação das leis eleitorais com disparos em massa por WhatsApp, há que se dizer que, quando se trata de compreender o bolsonarismo, é melhor dirigir o olhar aos milhões de brasileiros *para quem o WhatsApp é a internet*, brasileiros cujos planos de dados, em seus telefones populares, não alcançam o Facebook, o Twitter ou o Instagram, mas rodam o WhatsApp com sua dose diária de memes, vídeos e interação linguística com a família, a vizinhança e colegas da igreja ou da escola. É melhor dirigir o olhar para a rede de relações reais construídas como condição de possibilidade do bolsonarismo — e depois como consequência dele.

Se o catálogo de tipos nos oferece uma lista quase folclórica de personagens subterrâneos ou caricaturais, e se o olhar mais próximo do objeto nos oferece uma coleção de avós, tios, primas e irmãos eminentemente "normais", para quem o bolsonarismo passou a expressar anseios reais e defensáveis, como é possível abrir uma clivagem que permita uma análise do discurso que não reitere os lugares-comuns com que certa intelligentsia de esquerda pouco afeita a enxergar a si própria tentou entender o bolsonarismo como "expressão do ódio"? O que dizer a alguém que entende os grupos bolsonaristas de WhatsApp como "expressão do ódio", mas não parece saber que a única socialização disponível em celulares de milhões de brasileiros é o WhatsApp? Quem odeia quem? Em outras palavras: como escapar das teorias da falsa consciência, dominantes entre uma esquerda ainda assustada com o terremoto bolsonarista, sem cair no puro ventriloquismo do objeto, na normalização do extremismo de direita, o perigo correspondente quando aceitamos a premissa de que o bolsonarismo é a expressão de um movimento real na sociedade?

A análise do discurso aqui nos pode ser útil, porque ela sempre nos lembrará de premissas metodológicas fecundas: agarre o discurso ali onde ele se articulou de forma mais decisiva para a produção de seu sentido. Observe o que aquele discurso pressupõe como esquecimento, ou seja, qual é a amnésia que o constitui, o que ele está impedido de dizer. Encontre os pontos nodais em cuja travessia os sujeitos se constituem por remissão àquele discurso. Note os efeitos ideológicos por meio dos quais aqueles sujeitos vivem sua relação com o dito como se aquele dito fosse uma criação sua ou a expressão de alguma interioridade original. Reconstitua o tecido das referências daquele discurso ao seu terreno histórico e ideológico e vá mapeando suas condições de possibilidade. Refaça o percurso revendo suas conclusões com ceticismo e atento a como suas próprias premissas condicionam o seu enquadramento dos discursos que você está estudando. Prossiga com tudo isso em mente.[7] Depois de realizado todo esse percurso com o bolsonarismo, parece-me inegável: o bolsonarismo surge como expressão (distorcida e ideologizada, mas expressão) da *incapacidade de o sistema político brasileiro representar satisfatoriamente o antagonismo*. Incontáveis antagonismos pediram representação no sistema político brasileiro ao longo das últimas décadas, sem sucesso. A coalizão que expressa esses antagonismos que o sistema político fracassou ao representar chama-se bolsonarismo. Sem prejuízo de todas as outras coisas que ele também é, o bolsonarismo foi, para milhões de brasileiros, o nome do antagonismo represado. Qualquer antagonismo. A condição que marcava o bolsonarismo era, então, um lugar vazio, um puro dêitico, aquela palavra sem semântica, cujo sentido só se preenche ao ser enunciada: "eu", "você", "aqui", "amanhã" ou, como no caso do bolsonarismo, "eles". O fascismo bolsonarista, por uma conjunção contingente de fatores, passou a expressar uma rebelião de todos os normalmente chamados de "eles", legitimando-se como uma rebelião plebeia do eles.

A saída para evitar o puro catálogo de tipos é observar os grandes blocos político-discursivos que tornaram essa coalizão possível. Como o bolsonarismo expressa uma crise sem precedentes dos partidos políticos, é de pouca monta recontar toda a história pela qual Bolsonaro passa pelo PP, pelo PSC, até fazer um acordo (supostamente ganha-ganha) com Luciano Bivar pelo PSL e cindi-lo para formar a Aliança pelo Brasil. A dança das siglas é de importância secundária e o bolsonarismo representou, sobretudo, o triunfo dos blocos temáticos que se erigiram no parlamento: para começar, os blocos do boi, da bala e da Bíblia. Em reconhecimento do estrago imposto por esses blocos temáticos ao sistema pemedebista, continuaremos a nos referir a eles como *partidos*, em parte para significar a obsolescência que eles expuseram nos partidos tradicionais.

O Partido do Boi e o Partido Teocrata

Na coalizão bolsonarista houve, em primeiro lugar, o *Partido do Boi*. Foram os mais fundacionais cronologicamente. Ainda pelos idos de 2012-13, muito antes de que sequer se suspeitasse de que algum dia existiria bolsonarismo, Jair já era um deputado de trânsito no bloco do agronegócio, em que pese sua proverbial ineficácia parlamentar. Paulista-carioca de masculinidade caipira fake, homofóbica, anti-indígena e antiambiental, Bolsonaro sempre cultivou uma estética Barretos, de rodeio, que o tornou de fácil adoção por sojicultores do Mato Grosso e de Tocantins, pecuaristas do Mato Grosso do Sul, cafeicultores de Minas Gerais, vinicultores do Rio Grande do Sul e de Santa Catarina. Em 2017, quando a candidatura de Bolsonaro ainda era uma especulação e uma aposta, o Partido do Boi e da Soja já havia feito sua escolha e estava solidamente em campo bolsonarista. Foram os primeiros a apostar, inclusive porque o armamento é uma questão decisiva e mobilizadora para o setor. Já em março de 2018, quase oito meses antes das eleições e bem antes de que a candidatura Bolsonaro adquirisse ares de inevitabilidade, uma matéria do portal Compre Rural, dedicado a temas relacionados ao agropecuarismo, anunciava em manchete "95% do agronegócio está com Bolsonaro". Em outubro, às vésperas das eleições, Bolsonaro havia arrebanhado o apoio de pelo menos duzentos dos 261 membros da Frente Parlamentar da Agropecuária.[8] Especialmente pelo Brasil Central

(MS, MT, TO, GO, Triângulo de MG, Oeste de SP), o tsunami antipetista foi avassalador.

O fato é contraintuitivo para os que conhecem as excelentes relações dos governos lulistas com o agronegócio, que cresceu exponencialmente durante as administrações do PT. Mas a concessão de benefícios ao agronegócio nos governos lulistas seguia a regra retórica que o ensaísta gaúcho Moysés Pinto Neto identificou como *estratégia zumbi*: os setores dominantes da sociedade recebem todas as benesses, mas no interior de uma formação discursiva em que uma base inflada os ataca como inimigos. Esse ataque retórico permanece sendo retórico, mas não é somente "discurso vazio": é um dispositivo que mantém a base mobilizada e disposta a defender a coalizão. O resultado é que os setores dominantes, apesar de receberem todas as concessões, não se reconhecem no governo, enquanto a base, radicalizada retoricamente, mas sem nenhuma grande conquista bolchevique a exibir, se limita a justificar e defender um programa que não é o seu. Como os setores dominantes percebiam que antagonizar, chantagear e ameaçar o governo era a melhor forma de receber concessões, o agronegócio sob o lulismo recebeu tudo a que aspirava, mas nunca se satisfez. Pelo outro lado, a base lobotomizada de esquerda, em vez de tensionar as outras forças políticas que compunham a coalizão com ela, de forma a empurrá-la para conquistas mais progressistas, se dedicava a bombardear os críticos ambientalistas ou de centro-esquerda do governo (digamos, Marina Silva ou Cristovam Buarque) como verdadeiros vende-pátrias, figuras a serem demolidas por uma retórica bolchevique, enquanto se justificava um arranjo no qual Blairo Maggi ditava a política agrícola e ambiental do governo. Obviamente o agronegócio só permaneceria em tal coalizão enquanto lhe conviesse. Quando se configurou a crise do diálogo lulista sob Dilma, nas eleições de 2014, o agronegócio já estava, em sua esmagadora maioria, alinhado com o antipetismo e pronto para fornecer a Bolsonaro sua base central para o pleito seguinte.

No governo Bolsonaro, o Partido do Boi emplacaria a ministra da Agricultura, Pecuária e Abastecimento (curioso epíteto, já que o agronegócio na verdade "desabastece" a natureza e o país de muita coisa) Tereza Cristina, deputada federal representante do interesse mais direto e transparente de lucro do agropecuarismo. Espantosamente, o lugar institucional que sempre funcionara como contraponto ambiental à fúria do agronegócio na Nova República, o Ministério do Meio Ambiente, foi ocupado por uma figura ainda mais extremista, Ricardo Salles, do Partido Novo, representante de um projeto tão ecocida que atrapalha os próprios negócios do agropecuarismo. Em uma façanha inédita, o bolsonarismo conseguiu fazer o próprio Ministério da Agricultura alinhado à agroindústria implorar ao Ministério do Meio Ambiente uma redução na destruição de floresta e um freio ao ecocídio, para que as exportações não fossem afetadas. Um setor importante do agronegócio se aliou a Bolsonaro por interesse econômico, já que percebeu cedo o plano das rédeas soltas; outro setor foi parte da insurgência cultural, plebeia e sertaneja do Brasil Profundo, que sentou raízes do Paraná ao interior de São Paulo, a Minas Gerais, ao Centro-Oeste; e outra parte foi expressão do gozo armamentista, de conquista de território, que sempre animou o bolsonarismo — para todo o agronegócio, a desregulamentação das armas é bandeira antiga. O Partido do Boi mantém, é claro, uma relação umbilical com a bancada da bala, que na coalizão bolsonarista encontrou sua morada privilegiada no que chamaremos aqui Partido da Polimilícia. Em todo caso, no final de 2020, o Partido do Boi continuava solidamente com Bolsonaro, apesar dos arranhões com a China provocados por declarações obscurantistas ou racistas da ala olavista do governo, gafes com as quais lida a ministra Tereza Cristina, que fala com os compradores chineses praticamente sem passar pela mediação de Bolsonaro, como em uma conversa adulta à qual o adolescente não entra. Resta saber se esse quadro dura e até quando. Conhecendo-se o sábio pragmatismo dos chineses em políticas comercial e externa, não surpreenderia se durasse.

Ligeiramente posterior em termos cronológicos ao Partido do Boi e da Soja na coalizão bolsonarista, mas não menos fundamental na sua constituição, foi o *Partido Teocrata*. Sempre optei por essa designação para a bancada que se formou no Congresso, por oposição à fórmula metonímica comumente usada, "bancada evangélica". Isso se deve ao fato de que não são todos os evangélicos que compõem o bloco teocrata e que também há católicos em seu interior, apesar de eles serem menos representados que as correntes pentecostais e neopentecostais do protestantismo. A escolha por "bancada teocrata", por exclusão de "bancada fundamentalista", também é deliberada, na medida em que considero que as principais lideranças desses setores são muito mais movidas por um projeto de intervenção e captura do aparato estatal do que propriamente por algum tipo de regresso a uma leitura literal do texto bíblico. Da mesma forma como diferenciamos o bloco de lideranças políticas bolsonaristas de sua base, também diferenciamos, no Partido Teocrata, o bloco dirigente e a imensa base que ele mobiliza, e que nem sempre é puramente "obediente" a ele, não mais, em todo caso, que em outros blocos da sociedade civil. Claro que uma revisão da vasta história do engajamento político do evangelismo no Brasil está fora de questão aqui, mas notemos que já na sociologia de Paul Freston, por exemplo, fica claro que, dos quatro grandes traços que se costumam mencionar como característicos do evangelismo na América Latina, pelo menos dois deles, o ativismo e o conversionalismo, têm direta repercussão nas lutas políticas que se levam a cabo na esfera pública. Um terceiro traço, o biblicismo, designa a importância central da Bíblia como referência na esfera pública, mais que um suposto conceito fundamentalista de inerrância.[9]

Ou seja, falar de evangelismo no Brasil sempre significou falar de política. Já as primeiras pesquisas sobre o comportamento eleitoral dos evangélicos notavam a escolha por Collor sobre Lula, em 1989, em parte pelo medo anticomunista e em parte pela associação, ainda fresca, do petismo com as Comunidades Eclesiais de Base da Igreja Católica.[10] Nas pesquisas mais recentes de Paul Freston, o que salta aos olhos como eixo unificador da experiência evangélica no Brasil não é necessariamente o fato de que esse bloco represente, por si só, uma ameaça ao estado laico. Trata-se de notar a constituição e emergência de um *corporativismo eleitoral evangélico* bem-sucedido.[11] As tendências comumente notadas do eleitorado evangélico, de ter fraca identificação partidária e seguir a orientação de suas igrejas, se mantiveram ao longo desses anos, enquanto a população evangélica brasileira saltava de 6,6% em 1990 a 15,4% em 2000, a 22,2% em 2010 (segundo os censos oficias do IBGE), a 31% em 2020 (segundo pesquisa do Datafolha).[12]

Se algumas tendências estruturais se mantiveram, as relações do evangelismo com o petismo oscilaram. Os anos 1990 veriam a maioria da comunidade evangélica optar por Fernando Henrique Cardoso, mas já a partir de 1998 se ensaiou uma primeira aproximação da Igreja Universal com o petismo. O evangelismo seguiria com forte tendência *pemedebista* no sentido de Marcos Nobre, ou seja, a de estar sempre no poder, reposicionando-se dentro do jogo de chantagens e vetos cada vez que mudava o governo. Na eleição de 2002, o bloco petista vitorioso contava com significativa participação de evangélicos, congregados no Partido Liberal que ocupou a vice-presidência por intermédio de José Alencar, e depois no PRB, já fundado como partido da base de apoio do governo. O universo evangélico entrou dividido ao pleito de 2002, com um setor levado pela candidatura de um líder evangélico propriamente dito (Anthony Garotinho, então no PSB), a Assembleia de Deus e a Igreja Quadrangular apoiando José Serra (PSDB) e o bloco da Igreja Universal, então liderado pelo bispo Rodrigues, acompanhando o petismo vitorioso. Nas eleições de 2006, o número de evangélicos eleitos ao Congresso experimentou um temporário declínio, pelo desgaste advindo do envolvimento de alguns de seus líderes com o escândalo do Mensalão. Mas já em 2010 as eleições foram intensamente politizadas em torno ao aborto, com José Serra insuflando o pânico da legalização da cirurgia caso Dilma Rousseff fosse eleita e a coalizão petista-pemedebista, por sua vez, embarcando no mesmo jogo ao desenterrar um aborto clandestino supostamente feito por Monica Serra, esposa do candidato. Em 2010, a chapa de Dilma Rousseff escolheria como seu porta-voz no meio evangélico um deputado então já conhecido, havia duas décadas, nos círculos da corrupção do Rio de Janeiro, do caso Telerj a Furnas, aos anões do orçamento, ao Mensalão: Eduardo Cunha, convocado pelo petismo em outubro de 2010 para avaliar as credenciais antiabortistas de Rousseff no meio evangélico. Não custa recordar, então, que, tanto em sua primeira ascensão ao executivo nacional, em 2002, como em seu primeiro intento bem-sucedido de pautar uma eleição, em 2010, o bloco teocrata cresceu e se consolidou à sombra do lulismo, alimentado por ele, participando do que definimos no capítulo 3 como o jogo retórico oximorônico do lulismo.

Alguns argumentos sobre a consolidação da direita evangélica mostram como ponto de inflexão a reação ao Plano Nacional de Direitos Humano-3, apresentado já no governo Dilma. É fato que naquele momento o bloco teocrata percebeu que tinha a ganhar polarizando com o petismo a partir de espantalhos comportamentais como o "kit gay". Mas também é fato que alguns capítulos dessa história permanecem pouco tratados em sua devida importância. A eleição de Marco Feliciano à Comissão de Direitos Humanos da Câmara, em março de 2013, é frequentemente mencionada, mas não analisada em detalhe. A eleição de Feliciano revelava uma estratégia de ocupação de território inimigo que contrastava com a omissão e não ocupação de espaços que caracterizara a atuação de outras figuras anti-Direitos Humanos como... Jair Bolsonaro. Em março de 2013, Bolsonaro ainda era um apêndice da operação de Feliciano e Silas Malafaia; ele não era senão o apoiador que se instalou à porta para bater boca com manifestantes. Mas o bloco teocrata que viria a ser orgânico do bolsonarismo já estava constituído, em uma operação na qual, novamente, o petismo cumpriu uma função decisiva. Apesar dos protestos contundentes do então petista maranhense Domingos Dutra (que depois seria obrigado a deixar o PT por não compactuar com o sarneyzismo imposto ao petismo do Maranhão), a eleição de Feliciano à CDH só aconteceu porque o PT, tradicional líder da comissão e então maior partido da casa — com o direito, portanto, de escolher as comissões que presidiria —, escolheu abandonar a CDH para ficar com as comissões de Relações Exteriores, Seguridade Social e Família, e Constituição e Justiça.[13] A avaliação petista era que a CDH, comissão de caráter fiscalizador e denunciatório, pouco importaria no jogo da *Realpolitik* daquele momento. O problema é que a estratégia Malafaia-Feliciano era justamente transformar o "território inimigo", ou seja, a Comissão de Direitos Humanos, em um palco de bate-bumbo para a consolidação do bloco teocrata. Em outras palavras, o petismo está na gênese do bloco teocrata, mas não porque "não foi ousado o suficiente" ou porque "fez muitas concessões", como costuma supor um raciocínio psolista ou parapetista que nunca rompe com a lógica do petismo. Trata-se justamente do contrário. A estratégia zumbi tornou impossível uma percepção clara de qual era o funcionamento da *Realpolitik*, exatamente porque o apelo a ela havia se tornado um automatismo. Quando o petismo e seus intelectuais acordaram, a *Realpolitik* dos bispos já estava lá na frente.

Não se entende a formação do bloco teocrata observando apenas o jogo parlamentar ou o bate-bumbo de figuras como Feliciano ou Malafaia. Em estados como o Rio de Janeiro, onde a população evangélica é bem mais alta que a média nacional, o pentecostalismo ofereceu uma vasta rede de sociabilidade a populações pobres, precarizadas ou ameaçadas pela violência. A azeitada máquina pentecostal se alimentou de uma convergência de fatores bem própria do Brasil. A coalizão governante petista fortaleceu o bloco teocrata e alimentou-o desde a época em que a aliança do petismo com os "blogueiros progressistas" incluía a Rede Record de TV, que depois viria a ser ponta de lança do bolsonarismo. Essa era a boa época em que os lulistas acreditavam que a emissora do bispo seria uma "alternativa" à "manipulação" da Rede Globo. A consolidação do império de imprensa do evangelismo acontecia em um terreno já desbastado pela Igreja Católica: desde os anos 1970, uma Blitzkrieg do Vaticano contra a teologia da libertação havia dizimado a força política das Comunidades Eclesiais de Base, a última grande iniciativa cristã de caráter progressista no Brasil. Completando o quadro, a proverbial falta de respostas da esquerda em segurança pública no país dos 60 mil homicídios anuais — ou a reiteração das respostas que se conhecem — fortaleceu não apenas o setor miliciano do bolsonarismo, mas também o Partido Teocrata, composto por bispos, pastores, diáconos, obreiros e líderes religiosos comunitários que desenvolveram todo um discurso sobre a segurança e o crime. Como disse o argentino Ariel Goldstein, "enquanto os intelectuais se preocupavam com o banheiro unissex, ele [Bolsonaro] está falando dos 60 mil assassinatos que acontecem a cada ano no Brasil".[14] Aqui se entende por que o Partido Teocrata se entronca com outro partido de que falaremos adiante, o Partido da Ordem — no caso do entroncamento desses dois partidos no bolsonarismo, a retórica moral vem de mãos dadas com a retórica punitivista, como aliás já era o caso com o lulismo. Apontamos essa genealogia no capítulo 3, durante a análise das miragens punitivistas com que o lulismo ofereceu "vitórias" aos movimentos de minorias, como a criminalização do racismo ou a tipificação do feminicídio como crime hediondo. O vínculo, então, entre o Partido Teocrata e o Partido da Ordem tampouco é uma invenção original do bolsonarismo, embora ele o tenha levado a níveis ainda não visitados. Quando Bolsonaro viajou a Israel para ser batizado pelo pastor Everaldo no rio Jordão, em 2016, esse vínculo já estava consolidado.

Some-se a tudo isso o avanço da teologia da prosperidade e do empreendedorismo popular evangélico durante a bonança do boom das commodities do lulismo, e tem-se um universo de sociabilidade de milhões de brasileiros do qual a esquerda dificilmente teve notícia durante anos, apesar de ter sido o governo de esquerda que tornou esse universo possível e regou-o com generosa fatia de recursos públicos, na esperança de que a solidez e confiabilidade do suborno garantissem a longevidade da coalizão. Essa falta de percepção do que se gestava é contraintuitiva, já que, como vimos, o Partido Teocrata não surgiu por oposição ao petismo governante na primeira década e meia do século, mas cresceu à sua sombra, foi alimentado por ele e foi com ele copartícipe no pacto social lulista. Esse pacto repousava sobre alguns ganhos para os pobres no terreno do consumo, muita expansão de crédito e nenhuma transformação significativa de qualquer estrutura cidadã da sociedade brasileira. O discurso do lulismo acerca das conquistas dos brasileiros que acederam à universidade pela primeira vez em suas famílias graças ao Prouni era invariavelmente meritocrático, focado na conquista do indivíduo e na sua relação com a possibilidade aberta pelo programa estatal, jamais com alguma experiência cidadã que transcendesse o individual rumo ao comunitário não estatal. Entre o indivíduo e o Estado, não havia nenhuma construção de comunidade, iniciativa cidadã, dimensão coletiva. Nesse universo, o dos cotistas e dos beneficiários do Prouni, o evangelismo forneceria a experiência de comunidade logo canalizada para a guerra moral que se consolidou ao redor de temas como o aborto, as pesquisas com célula-tronco e a educação sexual a adolescentes. A aliança entre lulismo e pentecostalismo teve imagens emblemáticas, algumas inclusive bastante tardias, como a visita de Dilma Rousseff à inauguração do Templo de Salomão, de Edir Macedo, em julho de 2014, onde declarou "Feliz a nação cujo Deus é o Senhor". Naquele momento, já estavam dados todos os elementos para o giro bolsonarista da Universal, mas a estratégia zumbi não permitia que o petismo o enxergasse. Quando todos eles se alinharam ao impeachment, em 2015-16, tudo o que o petismo pôde gritar foi "traição!".

Contudo, por mais que tanto leituras lulistas como antipetistas enfatizem a centralidade da aliança do lulismo com lideranças pentecostais, os efeitos micropolíticos da aluvião evangélica excederam, em muito, a esfera da política executiva e parlamentar. Foi um amálgama de efeitos políticos que vão da escola à família, dos programas de rádio AM e TV a movimentos de caminhoneiros, da política penal à sociabilidade de bairro nas periferias e favelas. "Amálgama de efeitos políticos" já implica, na própria formulação, que estes não se reduzem a uma mera manipulação de lideranças fundamentalistas. Carece de fundamentação antropológica a premissa (silenciosamente manejada em boa parte do ensaísmo de esquerda sobre o país) de que o universo dos sujeitos evangélicos seria caracterizado por maior propensão a ser "manipulado", "iludido" ou "enganado" por suas lideranças do que é o caso em qualquer outra instituição da sociedade civil, do sindicato ao clube de futebol. Como em qualquer outra instituição, essas lideranças tomam decisões políticas informadas por suas circunstâncias, por seus próprios projetos e pelas limitações impostas pelas coalizões nas quais se encontram a cada momento dado. Em outras palavras, não é uma inevitabilidade que um setor expressivo das lideranças evangélicas no Brasil tenha encampado um projeto teocrata. Ao se falar aqui deste partido, portanto, não pressuponho que o país contenha 60 milhões de teocratas (nem muito menos 60 milhões de fundamentalistas), da mesma forma que o Partido do Boi tem um raio de influência que excede, em muito, o universo dos sujeitos que efetivamente são agropecuaristas ou beneficiários diretos da indústria.

Aqui cabe uma distinção que, em particular no Brasil, é de natureza classista. Tradicionalmente entendia-se que "protestantes evangélicos" opunham-se a "protestantes históricos" a partir da afirmação da necessidade da evangelização, da defesa de uma experiência de "renascimento em Cristo" e da absolutização, como palavra de Deus, da Bíblia, que o protestante histórico vê como documento construído ao longo dos anos, com intermediação humana. No entanto, como mostra Juliano Spyer em sua antropologia do pentecostalismo popular, as palavras "evangélico" ou, mais ainda, "crente", trazem uma inequívoca marca classista. É comum que fiéis de igrejas protestantes históricas, como a Batista ou a Metodista, se refiram a si próprios como evangélicos,[15] especialmente em um contexto popular, ainda que com frequência também opere a metonímia que reduz todo evangélico ao pentecostal. O pentecostalismo chegou ao país no início do século XX com a fundação da Congregação Cristã do Brasil e da Assembleia de Deus, e viria a se constituir na principal fonte de expansão do universo evangélico, mais fortemente depois que se soma a vertente neopentecostal, que chegou dos Estados Unidos na segunda metade do século XX, com igrejas como a Universal do Reino de Deus, enfatizando a teologia da prosperidade.

Leituras antropológicas como a de Spyer fundamentam o que é intuitivo para conhecedores desse universo. A adesão a igrejas evangélicas pode vir a produzir, e com frequência produz, efeitos de ganho de respeitabilidade, abandono do álcool ou da violência doméstica, usufruto de redes de suporte para a reinserção no mercado de trabalho (no caso de ex-presos) e até menor probabilidade de vitimização em mãos da polícia. A ascensão social, fundamentada pela chamada teologia da prosperidade, no caso das igrejas neopentecostais, tornou-se um fenômeno mensurável o suficiente para ser visível a olho nu. Em um contexto em que "quase um terço dos pentecostais [...] vive em situação de pobreza aguda, com renda familiar per capita igual ou inferior a meio salário mínimo",[16] qualquer pequena alteração na estabilidade econômica das famílias significa muito. As análises que medem os movimentos da população evangélica apenas com o metro do pânico moral advindo de medidas como o Plano Nacional de Direitos Humanos costumam ter dificuldades para mapear essa outra dimensão, experiencial, por assim dizer, do pentecostalismo. Paralelamente, o tratamento de todos os evangélicos como fundamentalistas produziu efeitos políticos reais, como nas insistentes cobranças, por um lado, a que Marina Silva se posicionasse da forma mais progressista possível em questões como direitos reprodutivos e cidadania LGBT (enquanto aqueles que cobravam apoiavam candidatos com programas mais retrógrados) ou na expectativa, por outro lado, de que ela fosse uma criacionista fundamentalista, pelo simples fato de ser uma teísta evangélica (estereotipia que não parece acompanhar candidatos católicos). Nas eleições de 2006, os eleitores evangélicos votaram em Lula mais ou menos na mesma proporção em que o fez a população em geral.[17] Em 2018, Haddad e Bolsonaro empatam no eleitorado católico, e toda a diferença final em favor deste último, algo como 11 milhões de votos, sai do eleitorado evangélico.[18] Em uma dinâmica em que todas as pontes possíveis com o universo evangélico haviam ficado a cargo das negociatas, a sociabilidade que se gestou ali terminou sendo moinho para o projeto teocrata, que abraçou decididamente a coalizão bolsonarista. O lulismo é responsável pelo primeiro fato, o primado das negociatas na incorporação do setor evangélico à política. Mas está em aberto até que ponto ele teve — ou poderia ter tido — qualquer influência no segundo universo, o da constituição de uma sociabilidade evangélica. O fato é que esta última já estava, em 2017-18, sob hegemonia teocrata.

O Partido da Ordem e o Partido do Mercado

Tão decisivo para a coalizão bolsonarista como o Partido do Boi e o Partido Teocrata foi o *Partido da Ordem*. Juízes, procuradores, delegados, policiais, ex-policiais, milicianos e militares de baixa patente foram elementos centrais na conformação da coalizão bolsonarista, que fez da "repressão ao crime" um de seus slogans mais repetidos, até mesmo com chamadas a "matar bandido". Seria útil aqui dividir o Partido da Ordem em seus componentes fundamentais, que não se confundem entre si. Em primeiro lugar, o bolsonarismo se nutre do *Partido da Polimilícia*, um bloco político advindo da inseparabilidade entre polícia e milícia, especialmente no Rio de Janeiro. É formado por milicianos, policiais, ex-policiais, delegados. Em segundo lugar, está o *Partido da Lava Jato*, que é o setor do Partido da Ordem que sabe usar os talheres e citar os protagonistas da Operação Mani Pulite. É formado por procuradores, policiais federais e inclusive alguns juízes. As conexões do Partido da Polimilícia com o bolsonarismo são orgânicas e antigas. Aliás, de certa forma, poderíamos dizer que o bolsonarismo não é senão uma cria do Partido da Polimilícia, um ramo desse partido que depois vai se lançando de forma tentacular como bloco amplo de extrema direita. Já o Partido da Lava Jato manteve com o bolsonarismo relações mais circunstanciais, mas também ele viu na coalizão de Bolsonaro a tradução de um projeto em que lhe interessava investir. Os dois blocos do Partido da Ordem mantinham relações distintas com o petismo no momento de constituição da coalizão bolsonarista. O Partido da Polimilícia nunca foi antipetista. Inclusive, no seu solo natal por natureza, o Rio de Janeiro, o Partido da Polimilícia prosperou largamente sob a frente petista-pemedebista que governou o estado. Por outro lado, o Partido da Lava Jato já surgiu compondo o bloco antipetista, fortalecendo-se com essa identidade e contribuindo para construí-la, no processo do impeachment. O Partido da Polimilícia é velho conhecido do jornalismo. Já no clássico *Rota 66*, de Caco Barcellos, publicado em 1992,[19] o melhor jornalismo brasileiro investigava, com frequência a alto custo, a atuação dos esquadrões da morte formados por policiais. Mal pagos e desprestigiados, detestados por boa parte da população e temidos por outra, treinados para combater um inimigo e não para realizar o trabalho de policiamento urbano, os policiais militares formam um dos contingentes populacionais para quem é matéria de sobrevivência acreditar na firmeza da separação entre "bandido" e "cidadão de bem". Alguma crença na estabilidade e na naturalidade dessa distinção é necessária para que você se sinta à vontade no interior da coalizão bolsonarista. Da crença no estatuto ontológico dessa separação nasce o bolsonarismo. Em todo caso, do livro de Caco Barcellos, de 1992, até "A Metástase", reportagem de Allan de Abreu para a *Piauí* em 2019 sobre o assassinato de Marielle Franco e as raízes do bolsonarismo no Partido da Polimilícia (o termo é meu, não do autor, mas não creio que seja uma paráfrase infiel), o Brasil quase *decuplicou* sua população carcerária, com a conhecida sobrerrepresentação de afro-brasileiros, particularmente do jovem homem negro. Enquanto isso, continuamos a ter uma das taxas de homicídios mais altas entre os países importantes do mundo e uma das polícias que mais mata e mais morre. Estatística publicada em 2020 dava conta de que, em 2019, bem mais PMs haviam sucumbido ao suicídio do que sido abatidos em serviço.[20] Essa polícia militar treinada para enfrentar inimigo tem também uma história de insensibilidade racial, para dizer o mínimo, por mais que — e eis aí um daqueles paradoxos brasileiros — as PMs recrutem amplamente entre a população negra, inclusive porque o empobrecimento deixa poucas alternativas para o jovem de periferia. Está constituído o círculo vicioso conhecido da bibliografia: empobrecimento e marginalização mais proibição do comércio de drogas mais racismo estrutural da sociedade brasileira corporificado na própria PM mais punitivismo exacerbado e instrumentalização da guerra às drogas como tecnologia de controle e disciplinamento social, ampliando a população carcerária e reativando todo o círculo.

Paulo Arantes propôs a fecunda hipótese de que a Minustah, a missão das Nações Unidas no Haiti comandada pelo Brasil, e as UPPs do Rio de Janeiro compartilhavam a mesma lógica de ocupação territorial do espaço. Trata-se de um mapeamento e ocupação da cidade a partir de uma lógica da *contrainsurgência*, como nota Arantes nesse ensaio de título tão belo ("Depois de Junho a paz será total"). A ironia apontada pelo autor é que a contrainsurgência que se aplicaria aos revoltosos de Junho já estava lá *antes de que existissem quaisquer insurgentes*. Nesse sentido, o Rio de Janeiro é indubitavelmente o grande laboratório do Partido da Polimilícia e, não por acaso, o berço do bolsonarismo. Também não por acaso, o Rio foi o berço da aliança mais sólida, orgânica e duradoura entre o petismo e a ala estritamente gangsterista do pemedebismo. Na citada reportagem da *Piauí*, Allan de Abreu nota um fenômeno que reverberava de forma curiosa o uso do termo *paz* no título de Arantes. O jornalista relata que o professor Marcelo Burgos, da PUC-Rio, reuniu duas dezenas de alunos em um curso de sociologia em Rio das Pedras, na Zona Oeste do Rio, em 2001, elogiando-a como "um oásis em meio à barbárie", dada a ausência do narcotráfico. Abreu aponta que "quando fizeram o trabalho, nem Burgos nem seus alunos perceberam que aquela sensação de segurança derivava do poder exercido no local por uma nova forma de organização criminosa que surgia no Rio — os grupos paramilitares". O termo "milícia" não era ainda usado — ele viria a ser inaugurado em uma reportagem de Vera Araújo para *O Globo* em 2005 —, mas *a paz total* ainda inexplicável para professor e alunos da Zona Sul era miliciana. Ali a milícia já era claramente identificável como um agrupamento de policiais e ex-policiais.[21]

É certo que não há uma identidade absoluta, mas tampouco há um antagonismo claro entre a política de segurança pública petista, simbolizada pelas UPPs e pelo esquema policial dos grandes eventos, e a disseminação do Partido da Polimilícia como um poder paraestatal e privatizado. Não se trata de um poder que "preenche o vácuo de Estado", como gosta de dizer certo senso comum (como se houvesse vazio de Estado nas periferias brasileiras), nem exatamente de um poder dissociado do Estado. É uma operação que se dissemina de maneira *paraestatal* no sentido estrito, ou seja, desdobrando-se no interior e ao lado do aparato do Estado, atravessando-o e constituindo-o. Isso acontece não apenas porque as milícias são compostas de agentes e ex-agentes armados do Estado, mas também porque já em seus albores elas elegem parlamentares e penetram de forma decisiva na magistratura. Nesse tentáculo há um vínculo, por certo, entre as duas metades do Partido da Ordem: a lógica da polimilícia penetraria em setores da magistratura, enquanto no Ministério Público e na Polícia Federal a retórica do "combate ao crime" permitiria a constituição da lógica do Partido da Lava Jato. Mas já nos dois primeiros anos de mandato bolsonarista se manifestava o *modus operandi* do Partido da Polimilícia, conhecido dos fluminenses: mobiliza-se o aparato estatal para o saqueio e seu posterior ocultamento ou normalização, sempre segundo interesses reconhecíveis como os de uma operação de quadrilha.

Dessas duas metades do Partido da Ordem, a Polimilícia e a Lava Jato, a primeira foi uma espécie de núcleo fundante do bolsonarismo, antes que o próprio grupo soubesse que um dia existiria. O segundo foi uma complexa formação discursiva que se alimentou da autonomia concedida pelo governo Lula à Polícia Federal e ao Ministério Público, medida reconhecida até pelos adversários do petismo. O melhor equipamento, a firme autonomia e a sequência de concursos permitiram a formação de uma camada com interesses próprios, que se projetou com o discurso do combate ao crime de colarinho-branco. No momento em que a classe política reagia em pânico a Junho e aprovava a lei das organizações criminosas, que regulamentou a delação premiada, abria-se um vácuo deixado pela catastrófica resposta rousseffiana a Junho. Como vimos no capítulo 3, a resposta de Dilma havia sido uma convocação a uma ainda não articulada ou conversada "Constituinte parcial" para "fazer a reforma política" e "combater a corrupção", proposta que obviamente desmoronou em dois dias, deixando um vácuo político que reverberou na última semana de junho de 2013. *Nesse vácuo constituiu-se a ala lavajatista do Partido da Ordem.* Como vimos no capítulo 5, a Lava Jato consolidou-se como nome próprio na política brasileira por meio de uma operação tautológica, na qual coincidiam o ponto de vista das fontes das matérias, o ponto de vista das próprias matérias e o ponto de vista dos cidadãos em júbilo com os fatos descritos pelas matérias, a saber, as prisões, que por sua vez geravam mais material para futuras matérias e prisões, reativando todo o círculo tautológico. Nessa estrutura retórica, que entende o crime como uma positividade inalterada que se possa "combater", formou-se o Super Bonder que colaria as duas metades do Partido da Ordem. Não custa lembrar que, tanto no lado polimiliciano como no lado lavajatista do Partido da Ordem, o combate ao crime que fundamentou discursivamente esses sujeitos foi se tornando indissociável do crime que ele reivindicava combater — isso se nota tanto no envolvimento de milícias com o tráfico de drogas (e, claro, com o assassinato de aluguel) como no envolvimento de autoridades lavajatistas com corrupção em sentido estrito, visível no evidente aparelhamento do Estado para a alavancagem das carreiras de procuradores e juízes como palestrantes, para não falar de coisas piores.[22]

O Partido do Boi foi o primeiro grande bloco a apostar no bolsonarismo, o Partido Teocrata deu-lhe penetração massiva e popular, a ala polimiliciana do Partido da Ordem forneceu-lhe uma espécie de núcleo leninista fundacional e a ala lavajatista do mesmo partido lhe trouxe as credenciais antipetistas que passaram a ser necessárias no Brasil pós-estelionato eleitoral de 2014-15. Mas nenhum desses partidos estava equipado para tornar o bolsonarismo *viável* como alternativa de poder, mesmo com a adição algébrica dos votos trazidos pelos Partidos Teocrata e Agropecuário. Factível, crível, possível, elegível — tome-se todo o campo semântico de "viável" e não haverá como questionar que o bolsonarismo só chegou ao estágio da potencialidade eleitoral quando o quarto pé da mesa se juntou à coalizão, o *Partido do Mercado*. O partido da mão invisível da entidade impessoal curiosamente foi o único que se expressou *apenas em um único indivíduo*, Paulo Guedes. Mais que os filhos de Bolsonaro, mais que Sergio Moro, mais que o pastor Everaldo ou qualquer outro membro do Partido Teocrata, Paulo Guedes foi o avalista que possibilitou a viabilidade do bolsonarismo como alternativa eleitoral. Estritamente falando, foi a única figura, além de Bolsonaro, que teve em suas mãos a escolha de que o bolsonarismo não se constituísse. Homem de motivações tortuosas, de nítidos desejos de acerto de contas com a esquerda e com os economistas liberais responsáveis pelo Plano Real, Guedes é, nas palavras de Malu Gaspar, autora de um perfil indispensável do ministro na *Piauí*, "o ultraliberal que se casou por conveniência com Jair Bolsonaro".[23]

A viabilização do bolsonarismo e a constituição do Partido do Mercado têm data, portanto: em fevereiro de 2018, Paulo Guedes aderiu à candidatura do deputado que havia exaltado a ditadura militar (é sabido que isso não era problema para Guedes), mas também votado contra o Plano Real, contra as privatizações, contra as reformas da Previdência, contra o teto salarial para servidores públicos e a favor de gastos estatais com corporações como militares, policiais e funcionários públicos de outros matizes. Como já apontou Carlos Andreazza na sua sequência de comentários sobre o bolsonarismo, os operadores de mercado não podem recorrer ao atenuante de que só se uniram ao bolsonarismo no segundo turno, como forma desesperada de derrotar o petismo. Já estavam muitos, incontáveis, na coalizão do primeiro turno: "a história ensina também que não terão sido poucos os liberais que, caindo no conto do autoritário liberal, legitimaram e financiaram projetos autocráticos de poder".[24] Como disse um anônimo operador de mercado a Malu Gaspar: "Muito empresário queria votar nele, mas tinha receio ou vergonha. O Paulo Guedes deu a desculpa que o pessoal precisava."[25]

Qual foi esse processo pelo qual um economista de sucesso na iniciativa privada, mas virgem em formulação de políticas públicas (pelo menos no Brasil), passou por todos os guichês do mercado para avaliar o deputado medíocre e extremista que sempre havia votado a favor do patrimonialismo antiliberal? O cálculo foi simples e é conhecido: os operadores de mercado recebiam pesquisas que mostravam que a eleição seria determinada por um enorme sentimento antipetista e que a candidatura de Geraldo Alckmin, do PSDB, o preferido *default* do mercado, não decolava e não captava a intensidade antipetista. As pesquisas também mostravam que Lula ou seu candidato tinham vaga garantida no segundo turno, ou seja, a simples operação de eliminação e dedução lançava Bolsonaro no colo dos operadores do mercado. Foi uma catastrófica, mas previsível, operação político-aritmética. Na convenção do PSL, em julho de 2018, a presença de Paulo Guedes no palco completava o quarteto do bloco bolsonarista: falaram dois filhos de Jair (pelo Partido da Polimilícia), o general Augusto Heleno e a advogada Janaína Paschoal (pelo Partido da Ordem) e o senador Magno Malta (pelo Partido Teocrata). Bolsonaro só se tranquilizou, no entanto, quando Guedes ofereceu o aval de que se tratava de um candidato "sincero", que não fazia "negociata", e que já trazia a "ordem" à qual o economista ultraliberal, ele próprio, iria juntar o "progresso". Nada representa melhor o mosaico bolsonarista que a sucessão de oradores da convenção do PSL em julho de 2018. Nela, Guedes não era um nome entre outros. Ele era o nome que tornava possível que todos os outros falassem, o Super Bonder que colava os quatro partidos que compõem o bolsonarismo.

Em dois anos de governo, a situação já havia se invertido e Guedes passara a ser um refém do bolsonarismo. Forçado a adotar medidas de auxílio emergencial à população mais pobre por causa da pandemia de coronavírus e sem conseguir realizar a maioria das reformas e privatizações que planejava, Guedes foi reduzido a figura tutelada e ornamental. Enquanto isso, a economia brasileira voltava a entrar em crise, com 13,1 milhões de desempregados[26] e quedas de 2,5% e 9,7%, respectivamente, no primeiro e no segundo trimestres de 2020, configurando um novo quadro de recessão técnica.[27] Nos dois primeiros anos de governo, a verborrágica impotência de Guedes, com seus dogmas privatistas, ficaria famosa e seria emblematizada na promessa de reformas sempre "para a semana que vem". Em todo caso, no momento das eleições Guedes foi o avalista da coalizão de Bolsonaro, mas não o fornecedor de sua retórica. A chapa Bolsonaro-Mourão não teria vencido se falasse como Guedes. Todo o discurso se gestava em outro lugar, longe dos cálculos econômicos de Guedes, em um espaço jovem, digital e subterrâneo para a maioria dos analistas, embora já multitudinário.

O Partido dos Trolls

Nenhuma descrição do bolsonarismo do ponto de vista da análise do discurso poderia estar completa só com os quatro pés dessa mesa, a não ser que reduzíssemos a análise do discurso apenas ao tratamento do léxico. O movimento bolsonarista mobiliza um léxico que advém dos quatro partidos citados — "bandido", "crime", "cidadão de bem", "corrupção", "família", "Deus", "pátria" —, mas seus giros e estratégias retóricas recebem o influxo de outro universo, o *Partido dos Trolls*. Aqui a análise do discurso pode ser útil para as ciências sociais, que têm um histórico de pouca sensibilidade para questões relacionadas à linguagem. O bolsonarismo é incompreensível sem atenção a uma modulação particular, própria da internet, que nós poderíamos chamar de língua da trollagem.

Essa língua não depende do conteúdo lexical em si e transita com qualquer conteúdo — apesar de que, no Brasil, nos últimos sete ou oito anos, foi mesmo o conteúdo de extrema direita que a moldou. Ela se construiu a partir de uma constelação de operações retóricas: atuação reiterada nos mesmos veículos, registro extremamente agressivo contra o interlocutor ou o sujeito tematizado no discurso, desconsideração completa da diferença entre verdade factual, hipótese não fundamentada e pura invenção, modo hiperbólico do discurso, postulação permanente de algo oculto e adoção de uma ambiguidade acerca da seriedade ou não do enunciado e da crença ou descrença do sujeito enunciador nele. Este último traço é modulador e decisivo. A incerteza sobre o estatuto dos enunciados cumpre a função de garantir a denegação automática, caso o enunciado seja questionado ou desmentido, além de oferecer o humor necessário para manter a atenção do espectador/leitor no mundo volátil das redes sociais, de arco de atenção breve. A operação do troll ocorre nesse registro, no qual verdade e mentira, constativo e performativo, estão mesclados ou confundidos.

Cabe precisar com um pouco mais de exatidão, para os que não viveram os albores da web brasileira no século XXI, que no contexto da retroalimentação entre a cultura dos escrachos virtuais na esquerda e a emergência da extrema direita bolsonarista, "redes sociais" não é sinônimo de "internet" — ou pelo menos não era, na década em que a energia utópica disseminada com a cessão de links e o trabalho em rede não haviam sido capturados pelas redes sociais individualizadas, das quais o Facebook viria a ser o paradigma. A ascensão do lulismo ao poder em 2003 aconteceu logo depois da consolidação dos primeiros blogs brasileiros, não apenas sobre política, mas também sobre viagens, esportes, culinária, variedades. A essa ascensão se seguiria um notável florescimento de criatividade na internet, com blogs congregando verdadeiras esferas públicas virtuais em suas caixas de comentários. Esse momento de otimismo e criatividade com o potencial das redes para democratizar as comunicações não se desenrolou livre de captura pela máquina de cooptação lulista — como seria o caso dos chamados blogs progressistas, formados por ex-jornalistas, *apparatchiks* do PT ou profissionais da Rede Record, então louvada pelas bases lulistas como alternativa à Globo. Durante a primeira campanha de Dilma, em 2010, os blogs ainda tiveram uma função, mas a ponta da informação e do agito político-eleitoral já acontecia no Twitter. Na explosão da juventude em junho de 2013, os blogs já não cumpriram qualquer papel e a mobilização acontecia por Facebook, WhatsApp e Twitter, não na longa e estendida temporalidade dos textos com URL própria (por mais que, claro, páginas depois tenham sido criadas para documentar os levantes, como a excelente Grafias de Junho).[28] Nessa passagem, da utopia disseminada em redes abertas para os cercadinhos murados do Facebook, um enorme naco da então jovem e libertária geração dos blogs se perderia. Já no período Dilma, observava-se um amplo espectro de usuários da internet que pertenciam à mesma geração e depois se encontrariam no antipetismo. Naquele momento, pelo menos em algumas comarcas, como o YouTube, a hegemonia já era claramente de direita.

Na medida em que a coalizão se formava, iam se congregando em torno ao bolsonarismo os atores da internet pelos quais ele depois ficaria conhecido: as contas de Twitter e Facebook alinhadas com os perfis dos filhos de Bolsonaro, os alunos de Olavo de Carvalho, marcados por uma combinação peculiar de fundamentalismo cristão, anticomunismo e concepção conspiratória de política, os YouTubers de direita (quase todos pertencentes também à categoria anterior, dos alunos de Olavo), as comunidades de incels (jovens "celibatários involuntários", muitos caracterizados por forte misoginia), os terraplanistas, os monarquistas, pequenas comunidades conspiracionistas on-line e as associações que ganharam impulso a partir da mobilização para depor Dilma Rousseff, o Movimento Brasil Livre (MBL), o Revoltados On Line e o Vem Pra Rua, que participaram da formação de quadros que depois comporiam o bolsonarismo. Pode ser surpreendente para pesquisadores formados na bibliografia tradicional das ciências sociais perceber a intensidade do ressentimento que se gestava ali contra a "hegemonia cultural da esquerda". Do ponto de vista da pesquisa efetivamente feita na universidade, falar de "hegemonia marxista" sobre ela chega a ser uma caricatura quase cômica. O autor deste livro fez bacharelado e licenciatura em Letras no único curso brasileiro com tradicional nota 7 na Capes, o da UFMG, e de 1986 a 1990 não teve um único professor marxista. Hoje eles são ainda mais raros e os testemunhos não faltam, até mesmo entre, digamos, alunos de sociais da USP.

Isso não quer dizer que a percepção olavista-bolsonarista, ancorada no pânico anticomunista, seja simplesmente um delírio. Ela é uma instrumentalização conspiratória e distorcida de um fundamento real, ou ela sequer poderia ter operado com a eficácia que operou. Alimenta-se de um caldo de ressentimento ancorado em exclusões ou autoexclusões do aparato educacional, na ausência de responsabilização penal ou cível aos torturadores da ditadura (o que oferece ao olavismo o vácuo em que proliferam um sem-número de postulados negacionistas) e na impossibilidade de uma representação de direita autodeclarada no interior do aparato político, um caldo que depois recebeu o inestimável anabolizante gerado pela fúria com que o lulismo etiquetou seus adversários como "fascistas" ou, no melhor dos casos, "neoliberais", termo que no Brasil passou a designar qualquer um que não fosse desenvolvimentista ou lulista ou crítico do lulismo pela esquerda. Encharcado de desmemória, o sistema político brasileiro se arrastava na premissa implícita de que "direita" é sinônimo de ditadura militar e ódio a pobres. Tratava-se de um não reconhecimento da possibilidade de uma leitura legítima do mundo que fosse economicamente de direita, o que não está desvinculado da ausência do trabalho de memória da ditadura militar no Brasil. A própria esquerda reproduziu a desmemória ao realizar essa sinédoque: "Como a ditadura militar é odiosa, retirou renda dos pobres, e era de direita, toda direita tende a ser ditatorial e odeia pobres." Trata-se aqui de uma caricatura, claro, mas ela não é muito distante da premissa que organizava a pragmática do termo "direita" na grande maioria das variações dialetais do português falado no Brasil dos anos 1980 e 1990. "Direita" foi vocábulo inassumível em primeira pessoa durante muito tempo. Já nos anos 1990, Olavo de Carvalho percebe isso e passa a gritar que era de direita. Como não apareciam outros candidatos a ocupar o rótulo, ele o moldou por conta própria, alimentando um vitimismo, adubado em um solo real, mas exacerbando-o em uma hipérbole alucinada e conspiratória, na qual até Bill Clinton era agente de Pequim.

O olavismo atravessou duas décadas de internet brasileira, de piada favorita em comunidades do Orkut, no começo do século, à condição de força política que indica ministros de Estado, em 2019. O arco percorrido foi notável, e passou ao largo da conversa sobre cultura que se desenvolvia em círculos progressistas, tanto nos blogs e revistas on-line como depois, nas redes sociais. A premissa era uma espécie de gramscianismo anabolizado e de sinal oposto: a esquerda teria conseguido uma hegemonia completa sobre jornais, televisão, escolas, universidades e a cultura em geral. Para que essa hegemonia fosse desalojada, impunha-se uma guerra cultural na qual até mesmo Bill Clinton, Ernesto Geisel e o FMI chegaram a ser associados ao comunismo. Esse conspiracionismo convivia com grupos de Orkut como "Olavo de Carvalho do B", em que jovens conservadores debatiam autores religiosos perenialistas como Julius Evola, Frithjof Schuon, René Guénon e Ananda Coomaraswamy. Nos cursos de Olavo, gestava-se a prática da refutação bombástica de marcos consensuais da ciência ocidental, feita em linguagem escatológica, repleta de agressões ao interlocutor, e sempre preservando a denegação e a possibilidade de recuos. Na permanente guerra de posições do olavismo, os hoaxes (como o de que a Pepsi adoçaria seus refrigerantes com fetos abortados) são apresentados em sucessão estonteante, provocando uma espécie de curto-circuito nos marcos da conversa ilustrada considerada racional. Quando os cursos de Olavo chamaram a atenção de Carlos Bolsonaro, já era nítido que se cozinhava ali uma grande escola do ressentimento, na qual encontrava seu guru uma estranha coalizão de tradicionalistas católicos, anticomunistas, fundamentalistas, místicos, criacionistas, negacionistas climáticos e conspiracionistas. Mais que de Lula, naquele momento o subterrâneo olavista da internet crescia ressentindo-se de Fernando Henrique Cardoso. O *dandy* poliglota e refinado, legítimo habitante do principado de Higienópolis, representava tudo o que mais disparava ressentimento entre os que cresceram humilhados por não saber usar os talheres. Nunca me pareceu que "ódio" fosse uma categoria iluminadora para se entender o bolsonarismo (não porque não exista ódio nele, mas porque o ódio não me parece dele tão distintivo assim, pelo menos não quando se olha a história do ponto de vista dos que foram objeto de ódio petista). *Ressentimento*, no entanto, em seu sentido estrito, nietzschiano — como uma rebelião da impotência e da amargura —, foi componente constitutivo de várias de suas camadas, e o Partido dos Trolls, especialmente sua ala olavista, é um caso eloquente. Também aqui a estratégia foi a inversão e a exacerbação do que já era a política do ressentimento na esquerda.

Existe confusão sobre o que é um troll entre aqueles intelectuais que não tiveram a experiência formativa dos blogs e não aprenderam a lidar com o troll desde a pré-história das redes sociais. É comum manter a ilusão de que troll é quem chega chutando a porta, desrespeitando interlocutores e usando xingamentos. É verdade que um troll pode agir assim, mas não é isso que o define. Definidora do troll é a quantidade infinita de tempo e de energia dedicada à arte de intervir repetidamente em uma conversa de forma a dinamitar as condições de possibilidade daquela conversa, enquanto transforma o próprio frangalho de diálogo que sobra em um eterno bate-boca sobre ele próprio, sobre quem é ele, sobre o que ele faz. Isso é um troll. A eleição de Donald Trump exemplifica perfeitamente o que é a eleição de um troll de Twitter. Para participar de uma conversa dinamitando-a, toma-se qualquer fato consensual (que o dia tem 24 horas, que a Terra é esférica e gira em torno do sol, que a teoria da evolução descreve um processo real etc.) e joga-se dúvida sem se comprometer com versão nenhuma. Se uma não colar, joga-se a próxima, em um tom que combina a bazófia e o desafio a que outro se explique. O troll exige do outro "coerência" disseminando confusão e transformando o universo da conversa em um terreno em que é impossível que qualquer um seja "coerente". Enquanto isso ele, o troll, põe fogo na conversa o tempo todo e dele, portanto, por definição, não se pode cobrar coerência.

Analisando comunidades da nova direita on-line nos Estados Unidos em um livro breve, mas incisivo, intitulado *Kill all normies*, Angela Nagle mapeou a passagem dos dias inocentes e bem-humorados da internet da campanha de Obama, em 2008, para a linguagem agressiva dos memes da campanha de 2016, que terminou com um legítimo troll de Twitter eleito para a Casa Branca. A internet havia viajado da utopia "sim, podemos", marcada pelo estilizado retrato de Obama feito por Shepard Fairey, para o submundo do 4chan, dos ataques em bando, dos memes misóginos.[29] O que havia sucedido? Essa passagem aconteceu de forma tão rápida, tanto nos EUA como no Brasil, que abundaram a estupefação e as hipóteses equivocadas. Entorpecida na constante sinalização de virtude moral, a esquerda on-line foi abatida em pleno voo pelo caldo de revolta que se gestava *como reação a essa própria cultura da sinalização de virtude*. O abatimento teve lugar sem que a esquerda tivesse notícia do que acontecia. A mera observação de uma retroalimentação entre a reação da neodireita on-line e a cultura progressista dos linchamentos virtuais "do bem" (ou seja, em nome de causas progressistas) sempre foi desqualificada, tanto na bibliografia como na cultura das redes de esquerda. A resposta-automatismo é que observar essa retroalimentação significaria culpar os movimentos identitários pela vitória da extrema direita. Como as categorias de culpa, causalidade e retroalimentação passam a se confundir e significar a mesma coisa, a própria interrogação é soterrada, afinal de contas: como você pode culpar a vítima?

Nos EUA, a investigação dessa retroalimentação entre cultura dos escrachos virtuais na esquerda e a emergência da neoextrema direita aconteceu quando Angela Nagle se propôs a analisar, por exemplo, as várias formas de que o feminismo foi instrumentalizado pelo clintonismo em 2016, com ataques despropositados a um histórico defensor de causas feministas como Bernie Sanders. A barragem de ataques culminou na declaração da teórica Gloria Steinem, de que as apoiadoras de Sanders eram mulheres que só queriam impressionar seus parceiros. As formas em que declarações incrivelmente machistas como essa foram traficadas como se fossem feministas — apenas porque se alinhavam com um determinado setor do espectro político — também foram o pão com manteiga da instrumentalização lulista dos movimentos identitários no Brasil. O slogan "a vítima tem sempre razão" instalou-se na cultura identitária lulista apesar de, ou graças a, uma gritante tautologia: nesse contexto, nessa cultura, decidir se uma pessoa tem razão ou não implica, em primeiro lugar, decidir se ela foi de verdade vítima ou não. O slogan "a vítima tem sempre razão" significa, portanto, "a vítima é sempre vítima" ou "sempre tem razão quem tem razão". Garotos imberbes no 4chan perceberam a tautologia uma década antes dos *apparatchiks* identitários do lulismo. "Querem vítimas? Vocês verão vítimas como nunca antes! Vocês verão discurso autovitimista com intensidade jamais vista! E quem vai dizer que a vítima não tem razão?"

Por isso, tratamentos bem-intencionados e "equânimes" do fenômeno da cultura dos linchamentos virtuais, em livros como o de Francisco Bosco, fracassaram.[30] Enquanto Bosco sem dúvida analisa com boa-fé seu material, e não é possível dizer que seus textos sejam desprovidos de coragem, ele não consegue sair da premissa de que a solução será um "meio do caminho" entre a justiça das pautas identitárias e a odiosidade das práticas de cancelamento, como se as duas coisas existissem na condição de extremos de uma linha reta. Criticar a imprensa por ver lulismo e bolsonarismo como dois extremos foi o pão com manteiga da esquerda brasileira em 2018-19, e em alguns casos até creio que a crítica se aplica. Mas faltou a memória de que, no Brasil do século XXI, quem inventou a linearização, como se fossem dois extremos, de fenômenos que pertencem a *dimensões* diferentes, ou seja, fenômenos que não ocupam lugares em uma linha reta, foi a esquerda, especialmente em suas alas lulistas e identitárias. Livros que se propuseram a fazer críticas bem-intencionadas, com base no argumento de que "não se deveria ir muito longe" na radicalização, foram varridos nesse tsunami, porque nem se juntavam ao fenômeno nem o analisavam com destemor, ficando presos na condição de sintoma.

E aí os memes floresceram. Ao contrário de guerras culturais anteriores, não se tratava de uma juventude progressista opondo-se a velhos hábitos conservadores de uma geração anterior. Tanto na cultura do 4chan nos EUA como na cultura do YouTube e da internet bolsonarista em geral, a rebelião juvenil agora era da direita. O rol de palavras, práticas e expressões canceladas pela esquerda identitária ofereceu um vasto material para que a intervenção da neodireita se apresentasse em nome da bandeira da liberdade de expressão. Que seja hipócrita (ou, na melhor das hipóteses, ingênuo) que um bloco de sujeitos hipoteque *ao bolsonarismo* a sua revolta contra práticas de cerceamento do discurso e do pensamento não significa que a revolta não tivesse como fundamento um objeto real. É fato que o movimento que captou essa revolta ofereceu-lhe respostas imaginárias e, em grande parte dos casos, baseadas na exacerbação das próprias práticas de cerceamento e silenciamento contra as quais a juventude politicamente incorreta se insurgia. Mas também é fato que o período em que o olavismo saiu da condição de piada de um canto da internet para movimento capaz de influenciar rumos da política brasileira, com seu discurso raivosamente antiuniversitário, coincidiu com uma inflexão particular das humanas e sociais nas universidades, que as tornou um alvo mais fácil do conspiracionismo da direita. Foi a época da proliferação da daninha confusão entre texto opinativo e discurso acadêmico nos "cursos sobre o golpe". Foi a época dos cancelamentos de aliados dos identitários universitários, como na desastrosa intervenção de alguns militantes do movimento negro em uma aula pública de José de Souza Martins — ironicamente, o maior especialista brasileiro em linchamentos (reais, físicos). Foi a época das catastróficas operações de aparelhamento de associações acadêmicas para que lançassem "notas contra o golpe". Foi a época em que se escreviam livros intitulados "Michel Temer e o fascismo". Todo esse caldo conferiu credibilidade ao conspiracionismo olavista, não a universidade, que ele sempre designou como inimiga. Esse discurso se ancorou no YouTube (onde pipocaram alunos de Olavo) e, por mediações, no WhatsApp, que, lembremos outra vez, *é a internet* para milhões de brasileiros.

No WhatsApp faz-se de tudo, mas, sobretudo, *se encaminha*. Para uma classe social e uma geração que tiveram acesso à cultura do compartilhamento de links do mundo dos blogs, na qual o que importava era *dar o crédito e dizer de onde as coisas vinham*, e mesmo para a faixa mais ampla da população que, na virada da primeira década do século, passou a utilizar as funções "retuitar" (no Twitter) e "compartilhar" (no Facebook), o encaminhamento do WhatsApp trazia uma novidade gigantesca, que com frequência passa despercebida nas análises, exatamente por ser tão óbvia. No Facebook e no Twitter, mil compartilhamentos de compartilhamentos e mil retuítes não apagarão a autoria original da postagem. Em outras palavras, o repasse em segunda mão preserva a origem do repassado. No WhatsApp, quem recebeu de você um meme sabe que de você ele veio, mas a origem e a autoria originais já se perderam. A digitalização desenfreada ao alcance do dedo no celular elimina qualquer remissão à autoria, mais ou menos como Walter Benjamin imaginara que a fotografia serializada — ou seja, o cinema — tinha o potencial de destruir auras religiosas e pré-modernas da arte. Na reprodução digital infinita ao alcance do dedo do pobre em um celular com plano de dados, o encaminhamento foi a função decisiva para a eleição de Bolsonaro, muito mais que os disparos em massa, o que é outro dado que empresta fundamento à tese de que o bolsonarismo não pode ser narrado como a história de uma fraude.[31] Mas quem encaminhava o que nos grupos bolsonaristas de Zap, e por que foram tão decisivas essas práticas de encaminhamento?

Bairro, família, igreja e escola: outros espaços também existiram, como os grupos de trabalho ou de futebol, mas aqueles quatro eixos resumem o que poderíamos chamar de redes de sociabilidade a partir das quais surgiu o WhatsApp bolsonarista. Em uma dessas esferas (a igreja), a esquerda esteve ausente enquanto tal, embora sua cúpula nunca tenha se furtado a fazer acordos com a cúpula teocrata. Na esfera oposta, que sempre foi seu campo de jogo (a escola), a esquerda passava a ser o objeto da revolta. Enquanto o assistencialismo do governo de esquerda possibilitava a chegada de um precariado às faculdades privadas de segundo escalão, a ausência de qualquer conquista cidadã paralela à que se realizava ali no consumo e o quase imediato colapso dos sonhos de ascensão social via "uniesquina" irrigaram o antipetismo dos grupos escolares de Zap, que foram terreno fértil para iniciativas bibliocidas como o "Escola sem Partido". Por fim, a socialização de bairro já não era, em suas versões presenciais, grande terreno da esquerda, pelo menos desde a dissolução dos núcleos de base do PT, da blitzkrieg da Igreja Católica contra as Comunidades Eclesiais de Base e da ascensão do pentecostalismo e do Partido da Polimilícia. Nos grupos de família, as eleições de 2014 já produziam as grandes cisões que ficariam conhecidas da esmagadora maioria dos brasileiros durante o impeachment e na época bolsonarista, e das quais eu ousaria dizer que só uma pequena minoria das famílias estendidas brasileiras ficou imune. Nesses grupos gestou-se a língua dos memes que foi traço retórico inconfundível do bolsonarismo.

O meme bolsonarista funciona, em primeiro lugar, suspendendo a distinção entre discurso constativo e discurso performativo. Em análises linguísticas tradicionais, estamos acostumados a diferenciar o que é a modulação constativa do discurso, que tem lugar sempre que ele afirma algo sobre o mundo ("esta mesa é amarela"), e a modulação performativa, que ocorre sempre que o discurso realiza ou tenta realizar uma ação sobre o mundo ("eu vos declaro marido e mulher" ou "Vai, Corinthians!"). A reiterada confusão entre os planos constativo (no qual é possível dizer que uma afirmação é "falsa") e performativo (no qual é inócuo fazer a distinção entre falso e verdadeiro) levou jornalistas, agências de checagem e profissionais das ciências sociais à estupefação e à impotência. Um trabalho da Agência Lupa a partir de levantamento feito na USP e na UFMG constatou que somente quatro das cinquenta imagens mais compartilhadas em 347 grupos bolsonaristas de WhatsApp eram verdadeiras. É comovente o esforço dos profissionais em catalogar as imagens entre "falsas", "verdadeiras", "verdadeiras mas fora de contexto", "exageradas", "sátiras e portanto fora do escopo de checagem", "associadas a texto opinativo e portanto fora do escopo de checagem" ou "insustentáveis". Voltamos à lista borgiana de singularidades impossíveis. O louvável esforço de corrigir falsificações traficadas em memes confronta-se com sua impotência, não apenas pela velocidade estonteante da circulação digital, muito maior que a capacidade de pesquisa de qualquer agência, mas também pelo visível derretimento de suas próprias categorias de jornalismo de checagem.

Os rótulos nada dizem sobre como operam os memes bolsonaristas e por que eles funcionaram nas eleições. Das oito imagens mais compartilhadas no universo do levantamento, apenas uma é rigorosamente falsa: uma montagem de Dilma jovem ao lado do recém-vitorioso Fidel (combinação impossível, já que Dilma tinha 11 anos de idade quando triunfou a Revolução Cubana).[32] As outras são fotos reais, como a que mostrava o jovem Aécio almoçando com Fidel durante sua visita ao Brasil (mas apresentava-o como o "aluno socialista comunista" do líder cubano, logo que ele foi indiciado na Lava Jato) ou a que retratava Lula e FHC compartilhando uma bebida no final dos anos 1970 (mas apresentava-os como autores de uma conspiração para implantar o socialismo no Brasil). Nesse contexto, "corrigir" o meme lembrando que Aécio nunca foi um discípulo comunista de Fidel e que Lula e FHC nunca conspiraram juntos para implantar o socialismo no Brasil é absolutamente inócuo e impotente, pelo menos até que se descrevam as condições de possibilidade para que aquelas combinações particulares de texto e imagem funcionassem.

Seria uma pena que as análises do bolsonarismo se agarrassem ao nosso equivalente do americano "interferência russa!", muleta com que boa parte do jornalismo e do establishment democrata mascararam sua incapacidade de prever o fracasso de Hillary Clinton contra Donald Trump nos EUA. O equivalente brasileiro, claro, seria a muleta "disparos em massa e fraudes do WhatsApp!", fenômeno efetivamente ocorrido e que continua sendo pesquisado, mas que passa bem longe de explicar a vitória bolsonarista (e que inclusive, pelas investigações já feitas na CPI das Fake News, parece ter tido efetividade menor do que a inicialmente pensada). A partir do WhatsApp, o bolsonarismo construiu *uma rede de sociabilidades,* um vasto universo de engajamento popular forjado em laços familiares, religiosos e de bairro. Que a consequência disso tenha sido a eleição de uma coalizão extremista catastrófica para o país não torna o fato menos verdadeiro.

Nesse contexto, na compreensão dessas redes de sociabilidade bolsonaristas, importa o apagamento da origem e da autoria dos memes próprio do WhatsApp: as peças são repassadas porque vêm do Seu João da padaria, da Tia Maria, do pastor. Como aquelas são pessoas que jamais lhe mentiram e nunca o enganariam, o meme tem o selo de confiabilidade do último sujeito que o repassou. O meme não apenas se valida pelos laços de confiança entre os sujeitos, mas ele reforça esses laços, porque, junto com o que se convencionou chamar fake news, também circulavam nesses grupos frases de autoajuda e ânimo empreendedorista, mensagens religiosas, pequenas peças de saber popular, macetes, receitas, mandingas e muita, muita trollagem puramente cômica, do gênero palhaçada de internet, especialmente em vídeos e memes. No caso de um meme trazer informação falsa, é esperável que se perdoe, porque afinal o amigo, vizinho ou familiar "estava só repassando" — como repassou mil outras coisas úteis e positivas. Além do mais, se o selinho na boca da criança não aconteceu na parada gay de São Paulo, como dizia o meme, mas na parada gay de Nova York, o que importa? Poderia ter sido em São Paulo. Aliás, melhor que alertemos agora para que não chegue a São Paulo. Nesse ecossistema discursivo, é risível tentar entender o que acontece sem qualquer análise estritamente retórica, ou seja, que suspenda as categorias de "verdadeiro" ou "falso" e investigue a produção de sentido. Sem algum refinamento na análise discursiva, **é** provável que boa parte da bibliografia das ciências sociais continue dando voltas à pergunta implícita: "Como é possível que esses burros acreditem nisso?"

O alçamento da língua da trollagem à condição de língua do aparato estatal viria a cobrar seu enorme custo em vidas e biomas durante a pandemia de coronavírus, em que Bolsonaro, como um troll, repetiu mentiras em sucessão: que se tratava de uma gripezinha, que, se ele a pegasse, nada lhe aconteceria, por seu "histórico de atleta", que ele não violava recomendações sanitárias ao aglomerar-se com manifestantes, que a chegada do calor eliminaria o vírus, que não havia demissões como resultado da pandemia, que ele tinha as mãos amarradas em virtude da autorização do STF a que governadores e prefeitos limitassem a circulação de pessoas e adotassem outras medidas sanitárias, que a hidroxicloroquina seria uma cura ou um tratamento para a Covid-19 e centenas de outras declarações comprovadamente falsas ou pelo menos insustentáveis.[33] A estratégia retórica da trollagem consagrada pelo bolsonarismo teve nos Estados Unidos o seu primeiro laboratório, com o trumpismo de 2016. Mas, enquanto a estratégia retórica é copiada, os investimentos libidinais de Trump e de Bolsonaro são bastante diferentes. Enquanto aquele se angustia narcisicamente sobre sua imagem, sua representação na TV por assinatura e os números da Bolsa de Valores, sem qualquer preocupação com os mortos a não ser na medida em que eles produzem impacto nessas três áreas, Bolsonaro investe libidinalmente na produção da morte, na instrumentalização da pandemia para um genocídio de seres mais vulneráveis.

Por que a língua da trollagem, que repete mantras contraditórios entre si no espaço de alguns dias, arrebata seguidores? Por que ela continua sendo, depois de dois anos de governo, espinha dorsal da retórica do bolsonarismo e a grande mediadora de seu apoio popular? É tarefa relativamente simples levar um público universitário de esquerda à risada cúmplice por meio de uma etnografia seletiva dos grupos bolsonaristas de WhatsApp que reúna apenas as peças mais escandalosamente falsas e caricaturais, como a célebre fake news segundo a qual a Prefeitura de Fernando Haddad, em São Paulo, teria fornecido mamadeiras em forma de pênis nas creches. Essa espécie de etnografia que não tem um olhar antropológico, mas entomológico, de quem analisa um inseto exótico, tem grassado nos estudos de bolsonarismo. A proposta aqui é um pouco diferente: suspender o desmascaramento da falsidade das fake news, agarrar o discurso no momento de sua constituição, mapear suas condições de possibilidade e explicar por que aquela retórica, com aquelas particulares combinações entre textos e imagens, funcionou para produzir aqueles efeitos particulares. A descrição desse terreno, no qual a língua do Partido dos Trolls forneceu ao bolsonarismo seus giros retóricos, foi um terreno necessário para que chegássemos à pergunta que nos importa, sobre as condições de possibilidade do bolsonarismo: por que funcionou?

O bolsonarismo e o antagonismo represado

Depois de completar essa genealogia do discurso bolsonarista, é possível apresentar algumas respostas (há várias, há sempre mais de uma) à pergunta "como foi possível que nos acontecesse *isso*?" Como se vê depois dos seis capítulos, o bolsonarismo emergiu na esteira de um colapso da administração de antagonismos no sistema político brasileiro, em grande parte porque a irrupção da demanda por outros mecanismos de administração do antagonismo (em junho de 2013) foi recebida pelo sistema político com desqualificação, confusão, repressão e captura penal. A expressão *na esteira de* é escolhida a dedo e me oferece a imagem que eu gostaria de propor. Segundo Houaiss, a acepção dois do vocábulo designa o rasto espumante que deixa a embarcação na água ao se deslocar e, por extensão metafórica, a trilha, o sinal, o vestígio. "Ir na esteira de" é ir no encalço de, seguir de perto. "Esteira" se remete etimologicamente ao latim *aestuaria*, plural de *aestuarium*, o esteiro ou o espaço que o mar deixa descoberto na vazante, e também o charco, a lagoa formada pela inundação de um rio. O colapso da administração de antagonismos no sistema político deixou uma poça, um charco, um rescaldo que escorreu ao longo de quatro anos até que existisse bolsonarismo. Em julho de 2013, o sistema de administração de antagonismos já estava em colapso. Nada que se possa chamar de coalizão bolsonarista existiu antes de 2017, e é por isso que não se pode confundir caldo com causalidade. Dizer "Junho desemboca no bolsonarismo" implica dar um salto em *quatro* dos anos mais cheios de acontecimentos da história brasileira para ignorar que, nesse período, incontáveis agentes políticos e jurídicos tiveram muitas escolhas. O bolsonarismo surge na esteira de um colapso do marco de administração de antagonismos que funcionara de modo mais ou menos estável durante três décadas, mas não como consequência *necessária* desse colapso.

Ao longo dos quatro anos que separam o colapso do lulismo como pacto, inaugurado pela resposta catatônica de Rousseff a Junho (mas já anunciado por vários tropeços anteriores, claro), e o começo dos contornos do que seria o bolsonarismo, esse caldo possibilitou os movimentos de todos os principais atores políticos brasileiros. O arranjo pemedebista determinava a administração de antagonismos a portas fechadas sob um sistema de vetos e chantagens, cuja retórica descrevemos no capítulo 2. De 2005 a 2013, como um apêndice de centro-esquerda desse sistema e em convivência com ele, o pacto lulista manteve o arranjo pemedebista, mas passou a administrar antagonismos de forma ligeiramente diferente. Em vez de seu mascaramento permanente no jogo dos vetos e chantagens, o lulismo manteve o jogo de portas fechadas, mas modulou-o com discursos que fomentavam o antagonismo na esfera pública, em uma sinfonia de oximoros que descrevemos no capítulo 3. O colapso desse pacto foi explicado no capítulo 4, sobre o meio ambiente e a alongada temporalidade da morte das palavras sob o lulismo, e no capítulo 5, sobre os levantes populares mais massivos da história do Brasil, as Revoltas de Junho, e a captura de seus anseios incendiários pelo aparato penal da Lava Jato.

Nada determinava necessariamente, digamos nos dias 13, 17 e 20 de junho de 2013, que o resultado dos levantes seria o colapso do pacto lulista, muito menos o colapso da totalidade do sistema político. Esses colapsos começaram a se dar com a violenta repressão ao longo desses dias e com a resposta de Rousseff, no dia 21. Desde então até a facada de Adélio, o aparato político brasileiro teve inúmeras escolhas. O STF teve incontáveis escolhas. O bloco político-jurídico-policial da Lava Jato teve várias escolhas. Também teve inúmeras escolhas o lulismo, que em 2013 deixara de ser o pacto dominante de administração de antagonismos mas seguia vivo como um polo no interior do antagonismo dominante a qualquer momento dado (eixo hegemônico do antagonismo que, inclusive, passaria a partir dali a ser sempre constituído por oposição a ele, petismo). O bloco liberal-tucano--mercado-livrista também teve inúmeras escolhas. Todos esses agentes atuaram no rescaldo de Junho e são parte da esteira que leva ao bolsonarismo. O próprio Jair Bolsonaro tem consciência de que sua Presidência, e inclusive a existência de algo como o bolsonarismo, foi fruto da combinação acidental de uma série de acontecimentos que dificilmente teriam se reproduzido em outras circunstâncias. Por oposição ao lulismo, que é narrável como um desenvolvimento orgânico, uma evolução esperada e "natural" de uma iniciativa da classe trabalhadora e um movimento político que se gestou ao longo de décadas, o bolsonarismo se caracteriza por uma dimensão de aleatoriedade que tem seu emblema maior na facada de Adélio. O sucesso parcial dessa ação, já confirmada como iniciativa solitária de alguém com distúrbios mentais, deixou Bolsonaro não apenas envolvido em uma aura de mártir, como também em condições de ausentar-se dos debates presidenciais e escapar do escrutínio que viria — e que já se iniciara no debate anterior, com potente interpelação de Marina Silva. O fato de que uma combinação de acontecimentos aleatórios conferiu à candidatura de Bolsonaro um ar de inevitabilidade que depois se confirmaria nas urnas não invalida o fato, também verdadeiro, de que o bolsonarismo sentou raízes porque expressava, ainda que de forma distorcida, uma experiência real, que dava respostas a um dilema real do sistema político. E também não invalida o fato de que, apesar das proverbiais limitações intelectuais de Bolsonaro, ele teve uma ideia. Sim, uma ideia ocorreu a Bolsonaro. Uma ideia, poderíamos dizer, relativamente original lhe ocorreu na passagem de 2016 para 2017.

Eram bastante insólitas as imagens de março de 2016 na avenida Paulista: um inexpressivo deputado era abraçado como mito nas manifestações pró--impeachment, enquanto eram recebidos com vaias os veneráveis caciques Geraldo Alckmin e Aécio Neves, ex-presidenciáveis tucanos que se imaginavam proprietários vitalícios do espaço antipetista. Mas o tucanato havia vacilado ante as iniciativas populares pró-impeachment do ano anterior, quando uma multidão já imensa se reunia na avenida Paulista, em 15 de março de 2015. Bolsonaro, sim, teve o instinto e o tino de apoiar a iniciativa anti-Dilma em seus albores, marchando em Copacabana com os verde-

-amarelos já em 2015, sabendo que o polo antipetista seria determinante na política brasileira. Essa não era uma ideia particularmente original, mas estava consolidada para Bolsonaro em 2015: "Vou mostrar a esses tucanos frouxos o que é antipetismo de verdade." Esse lugar privilegiado da polarização que aflorava não foi difícil de conquistar, dada a turbulência de deslegitimação do sistema político durante a era impeachment-Lava Jato.

Original foi a ideia que ocorreu em 2016, sim, ao deputado tosco e intelectualmente limitado do Rio de Janeiro. Isso há que se reconhecer como uma ideia legítima sua. Bolsonaro percebeu que, se encontrasse alguém para o avaliar no mercado, com o bate-bumbo antipetista ele poderia juntar as três grandes bancadas temáticas do Congresso: o Partido do Boi, que já era composto de gente que gostava dele desde os rodeios de começos da década, o Partido da Bala (o que chamamos neste livro Partido da Polimilícia), que era reduto dele e de sua família, e que ele carregaria sem problemas, e o Partido da Bíblia (que chamamos Partido Teocrata), formado, no hábitat carioca da família, por pastores, obreiros, bispos, diáconos e voluntários, e que com frequência tinha relações com o Partido da Polimilícia também. No plano nacional, o Partido Teocrata era formado por líderes como Malafaia, Feliciano e Edir Macedo que, depois de florescer sob o lulismo, já haviam percebido o potencial do filão antipetista — algo que não vinha naturalmente ao Partido da Polimilícia fluminense, que se criou mantendo amplos laços com o petismo local. "Se um cara do mercado me avalizar, eu consigo juntar esse povo todo." Convenhamos: apesar de não ser exatamente brilhante, essa era uma ideia original no turbilhão de incertezas do Brasil pós-impeachment. Tão original era a ideia, que a maioria dos especialistas acreditou que ela era estapafúrdia e irrealizável.

Nesse contexto, em 2016, Bolsonaro fez sua entrevista com uma das crias de Olavo de Carvalho, o youtuber de direita Nando Moura, para dizer que esperava "que apareça alguém melhor", mas que ele "não está vendo". Nessa entrevista, ao falar de economia, ainda não existia Paulo Guedes, mas Bolsonaro fez dois gestos-chave: declarar seu apoio à ampliação dos negócios agropecuários e de mineração, detendo as demarcações indígenas e as regulamentações ambientais, e apoiar o destravamento do ambiente de negócios para o empresariado, flexibilizando a legislação trabalhista e retirando obstáculos tributários, afastando-se assim do seu histórico corporativista de votação no Congresso, bastante próximo da esquerda petista em matérias tributárias, monetárias e administrativas. É importante enfatizar que o segundo ponto era contraintuitivo para Bolsonaro, um deputado que sempre havia votado contra pautas do liberalismo econômico e a favor de interesses corporativos de setores do funcionalismo civil e militar. Também naquele momento cessavam os seus ataques ao Bolsa Família, um programa que ele não voltaria a atacar durante a campanha, afastando-se de declarações como a de 2015, de que o beneficiário do Bolsa Família é alguém que "não produz nada, não contribui para o PIB".[34] Em 2016, ele sabia que precisaria de um avalista no mercado. Antes de haver Guedes, portanto, já havia Bolsonaro clamando pela chegada de um Guedes, não na imprensa ou no parlamento, ou sequer nas ruas, mas no canal do Partido dos Trolls na internet.

Nessa entrevista, Nando Moura introduziria uma das fake news favoritas do bolsonarismo, a suspeita de que as urnas eletrônicas são fraudáveis, jamais sustentada com qualquer indício. Bolsonaro faria mais uma entrevista com Nando Moura em fevereiro de 2018, agora como candidato e já no estúdio do youtuber. Em 2016, o lançamento da candidatura acontecera na "simplicidade" da casa de Bolsonaro, com o filho Eduardo atrás das câmeras que focalizavam o sofá com o entrevistador e o entrevistado. Segundo o youtuber, ambas as entrevistas aconteceram por pedido do próprio candidato. O arco que elas percorrem é curioso: em 2016, quando Bolsonaro ainda se declarava "no mercado" com "esperanças de que apareça alguém melhor que eu", as diatribes antinordestinas e antipalestinas do youtuber, bordeando a discriminação racial explícita, já eram evitadas pelo pré-candidato com constrangimento. "Metralhar a petezada" e "Israel tem que matar terroristas" permaneciam no terreno do dizível, mas não o racismo antiárabe ou antinordestino explícito. O discurso aceitável para a coalizão se gestava ali, em entrevistas como essa, que chegaram a 2 milhões de visualizações. A característica essencial do discurso que já se formulava ali seria jogar permanentemente com os limites do aceitável. Milhões de usuários da internet já haviam visto, mas no campo letrado-ilustrado a notícia ainda não chegara: a ciência política se dedicava a elucubrar sobre a recomposição do presidencialismo de coalizão nas eleições de 2016 e 2018, a coalizão jurídico-político-policial da Lava Jato se sustentava mantendo a classe média ansiosa pelo próximo capítulo na novela das prisões dos políticos e a liderança lulista trabalhava para, ao mesmo tempo, rifar Dilma e emprestar credibilidade à teoria do golpe, enquanto sua base prosseguia sua entorpecida rotina de sinalização de virtude, linchamentos virtuais e fechamento, a gritos, de eventos acadêmicos de outras correntes de pensamento, como aconteceu a Cristovam Buarque na UFMG. Em todo caso, quando Bolsonaro concedeu a primeira entrevista a Nando Moura, em 2016, o bolsonarismo já era distintivamente um projeto com capilaridade multitudinária na internet, mas dois anos transcorreriam antes que o campo ilustrado-letrado se desse conta.

O conteúdo do discurso flutuaria e não há qualquer sentido em traçar "o que pensa" Bolsonaro sobre Reforma da Previdência, gestão do Estado ou políticas sociais. Não é aqui, no conteúdo, que se joga o bolsonarismo, mas no seu desenho formal, na sua estratégia retórica, na forma como ele se coloca discursivamente. Essas, sim, permaneceriam inalteradas e viriam a ser refinadas e intensificadas com os anos. Por um lado, o bolsonarismo adota com fervor o preceito da coalizão petista-identitarista de que "a vítima tem sempre razão". A validação prévia enquanto vítima, que havia sido o pão com manteiga do processo de cooptação lulista de setores dos movimentos identitários, era agora apropriada por um fervoroso vitimismo de extrema direita. Querem vítimas? O bolsonarismo as listaria à mancheia: o policial mal remunerado que corre risco de vida contra bandido e ainda pode ser processado se matá-lo; o agricultor e proprietário rural que tem que enfrentar um emaranhado de burocracias do Estado que só servem para dar terra para índio; o jovem que ouve doutrinação marxista e feminista na escola; o dono do comércio que quer ter uma arma para se defender e não pode; o evangélico que sofre preconceito na faculdade e no trabalho por ser pentecostal; e muitos pobres comuns com medo da violência no país dos 60 mil homicídios anuais. E quem vai dizer que a vítima não tem razão?

É fato que o bolsonarismo expandiria essa veia vitimista ao limite até englobar vítimas imaginárias, como as crianças que teriam tido que lidar com a mamadeira em forma de pênis supostamente cedida pela Prefeitura Haddad em São Paulo. Mas é irrelevante interrogar se houve ou não vítima para entender a efetividade do discurso. Começar discutindo quem tem ou não tem estatuto real de vítima é a melhor forma de se perder na teia bolsonarista. *A assunção do lugar de vítima seria apenas um entre mil outros recursos que o bolsonarismo adaptaria do pacto lulista.* Em todos os seus principais giros retóricos, o bolsonarismo observou o funcionamento da máquina lulista, criou-se sob ela — nunca é demais lembrar que o PP de Bolsonaro era parte da coalizão petista-pemedebista no Rio de Janeiro — e, quando decidiu autoexpelir-se, saiu carregando consigo o essencial das suas estratégias retóricas. O bolsonarismo descartaria uma metade do oximoro lulista (a conciliadora, que mascara antagonismos) e preencheria a outra metade, a radical, com um conteúdo de extrema direita. Essa inspiração retórica é visível não apenas para quem acompanhou os líderes da direita brasileira como Bolsonaro e Feliciano, mas para quem teve alguma experiência em grupos bolsonaristas de WhatsApp, que sempre estiveram repletos de cidadãos oriundos do pacto lulista: ex-bolsistas do ProUni, membros da nova classe C das periferias, os endividados do crédito fácil, os evangélicos incluídos mas no fundo desprezados na coalizão lulista etc. Para toda essa vasta rede de sensibilidades a que o bolsonarismo deu voz, os giros retóricos essenciais seriam colhidos no pacto lulista. A sacralização do lugar da vítima foi um exemplo, e não foi à toa que os primeiros coletivos de direita a se formarem no começo da década observaram os linchamentos virtuais conduzidos pela aliança entre lulismo e setores dos movimentos identitários, e dali retiraram os procedimentos para os futuros, temíveis linchamentos virtuais bolsonaristas.[35]

A retórica anti-imprensa, essencial e constitutiva para o pacto lulista, seria outro exemplo de apropriação bolsonarista dos giros retóricos do lulismo, mas sobre esse componente do discurso o bolsonarismo operaria uma transformação mais elaborada que meramente preenchê-lo com um conteúdo de extrema direita. Como explicado no capítulo 3, no lulismo os ataques à imprensa são parte de um arranjo, um oximoro que tem sua outra metade na nomeação de Hélio Costa como ministro das Comunicações, na manutenção e aumento das verbas publicitárias na grande imprensa e na inclusão dos grandes conglomerados de comunicação no pacto de governabilidade do país. Mas, evidentemente, a retórica anti-imprensa não era "de mentirinha", ela não operava como se o discurso não produzisse efeitos reais no mundo. Tanto na imprensa oficialista financiada pelo lulismo como em suas bases nas redes sociais e no mundo universitário, foi intenso o ataque à imprensa, a ela enquanto tal, para além de qualquer crítica pontual que se possa ter a matérias específicas. O arranjo era inusitado: até mesmo a imprensa "alternativa" dos blogs progressistas se informava pela grande imprensa, já que não produzia informação primária. Sobre esse material colhido na imprensa, a base lulista passaria então à editorialização e ao recorte da manchete, junto com a desqualificação do veículo quando a manchete não interessava. Como detalhado no capítulo 3, a política de comunicações era o único setor em que a crescentemente fanatizada base lulista era autorizada a criticar o governo, com um arranjo imaginário segundo o qual Lula estaria sendo "ingênuo" ao "fazer concessões" aos "inimigos". Essa fantasia, segundo a qual tudo o que faltou ao governo lulista foi uma política de comunicações mais ousada, que não tivesse permitido que "a mídia o derrubasse", foi o conto de fadas necessário para que a imprensa oficialista lulista levasse seu quinhão na repartição das verbas. Mas ele foi também um poderoso mecanismo de união, de radicalização e coesão da base lulista, enquanto a tensão do oximoro não explodia. Esse conto de fadas do lulismo vitimado pela imprensa voltou a ser mecanismo de normalização e unidade durante os anos do impeachment de Dilma, em que o lulismo conseguiu que se realinhassem, sob o seu guarda-chuva, uma série de figuras, de várias disciplinas, que até então haviam sido críticas suas. Durante anos, o pão com manteiga da base lulista foi esse: desacreditar como mentirosos ou golpistas os mesmos veículos de comunicação responsáveis pela única informação à qual ela, de forma mediada ou não, tinha acesso em seu cotidiano. Segundo a conveniência, enfatiza-se o caráter dito irrelevante ou falimentar da imprensa para logo depois, segundo a mudança da conveniência, falar como se um editorial (digamos, o "Uma escolha difícil", do *Estadão*) tivesse tido algum papel demonstrável no direcionamento do voto de milhões de pessoas.

Aqui o bolsonarismo não apenas preencheria os giros retóricos herdados do lulismo com um conteúdo de extrema direita, mas descartaria por completo uma metade do oximoro lulista, a metade conciliadora. Aplicando anabolizantes pesados na desqualificação da imprensa, o bolsonarismo instalou a guerra como a lógica dominante na política de comunicações. Isso não quer dizer, é claro, que o bolsonarismo declare guerra contra *toda* a imprensa, e sua aliança com Edir Macedo, entre outros, o demonstra. Mas o antagonismo ao jornalismo independente é incessante, e invariavelmente vem acompanhado da desqualificação da veracidade da notícia, com uma avalanche de distorções, invenções ou versões alternativas do noticiado. Escolado na guerra de versões da imprensa lulista, o bolsonarismo abandonou o jogo duplo com que o lulismo trazia, por exemplo, o Grupo Globo para o pacto de governabilidade do país enquanto fomentava uma aliança com a TV Record, alimentada na base lulista como possível "alternativa" à "manipulação" da Globo. Esse jogo duplo, oximorônico, seria uma das marcas registradas do lulismo e teria seu emblema mais patético quando Dilma Rousseff e Aloizio Mercadante alimentaram a formação do PSD de Gilberto Kassab, como forma de "desidratar" os aliados do PMDB, que obviamente foram os primeiros a saber que tal iniciativa estava em curso. No momento em que ruíram as possibilidades de governo de Dilma, tanto o PMDB como o PSD que ela ajudara a criar a abandonaram. Nas comunicações, quando o jogo do oximoro desmoronou, o Grupo Globo seguiu fazendo jornalismo dentro das linhas em que vinha fazendo ao longo do século, e a TV Record mudou de parceiro, observando as guerras culturais que se travavam em torno de temas comportamentais em meados da década e trocando o pacto lulista pela coalizão bolsonarista.

Nesse momento, o bolsonarismo já havia cozinhado em um amplo laboratório do ressentimento os giros retóricos aprendidos com o lulismo no trato com a imprensa. "Foice de São Paulo", "Globo Comunista", "Estadão de Esquerda", "Globo máquina de propaganda do PT": a intensidade e a fúria com que os epítetos passaram a ser lançados, o grau de divórcio que eles mantinham com a realidade e a avalanche de versões alternativas, a maioria francamente fantasiosa, atordoaram a base lulista e os integrantes do pacto político pemedebista. Entre lulistas, era quase audível a resposta estupefata: "Esperem, o combinado que impusemos a este jogo era uma distorcidinha só, essa nossa aqui." O atordoamento da base lulista foi tal que o parentesco e a inspiração retórica da blitzkrieg anti-imprensa do bolsonarismo lhes passaram despercebidos, como se aqueles recém-chegados à guerra anti-imprensa (agora com sinal trocado) fossem um bando de alucinados, incapazes de enxergar que o problema da Globo era ser antipetista. No choque subterrâneo de versões que acontecia sob o pacto lulista, a informação recolhida pela imprensa tradicional ainda era a baliza: fosse para se celebrar, negar, atacar ou distorcer a notícia, a operação de comunicações da imprensa alternativa do lulismo partia sempre da imprensa tradicional, da notícia fornecida por ela. No bolsonarismo, a produção de versões alternativas se dissocia de qualquer ponto de partida ou modelo retirado da notícia, em qualquer sentido verdadeiro do termo, e passa à invenção, à colagem, à adulteração de citações. O importante e necessário passou a ser manter o cabo tensionado, a denegação do afirmado aberta e a guerra de antagonismos acesa.

Em todos esses casos, o bolsonarismo extraía do lulismo seus giros retóricos, preenchia-os com o conteúdo de extrema direita e reinstalava-os no interior de um sistema discursivo baseado no puro *fomento de antagonismo em tempo integral*. Para o bolsonarismo o cabo de guerra sempre foi e continua sendo uma necessidade formal, existencial, de básica respiração cotidiana do bloco, e o antagonismo antipetista foi o mais decisivo. Aqui entra o constante reclamo petista de que a imprensa teria ilusoriamente tratado lulismo e bolsonarismo como se eles fossem extremos equidistantes do suposto centro. Tanto na representação de setores da imprensa como no reclamo petista, nota-se, a meu ver, uma confusão essencial entre as noções de polo e de extremo. É inegável que o bolsonarismo surge, se nutre, se alimenta e se reproduz de uma polarização com o lulismo. É por isso que ele nasce, inclusive. Essa é a demanda que lhe dá vida, é como resposta a essa demanda que ele vem a ser. Os manifestantes que abraçaram Bolsonaro em 13 de março de 2016 já buscavam um antipetista não tucano e não pemedebista a quem abraçar desde 15 de março de 2015. Ter dado resposta a uma demanda antipetista fez com que Bolsonaro se tornasse elegível. Ele so passou a ter voz própria no cenário político quando expressou a poderosa demanda antipetista que vinha das ruas, e que é muito anterior ao momento em que Bolsonaro passou a ser relevante. Ou seja, o antipetismo foi uma demanda que existiu no vácuo durante algum tempo.

O bolsonarismo nasceu e existe no interior dessa polarização, como expressão do antipetismo, mas isso não torna o lulismo um extremo equidistante do centro em relação ao extremo bolsonarista, posto que polo e extremo não são palavras sinônimas. Apenas o bolsonarismo toma a forma de um extremismo que coloca em ameaça permanente as instituições da democracia. A tese que este livro propõe é que esse extremismo arrebatou um terço da população porque ele apareceu como *alternativa para expressar o antagonismo represado na sociedade brasileira*.

Mas que antagonismos eram esses que tentaram se expressar e não o conseguiram? Anota aí, meu nome é legião. Ou, em português brasileiro do século XXI, *meu nome é Junho*. As demandas de Junho, às vezes contraditórias entre si, compõem a coleção do que o sistema político brasileiro irresponsavelmente não soube, não quis ou não pôde acolher: a revolta contra os serviços públicos de péssima qualidade, especialmente em transporte, educação fundamental e média, e saneamento básico; o antagonismo da população como um todo — e não apenas da "classe média", como quis certa esquerda — contra o saqueio do patrimônio público por políticos; o veemente protesto de indígenas, ribeirinhos, quilombolas, antropólogos, trabalhadores rurais, biólogos, amazônidas e inclusive o claro protesto de animais não humanos[36] contra um modelo de crescimento que faz do bioma amazônico uma colônia energética, e de suas populações, um conjunto de brasileiros de segunda classe; a sensação da cidadania como um todo, e especialmente da população negra, de que o modelo facínora das polícias militares brasileiras é intolerável; a razoável exasperação de uma juventude laboralmente precarizada contra privilégios de setores do funcionalismo público; a também razoável frustração de setores populares católicos com o burocratismo no topo e a paralisia na base das políticas dentro da Igreja (o que engrossou ainda mais as fileiras pentecostais); o desejo de que seja possível fazer oposição liberal a um modelo de crescimento em que "gasto é vida" sem ser imediatamente associado a um campo de direita. Poderíamos continuar listando antagonismos que têm diferentes graus de urgência e legitimidade para diferentes setores sociais, mas que compartilham o fato de terem encontrado fechados os canais do sistema político para suas demandas.

O bolsonarismo não é a representação legítima de nenhum desses antagonismos. Ele é a coalizão formada pelos gritos de frustração desses antagonistas ante repetidos encontrões contra as portas fechadas do sistema político. Nem o sistema político brasileiro construiu um espaço onde se pudesse ser liberal em política e em economia de forma legítima, nem os 50% dos brasileiros que podem temer ser arbitrariamente abordados pela polícia puderam traduzir suas demandas no sistema político para além do acolchoamento e cooptação que o lulismo lhes ofereceu com o Direito Penal. O sistema político tampouco soube ouvir satisfatoriamente os povos amazônidas, com o massacre difamatório rousseffo-santaniano sobre Marina Silva em 2014 permanecendo aqui como emblema definitivo da surdez. Em todas essas demandas, a pactuação lulista-pemedebista preferiu sublimar o antagonismo naquele jogo de oximoros descrito no capítulo 3. Esse jogo, tenso por natureza, não elimina os antagonismos, mas apenas os acolchoa durante metade do tempo, para exacerbá-los na outra metade. Almoce com Blairo Maggi e José Sarney, e à noite coloque suas milícias digitais para atacar Marina Silva e Cristovam Buarque como "neoliberais vendidos ao Itaú". Essa administração paradoxal dos antagonismos foi a fórmula de sucesso do lulismo, mas foi também sua queda. Que os sinais desse esgotamento tenham se manifestado quando se encontrava ao leme alguém que combina tão espetacularmente a ignorância e a arrogância como Dilma Rousseff foi a cereja do bolo.

Não é à toa, portanto, que a marca do bolsonarismo seja o fomento do antagonismo em tempo integral. Como no conto de Borges, em que o enigma traduzido pelo personagem não contém a palavra tempo porque "tempo" é a solução do enigma, o bolsonarismo fomenta a política do antagonismo, mas o seu momento de verdade é a revolta dos antagonismos políticos legítimos que encontraram as portas fechadas nos sistemas partidário, judicial, executivo e parlamentar. Tantas vezes o lulismo designou seus críticos com um "eles" que os situava fora do povo, tantas vezes centristas, liberais, ambientalistas, social-democratas, conservadores ilustrados e a centro-direita foram caracterizados com um "eles" desumanizador que os aproximava do fascismo (lembremos, chegaram a escrever livros chamados "Michel Temer e o fascismo" no Brasil), de tanto, enfim, uma esquerda pomposa e demasiado segura de suas virtudes morais estereotipar todos os diferentes dela em um "eles" antipovo, que o "eles" acabou se rebelando. O *bolsonarismo é a rebelião do eles* — ele pratica o antagonismo incessante porque essa é sua forma de sobrevivência: opor bandos, espalhar discórdia, igualar verdade e mentira, fomentar boatos, agir como troll; enfim, é necessário, porque o discurso se legitima a partir do antagonismo incessante. O giro retórico que fundamenta a máquina de produzir antagonismos é retirado do momento bolchevique do discurso lulista. São as mesmas teorias conspiratórias ("a Globo está manipulando"), as mesmas mitificações do chefe político ("o líder está sofrendo por nós"), as mesmas explicações exógenas e onipotentes para os fenômenos nacionais ("o imperialismo americano/ os globalistas controlam tudo") e a mesma confiança em uma substância salvadora ("o pré-sal/ o nióbio é uma fonte de riqueza nacional em que os estrangeiros estão de olho"). Agora, no entanto, o conteúdo político é de extrema direita e opera com anabolizantes alucinatórios que o transformam em ameaça à própria democracia, ao próprio sistema político cujo fracasso ele expressa. O ano de 2019 e os primeiros meses de 2020 deram abundantes provas de que o bolsonarismo é uma ameaça sem precedentes à democracia.

Quando, e apenas quando, lulismo e bolsonarismo são tratados como fenômenos situados em pontos equidistantes de um suposto centro e igualmente nocivos à democracia, os petistas têm razão de se queixar. É fato que não o são. Mas não há como negar a pressuposição mútua entre esses dois movimentos, assim como o fortalecimento do bolsonarismo a partir de sua ocupação do espaço antipetista. Negar isso é renunciar à capacidade de formular conexões entre os elementos da realidade em nome de simpatias partidárias; não nos esqueçamos de que os próprios líderes petistas desejaram e trabalharam para que Bolsonaro estivesse no segundo turno.

Ao expressar o antagonismo represado, o bolsonarismo também se cacifou para expressar a revolta contra o descaso petista ao povo sublevado em 2013 — mesmo que todas as demandas daquele povo tenham sido sufocadas de forma ainda mais perversa pelo bolsonarismo, com o seu desmonte dos sistemas diplomático, educacional e ambiental brasileiros, seu endurecimento penal, policial e miliciano, e seu projeto autocrático de poder construído em torno da figura de Bolsonaro. O Brasil exibe hoje uma economia em ruínas e um sistema político em frangalhos, e tem ou teve um chanceler que faz piadas racistas contra a China no Twitter, uma ministra da Família e Direitos Humanos que vê Jesus em árvores, ministros da Educação delirantemente ignorantes e ideológicos, um ministro do Meio Ambiente que participa de operações de sabotagem ao sistema de proteção ambiental do país e um trambiqueiro inexpressivo, extremista, autoritário e com sinais de psicopatia no Palácio do Planalto. Na entrada da pior pandemia dos últimos cem anos, a situação da democracia brasileira é a mais grave e frágil de sua jovem história.

Epílogo

Do pré-sal à cloroquina

Já bem antes da pandemia, havia ficado claro que o bolsonarismo trabalharia para sabotar os alicerces da democracia brasileira até o seu limite. Bombardeá-la, enfraquecê-la, semear confusão e intimidação até consolidar o projeto de poder autocrático e polimiliciano. Provocar, jogar uns contra outros, difamar, circular fake news e recuar se necessário. Plantar pistas falsas para a imprensa e depois desmenti-la, livrando no processo a conhecida guerra de guerrilha contra a sua credibilidade. Mesmo no interior do governo, consolidou-se a política de decepar ou submeter ao ostracismo ministros ou secretários. Duas das vítimas ilustres foram o ex-ministro-chefe da Secretaria-Geral da Presidência, Gustavo Bebbiano, e o ex-ministro-chefe da Secretaria de Governo, general Carlos Alberto dos Santos Cruz. Generais de quatro estrelas e colaboradores políticos de primeira hora foram humilhados pelo núcleo olavista. Logo depois, já durante a pandemia de coronavírus, outros dois ministros de alto perfil, Luiz Mandetta e Sergio Moro, abandonariam o governo. No Congresso, tornou-se lendária a inépcia da geração eleita pelo bolsonarismo, com seus delegados envolvidos em negócios milicianos, seus radialistas incendiários, seus pastores trambiqueiros e suas subcelebridades de internet. No Planalto, Bolsonaro revelou-se o que sempre foi: buscando o atalho da trapaça, não raro mentindo, intervindo naquilo que é comum para instrumentalizá-lo em favor dos seus interesses nepotistas e invariavelmente agindo para consolidar um projeto autocrático, corrompido de poder. A situação já era gravíssima quando, durante o início da pandemia de coronavírus, em março e abril de 2020, Jair Bolsonaro se consolidou como o único chefe de Estado do mundo a não apenas propagar negacionismo (nisso ele teve a ocasional companhia de Donald Trump) como também tomar iniciativas deliberadas de aglomerar populares, em atentado direto contra a saúde pública.

Em inédita unanimidade, há acordo em que o bolsonarismo é uma ameaça sem precedentes à democracia. O que já era sabotagem constante ao sistema democrático no interior das fronteiras do país passou, depois da explosão da pandemia, a constituir-se em ameaça à própria saúde da comunidade das nações. O bolsonarismo inaugurou o caso mundialmente inédito do presidente que sabota, contraria e ataca as determinações de proteção sanitária de seu próprio ministro da Saúde, durante uma pandemia. Aprofundando sua vocação de pária, Bolsonaro foi retratado pela imprensa internacional como "negacionista em chefe" (*Washington Post*), "aberração na região" (*New York Times*), presidente que está "arrastando o Brasil para uma calamidade de coronavírus" (*The Guardian*) e chefe de "um governo que o trata como um parente problemático que dá sinais de insanidade" (*The Economist*). Na internet, o presidente brasileiro passou pela inédita humilhação de ter publicações suas apagadas no Facebook, no Twitter e no Instagram, por disseminar desinformação sobre o coronavírus. No momento em que concluo este livro, em outubro de 2020, não é inimaginável uma ação, um julgamento e uma condenação a Bolsonaro no Tribunal Penal Internacional, por declarações e atos que terão tido responsabilidade em incontáveis mortes. Por outro lado, não é descabida a hipótese oposta, de consolidação da hegemonia nacional do bolsonarismo, reeleição de seu líder e deterioração sem volta da democracia brasileira. Durante a pandemia, o bolsonarismo não poderia senão conduzir o país a uma situação agônica: na pandemia, é essencial estarmos unidos e atuarmos juntos, mas o bolsonarismo só pode operar produzindo antagonismos. Sem produzir antagonismo, ele não tem como existir.

E, desta vez, para produzir antagonismo enquanto governa o país durante uma pandemia, o bolsonarismo teve que ultrapassar todos os limites de negacionismo e perversidade. Bolsonaro disse que, como brasileiros viviam na lama, eram imunes ao vírus. Disse que era uma gripezinha de nada. Disse que ele não prosperaria no clima quente brasileiro. Disse que no

Brasil não morreria gente como na Itália porque a Itália, como Copacabana, tem muitos velhos. Disse que, caso ele pegasse o vírus, não sentiria nada, pois tem um passado de atleta. Incentivou a população a desobedecer a medidas sanitárias de seu próprio ministro, governadores e prefeitos. Convocou manifestações contra o Congresso e contra o STF, para depois mentir e dizer que um vídeo que circulara em 2020 era de 2015. Repetidamente saiu, provocou aglomerações, apertou mãos e criou situações de contágio, não apenas diretamente, com seu próprio corpo, mas Brasil afora, por suas declarações. Ao mesmo tempo que exercitava negacionismo ante a maior pandemia dos últimos cem anos, o presidente brasileiro alardeava os poderes de uma droga de uso comprovado no tratamento de sintomas da malária e no combate ao lúpus, mas de nenhuma eficácia comprovada no combate ao coronavírus. O bolsonarismo trocava o lugar da substância redentora, que agora já não era o nióbio, e passava a ser a cloroquina. E o Brasil assistiria ao espetáculo de hordas de centenas de milhares, talvez milhões de cidadãos seus engajarem-se, no WhatsApp e em interações presenciais, mesmo ante médicos, em uma "defesa da cloroquina" baseada em narrativa alucinatória segundo a qual as mortes por coronavírus não existiriam ou estariam sendo sobrenotificadas e a Rede Globo estaria fabricando multidões inexistentes em hospitais vazios. Já bem avançado o mês de abril, enquanto o mundo se recolhia à quarentena, apoiadores do presidente *bloqueavam ambulâncias* na avenida Paulista e o bolsonarismo se lançava de cheio à negação da própria existência do coronavírus, ou seja, à negação da realidade mesma. O mês de outubro traria as notícias de que as mortes brasileiras chegavam a 150 mil e que Donald Trump, guru e única possibilidade de apoio internacional relevante a Bolsonaro, havia se infectado, lançando a temporada eleitoral dos Estados Unidos e o próprio futuro imediato do planeta na incerteza.

Coerente com um mundo que realiza uma "guerra às drogas" (ou seja, que imagina ser possível manter uma relação moral ou penal com substâncias, em vez de uma relação meramente instrumental ou médica), o bolsonarismo se lançou à "defesa da cloroquina". Em sua versão mais alucinatória e disseminada no WhatsApp, haveria um "interesse" em "atacar" a cloroquina — como se houvesse uma cura para a doença que, por algum motivo conspiratório, ainda não tivesse vindo à luz, exceto nos memes do Zap.

O bolsonarismo mais uma vez leva ao paroxismo os traços mais perversos e típicos por meio dos quais o sistema político brasileiro sempre se reproduziu. Desde a colônia (pau-brasil, açúcar, gado, ouro), passando pelo café, por Vargas e o petróleo, e pelo lulismo e o pré-sal, os pactos políticos brasileiros sempre se reproduziram a partir da premissa de que haveria um produto, uma substância, uma riqueza que redimiria o país. A existência da substância mágica também facilita a proliferação de narrativas conspiratórias segundo as quais os movimentos dos atores políticos realmente existentes são explicáveis por remissão a um ser todo-poderoso e manipulador situado alhures. O bolsonarismo é também a expressão mais exacerbada e destrutiva dessa vocação messiânica brasileira da busca da substância salvadora. A metafísica da substância redentora já havia recebido doses cavalares de anabolizantes pela propaganda lulista do pré-sal quando foi levada ao paroxismo alucinatório pelo bolsonarismo. Quando Bolsonaro começou a falar de nióbio, a estrutura retórica de seu discurso já estava pronta, e lhe havia sido entregue por anos de bate-bumbo lulista e varguista.

Hordas de negacionistas alardeando um remédio não testado em meio a uma pandemia, apoiados e incentivados pelo próprio chefe do executivo federal, evidentemente configuram uma situação inédita. O negacionismo científico e a metafísica da substância salvadora nunca foram tão potencialmente assassinos como durante o bolsonarismo. Parte importante da população brasileira se revoltou com as atitudes de Bolsonaro e bateu panelas de suas janelas, mas ele logo se recuperou, favorecido por um auxílio emergencial pelo qual não lutou, mas que foi decisivo na consolidação de uma base de apoio que está firmemente na faixa dos 40%. Dadas as dificuldades de se realizarem manifestações populares e sessões do Congresso durante uma pandemia, o Brasil entrou na curva ascendente do Covid-19 em completo impasse político. Enquanto isso, é crescente o consenso entre analistas de que não há qualquer coexistência possível entre Bolsonaro como chefe do executivo e um funcionamento normal do regime democrático, até mesmo o "normal" tão limitado, e tão escasso de garantias para a população mais pobre, a que o Brasil se acostumou durante a democracia da Nova República (1985-2018).

A investigação das raízes históricas, antropológicas e discursivas do bolsonarismo na sociedade brasileira não pode obnubilar o fato indiscutível de que *o bolsonarismo é uma devastação sem precedentes*. É verdade que, em termos de repressão política, já estivemos em lençóis bem piores, por exemplo de 1968 a, pelo menos, 1975. É verdade que a economia já esteve pior do que está hoje (e hoje ela está muito mal e tende a piorar). Mas a devastação produzida pelo bolsonarismo é sem precedentes quando tomada em seu conjunto. Jamais vimos essa combinação de metralhadoras de mentiras vindas da Presidência, apoio relativamente sólido de 40% da população a essas falsificações, completo desprezo pelos direitos humanos, vontade genocida contra populações desamparadas e tremenda capacidade de desmonte em todas as áreas, algumas delas, como a ambiental, com consequências catastróficas que vão além das fronteiras do país. O estudo das raízes e condições de possibilidade do bolsonarismo em nada relativiza o ineditismo do bolsonarismo como devastação, e a necessidade de se lembrar isso é um testemunho da deterioração do debate público no Brasil. A esperança do autor é que a longa e complexa genealogia apresentada aqui tenha lançado luz sobre o processo pelo qual tão insólita catástrofe nos aconteceu.

Notas

INTRODUÇÃO

Ver entrevista de Jair Bolsonaro a Nando Moura em 2016: <https://youtu.be/OQWRWVGv5hY>. Bolsonaro voltaria a falar com o youtuber em fevereiro de 2018, em entrevista que já pressupõe a candidatura à Presidência: <https://youtu.be/epR3ZdHv3H4>.

1. PARA UMA GENEALOGIA DO BRASIL GRANDE

1. Para todos os discursos de Lula e outros presidentes brasileiros, a menos que especificamente identificados de outra forma, a fonte é a Biblioteca da Presidência da República On-line: <http://biblioteca.presidencia.gov.br>. As referências deste ponto em diante serão dadas entre parênteses no texto e incluirão a data de cada discurso.
2. Note-se a ênfase com que Celso Furtado insistia que o desenvolvimento de países de Terceiro Mundo não poderia seguir o mesmo caminho que as nações industrializadas haviam trilhado, justamente devido a uma divisão internacional desigual de trabalho. Essa advertência vai consistentemente desaparecendo da versão lulista do desenvolvimentismo. Ver Celso Furtado, *Desenvolvimento e Subdesenvolvimento* [1961]. São Paulo: Contraponto, 2009.
3. A melhor fonte para a história do Partido dos Trabalhadores ainda é *História do PT* (São Paulo: Ateliê Editorial, 2011), de Lincoln Secco. Resoluções de Congressos e Conferências estão disponíveis no site do partido: <http://pt.org.br>

4. O assassinato de Vladimir Herzog seria depois tematizado em um notável romance de Silviano Santiago que narra um hipotético diário de Graciliano Ramos "em liberdade", depois de seu encarceramento pelo Estado Novo. Graciliano concebe um relato em que ele falaria pela voz do poeta árcade mineiro Cláudio Manuel da Costa, sobre cuja morte sempre pairou a dúvida se assassinato ou suicídio. Um sonho revela a Graciliano a imagem de um Cláudio Manuel assassinado na prisão exatamente como Vladimir Herzog em 1975, com o ato seguido pela produção de uma inverossímil pose de suposto suicídio para fotografia. Ver Silviano Santiago, *Em liberdade*. Rio de Janeiro: Paz e Terra, 1981. Sobre essa obra de Silviano, escrevi um capítulo de meu estudo sobre as literaturas pós-ditatoriais. Ver *Alegorias da derrota: a ficção pós-ditatorial e o trabalho do luto na América Latina*. Belo Horizonte: Editora UFMG, 2003.
5. Secco, op. cit., p. 27.
6. Thomas Skidmore, *Brasil: de Castelo a Tancredo*. Rio de Janeiro: Paz e Terra, 1988, p. 359.
7. Secco, op. cit., p. 45-6.
8. Idem, p. 45.
9. Mariana Schreiber, "Por que sindicatos que queriam abolir CLT nos anos 80 agora reclamam de sua 'destruição'". *BBC Brasil*, 1º mai. 2017.
10. Dado o inegável aumento no poder aquisitivo dos pobres durante o governo Lula, o debate sobre uma real redução da desigualdade no Brasil durante os anos de prosperidade persiste há algum tempo entre os economistas. Esse debate está relativamente resolvido pelo trabalho mais matizado (e premiado) de estudiosos da desigualdade como Pedro H. G. Ferreira de Souza, *Uma história da desigualdade: a concentração de renda entre ricos no Brasil (1926-2013)*. São Paulo: Hucitec, 2018. Pesquisas mais recentes e sofisticadas, como a de Pedro Souza, que olham a desigualdade do ponto de vista de uma *longue durée*, complicaram resultados anteriormente vistos com lente mais otimista. Alimentados por dados de imposto de renda, fotografia mais fiel do movimento real do que as pesquisas PNAD feitas pelo IBGE, Souza, Piketty e outros mostraram que a redução da desigualdade levada a cabo mesmo nos anos lulistas, se existiu, foi limitadíssima. Uma vez que os ganhos de capital são levados em conta, o efeito do lulismo sobre a desigualdade no Brasil se revelou pequeno. Essas conclusões são agora aceitas até por economistas simpáticos ao desenvolvimentismo de centro-esquerda do lulismo, como Laura Carvalho. Ver *Valsa brasileira: do boom ao caos econômico*. São Paulo: Todavia, 2018. Com dados até 2012, que foi o auge do lulismo, ver Marcelo Medeiros, Pedro Souza e Fábio Ávila de Castro,

"A estabilidade da desigualdade de renda no Brasil 2006 a 2012; estimativa com dados do imposto de renda e pesquisas domiciliares." *Ciência e Saúde Coletiva*, v. 20, p. 1-35, 2015. Para os fundamentos do modelo de estudos da desigualdade baseados em imposto de renda, ver *O Capital no século XXI*, de Thomas Piketty (Rio de Janeiro: Intrínseca, 2014), referência no tema.

11. Uma das mais frutíferas críticas direcionadas ao lulismo defende que as administrações de Lula e Dilma não estenderam os inegáveis avanços no consumo ao campo da cidadania. Isso é fundamentalmente correto, já que o lulismo cooptou e silenciou movimentos sociais em um grau sem precedentes. Não seria correto, no entanto, negar que o lulismo tenha tido qualquer efeito na cidadania. Em áreas como a cidadania cultural, a experiência do ministério liderado por Gilberto Gil e, mais tarde, por Juca Ferreira foi inovadora e eficiente. Durante os oito anos dos dois mandatos de Lula, o Ministério da Cultura de Gil e Juca liderou um número de iniciativas que mudou o debate contemporâneo sobre cultura. O ministério Gil/Juca deixou uma forte marca, da experiência de "Pontos de Cultura" — milhares de iniciativas patrocinadas pelo Estado e verdadeiramente espalhadas por todo o Brasil, fortalecendo os produtores de cultura locais sem tentativas estatais de empurrá-los na direção de qualquer conteúdo ideológico. O MinC Gil/Juca também questionou a restritiva legislação brasileira de direitos de propriedade e, depois de longo processo democrático, já havia uma nova lei de direitos autorais para ir ao Congresso. Infelizmente, a administração de Dilma pôs um fim a essa experiência ao entregar o ministério a Ana de Hollanda, representante do lobby da propriedade intelectual. Para uma história sucinta do Ministério da Cultura Gil-Ferreira, ver Célio Turino, *Ponto de cultura: o Brasil de baixo para cima* (São Paulo: Anita Garibaldi, 2010), e Alfredo Manevy, "Dez mandamentos do Ministério da Cultura nas gestões Gil e Juca". *Cadernos Cenpec*, v. 5, n. 7, 2010. Para uma exploração cuidadosa do conceito de cidadania cultural, ver George Yúdice, *A conveniência da cultura* (Belo Horizonte: UFMG, 2008), assim como Toby Miller, *Cultural Citizenship: Cosmopolitanism, Consumerism, and Television in a Neoliberal Age* (Filadélfia: Temple UP, 2007). Para um ensaio sobre a música no Brasil, tanto como instrumento quanto obstáculo para a cidadania cultural, ver Idelber Avelar e Christopher Dunn, "Introduction", *Brazilian Popular Music and Citizenship* (Durham e Londres: Duke UP, 2012).
12. Elio Gaspari, *A ditadura encurralada*. São Paulo: Companhia das Letras, 2004.
13. Os números da economia brasileira citados aqui se remetem a dados do Banco Mundial: <https://data.worldbank.org/indicator/NY.GDP.MKTP.KD.ZG?locations=BR>.

14. Para uma representação inspirada do cinema brasileiro sobre a investida amazônica pelo regime militar, ver *Iracema: uma transa amazônica* (1976), de Jorge Bodanzky e Orlando Senna. Para uma crítica da concepção da Amazônia pelo regime militar, ver Eduardo Viveiros de Castro, "O Brasil é grande, mas o mundo é pequeno". *Instituto Socioambiental*, 27 jun. 2008: <https://www.socioambiental.org/pt-br/blog/blog-do-isa/o-brasil-e-grande-mas-o-mundo-e-pequeno>.
15. Gaspari, op. cit., p. 70.
16. Heloísa S. M. Costa e Geraldo M. Costa, "Ouro Branco/Açominas: um último capítulo da história da produção do espaço para a indústria". *Geonomos*, v. 5, n. 2, p. 65-72, 1997. Disponível em: <http://general.igc.ufmg.br/geonomos/PDFs/6_2_65_72_Costa.pdf>.
17. Gaspari, op. cit., p. 46.
18. Idem, p. 49.
19. Maria Celina D'Araújo e Celso Castro, *Ernesto Geisel*. São Paulo: Fundação Getulio Vargas, 1997.
20. Golbery do Couto e Silva, *Planejamento estratégico* [1955]. Brasília: UnB, 1981. *Geopolítica do Brasil* [1958]. Rio de Janeiro: José Olympio, 1967.
21. Luiz Felipe Mundim, "C. Juarez Távora e Golbery do Couto e Silva: Escola Superior de Guerra e a Organização do Estado Brasileiro" (1930-1960). Dissertação de Mestrado. Universidade Federal de Goiás, 2007.
22. Samuel Huntington, *The Clash of Civilizations and the Remaking of World Order*. Nova York: Simon & Schuster, 1996. O artigo original apareceu como "The clash of civilizations?", *Foreign Affairs*, v. 72, n. 3, 1993.
23. Thiago Bonfada de Carvalho, *Geopolítica brasileira e relações internacionais nos anos 1950: O pensamento do general Golbery do Couto e Silva*. Brasília: Fundação Alexandre de Gusmão, 2010, p. 94.
24. Golbery do Couto e Silva, *Geopolítica do Brasil*, p. 206.
25. Ver o relatório da Comissão Nacional da Verdade em: <http://cnv.memoriasreveladas.gov.br>.
26. Escrevi algumas notas sobre o genocídio dos waimiris-atroaris em "Brazilian Amerindians and the Legacy of the Military Dictatorship." Chris Andrews e Matt McGuire (eds.). *Post-Conflict Literature: Human Rights, Peace, Justice*. Nova York e Londres: Routledge, 2016, p. 121-29.
27. Gaspari, op. cit., p. 131.
28. Idem, p. 135.
29. Lucas Oliveira Barbosa Lima, "O negociador: um perfil do embaixador Paulo Nogueira Batista". Ministério das Relações Exteriores. Disponível em: <https://

sistemas.mre.gov.br/kitweb/datafiles/JucaIrbr/pt-br/file/destaques/juca%204/ Perfil_Paulo_Nogueira_Batista_JUCA_04_INTERNET.pdf >.
30. Para uma bibliografia completa a respeito das dimensões econômicas, jurídicas e ambientais de Belo Monte, ver minha compilação "Cinquenta leituras sobre o ecocídio de Belo Monte", publicada originalmente em duas partes (2011-12) e agora disponível em: <https://medium.com/@idelberavelar/50-leituras-sobre-o-ecoc%C3%ADdio-de-belo-monte-181fc151e>.
31. Maria Emilia A.T. Lima, *A construção discursiva do povo brasileiro: os discursos de 1º de maio de Getúlio Vargas*. Campinas: Unicamp, 1990. Para a obra de referência de Michel Pêcheux na área, ver *Analyse automatique du discours*. Paris: Dunod, 1969. A reflexão de Pêcheux sobre a prática da análise do discurso foi introduzida e aprofundada no Brasil por Eni Orlandi, que desde os anos 1960 tem se dedicado ao tema e construído uma obra monumental. Ver, em especial, *A linguagem e seu funcionamento: as formas do discurso*. São Paulo: Brasiliense, 1983 [4ª ed., Campinas: Pontes, 2006]. Note-se a centralidade do conceito de *funcionamento* para a analista do discurso. A linguagem não é uma substância dotada de alguma essência trans-histórica nem um invólucro neutro que transmite conteúdos de existência prévia, mas uma prática social cujos sentidos não estão dados de antemão. Para uma dimensão que pode ter a análise do discurso para as ciências humanas, ver a obra premiada com o Jabuti de ensaio em 1993: Eni Orlandi, *As formas do silêncio: no movimento dos sentidos*. Campinas: Unicamp, 1992.
32. Para uma apresentação mais extensa dessa teoria por Ernesto Laclau, ver seu clássico *On populist reason*. Londres: Verso, 2007. Para uma das resenhas que sugerem que Laclau reduz toda a política a populismo, ver Benjamin Arditi, "Populist is hegemony in politics? On Ernesto Laclau's On Populist Reason". *Constellations*, v. 17, n. 3, 2010. Sou grato a Henrique Kopittke por me indicar a resenha de Arditi.
33. Para o melhor retrato do papel do antagonismo no discurso chavista, não é necessário ir além dos discursos e entrevistas do próprio Chávez. Uma boa amostra pode ser encontrada em Aleida Guevara (ed.). *Chávez, Venezuela e a Nova América Latina*. Cabo Verde: Ocean, 2005. Para uma análise de como "o discurso do chavismo construiu moralmente uma dualidade antagônica entre o 'povo' (*el Pueblo*) virtuoso e uma elite incorrigivelmente venal e corrupta (a oligarquia, ou, para falar à moda chavista, a oligarquia rançosa", ver Kenneth M. Roberts, "Populism and democracy in Venezuela under Hugo Chávez", em Cas Mudde e Cristóbal Rovira Kaltwasser, *Populism in Europe and the Americas: Threat or corrective for democracy?* Cambridge, Reino Unido: Cambridge UP, 2012, p.

136-159. Para uma análise crítica já nos albores do chavismo e que demonstrava como ele dependia de uma política cultural baseada no antagonismo, ver Gisela Kozak Rovero, "Políticas culturales y hegemonía en la Revolución Bolivariana: ética y estética socialistas". *Estudios*, v. 14, n. 28, p. 101-121, 2006.
34. Carlos Fico, *Reinventando o otimismo: ditadura, propaganda e imaginário social no Brasil, 1969-1979*. Rio de Janeiro: Fundação Getulio Vargas, 1997.
35. Nina Schneider, *Brazilian Propaganda: Legitimizing an authoritarian regime*. Gainsville: UP of Florida, 2014. Raphael Oliveira, "Otimismo em tempos de repressão: A publicidade inspirada na propaganda do governo Médici." Monografia (Graduação em Comunicação Social/Jornalismo). Universidade Federal do Rio de Janeiro, 2013.
36. Esse discurso de 1975 de Geisel está disponível em áudio e vídeo no YouTube: <https://www.youtube.com/watch?v=F_g2auSmsGo>.
37. Todas essas promessas foram bem documentadas pela imprensa brasileira. "Trem-bala fica pronto até Olimpíada de 2016, afirma Dilma." *O Globo*, 4 fev. 2010. "Das seis mil creches prometidas por Dilma, nenhuma saiu do papel." *O Globo*, 7 fev. 2012. "Dilma diz que quer construir mais de 800 aeroportos regionais no país." *O Globo*, 12 dez. 2012. "Lobão: país fará uma usina nuclear por ano em 50 anos." *O Estado de S. Paulo*, 12 set. 2008.
38. Jessé Souza, *A elite do atraso: da escravidão à Lava Jato*. São Paulo: LeYa, 2017, p. 145-6.
39. Sérgio da Mata, "A viagem redonda de Jessé Souza". *Sociologias*, v. 20, n. 47, 2018.
40. "Lula elogia Médici." *Folha de S.Paulo*, 30 ago. 2002.
41. Idem.
42. Samuel Pessoa, "Por que Dilma é o novo Geisel". *Época*, 20 abr. 2013.
43. Lula da Silva, Luiz Inácio. *A verdade vencerá: o povo sabe por que me condenam*. São Paulo: Boitempo, 2018. Edição para Kindle.

2. MASCARAMENTO DE ANTAGONISMOS

1. Sergio Abranches, "Presidencialismo de coalizão: O dilema institucional brasileiro". *Revista de Ciências Sociais*, v. 31, n. 1, p. 21-22, 1988.
2. Idem, p. 31-32.
3. Fernando Limongi, "A democracia no Brasil: presidencialismo, coalizão partidária e processo decisório". *Novos Estudos Cebrap*, n. 76, p. 17, 2006.
4. Idem, p. 20.

5. Fernando Limongi e Argelina Figueiredo, "As bases institucionais do presidencialismo de coalizão". *Lua Nova*, n. 44, p. 82, 1998.
6. Abranches, op. cit., p. 21.
7. Bruno P. W. Reis, "Sistema eleitoral e financiamento de campanhas no Brasil: desventuras do Poder Legislativo sob um hiperpresidencialismo consociativo". Ruben George Oliven, Marcelo Ridenti, Gildo Marçal Brandão (orgs.). *A Constituição de 1988 na vida brasileira*. São Paulo: Hucitec, 2008, p. 57-90.
8. Fabiano Santos e Fernando Guarnieri. "From protest to parliamentary coup: An overview of Brazil's recent history." *Journal of Latin American Cultural Studies*, v. 25, n. 4, p. 485-494, 2016.
9. Santos e Guarnieri, p. 493.
10. Fernando Limongi, "Impedindo Dilma". *Novos estudos Cebrap*, número especial, p. 8, 2013.
11. Idelber Avelar, "A response to Fabiano Santos and Fernando Guarnieri". *Journal of Latin American Cultural Studies*, v. 26, n. 2, p. 341-350, 2017.
12. Como introdução à história da Colômbia, sugiro as obras de Marco Palacios. Ver *Between legitimacy and violence: A history of Colombia, 1875-2002*. Trad. Richard Stoller. Durham e Londres: Duke UP, 2006. Para uma análise das relações entre as literaturas regionais colombianas e os processos de formação do Estado na Colômbia, ver o meu *Transculturación en suspenso: Los orígenes de los cánones narrativos colombianos*. Bogotá: Caro y Cuervo, 2016. Uma extensa e fina meditação sobre o século XIX colombiano, a formação da nacionalidade via cultura oral/auditiva/sonora (sintetizada no conceito de *auralidade*) encontra-se em Ana María Ochoa Gautier, *Aurality: Listening and knowledge in nineteenth-century Colombia*. Durham e Londres: Duke UP, 2004.
13. A melhor bibliografia sobre a estabilidade da política chilena se gestou na crítica cultural e no ensaio filosófico críticos dos rumos *concertacionistas*, conciliatórios e normalizadores de boa parte das ciências sociais chilenas pós-ditadura. Ver o livro do filósofo Willy Thayer, *La crisis no moderna de la universidad moderna (epílogo del conflicto de las facultades)*. Santiago: Cuarto Propio, 1996. O melhor da crítica cultural Nelly Richard está compilado em *Crítica de la memoria (1990-2010)*. Santiago: Diego Portales, 2010. O filósofo Pablo Oyarzún também foi uma voz potente ao escrever sobre as condições de produção de arte em *Arte, visualidad e historia*. Santiago: La Blanca Montaña, 1999. A historiografia da arte e o ensaísmo produzidos pelo rosarino radicado no Chile Federico Galende são de interesse para esses debates, mas de especial relevância para uma fotografia do sistema político chileno é seu romance sobre o período Salvador Allende: *Me dijo Miranda*. Santiago: Alquimia, 2013.

14. Como introdução à história argentina moderna, o nome principal é Tulio Halperín Donghi. Da obra publicada por Halperín Donghi, veja-se o volume que mapeia a transição entre o yrigoyenismo e o peronismo: *La república imposible (1930-1945)*. Coleção Biblioteca del Pensamiento Argentino. Buenos Aires: Ariel, 2004. Sobre o peronismo, há dois livros que indico como ineludíveis. Alejandro Horowicz. *Los cuatro peronismos*. Buenos Aires: Edhasa, 1985. Narra e interpreta os quatro ciclos históricos do peronismo. Indispensável também é Daniel James, *Resistance and integration: Peronism and the Argentine working class (1946-1976)*. Cambridge: Cambridge UP, 1998. Trata-se de um livro escrito em inglês, mas traduzido e respeitado na Argentina. Foi um marco na crítica à leitura do peronismo como falsa consciência e na formulação do conceito de *experiência* peronista. Mais recente, importante para o quadro completo é o livro de Mark Healey sobre o terremoto de San Juan. *The ruins of the new Argentina: Peronism and the remaking of San Juan after the 1944 earthquake*. Durham e Londres: Duke UP, 2011.
15. Marcos Nobre. *Imobilismo em movimento: Da abertura democrática ao governo Dilma*. São Paulo: Companhia das Letras, 2013.
16. Peter Pál Pelbart. "Anota aí: eu sou ninguém". *Folha de S.Paulo*, 19 jul. 2013.
17. Marcos Nobre. *Choque de democracia: razões da revolta*. São Paulo: Companhia das Letras, 2013.
18. Chico de Oliveira, *Crítica da razão dualista* [1972]/*O ornitorrinco*. São Paulo: Boitempo, 2003, p. 32.
19. Idem, p. 33.
20. Idem, p. 65.
21. Para um reconhecimento explícito do próprio Chico de Oliveira dessas limitações, ver o *Roda Viva* de 30 de dezembro de 2013 (disponível no YouTube), em que Chico admitia não ter, por exemplo, nada a dizer sobre as multidões que haviam saído às ruas em todo o Brasil naquele ano em números inéditos.
22. A histórica performance de Conceição Tavares pode ser vista no YouTube: <https://youtu.be/7p9Xt9z5PSs>.
23. Jorge Luis Borges, "El jardín de los senderos que se bifurcan". *Ficciones* [1944]. *Obras Completas*. Vol. 1. Buenos Aires: Emecé, 2005, p. 567-577.
24. A melhor introdução ao fenômeno dos pontos de cultura foi escrita por figura protagonista em sua concepção e execução. Ver Célio Turino. *Ponto de cultura: o Brasil de baixo para cima*. São Paulo: Anita Garibaldi, 2010.
25. Marcelo da Silveira Campos. "Drogas e justiça criminal em São Paulo: conversações". *Sistema penal e violência*, Porto Alegre, v. 5, n. 1, p. 120-132, 2013.

26. Paulo Arantes. "Depois de junho a paz será total". *O novo tempo do mundo e outros ensaios sobre a emergência*. São Paulo: Boitempo, 2014, p. 353-460.
27. Afirma Campos, p. 128: "Os limites difusos entre o tráfico e o uso novamente parecem confundir-se com os mecanismos de reconhecimento e identidade do réu, bem como as condições, lugares e momentos pelos quais os policiais apreenderam os sujeitos narrados."
28. Juliana Borges. "Black women under fire: the war on drugs and incarceration as a policy of extermination". *Sur: International Journal of Human Rights*, v. 28, 2018.
29. Oswaldo Braga de Souza. "O que o governo Dilma fez (e não fez) pelos territórios quilombolas?". Instituto Socioambiental. Disponível em: <https://www.socioambiental.org/pt-br/noticias-socioambientais/o-que-o-governo-dilma-fez-e-nao-fez-pelos-territorios-quilombolas>.
30. Cássius Dunck Dalosto e João Augusto Dunck Dalosto, "Políticas públicas e os quilombos no Brasil: Da colônia ao governo Michel Temer". *Revista de Políticas Públicas*, v. 22, n. 1, 2018.
31. Nilo Batista, "Só Carolina não viu". Adriana Ramos de Mello (org.). *Comentários à lei de violência doméstica e familiar contra a mulher*. Rio de Janeiro: Lumen, 2009.
32. Instituto de Pesquisa Econômica Aplicada (Ipea). *Violência contra a mulher: feminicídio no Brasil*, 2013.
33. Daniele Giglioli, *Crítica da vítima*. Trad. Pedro Fonseca. Belo Horizonte: Âhiné, 2016.
34. No caso do período da Independência, ver dois livros essenciais sobre o processo pernambucano como margem popular e revoltosa de um processo normalmente narrado do ponto de vista das elites do Rio de Janeiro e de Lisboa: Carlos Guilherme Mota, *Nordeste 1817: estruturas e argumentos* (São Paulo: Perspectiva/Edusp, 1972), e Evaldo Cabral de Mello, *A outra Independência: o Federalismo Pernambucano de 1817 a 1821* (São Paulo: Ed. 34, 2004).
35. Para o tema do esquecimento do sangue afro-atlântico vertido como elemento essencial da modernidade, ver o já clássico livro de Paul Gilroy, *O Atlântico negro: modernidade e dupla consciência* [1993]. Trad. Cid Knipel Moreira. São Paulo: Ed. 34, 2001. No caso da sociologia brasileira, um marco no vínculo entre discriminação racial e desigualdades foi *Discriminação e desigualdades raciais no Brasil*, de Carlos Hasenbalg. Rio de Janeiro: Graal, 1979.
36. Eduardo Viveiros de Castro, "O mármore e a murta: sobre a inconstância da alma selvagem". *A inconstância da alma selvagem e outros ensaios de antropologia*. São Paulo: Cosac & Naify, 2002.

37. Essa é, por exemplo, a interpretação legada por Sérgio Buarque de Holanda. Na consagrada interpretação de José Murilo de Carvalho, a pactuação federalista que se impôs a partir do Rio de Janeiro foi obra de uma corte que se sobrepôs a interesses locais. Ver *A construção da ordem: a elite política imperial*. Rio de Janeiro: Campus, 1980. Para uma visão alternativa, ver Miriam Dolhnikoff. *O pacto imperial: origens do federalismo no Brasil do século XIX*. São Paulo: Globo, 2005.
38. A observação é do historiador Luiz Antonio Simas, que conta a história no texto "Uma história da Praça Tiradentes", publicado no blog Histórias Brasileiras.
39. Ver Maria Emilia A. T. Lima, *A construção discursiva do povo brasileiro: os discursos de 1º de maio de Getúlio Vargas*. Campinas: Unicamp, 1990. Trabalhei com outro aspecto da obra de Maria Emilia em um artigo sobre hipérbole na política brasileira para o blog Estado da Arte, do jornal *Estadão*, disponível em: <https://cultura.estadao.com.br/blogs/estado-da-arte/a-hiperbole-e-o--brasil-grande-do-varguismo-ao-lulismo/>.
40. Não por acaso, um dos mais ricos contos sobre a ditadura militar brasileira, "Alguma coisa urgentemente", de João Gilberto Noll, base do filme *Nunca fomos tão felizes*, de Murilo Salles, retrata precisamente essa interdição sobre a linguagem e a memória.
41. Eu mesmo argumentei pela existência dessa coerência na trajetória de FHC. Ver *Alegorias da derrota: a ficção pós-ditatorial e o trabalho do luto na América Latina*. Belo Horizonte: UFMG, 2003.
42. André Singer, *Os sentidos do lulismo: reforma gradual e pacto conservador*. São Paulo: Companhia das Letras, 2012.

3. O OXIMORO LULISTA

1. As primeiras frases deste parágrafo foram escritas a quatro mãos com Moysés Pinto Neto, em um projeto de texto que jamais terminamos. Devo a Moysés a sacada sobre a plasticidade macunaímica do lulismo. A referência, claro, é a *Macunaíma, o herói sem caráter* (1929), de Mário de Andrade, o monumental relato modernista (chamada de "rapsódia" pelo autor) que sintetiza a fluidez e inconstância nacionais. Para uma interpretação canônica de Macunaíma, que elucida a personagem como uma metáfora nacional, ver Telê Porto Ancona Lopez, *Macunaíma: a margem e o texto*. São Paulo: Hucitec, 1974.
2. "Jefferson denuncia mesada paga pelo tesoureiro do PT", *Folha de S.Paulo*, 6 jun. 2005.

3. André Singer, *Os sentidos do lulismo: reforma gradual e pacto conservador*. São Paulo: Companhia das Letras, 2012.
4. André Singer, "Coalizão rentista foi às ruas reagir contra Dilma". *Viomundo*, 20 ago. 2013. Disponível em: <https://www.viomundo.com.br/politica/andre-singer-coalizao-rentista-foi-as-ruas-reagir-contra-dilma.html>.
5. André Singer, *O lulismo em crise: um quebra-cabeça do período Dilma, 2011-2016*. São Paulo: Companhia das Letras, 2018.
6. Perry Anderson, "Bolsonaro's Brazil". *London Review of Books*, v. 41, n. 3, 2019.
7. Para o mais rigoroso relato da contabilidade criativa do governo Dilma e o caminho para o colapso do orçamento federal, ver João Villaverde, *Perigosas pedaladas: os bastidores da crise que abalou o Brasil e levou ao fim o governo Dilma Rousseff*. São Paulo: Geração, 2016. Para uma narrativa passo a passo de como o governo Rousseff trouxe o Brasil à sua pior recessão até hoje, por meio de sua gestão errática da economia, ver Monica de Bolle, *Como matar a borboleta azul: uma crônica da era Dilma*. Rio de Janeiro: Intrínseca, 2016. Para uma excelente e investigativa peça de jornalismo econômico, com relatos dos bastidores, ver Cláudia Safatle, João Borges e Ribamar Oliveira, *Anatomia de um desastre: os bastidores da crise econômica que mergulhou o país na pior recessão de sua história*. São Paulo: Companhia das Letras, 2016. Essas três obras são suficientes para desmantelar toda a bibliografia acrítica do lulismo, de Noam Chomsky a Perry Anderson e André Singer. Nenhum dos argumentos ou da extensa pesquisa em que se baseiam esses livros jamais é confrontado na bibliografia acrítica do lulismo.
8. A Carta ao Povo Brasileiro foi um documento-chave na ascensão de Lula à presidência. Em 22 de junho de 2002, com o receio de que sua provável eleição lançaria a desordem no mercado financeiro, Lula escreveu uma carta na qual se comprometia a honrar contratos, manter prudência macroeconômica e respeitar a estabilidade monetária. Esse foi o documento decisivo na transição de Lula como orador inflamado e líder popular para Lula como conciliador habilidoso, que se apresentava como o presidente de todos os brasileiros.
9. Durante seu segundo mandato, Lula repetidamente aludia a episódios nos quais a descoberta de pererecas atrasava obras por meses. Era seu jeito de ridicularizar o movimento ambiental, usando o sentido duplo da palavra para efeito cômico. Entre vários discursos que atestam o poder retórico dessa história antiambientalista, ver a inauguração do novo terminal no aeroporto de Rio Branco (AC), em 28 de abril de 2009, disponível na Biblioteca da Presidência on-line: <http://biblioteca.presidencia.gov.br/> ou em <https://www.youtube.com/watch?v=Qzu-qrBQkPs>.

10. O lulismo também era um exemplo de como o apóstata tende a ser perseguido com muito mais intensidade que o herege. Tanto Marina Silva quanto Marta Suplicy foram importantes líderes no PT até sua partida, em 2009 e 2015, respectivamente. A jornalista Miriam Leitão nunca foi afiliada ao PT, mas vem da esquerda também, tendo sido presa e torturada pela ditadura militar, enquanto grávida, em 1972, quando era uma jovem ativista do Partido Comunista. A campanha de difamação do PT contra Marina na campanha de 2014, coordenada pelo (hoje preso) mago da propaganda João Santana, permanece como uma das mais violentas da história. Uma lista completa dos ataques ocuparia um capítulo inteiro, mas, para algumas das peças especialmente odiosas, ver os arquivos do blog "Conversa Afiada" e o comercial acusando Marina de roubar comida da mesa das famílias pobres, disponível em: <https://www.youtube.com/watch?v=s2g1ZZD1_sM>.
11. Tales Ab'Sáber, *Lulismo, carisma pop e cultura anticrítica*. São Paulo: Hedra, 2011, p. 60.
12. Chico de Oliveira, *Crítica da razão dualista/O ornitorrinco*. São Paulo: Boitempo, 2003.
13. Ab'Sáber, op. cit., p. 44.
14. Idem, p. 76.
15. Tales Ab'Sáber, *Dilma Rousseff e o ódio político*. São Paulo: Hedra, 2015 e *Michel Temer e o fascismo comum*. São Paulo: Hedra, 2018. A entrevista com Mario Sergio Conti está disponível em <https://globosatplay.globo.com/globonews/v/4311721/>.
16. A declaração está disponível em qualquer uma das peças jornalísticas publicadas a respeito dessa história na época. Uma boa fonte é Marcelo Ninio, "Lula apoia Sarney e critica 'denuncismo' da imprensa". *Folha de S.Paulo*, 18 jun. 2009.
17. "Lula, mais uma vez, critica a imprensa". Observatório da Imprensa, fev. 2009. Disponível em: <http://observatoriodaimprensa.com.br/jornal-de-debates/lula-mais-uma-vez-critica-a-imprensa/>.
18. Anderson, op. cit., p. 9.
19. Seria cansativo citar todas as evidências dos laços bastante amigáveis entre a imprensa brasileira e a presidente Dilma em seus primeiros dois anos. Exemplos abundantes estão disponíveis nos arquivos de *O Globo*, *Folha*, *Estadão* e *Veja*, em seus respectivos sites. Para um bom relato dos primeiros anos do governo Dilma e sua relação amigável com a imprensa, ver Daniela Pinheiro, "A afilhada rebelde", *Piauí*, n. 97, 2014. Desnecessário dizer, esta é bibliografia com a qual Perry Anderson e Noam Chomsky não dão a menor mostra de familiaridade, para mencionar apenas duas estrelas internacionais que cons-

tantemente pontificam sobre a "mídia golpista" brasileira e sua — segundo eles, tão injusta — representação de Lula e do lulismo.

20. Com menos detalhes e ainda menos atenção a nuances que Anderson, Noam Chomsky repete as alegações de que Dilma foi deposta, e Lula, preso, devido a uma conspiração entre o capital financeiro e a imprensa tradicional, mais uma vez citando como evidências um total de zero jornalista brasileiro, zero publicação brasileira e zero estudioso brasileiro, com exceção do economista Bresser-Pereira, um dos ex-ministros diretamente responsáveis por ter levado o país à bancarrota em 1987. Veja a entrevista de Chomsky com a *Democracy Now* para perceber a caricatura: <https://www.democracynow.org/2018/12/31/a_disaster_for_brazil_noam_chomsky>.

21. A tentativa de difamar os manifestantes de 2013 substituindo o símbolo de uma de suas bandeiras por uma suástica foi feita pelo *Blog da Cidadania*, um dos mais relevantes na onda lulista mais fanática. O jornalista Luís Nassif, anteriormente empregado por veículos de comunicação sérios e mais tarde demitido sob suspeita de vender colunas econômicas para empresas privadas, era outro blogueiro da tropa de ataque criada pelo lulismo. Ele é o autor da frase "No *Tapajós, será* a *primeira* vez que se construirá uma *hidrelétrica* em *região não habitada*", e teve que ser lembrado pelos índios mundurukus de que eles de fato existiam. A *Carta Capital*, onde o artigo foi publicado, desde então o retirou de seu site. Em geral, esta era a qualidade da imprensa lulista, que atuava como cães de ataque governistas durante os mandatos de Lula e Dilma: insuportavelmente ignorantes e, frequentemente, também terrivelmente dissimulados.

22. A maioria dos estudiosos e ativistas acríticos do lulismo discordaria da caracterização de Buarque ou Gabeira como políticos de centro-esquerda, mas este é um efeito do exato processo que descrevo, por meio do qual adversários independentes do lulismo, mesmo quando progressistas, eram sistematicamente caluniados como sendo reacionários de direita. Em qualquer parlamento da Europa ou América Latina, posições como as de Buarque ou Gabeira no que se refere à economia, ao papel do Estado, ao meio ambiente e a assuntos comportamentais os qualificariam como de centro-esquerda, e nos Estados Unidos eles seriam vistos simplesmente como de esquerda. No Brasil, o uso habilidoso de antagonismo por parte do lulismo os retratava com sucesso como políticos de direita.

23. Uma coleção completa de materiais do PT retratando seus adversários de centro-esquerda ou centro-direita como "fascistas" ou "nazistas" pode ser encontrada em <https://twitter.com/rebeldescalca/status/1050451179744976896> (acesso em 28 jul. 2020).

24. É impossível exagerar o impacto que o notável boom chinês e sua fome por commodities tiveram na economia do Brasil sob Lula. A China importou US$ 31 bilhões em commodities em 2001, e disparou daí para US$ 297 bilhões em 2008 e US$ 525 bilhões em 2014, com uma consequente subida de preços, da qual o Brasil foi o principal beneficiário. Para um estudo mais alongado da relação entre o desenvolvimento do Brasil e o boom de commodities criado pela China, ver Clarissa Black, "*O boom de preços de commodities e a economia brasileira nos anos 2000*". Dissertação de mestrado. Porto Alegre: Universidade Federal do Rio Grande do Sul, 2015.
25. Singer, *Os sentidos do lulismo*, p. 58.
26. Idem, p. 189.
27. Tanto Lisboa quanto Pessoa defenderam a tese de que a crise mundial de 2008 criou as condições políticas para que Mantega cultivasse o apoio de que precisava para os gastos desenvolvimentistas sem controle que iriam finalmente explodir sob Dilma. Para os artigos de Pessoa ao longo dos últimos cinco anos na *Folha de S.Paulo*, ver <https://www1.folha.uol.com.br/colunas/samuelpessoa/>. Os de Marcos Lisboa estão disponíveis em <https://www1.folha.uol.com.br/colunas/marcos-lisboa>. O YouTube também traz uma generosa seleção de palestras e aulas públicas dos dois economistas, que são modelos de fertilização mútua entre conhecimento erudito e discurso cívico. Em setembro de 2012, anos antes de a crise se fazer visível a economistas desenvolvimentistas e apoiadores do governo de Dilma, Pessoa advertiu: "Mas acho ruim o conjunto de medidas tópicas. Várias alíquotas de importação subiram. Há uma tentativa de segurar o preço da gasolina por meio da Petrobras. Como isso prejudica o álcool, aí é preciso compensar os produtores de etanol com incentivos. Há uma tentativa de incentivar a venda de automóveis. Reduz-se o IPI dos carros, mas isso derruba a receita. Então, o governo precisa compensar cobrando de outro setor. Esse microgerenciamento da política econômica praticamente torna inviável o cálculo do empresário. Se você vai investir num setor no Brasil, precisa colocar no seu plano de negócios a possibilidade de o IPI subir, porque o governo precisa compensar um problema de algum outro setor que não tem nada a ver com o seu. Ou um concorrente seu recebe um monte de benefícios e você quebra, como ocorreu com o álcool." Guilherme Evelin e Marcos Coronato, "Samuel Pessoa: Quem gosta de chão de fábrica é intelectual". *Época*, 10 set. 2012.
28. Entre as fontes citadas por Singer a respeito do debate contemporâneo sobre (neo)desenvolvimentismo, ver Bresser-Pereira, "Reflexões sobre o novo desenvolvimentismo e o desenvolvimentismo clássico". *Revista de Economia*

Política, v. 36, n. 2, p. 237-265, 2016. O artigo bastante otimista de Cornel Ban oferece uma visão geral de como o desenvolvimentismo contemporâneo difere da variedade clássica. Ver "Brazil's liberal neo-developmentalism: New paradigm or edited orthodoxy?". *Review of International Political Economy*, v. 20, n. 2, p. 298-331, 2013.
29. André Singer, *O lulismo em crise*, p. 40.
30. Idem, p. 42.
31. Idem, p. 118.
32. Idem, p. 51.
33. De Bolle, op. cit., p. 125-6.
34. Singer, *O lulismo em crise*, p. 73.
35. Idem, p. 63.
36. Idem, p. 63.
37. Safatle, Oliveira e Borges, *Anatomia de um desastre*, p. 26.

4. LEXICOCÍDIO E EUFEMISMO

1. Diego Viana, "O Brasil é uma dádiva da Amazônia". Para ler sem olhar, 12 nov. 2014. Disponível em: < https://vianadiego.wordpress.com/2014/11/12/o--brasil-e-uma-dadiva-da-amazonia/>. Acesso em: 29 jul. 2020.
2. Marcel Mauss, *Ensaio sobre a dádiva: Forma e razão da troca nas sociedades arcaicas* [1924-25]. Trad. Paulo Neves. São Paulo: CosacNaify, 2013. A tradução de Paulo Neves do clássico ensaio de Mauss também está compilada em um tomo mais volumoso, que reúne outro de ensaio de Mauss de interesse para quem trabalha com análise retórica, o magnífico "Uma categoria do espírito humano: a noção de pessoa, de 'eu'" [1938]. Marcel Mauss, *Sociologia e antropologia*. São Paulo: CosacNaify, 2003.
3. Dipesh Chakrabarty, "O clima da história: Quatro teses". O ensaio está disponível em português, traduzido por equipe que reuni na internet (listada na publicação), em *Sopro*, n. 91, 1-22, jul. 2013.
4. Idem, p. 9.
5. Idem, p. 9.
6. Idem, p. 14.
7. De inspiração para este capítulo, ver Eduardo Viveiros de Castro, *A inconstância da alma selvagem e outros ensaios de antropologia*. São Paulo: CosacNaify, 2013. Como marco do que podem ser outros registros de pensamento e formas de

vida, ver Davi Kopenawa e Bruce Albert, *A queda do céu: palavras de um xamã yanomami*. Trad. Beatriz Perrone-Moisés. São Paulo: Companhia das Letras, 2015. *A queda do céu* é uma autobiografia do xamã Kopenawa, um relato da cosmogonia yanomami, uma autoetnografia do povo yanomami, e uma ferina e mordaz antropologia do povo branco, o povo da mercadoria. O livro também relata as incursões, invasões e agressões do povo da mercadoria aos ameríndios e à terra na qual e com a qual eles vivem. *A queda do céu* é, sobretudo, um livro programático, uma intervenção desassombrada que vem acompanhada de previsões sombrias caso se mantenha o modelo imposto pelos brancos. Há parágrafos que se deixam ler de maneira profética, particularmente à luz da pandemia da covid-19. Mais breve e menos monumental, mas não menos incisivo como leitura das condições de possibilidade ambientais de nosso tempo, é o opúsculo de Ailton Krenak, *Ideias para adiar o fim do mundo*. São Paulo: Companhia das Letras, 2019. Como introdução à Amazônia acessível ao leitor não especializado, ver Márcio Souza, *Amazônia indígena*. Rio de Janeiro: Record, 2015. Além de ter escrito o clássico romance amazônico *Gálvez, imperador do Acre* (1976), Márcio Souza foi o autor de um livro que se mostrou decisivo como resposta amazônida à ofensiva dos anos da ditadura. Falo de *A expressão amazonense do colonialismo ao neocolonialismo*. São Paulo: Alfa Ômega, 1977.

8. Volto a remeter o leitor aos trabalhos clássicos de Michel Pêcheux já mencionados no capítulo 1: *Analyse automatique du discours*. Paris: Dunod, 1969. Como mostra do grau de sofisticação filosófica a que chegou Pêcheux em sua obra, ver o tardio *La langue introuvable*. Paris: Maspero, 1981, escrito a quatro mãos com Françoise Gadet. No Brasil, ver os textos traduzidos e organizados por Eni Orlandi em *Análise do discurso: Michel Pêcheux*. Campinas: Pontes, 2017.
9. Evandro Éboli, "MST poupa Dilma com menos invasões de terras em 2011". *O Globo*, 31 jan. 2012.
10. Eduardo Viveiros de Castro, "O Brasil é grande, mas o mundo é pequeno". Instituto Socioambiental, 27 jun. 2008. Disponível em: <https://www.socioambiental.org/pt-br/blog/blog-do-isa/o-brasil-e-grande-mas-o-mundo-e-pequeno>. Acesso em 30 jul. 2020.
11. "Só desenvolvimento salva a Amazônia, diz Mangabeira Unger". *Rondônia Agora*, 16 mai. 2008.
12. Roberto Mangabeira Unger, *O que a esquerda deve propor?*. Rio de Janeiro: Civilização Brasileira, 2005, p. 96.
13. Idem, p. 33-34. Com esta obra tenho feito interessante experimento na internet ao longo da última década e meia. Em espaços de razoável amplitude, tenho

feito o desafio de que algum leitor me resuma, em um parágrafo ou em cinco, o que exatamente Mangabeira Unger acha que "a esquerda" deveria "propor", segundo essa obra. Continua valendo o desafio.

14. Essa ambiguidade se expressa na própria obra de Eduardo Giannetti. Para uma reflexão acerca da utopia possível para o Brasil, ver *Trópicos utópicos*. São Paulo: Companhia das Letras, 2016. A interrogação acerca da singularidade brasileira em dimensões que o próprio economista Giannetti afirma serem incapturáveis pelo PIB continua em *O elogio do vira-lata e outros ensaios*. São Paulo: Companhia das Letras, 2018.

15. Em setembro de 2019, reportagem da *Folha de S.Paulo* estimou em R$ 42 bilhões o custo da obra de Belo Monte. Em 2006, estimava-se, com base no diagnóstico da EletroNorte, o custo de R$ 4 bilhões. Em termos comparativos, a transposição do rio São Francisco custou R$ 12 bilhões. Elton Alisson, "Belo Monte descumpre promessa de desenvolvimento sustentável na Amazônia, dizem pesquisadores". *Folha de S.Paulo*, 4 set. 2019.

16. Para os pronunciamentos de Raoni Metuktire e Davi Kopenawa sobre o ecocídio de Belo Monte, ver seus vários vídeos disponíveis no YouTube. As citações de Felício Pontes Jr. são retiradas de seu blog *Belo Monte de violências*, que traz um detalhado acompanhamento jurídico do caso. Os vídeos, declarações e ativismo de Dona Antonia Melo estão documentados no rico website da ONG fundada por ela, o Movimento Xingu Vivo. As citações de Oswaldo Sevá são retiradas de seu pioneiro *Tenotã-mõ* (livro de alerta de 2005, publicado em colaboração com outros estudiosos) e também da sequência de textos que ele publicou no *Correio da Cidadania* sob o título "Especial Belo Monte". Para todas as fontes on-line, incluímos a data original da publicação.

17. A desconcertante declaração de Rousseff sobre a "gratuidade" da água está registrada em entrevista especial concedida a Jô Soares no *Programa do Jô* de 13 de junho de 2015: "São Paulo e em toda aquela região onde está a chamada 'caixa-d'água' do país, que são os grandes reservatórios que acumulam água. E, quando acumulam água, a gente tem água. E água não paga. A água é grátis, então, o preço da energia é mais barato. Quando não tem água, você paga Porque você tem de pagar o gás ou o carvão, ou o óleo diesel. Enfim, todo o combustível que você queimar."

18. Afirma o procurador Felício Pontes Jr.: "Foi um grande susto. Ninguém poderia imaginar que, sob o controle do PT, o projeto poderia ser retomado sem discussão com a sociedade. Em uma reunião com sindicatos de trabalhadores, associações, lideranças indígenas e religiosas, movimento de mulheres, e o

MPF, em Altamira, dei a informação do que estava ocorrendo. Notei forte sentimento de indignação. Mais do que isso. Os líderes da sociedade civil mais bem organizada da Amazônia — região da Transamazônica e Xingu — sentiram-se traídos." Felício Pontes Jr., "Belo Monte de Violências (II)". Belo Monte de Violências, set. 2010. Disponível em: <http://belomontedeviolencias.blogspot.com/2010/09/belo-monte-de-violencias-ii.html>.

19. Eliane Brum, "Belo Monte, nosso dinheiro e o bigode do Sarney: entrevista com Célio Bermann". *Época*, 31 de out. 2011.
20. Cito um trecho da decisão da OIT contra Belo Monte: "La Comisión pide al Gobierno que tome las medidas necesarias para garantizar de manera adecuada la consulta y participación de los pueblos indígenas en el diseño de este mecanismo de consulta y que envíe información sobre todo avance al respecto. La Comisión pide asimismo al Gobierno que indique de qué modo se consulta actualmente a los pueblos indígenas cada vez que se prevén medidas legislativas o administrativas concretas susceptibles de afectarlos directamente." (OIT. Informe de la Comisión de Expertos en Aplicación de Convenios y Recomendaciones, 2012. Documento ILC.101/III/1A.)
21. Felício Pontes Jr. "Belo Monte de Violências". Disponível em: <http://belomontedeviolencias.blogspot.com/2010/10/belo-monte-de-violencias-vi.html>.
22. Oswaldo Sevá, "Especial Belo Monte". *Correio da Cidadania*. Disponível em: < https://www.correiocidadania.com.br/especiais/69-especial-belo-monte>. Acesso em 30 jul. 2020.
23. Ver "Guarani Kaiowá" em <https://pib.socioambiental.org/en/Povo:Guarani_Kaiow%C3%A1>.
24. Idem.
25. Idem.
26. Antonio Brand, *O impacto da perda da terra sobre a tradição kaiowá/guarani: os difíceis caminhos da palavra*. Tese de doutorado. Pontifícia Universidade Católica do Rio Grande do Sul, 1997.
27. Levi Marques Pereira, "Mobilidade e processos de territorialização entre os Kaiowá atuais". *História em reflexão*, v. 1, n. 1, 2007.
28. Como grande testemunho cinematográfico do genocídio guarani, ver *Martírio*, a notável obra de Vincent Carelli, Tatiana Almeida e Ernesto de Carvalho, filmada ao longo de quarenta anos e lançada em 2016.
29. "Guarani kaiowá". Instituto Socioambiental. Disponível em: <https://pib.socioambiental.org/pt/Povo:Guarani_Kaiow%C3%A1>.

5. NOME PRÓPRIO E TAUTOLOGIA

1. Ver Vladimir Netto, *Lava Jato: O juiz Sergio Moro e os bastidores da operação que abalou o Brasil*. Rio de Janeiro: Sextante, 2016.
2. Daniel Jelin, "Em 12 meses, tomate bate inflação acumulada em 14 anos". *Veja*, 8 mai. 2013.
3. Bruno Cava, "O 18 de brumário brasileiro". *A terra treme: Leituras do Brasil de 2013 a 2016*. São Paulo: Annablume, 2016.
4. Camila Jourdan, *2013: memórias e resistências*. Rio de Janeiro: Circuito, 2018, p. 43.
5. Paulo Arantes, "Depois de junho a paz será total". *O novo tempo do mundo e outros estudos sobre a era da emergência*. São Paulo: Boitempo, 2014, p. 400.
6. Alexandre Mendes, *Vertigens de junho: os levantes de 2013 e a insistência de uma nova percepção*. Rio de Janeiro: Autografia, 2018, p. 250.
7. Idem, p. 453.
8. Idem, p. 404.
9. Tiana Maciel Ellwanger, *Jornadas de junho — 5 anos depois: O que foram as manifestações de 2013 e como elas mudaram o país*. Rio de Janeiro: Autografia, 2018, p. 135.
10. Idem, p. 152.
11. Idem, p. 136.
12. Igor Mendes, *A pequena prisão*. São Paulo: n-1, 2017.
13. Vera Malaguti, "Um grande livro sobre a pequena prisão". Mendes, op. cit., p. 23.
14. "A revolta como enigma: conversa com Camila Jourdan". *Revista Instituto Humanitas Unisinos*, 10 jun. 2020. Disponível em <http://www.ihu.unisinos.br/78-noticias/599818-a-revolta-como-enigma-conversa-com-camila-jourdan>
15. Arantes, op. cit., p. 357.
16. Arantes, op. cit., p. 397.
17. Para a compreensão da Lava Jato como captura dos anseios de Junho pelo aparato penal, registro minha dívida com Aline Passos, construída ao longo de anos de conversas, trocas e discussões em que fundamentalmente coincidimos em uma crítica à teoria petista do golpe e uma crítica paralela (e complementar) às ilusões punitivistas do lavajatismo. As elaborações de Aline Passos sobre a Lava Jato estão disponíveis em uma série de textos publicados em seu Facebook. Uma amostra de seu trabalho como leitora crítica do aparato disciplinar é o dossiê coorganizado com Henrique Oliveira: "Pacote de Troia: a lei anticrime de Sergio Moro". *Cult*, n. 244, abr. 2019.

18. Diego Viana, "Pauta difusa e derrota, mais uma vez". Para ler sem olhar, 22 jun. 2013. Disponível em: <https://vianadiego.wordpress.com/2013/06/22/pauta-difusa-e-derrota-mais-uma-vez/>.
19. Podem se ver aqui vários exemplos, mas paradigmático é o livro que Jessé Souza atualiza a cada acontecimento da conjuntura brasileira: *A elite do atraso: da escravidão à Lava Jato*, que foi atualizado como "da escravidão a Bolsonaro". Ignoro se Jessé já escreveu a versão "da escravidão ao coronavírus".
20. Souza, op. cit., p. 225.
21. Souza, op. cit., p. 67.
22. Netto, op. cit., p. 313.
23. Idem, p. 303.
24. Rodrigo Chemin, *Mãos Limpas e Lava Jato: a corrupção se olha no espelho*. Porto Alegre: Citadel, 2017.
25. Também não escapa do círculo tautológico a literatura hagiográfica produzida por delegados da Polícia Federal. Ver Jorge Pontes e Márcio Anselmo, *Crime.gov: quando corrupção e governo se misturam*. Rio de Janeiro: Objetiva, 2019. O eminente ministro do Supremo Tribunal Federal Luís Roberto Barroso prefacia a obra, que apresenta o retrato de uma sociedade carcomida até as entranhas pela corrupção. O ministro intitula seu prólogo "A naturalização das coisas erradas: o difícil desmonte do crime institucionalizado no Brasil", mas inacreditavelmente é incapaz de se perguntar como é possível que algo se naturalize em uma sociedade sem naturalizar-se também em sua polícia, a própria instância de enunciação para a qual o ministro bate bumbo em seu prólogo. É esperado que um policial brasileiro seja incapaz de fazer a pergunta inicial de qualquer operação hermenêutica — "o sujeito X que aponta/analisa/aborda o objeto/fato/situação Y está implicado em Y de quais formas?"; que o ministro considerado o "pensador" da Corte para o "combate à corrupção" seja incapaz ou esteja desinteressado em fazê-lo é um testemunho do papel do STF na catástrofe que nos aconteceu. Esse lamentável trajeto do STF na produção da hecatombe não foi tratado em detalhe neste livro, em parte porque as contribuições do STF à linguagem da política têm sido menores (talvez a mais emblemática tenha sido o "Vossa Excelência não está falando com os seus capangas do Mato Grosso", dirigido por Joaquim Barbosa a Gilmar Mendes em 2009), ao contrário de sua contribuição à cenografia (que inclui desde a grotesca imagem dos puxadores de cadeira até célebres mise-en-scènes como a promessa de Luiz Fux de "matar no peito" o julgamento do Mensalão quando candidato à indicação, seguida pelo voto em favor da condenação aos réus quando ministro). Para um desmonte detalhado das incongruências, irresponsabilidades e inconsistências do

STF, que incluíram a grosseira revogação da cláusula de barreira (medida legítima tomada pelos representantes do povo e cancelada na Suprema Corte), as liminares monocráticas que suspendem leis e voltam à gaveta, o pagamento ilegal de auxílio-moradia a juízes e uma série de usos interessados da obscuridade para avançar os interesses da magistocracia, ver a sequência de colunas que Conrado Hübner Mendes tem publicado na *Folha de S.Paulo*, disponíveis em: <https://www1.folha.uol.com.br/colunas/conrado-hubner-mendes/>. Para uma pesquisa bem-feita sobre as intrigas internas e a política do STF, ver Felipe Recondo e Luiz Weber, *Os onze: o STF, seus bastidores e suas crises*. São Paulo: Companhia das Letras, 2019.
26. Christian Lynch, "Ascensão, fastígio e declínio da Revolução Judiciarista". *Insight Inteligência*, v. 20, n. 79, p. 158-168, 2017.

6. O BOLSONARISMO E A REBELIÃO DO ELES

1. Maurício Moura e Juliano Corbellini, *A eleição disruptiva: por que Bolsonaro venceu*. Rio de Janeiro: Record, 2019, p. 29.
2. Letícia Cesarino, "Identidade e representação no bolsonarismo: corpo digital do rei, bivalência conservadorismo-neoliberalismo e pessoa fractal". *Revista de Antropologia*, São Paulo, v. 62, n. 3, p. 534-5, 2019.
3. Isabela Kalil, "Quem são e no que acreditam os eleitores de Jair Bolsonaro". São Paulo: Fundação Escola de Sociologia e Política de São Paulo, 2018. Disponível em: <https://usp-br.academia.edu/isabelakalil>.
4. Jorge Luis Borges, "El idioma analítico de John Wilkins". *Otras inquisiciones* [1952]. *Obras completas II*. 12ª ed. Buenos Aires: Emecé, 2002, p. 84-87.
5. Cesarino, op. cit., p. 548.
6. Facebook, Pablo Ortellado, 19 de janeiro de 2020. Disponível em <https://www.facebook.com/ortelladopablo/posts/2876154495783438>
7. Resumo aqui, com minhas palavras, uma complexa sinfonia de movimentos que caracteriza a análise do discurso inaugurada por Michel Pêcheux. No Brasil, os estudos pioneiros foram feitos por Eni Orlandi, autora de vasta obra. Para os neófitos, recomenda-se *Análise de discurso: princípios e procedimentos*. São Paulo: Martins Fontes, 2015.
8 Jussara Soares, "Parlamentares ligados ao agronegócio oficializam apoio a Bolsonaro". *O Globo*, 2 out. 2018.
9. Paul Freston (org.), *Evangelical Christianity and democracy in Latin America*. Oxford: Oxford UP, 2008

10. Simone R. Bohn, "Evangélicos no Brasil. Perfil socioeconômico, afinidades ideológicas e determinantes do comportamento eleitoral". *Opinião pública*, Campinas, v. 10, n. 2, 2004.
11. Paul Freston, "Evangelicals and the secular State in Brazilian politics: current controversies in perspective". Miller E., Morgan R. (orgs.), *Brazilian Evangelicalism in the Twenty-First Century*. Nova York: Palgrave Macmillan and Cham, 2019.
12. "50% dos brasileiros são católicos, 31% são evangélicos e 10% não têm religião, diz Datafolha", 13 jan. 2020. Disponível em: <https://g1.globo.com/politica/noticia/2020/01/13/50percent-dos-brasileiros-sao-catolicos-31percent--evangelicos-e-10percent-nao-tem-religiao-diz-datafolha.ghtml>. Note-se que segundo o próprio Datafolha, os católicos eram 64% e os evangélicos eram 22% da população brasileira em 2007, meros treze anos antes da pesquisa de 2020. "64% dos brasileiros se declaram católicos", 5 mai. 2007. Disponível em: <http://datafolha.folha.uol.com.br/opiniaopublica/2007/05/1223870-64-dos--brasileiros-se-declaram-catolicos.shtml>.
13. Lara Haje e Ana Raquel Macedo, "Líder diz que PT não é responsável por eleição de Feliciano". Agência Câmara de Notícias, 12 mar. 2013. Disponível em: <https://www.camara.leg.br/noticias/397813-lider-diz-que-pt-nao-e--responsavel-por-eleicao-de-pastor-feliciano/>.
14. Ariel Goldstein, *Bolsonaro: la democracia de Brasil en peligro*. Buenos Aires: Marea, 2019.
15. Juliano Spyer, *Deus é fiel: quem são os evangélicos e por que eles importam*. São Paulo: Geração Editorial, 2020, p. 53.
16. Idem, p. 18.
17. BOHN, Simone R. Contexto político-eleitoral, minorias religiosas e voto em pleitos presidenciais (2002-2006). *Opinião pública*, v. 13, n. 2, p. 366-387, 2007.
18. Spyer, op. cit., p. 210.
19. Caco Barcellos, *Rota 66: a história da polícia que mata*. Rio de Janeiro: Record, 2003.
20. "No Brasil, mais policiais se suicidam do que morrem em confrontos". *Exame*, 26 set. 2019. Disponível em: <https://exame.com/brasil/no-brasil-mais--policiais-se-suicidam-do-que-morrem-em-confrontos>.
21. O ensaio de Paulo Arantes, já citado outras vezes neste livro, está em *O novo tempo do mundo e outros estudos sobre a era da emergência*. São Paulo: Boitempo, 2014. A reportagem de Allan de Abreu citada é "A metástase: O assassinato de Marielle Franco e o avanço das milícias no Rio". *Piauí*, n. 150, mar. 2019.

22. Para um detalhado e documentado histórico do aparelhamento do Estado, realizado pela Lava Jato para objetivos privados da própria coalizão jurídico-político-policial, ver a sequência de reportagens publicadas pelo Intercept e conhecidas como "Vaza Jato". "As mensagens secretas da Lava Jato", The Intercept Brasil. Disponível em: <https://theintercept.com/series/mensagens-lava-jato/>.
23. Malu Gaspar, "O fiador: a trajetória e as polêmicas do economista Paulo Guedes, o ultraliberal que se casou por conveniência com Jair Bolsonaro". *Piauí*, n. 144, set. 2018.
24. Carlos Andreazza, "O bagaço liberal". *O Globo*, 4 nov. 2019.
25. Malu Gaspar, op. cit.
26. Diego Garcia, "Desemprego no Brasil bate recorde e atinge 13,1 milhões de pessoas". *Folha de S.Paulo*, 30 set. 2020. Disponível em: <https://www1.folha.uol.com.br/mercado/2020/09/desemprego-no-brasil-bate-recorde-e-atinge-131-milhoes-de-pessoas.shtml>.
27. "PIB tem queda recorde de 9,7% no segundo tri e vai ao mesmo nível do fim de 2009". UOL, 1º set. 2020. Disponível em: <https://economia.uol.com.br/noticias/redacao/2020/09/01/pib-brasil-2-trimestre-2020.htm>.
28. O projeto Grafias de Junho, uma exaustiva documentação iconográfica das Revoltas de Junho, é abrigado no grupo de pesquisa Cosmópolis: <https://www.grafiasdejunho.org>.
29. Angela Nagle, *Kill all normies: online culture wars from 4chan and Tumblr to Trump and the alt-right*. Winchester (ING) e Washington (EUA): Zero Books, 2017.
30. Francisco Bosco, *A vítima tem sempre razão? Lutas identitárias e o novo espaço público brasileiro*. São Paulo: Todavia, 2017.
31. A pesquisa de Camila Rocha sobre as novas direitas estabelece um dado interessante: "a disponibilidade de fartos recursos materiais e organizacionais não são suficientes para explicar um maior grau de sucesso das direitas junto à opinião pública e sua capacidade de mobilizar uma quantidade significativa de pessoas para protestar contra governos de esquerda". Segundo o levantamento feito por Rocha, "para que isso ocorra, muitos outros fatores devem ser levados em consideração que dizem respeito à percepção de ameaças e oportunidades por parte da militância, a consolidação de laços e identidades comuns, mobilização de afetos e uso de redes sociais, sendo que, em determinadas circunstâncias, tais fatores podem ser até mesmo mais importantes do que a posse de recursos abundantes". Ver Camila Rocha, "O boom das novas direitas brasileiras: finan-

ciamento ou militância". Esther Solano (org.). *O ódio como política*. São Paulo: Boitempo, 2018. Disponível em <https://cebrap.academia.edu/CamilaRocha>.

32. A própria Dilma perdoará, suponho, o eventual desavisado que cair no conto da sua foto fake com Fidel, tendo ela própria incorrido em comparável anacronismo ao recordar sua própria infância. Quando da conquista da Libertadores de 2013 pelo Clube Atlético Mineiro, Dilma, nascida em dezembro de 1947, emitiu nota dizendo lembrar-se de ser levada pelo pai "ainda criança, ao estádio do Mineirão assistir aos jogos do Atlético". Como se sabe, o Mineirão foi inaugurado em setembro de 1965, às vésperas de que Dilma completasse 18 anos. Dilma jamais esclareceu se sua memória, por exemplo, confundiu o Independência com o Mineirão, hipótese que a maioria dos belo-horizontinos que conhece os dois estádios julgaria pouco verossímil. A nota está disponível em <http://www.biblioteca.presidencia.gov.br/presidencia/ex-presidentes/dilma-rousseff/notas-oficiais/notas-oficiais/nota-oficial-6>.

33. A agência Aos Fatos contabiliza 687 ocorrências de afirmações falsas ou insustentáveis de Bolsonaro sobre o coronavírus. Nem todas são originais, evidentemente. Algumas, como a propaganda da cloroquina, têm dezenas de ocorrências. Disponível em: <https://www.aosfatos.org/todas-as--declara%C3%A7%C3%B5es-de-bolsonaro/#/declaracao/it-sebemque-quem-20200903>.

34. A declaração consta da entrevista de Jair Bolsonaro ao jornalista Carlos Juliano Barros, em maio de 2015. Está disponível em: <https://twitter.com/CarlosJulianoB2/status/1298662361734221824>.

35. Ainda não foi bem estudada a inspiração lulista/identitária dos linchamentos virtuais levados a cabo pelas milícias digitais bolsonaristas, mas essa inspiração já foi relatada por testemunhas em uma matéria de Ethel Rudnitzki e Rafael Oliveira para a *Agência Pública*, "Os linchamentos virtuais feitos pelos apoiantes de Bolsonaro", publicada em 25 de maio de 2019.

36. Além de *A queda do céu*, de Davi Kopenawa e Bruce Albert, citado no capítulo anterior, também indico, como modelo de um pensamento não antropocêntrico, atento às respostas da floresta à predação humana, o notável livro de Eduardo Kohn, *How forests think: Toward an anthropology beyond the human*. Berkeley e Los Angeles: University of California Press, 2013.

Glossário

O glossário que segue não é uma leitura necessária para a compreensão do livro. Seu papel é meramente ancilar. Pareceu-me que valia a pena escrevê-lo, no entanto, porque boa parte do argumento gira em torno de alguma mudança na acepção das palavras. Aquelas que cumprem um papel mais decisivo no livro estão listadas abaixo.

Acontecimento: Palavra carregada de sentidos para vários setores do pensamento francês pós-1968. Não se trata apenas de um evento histórico qualquer ou da coleção de miudezas que nos ocorrem no cotidiano. Nesse sentido especializado, o acontecimento é um terremoto experiencial, uma irrupção que sacode a linearidade do tempo. É sempre singular (não se parece com nenhum outro, traz uma assinatura) e múltiplo (prenhe de sentidos e possibilidades para o porvir). Desse ponto de vista, Junho é um legítimo acontecimento, mas a Lava Jato não, apesar de que ambos são processos históricos relativamente inéditos. A fundamentação desse argumento está no capítulo 5.

Análise do discurso: Campo de estudos surgido na França, nos anos 1960, a partir do filósofo e linguista Michel Pêcheux. A análise do discurso pode estar presente em qualquer dos dois blocos em que costumam se dividir as faculdades de letras, os estudos literários e os estudos linguísticos. Ela é ortogonal a essa dicotomia e pode ser considerada um campo transdisciplinar. Ela faz com o discurso o que a semântica faz com unidades menores de linguagem (a raiz, a palavra ou, no máximo, a frase). A análise do discurso é multifacetada, mas, para os objetivos deste livro, basta uma premissa: analisar o discurso não é estudar seu valor de verdade, discutir sua adequação ao referente, e sim desenredar os fios de um processo de constituição mútua, nunca dada de antemão, entre o discurso e a realidade social. Nas menções a discurso lulista ou discurso bolsonarista, portanto, o termo deve ser entendido fora de toda valoração. Discurso aqui jamais se confunde com "palavrório vazio". Não há ator social sem discurso e não há discurso que seja simplesmente "fiel" a uma realidade preestabelecida. A análise do discurso não trabalha com as categorias de fidelidade ou sinceridade. Como alternativa a esse positivismo, ela tampouco trabalha com a noção idealista de que a palavra crie os objetos. O marco metodológico é a premissa dialética de que linguagem e realidade social se constituem mutuamente. Toda a realidade social está atravessada por uma dimensão discursiva. Tudo o que acontece no discurso impacta, influi, ajuda a moldar a própria realidade social da qual ele, discurso, surgiu. Colocar essa premissa em um estudo é o célebre "mais fácil falar que fazer": ela é bem aceita entre estudiosos, e bem difícil de se colocar em prática de maneira suficientemente dinâmica e balanceada quando se estuda um fenômeno social complexo.

Antagonismo: Oposição ou choque entre dois polos. A um antagonismo que não se resolve jamais damos o nome de **antinomia**. A um antagonismo que pode ser transcendido ou resolvido damos o nome de **contradição**. Este livro descreve como as teorias do sistema político brasileiro, sem usarem essa nomenclatura retórica, são fundamentalmente teorias do mascaramento do antagonismo.

Antinomia: Associado a Kant, no sentido filosófico estrito o termo designa a existência de duas proposições filosóficas igualmente críveis e lógicas, mas que chegam a conclusões opostas. A antinomia é por definição irresolúvel: as duas proposições se mantêm, "encarando-se" de forma agônica. A partir do ciclo que se abre em 2013, acentua-se a natureza antinômica na política brasileira. Os antagonismos são elementos constitutivos de qualquer política democrática, mas em situações extremas esses antagonismos tomam a forma de antinomias. Nesses casos, sobre a diferença de conteúdos, de posições políticas, sobrepõe-se um problema formal: a ausência completa de uma língua comum em que esses conteúdos e posições possam conversar, ou sequer entender-se mutuamente. Em uma situação acentuadamente antinômica, o sistema retórico do jogo político tenderá a funcionar por diferendos.

Ato de fala: Associado à obra de J.L. Austin, o conceito de ato de fala designa qualquer ato que possa ser realizado por intermédio de uma declaração do sujeito de que o esteja fazendo. Uma promessa, por exemplo, tenderá a ser um ato de fala: promessas em geral são feitas com uma enunciação linguística ("prometo que ..."). Outros exemplos são nomeações ou casamentos ("eu vos declaro marido e mulher"). Nos atos de fala, a linguagem funciona em modo performativo, ou seja, ela não mantém com o mundo uma relação descritiva, expressa em declarações constativas sobre as quais se possa discutir se são verdadeiras ou falsas. Nos atos de fala, a linguagem faz acontecer algo no mundo, opera sobre ele. Este livro entende as revoltas de junho de 2013 como atos de fala por excelência: qualquer que fosse a mensagem de Junho a cada momento e local, ela só podia existir enunciada ali, como declaração de que se estava enunciando algo. "Saímos às ruas para dizer que podemos sair", "saímos para afirmar a saída" etc.: o que às vezes pareceu tautológico em Junho eram as multidões experimentando com a dimensão performativa da linguagem, com a passeata, a aula pública, a assembleia e a ocupação entendidas como atos de fala.

Contradição: Uma antítese (ou antagonismo) que é pelo menos potencialmente resolúvel, passível de ser transcendida em uma síntese dos dois polos. Eixo de toda a tradição que se inaugura com o uso marxiano de Hegel, o conceito de contradição já aparece, no período coberto por este livro, como um tique do discurso de esquerda. Nesse sentido já domesticado e algo banalizado, "contradição" é algo que se enxerga na realidade social e no discurso do outro, jamais no próprio falante. Este livro não usa o termo nessa acepção, mas observa esses usos como parte de uma estratégia retórica que há que se estudar e descrever.

Discurso: No sentido cotidiano, é um pronunciamento público [em inglês: *speech*]. Neste livro, quando a palavra for usada nessa acepção cotidiana, indicarei o autor e a data do pronunciamento. Em um sentido mais especializado, discurso é uma configuração particular que se consolida socialmente na linguagem sem referência a um autor específico [em inglês: *discourse*]. Nesse sentido, "discurso lulista" não se confunde com os discursos de Lula. É um campo amplo, tensionado e impessoal, que funciona segundo regras próprias que não estão sob o controle de nenhum falante. Além de Michel Pêcheux, citado no verbete **Análise do discurso**, Michel Foucault também burilou o conceito. Para Foucault, discursos são conjuntos de enunciados efetivos (realmente escritos ou falados) irredutíveis a qualquer intenção do autor ou conteúdo psicológico, e que funcionam segundo regras imanentes à sua própria prática. À diferença de Pêcheux, Foucault abomina a categoria de "ideologia", que não cumpre nenhuma função em seu trabalho sobre o conceito de discurso.

Fascismo: Com origens na Itália da primeira metade do século XX, sistema político caracterizado por crescente militarismo, supressão do dissenso, perseguição de opositores, submissão do Judiciário ao Executivo, ocasional expansionismo externo e mobilização de massas, em geral ancorada em ideais de sangue e sacrifício em nome de uma pátria vista como decadente. Com Michel Foucault, fascismo adquire também o sentido de experiência específica, para além do sistema estatal histórico. O traço essencial dessa experiência seria o encantamento com o poder, a rendição do desejo ao poder. Na América Latina, houve amplo debate sobre a aplicabilidade do conceito de fascismo às ditaduras do Brasil e do Cone Sul nos anos 1960 a 1980. No período coberto por este livro, "fascismo" foi pedra de toque da constituição do discurso lulista. A partir de 2005 e intensamente depois de 2013, "fascista" passou a significar, no interior desse discurso, qualquer desvio da ortodoxia petista ou qualquer adversário ocasional do petismo, de José Serra a Marina Silva, a Michel Temer. No Brasil deste século, o fascismo foi então uma arma linguística de construção discursiva lulista e tem sido também, a partir do colapso dessa construção discursiva, uma realidade embrionária efetiva, agora atualizada pelas redes sociais, com o bolsonarismo.

Golpe: Em português, o termo combina pelo menos dois sentidos, e um deles é o de tradução do francês *coup d'état*, em cujo caso golpe sempre pressuporá, ainda que não dito, o complemento nominal "de Estado". Em português golpe é também sinônimo de trapaça, tramoia, chicana, cambalacho, engodo, ardil. Quando usado no primeiro sentido, na América Latina, golpe pressupõe a tomada abrupta do aparato estatal, em geral violenta, por iniciativa de um próprio setor do aparato — com frequência militares. Ao golpe em geral se seguem prisões, desaparições, exílios, limitações à liberdade de expressão, fechamento do Congresso, proibição de partidos políticos ou pelo menos algumas dessas coisas. No longo processo de autoesfarelamento do governo Rousseff em 2014-16, essa homonímia entre golpe como golpe de Estado e golpe como trapaça e ardil (operações cotidianas da política) foi o fundamento da teoria que o petismo pôde encontrar para explicar o fato de que a maior multidão que já saiu às ruas no Brasil (em 15 de março de 2015) foi para exigir a queda de um governo seu.

Impeachment: Instituto das democracias presidencialistas que prevê a remoção do presidente por meio de um julgamento levado a cabo pelo Legislativo. No Brasil, o instituto se remonta a uma lei de 1950, recepcionada pela Constituição de 1988, que fala em "crime de responsabilidade" — conceito não coextensivo ao de crime no sentido penal. Com regras diferentes em cada país (por exemplo, ao contrário dos EUA, o Brasil prevê o afastamento temporário pela Câmara enquanto transcorre o julgamento no Senado), é axiomático que o impeachment é sempre um julgamento político, de considerável independência quanto ao conteúdo jurídico, legal. Dos dois impeachments vividos pelo Brasil desde a ditadura, um foi amplamente documentado (o de 2016) e o outro consistiu em uma denúncia de meia página com ilações (o de 1992), mas apenas aquele, não este, chegou a ser chamado — por uma pequena parcela da população, é verdade — de "golpe". Evidentemente, isso se deve ao fato de que o petismo sempre teve, e ainda em 2015-16 preservava, uma base social organizada que o collorismo jamais teve, nem em 1989, muito menos em 1992. Para a análise de qualquer impeachment, aplicam-se, portanto, as regras de análise de qualquer confronto político: a categoria central é a de correlação de forças, não a de correção dogmático-jurídico-ética. A teoria petista e parapetista do golpe de 2016 repousa no esquecimento de que a frase anterior é uma obviedade.

Léxico, lexicocídio: O léxico é a coleção de palavras de uma língua. Ao falar das escolhas lexicais de uma corrente política, então, este livro se refere aos processos de inclusão e exclusão de vocábulos no discurso. O capítulo 4 cunha o neologismo **lexicocídio** para designar o processo de morte/assassinato de palavras no interior de um campo lexical dado. Itens lexicais podem morrer por abandono (latifúndio), por sobreuso (golpe ou fascismo) ou por outros processos.

Metáfora: Nomeação de algo por meio de outro algo que mantém com o primeiro uma relação de semelhança. Em uma operação metafórica, portanto, haverá característica(s) que estará(ão) em destaque como fundamento(s) da comparação sempre implícita em uma metáfora ("João é um leão"). Isso faz da metáfora um tropo importante na análise ideológica do discurso, porque o destaque de um traço como fundamento da metáfora implica o mascaramento de outros. "Met(a)-" é prefixo que, já em grego, formava palavras com ideias de comunidade, interposição, sucessão ou mudança de lugar. Etimologicamente, metáfora é mudança, transposição. Analisar metáforas políticas implica, com frequência, entender metáfora no sentido grego literal, como sinônimo de "mudar de assunto".

Metonímia: Ao contrário da metáfora, a metonímia é a nomeação de algo por intermédio de algo que tem com o primeiro uma relação existencial, de contiguidade. Não há semelhança entre os dois termos, mas um laço que os une no campo do referente, na esfera das coisas ("A coroa britânica se pronunciou"). "A parte pelo todo" designa um tipo possível de metonímia (a sinédoque), mas qualquer forma de nomear um X por meio de um Y ligado a ele por relação existencial é metonímica. No Brasil, o lulismo foi pródigo em operações metonímicas, por exemplo, em seu ventriloquismo com setores dos movimentos identitários. Tomar a parte (um indivíduo autorizado) pelo todo (uma comunidade étnica, de gênero, regional, de classe) foi o jogo lulista de todos os dias e condição de possibilidade do funcionamento de seu oximoro.

Multiplicidade: Para setores do pensamento francês pós-1968, **múltiplo** e **multiplicidade** são termos que devem ser entendidos sempre como mais potentes e prenhes de sentidos que qualquer de seus supostos sinônimos (plural, variado, numeroso etc.).

Oximoro: À diferença do antagonismo, que é a oposição entre polos situados em lugares diferentes, o oximoro é a afirmação *simultânea* de polos antagônicos, em uma operação na qual eles ocupam o mesmo espaço semântico, provocando uma sensação de alucinação da linguagem. "Casados contra solteiros" é um antagonismo. "Água seca" e "círculo quadrado" são oximoros. Uma das teses deste livro é que a república brasileira repousa sobre um pacto político fundamentado em oximoros de 2005 a 2013. À diferença de bolsonarismo e chavismo, que se baseiam no fomento constante de antagonismos, o lulismo é uma sinfonia de oximoros: Lula nomeando Hélio Costa ministro das Comunicações no camarim em que ele se prepara para mais um comício insuflando a base contra a Globo. O oximoro pode tomar várias formas, mas ele sempre pressuporá algum tipo de coexistência de coimpossíveis. Um exemplo de Gilles Deleuze em *A lógica do sentido* vem de Lewis Carroll: a figura do conjunto que está incluído em si próprio como um de seus componentes.

Paradoxo: Etimologicamente, em grego, "estranho, bizarro". Por derivação, passou a significar aquilo que contraria a opinião aceita. Ao longo dos séculos, converteu-se em tema central para a filosofia (especialmente a lógica e a retórica). Grosso modo, um paradoxo é um enunciado que contraria as regras do jogo de linguagem no qual ele acontece. Por isso falamos com frequência em "aparente paradoxo": quando os jogos de linguagem mudam ou são desvendados ao ponto de fazer desaparecer a contradição que havia entre o enunciado e aqueles jogos, o que era paradoxal deixa de sê-lo. Por isso a formulação de um paradoxo pode denotar incompreensão ante um objeto ("Como é possível que esses pobres votem em Bolsonaro?") ou confusão deliberada (por exemplo, entre o infinito e o infinitamente divisível, no paradoxo de Aquiles e da tartaruga) ou impossibilidade lógica, como no belo paradoxo de *Alice no país das maravilhas*: "Gato sem sorriso eu conheço, mas um sorriso sem gato eu nunca tinha visto."

Parapetismo, parapetistas: Campo político brasileiro que se consolida quando o petismo acumula apoio suficiente para que tenha satélites, anéis, serviçais, cúmplices e colaboradores voluntários e involuntários que não são estritamente interiores ao campo petista, mas funcionam como câmara de eco de sua retórica. Os giros retóricos preferidos do parapetista serão iniciar frases com uma adversativa "não sou petista, mas ..." e defender as teses de que Dilma foi vítima de um golpe, de que uma intencionalidade maligna da imprensa cumpriu papel nas derrotas eleitorais do PT e de que Belo Monte ou as alianças com o PMDB-RJ foram, no máximo, "erros".

Pragmática: É um termo com amplo leque de sentidos e pode, acrescido do sufixo -ismo, designar uma corrente de pensamento particularmente importante no contexto anglo-americano. Neste livro, o termo é usado no sentido que ele tem na linguística, em que a pragmática é um ramo que se distingue claramente de outro ramo da linguística, a semântica. Enquanto esta estuda os sentidos das raízes, das palavras, dos enunciados, a pragmática se ocupa dos usos, do funcionamento daqueles termos na língua viva. O exemplo privilegiado neste livro é "latifúndio", que significa em 2020 o mesmo que significava em 1990, mas tem uma pragmática diferente — ele nos soa hoje até mesmo como termo levemente arcaico.

Retórica: Sistematizada pela primeira vez por Aristóteles e depois refinada pelos romanos (Cícero, Quintiliano), a retórica era, em sua origem, a arte da persuasão, a técnica de bem falar e bem argumentar. Naquele momento, a retórica era uma disciplina normativa, que dizia como as coisas deviam ser. Atualmente, na linguagem cotidiana, retórica também adquiriu a conotação de linguagem vazia (como em "Paulo é só retórica e ação nenhuma"). Em nenhum momento deste livro o termo deve ser lido com essa conotação em mente. Ao falarmos de retórica do sistema político, por exemplo, não queremos dizer "mentira" ou "enganação", embora políticos mintam e enganem mesmo. Apenas quer dizer que não usamos o termo como sinônimo de enganação. Usamos retórica no sentido descritivo que ele foi adquirindo ao longo dos séculos depois do período normativo greco-romano: retórica é o conjunto de procedimentos por meio dos quais funciona um determinado discurso.

Semântica: Ramo da linguística que se ocupa da ordem do **sentido**. Dado o grau de formalização e especialização dos estudos semânticos, é comum que eles se ocupem de unidades extremamente pequenas do discurso: uma raiz, uma palavra, um sintagma, uma frase, no máximo. A **análise do discurso** faz com segmentos mais longos o que a semântica faz com unidades menores. Da mesma forma como a **pragmática** se distingue da semântica por ocupar-se dos usos e não dos sentidos, o objeto da semântica, o sentido, não se confunde com o referente, com o objeto real. No exemplo mais tradicional usado pela disciplina: "Estrela da manhã" e "estrela da tarde" designam o mesmo referente, mas com sentidos distintos. No caso mais ilustre do período coberto por este livro, note-se que "o golpe" e "o impeachment" têm o mesmo referente no português brasileiro de hoje.

Sinédoque: Tipo particular de metonímia que consiste em nomear A por intermédio de B quando B é uma parte de A. Portanto, nem toda metonímia é uma sinédoque, mas toda sinédoque é uma metonímia. No discurso político, a sinédoque é a operação retórica que subjaz à personalização ("JK construiu Brasília", "Vargas fez a Siderúrgica Nacional") e portanto ao apagamento de certos agentes em prol de outros e à obliteração de certos sujeitos ou partes do fenômeno para que se destaque um único indivíduo ou uma só parte do objeto.

Este livro foi composto na tipografia Minion
Pro, em corpo 11/16, e impresso em
papel off-white no Sistema Cameron da
Divisão Gráfica da Distribuidora Record.